sulla soglia
on the threshold

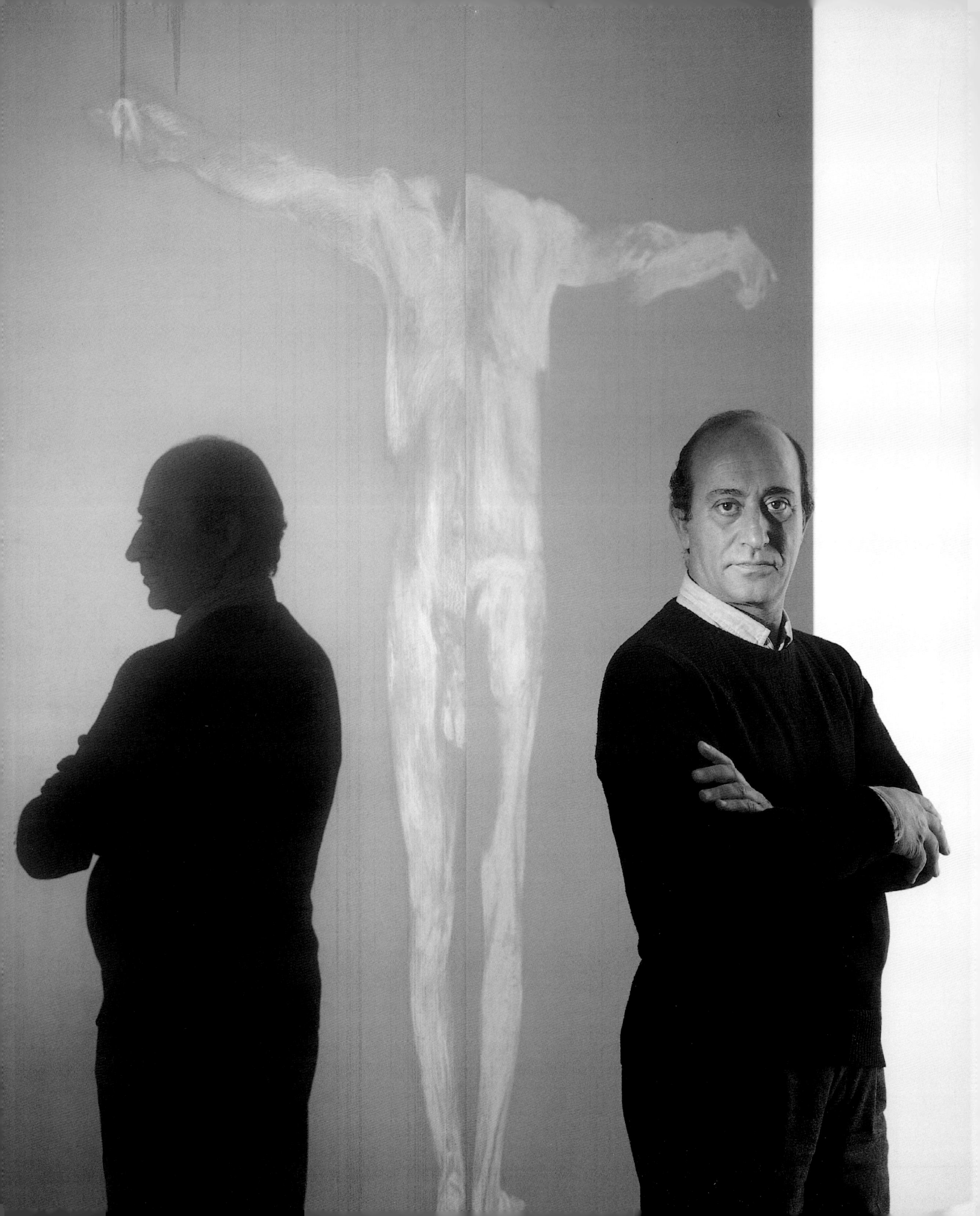

Carlo Alfano

CHARTA

Ideazione / Concept
Diana d'Amora

Progetto grafico
Graphical Coordination
Gabriele Nason

Coordinamento redazionale
Editorial Coordination
Emanuela Belloni

Redazione / Editing
Elena Carotti
Sara Tedesco
Harlow Tighe

Traduzione / Translation
Judith Mundell

Impaginazione / Layout
Daniela Meda
Barbara Bonacina

Ufficio stampa / Press Office
Silvia Palombi Arte&Mostre, Milano

Copertina / Cover
Carlo Alfano, *Sulla soglia*, 1976
Photo Barbara Jodice

p. 2
Carlo Alfano ritratto da / portrayed by
Mimmo Jodice, 1989

Referenze fotografiche / Photo credits
Barbara Jodice

Altre foto / Other photographs
Carlo Alfano; Archivio Mimmo Jodice;
Luca Borrelli; Alfio Di Bella; Fabio Donato;
Giuseppe Gaeta; Josef Koudelka;
Riccardo Lodovici; Niego; Rocco Pedicini

Ci scusiamo se per cause indipendenti
dalla nostra volontà abbiamo omesso alcune
referenze fotografiche.

We apologize if, due to reasons wholly beyond
our control, some of the photo sources have
not been listed.

Edizioni Charta
via della Moscova, 27
20121 Milano
Tel. +39-026598098/026598200
Fax +39-026598577
e-mail: edcharta@tin.it
www.chartaartbooks.it

Printed in Italy

Studio Trisorio
Riviera di Chiaia, 215
80121 Napoli
Tel. +39-081414306
Fax +39-081412969
e-mail: info@studiotrisorio.com

Archivio Alfano
piazzetta dei Bianchi, 10
80134 Napoli
Tel. +39-0815529415
e-mail: info@archivioalfano.it

Carlo Alfano
sulla soglia

Napoli, Castel dell'Ovo
7 aprile - 31 maggio 2001
7 April - 31 May 2001

Comune di Napoli

Sindaco / Mayor
Riccardo Marone

*Assessore all'Identità, Cultura e Progetti
per l'infanzia / Councilor for Identity, Culture
and Projects for Infancy*
Rachele Furfaro

Organizzazione / Organization
Studio Trisorio
Archivio Alfano

Mostra a cura di / Exhibition curated by
Flavia Alfano, Laura Trisorio

Coordinamento / Coordination
Diana d'Amora

Segreteria organizzativa / Organizing secretaries
Lucia Trisorio, Helga Sanità

Catalogo a cura di / Catalogue edited by
Flavia Alfano

Ufficio Stampa / Press Office
Roberto Begnini

Assicurazione / Insurance
Reale Mutua Assicurazioni
Agenzia Contaldi & Iodice

*Si ringraziano per i contributi, i suggerimenti
e l'aiuto / For their contributions, suggestions
and help, thanks to:*
Banco di Napoli, Giuseppe Bottaro,
Ottavia e / and Paolo Cajati,
Dina Carola, Giovanni Cipolletti,
Anna Rosa e / and Giovanni Cotroneo,
Mario d'Amora, Cippa Di Bennardo,
Dodò Di Bennardo, Angela Dinacci,
Fabio Donato, Giuseppe Gaeta,
Mario Guarracino, Studio Guenzani,
Alfredo Imparato, Maria Pia Incutti,
Gladinorio Iorio, Angela e / and Mimmo Jodice,
Carlo Marras, Carlo Meluccio,
Beatrice Monti, Lia Rumma, Gilda Scano,
Maurizio Siniscalco, Corrado Tamborra,
Angela Tecce, Giosuè Tramontano,
Unione degli Industriali della Provincia di Napoli,
Enzo Valentino, Lea Vergine, Pietro Vigoriti.

*Un ringraziamento particolare va al dottor
Carpinito e a tutto il personale scientifico,
tecnico e di vigilanza di Castel dell'Ovo
per la loro disponibilità e collaborazione.
Si ringrazia inoltre il Servizio Patrimonio
Artistico e Gestione Musei del Comune di Napoli.*

*Special thanks to Dr. Carpinito and all of Castel
dell'Ovo's scientific, technical and security staff
for their assistance and collaboration.
We would like also to thank the Artistic
Patrimony and Museum Administration Service
of the Naples Municipality.*

L'apertura del nuovo spazio espositivo di Castel dell'Ovo ci ha consentito di avviare una serie di mostre di grande impegno, che si sono caratterizzate sia per il valore degli artisti, che per il contesto nel quale si sono realizzate.
Si è potuto così cominciare un percorso di mostre dedicate a grandi artisti napoletani o che a Napoli hanno lavorato in tutta la loro vita, come Renato Barisani e Augusto Perez. La naturale prosecuzione di questo processo non poteva che portare a Carlo Alfano, uno straordinario artista prematuramente scomparso che, con la qualità della sua produzione, ha certamente caratterizzato uno dei periodi più felici della pittura a Napoli.
Indubbiamente un artista complesso, impegnato in una ricerca tutta mirata al difficile tentativo di rappresentare il non rappresentabile, la scomposizione, la frammentazione.
Di fronte allo sconvolgimento della natura, delle cose e del pensiero, particolarmente forte dagli anni Settanta in poi, Alfano si pone come l'esploratore dei frammenti di una storia in divenire.
Con questa mostra il Comune di Napoli intende fare omaggio ad uno dei suoi uomini migliori, a chi con il suo straordinario lavoro ha dato lustro a Napoli.

The opening of a new exhibition space in Castel dell'Ovo has enabled us to set in motion a series of important exhibitions characterized by both the artists' importance and the context in which the works were generated.
Thus we have begun a series of exhibitions dedicated to great Neapolitan artists or artists who have worked their entire lives in Naples, like Renato Barisani and Augusto Perez. The natural continuation of this process could only lead to an exhibition dedicated to Carlo Alfano, an extraordinary, prematurely departed artist, whose quality of production certainly characterized one of the most felicitous periods of painting in Naples.
Alfano was undoubtedly a complex artist committed to his work, whose whole purpose was the difficult attempt to represent what cannot be represented – decomposition and fragmentation.
In the face of the devastation of nature, things and thought, particularly acute from the sixties onwards, Alfano set out to explore the fragments of an evolving history.
With this exhibition, Naples City Council pays tribute to one of its best men who, with his extraordinary work, has shed luster on Naples.

Riccardo Marone
Sindaco di Napoli
Mayor of Naples

Con la mostra di Carlo Alfano allestita in Castel dell'Ovo prosegue e si conferma una programmazione culturale orientata ad offrire un ampio e significativo spaccato delle opere e dei protagonisti della storia dell'arte contemporanea a Napoli.
Questa mostra, resa possibile grazie alla collaborazione dello Studio Trisorio e dell'Archivio Alfano, è l'occasione per ricordare e riconoscere il singolare e autorevole lavoro di un artista che ha svolto la sua ricerca sulle ragioni interne della rappresentazione, in una serrata dialettica tra figurazione e tematiche filosofiche e letterarie del Novecento.
Le circa ottanta opere esposte ripercorrono i temi fondamentali della sua pittura: duplicità e scissione del soggetto, la perdita di centralità e di solennità dell'uomo, la rappresentazione senza narrazione; e, ancora, la materia, l'introduzione sapiente di frammenti testuali e sonori.
Trascorrono così le esperienze degli anni tra il 1960 e il 1990, attraverso suggestive proposte talvolta risolte in un unico progetto – anche se complesso e di forte interazione con lo spazio, la luce, l'ambiente stesso di chi osserva – come nel caso di *Delle distanze dalla rappresentazione*, *Stanza per voci* e *Archivio delle nominazioni*. Altrove il peso dei temi scelti da Alfano e, forse, dettati da motivi più radicati di ispirazione, si aprono alla poetica dei ben noti "cicli", come *Frammenti di un autoritratto anonimo*, *Eco* e *Narciso*, fino alle opere della serie *Figure*.

With Carlo Alfano's retrospective installed in Castel dell'Ovo, a cultural program geared towards offering a broad and significant cross section of the works and protagonists of the history of contemporary art in Naples is both continued and consolidated.
This exhibition, made possible thanks to contributions from Studio Trisorio and Archivio Alfano, provides an opportunity to remember and appreciate the singular and influential work of an artist who developed his concise dialectics between figuration and philosophical and literary themes of the twentieth century with methodical research into the internal logic of representation.
The approximately eighty works exhibited explore the fundamental themes of his painting – duplicity and division of the subject, the loss of man's centrality and solemnity, representation without narration, as well as matter and the insightful introduction of fragments of text and sound.
These striking ideas – the fruit of the years from 1960 to 1990 – were sometimes resolved in a single but complex project that interacts powerfully with space, light, and the atmosphere shared by their observers, as in the case of *Delle distanze dalla rappresentazione*, *Stanza per voci* and *Archivio delle nominazioni*. Elsewhere the importance of the themes chosen by Alfano, perhaps dictated more by reasons rooted in inspiration, opens onto the poetics of the well known "cycles," such as *Frammenti di un autoritratto anonimo*, *Eco* and *Narciso*, up to the works in the *Figure* series.

Rachele Furfaro
Assessore all'Identità, Cultura e Progetti per l'Infanzia
Councilor for Identity, Culture and Projects for Infancy

Organizzare una mostra di Carlo Alfano è per me non solo un grande onore, ma anche una grande responsabilità. Ho conosciuto Carlo da bambina e il suo ricordo si associa a quello di mio padre ed alle loro interminabili conversazioni sull'arte nella Villa Orlandi di Anacapri, punto di incontro di artisti di tutto il mondo. Queste immagini mi hanno accompagnato negli anni e poterle oggi rievocare è una forte emozione.

Una mostra come questa, attesa da anni, comporta grandi difficoltà soprattutto per la selezione delle opere. Il lavoro che Flavia Alfano ed io abbiamo svolto, si è basato oltre che su un criterio storico, su una scelta particolare dell'artista stesso. Gran parte dei lavori esposti facevano infatti parte della sua personale collezione, erano cioè le opere che Carlo amava di più. Il nostro intento non è stato, dunque, quello di celebrare un artista ormai scomparso, ma quello di sentirlo ancora tra noi e mostrare le tappe fondamentali del suo percorso attraverso le opere che lui stesso avrebbe scelto.

Più che una retrospettiva, questa mostra vuole essere un omaggio ad un artista che, con la sua ricerca così affascinante e personale, ha lasciato un segno profondo nella storia dell'arte contemporanea.

Organizing an exhibition of Carlo Alfano's work is not only a great honor for me but also a huge responsibility. I knew Carlo when I was a child, and my memory of him is linked to my memory of my father and their endless conversations about art at Villa Orlandi in Anacapri, a meeting place for artists from all over the world. These images have stayed with me over the years, and to be able to conjure them up again is a source of great emotion.

An exhibition of this nature, long-awaited, implies huge difficulties, above all in choosing which works should be included. Flavia Alfano and I based our choice on the particular preference of the artist himself, in addition to a historical criterion. A large portion of the works exhibited, in fact, were part of his personal collection. They were, that is, the works Carlo loved the most. Our intention was not therefore to celebrate a now deceased artist, but to create an atmosphere as though he were still among us, and to show the fundamental stages of his career through the works he himself would have chosen. Rather than a retrospective, this exhibition is intended to be a tribute to an artist who, with such fascinating and personal work, left profound traces on the history of contemporary art.

Laura Trisorio

Sommario / Contents

Carlo Alfano:
lo spazio teatrale dell'animo

Bruno Corà

Tra i numerosi, attraenti aspetti che l'opera di Carlo Alfano presenta, molti dei quali appena presi in considerazione e non del tutto analizzati come meriterebbero, ce n'è uno di fondo che sembra riemergere in tutta la sua intensa vicenda di pittore, come archetipo enigmatico. A indicarlo esplicitamente, quello che sembra un nodo tra l'esistenziale e l'estetico, si rischia di appiattirne la sfuggente entità, giacché il *quid* di cui mi appare possibile parlare è assai più vicino a un sentore che di volta in volta assume qualità e visibilità attraverso la sua opera che non un *topos* definito sia in senso fisico che concettuale. E nell'accingermi a evocarlo spero di non ridurne l'inafferrabilità che in ultima analisi rende l'opera di Alfano così particolare e così nevralgica, da divenire una delle più poetiche dell'arte italiana ed europea della seconda metà del secolo appena trascorso. La temporalità e la spazialità indissolubilmente congiunte e presenti in tutta l'opera di Alfano, sia mediante l'adozione di materie ed emblemi segnici specifici, sia attraverso l'impiego di valenze che, rinunciando alla metafora retorica, introducono, all'opposto, l'enigma del reale, sono intrise di quell'elemento che le precipita in forma e opera che è il sentimento del vissuto. Spazio-Tempo-Vita sono la triade-monade attraverso la quale la sensibilità di Alfano ha lasciato traccia di sé con opere che si liberano dal biografico, dall'identificabile, dallo storico per viaggiare nella lunghezza d'onda del messaggio artistico e poetico di un'umanità a venire. Ciò di cui Alfano si è fatto interprete, dunque, con le sue opere è sostanza che, pur appartenendo alla nostra epoca, è atomicamente già appartenuta al passato come pure apparterrà a un futuro che, seppur incipiente, non è chiaramente davanti ai nostri occhi, ma osservabile fortunatamente attraverso la sfera della sua pittura.

Ma di quale sentore essa si fa supporto, veicolo, presenza? Credo si tratti del profilarsi e crescere nell'arco della sua vita artistica di un'intuizione che rivela sia tensioni di carattere estetico esistenziale sia, in senso più vasto, di condizioni antropologiche nell'atto di grandi mutamenti che investono la percezione, la sensibilità, la coscienza, il sentimento stesso del destino umano. Al suo esordio Alfano, nell'aderire all'Informale, vi reca già una cifra di "spaesamento" che sarà distintiva anche delle opere degli ultimi anni Ottanta, sino a *Camera* (1988). Tale qualità spaziale con evidente valore turbativo appare immediatamente, dalla prima ora, configurare un problema che ha doppia consistenza: da un lato il tema della condizione antropologica vagante nel tempo e nello spazio, ormai spalancatisi oggettivamente in senso cosmico "sine misura"; dall'altro il problema dell'odissea in essi, nell'arco esistenziale, alla ricerca del proprio sé in reciprocità ontologica con l'altro.

A partire dalle stesse Metaforme, egli introduce la riflessione critico-spaziale sull'entità prospettica a base di elementi trasparenti, riflettenti, deformanti, mobili, luminosi, in una parola recanti instabilità, incertezza, opinabilità, apertura all'indefinibile. Anche se gli elementi prescelti recano proprietà distintive diurne, solari, ciò che disseminano indirettamente e dischiudono è interrogazione del possibile, dell'ignoto, del dubbio, insomma apertura sull'oscurità. Metaforme come presentimento di "metamorfiche" altre infinite possibilità di condizione e rappresentabilità di esse? Dunque dell'impossibilità stessa di giungere alla loro rappresentazione? Con esponenze assai diverse e soprattutto con modi totalmente distanti, in quegli stessi anni un suo contemporaneo, Giulio Paolini, aveva iniziato egualmente un processo analitico di enunciazione dell'impossibilità rappresentativa e della *doublure*, non meno carico di tensione e drammaticità estetica. Su coordinate che sottolineano il luogo "soglia", il carattere della "riflessione", l'interrogazione spazio-temporale, la problematica dell'"identità", un ulteriore coetaneo, Michelangelo Pistoletto, aveva anch'egli intrapreso una ricerca che denotava meditazione sullo spaesamento e ridefinizione della nozione temporale in senso pittorico plastico.

Potrebbe essere interessante, anche se non in questo contesto, approfondire le relazioni possibili dell'opera di Alfano con quella delle due personalità appena richiamate, non foss'altro per condivisioni di sensibilità epocale che non sembrano improbabili. Ma Alfano lo si scopre sempre affacciato su una densità di tenebra, che non sembra appartenere ad altri. Così, quando l'oscurità diventa vera e propria condizione in cui far scattare i dispositivi fenomenologici ed emblematici di *Delle distanze dalla rappresentazione* (1968-1969), diventa un po' più esplicito quanto tale elemento – la tenebra – eserciti un potere fascinoso su di lui, quale sinonimo di ambiguità nell'azione speculativa e condizione esistenziale e poetica dell'artista stesso.

A un'attenta osservazione e comparazione così, quasi tutta l'opera successiva di Alfano, sia pure mediante traslati e sostituzioni, oppure con investimenti diretti di materia o di colore-non colore, nero o bianco che sia, grafite o alluminio, appare manifestarsi in quell'orizzonte di "nigredo" comune a concetti di profondità liquida, spazialità teatrale, anonimato (colui di cui è oscuro o ignoto il nome o l'identità), narcisismo, morte e rinascita di identità (*Dalla vocazione al giocatore*). Insomma, la penombra tante volte da lui evocata, come d'altronde una persistente inclinazione al dubbio, alla lateralità recante incertezza, all'argomentare instancabile che rilancia la domanda e non giunge mai alla quiete sono, con sempre maggiore evidenza, le coordinate di un luogo ignoto alla propria e alla nostra coscienza e persino al nostro destino umano. E come prima ho richiamato, per la nozione di rappresentazione e di riflessione, alcuni artisti suoi contemporanei, ora non posso fare a meno di osservare come insieme ad

Carlo Alfano:
The Theatrical Space of the Soul

Bruno Corà

Among the numerous, attractive aspects that the works of Carlo Alfano represent, many of which have only just been taken into consideration and not yet analyzed as thoroughly as they deserve, there is one fundamental one which seems to reemerge from the sum of his intense activity as a painter as an enigmatic archetype. To describe it explicitly as what appears to be a blend of the essential and the aesthetic, one risks dulling its evasive entity, since the *quid* which I feel it is possible to discuss is somewhat closer to a sign – which each time assumes quality and visibility in his work – than a defined *topos*, both in a physical and conceptual sense. And in preparing to evoke it I hope I don't reduce its elusiveness, which in the final analysis makes the work of Alfano so particular and so crucial that it becomes one of the most poetic examples of Italian and European art of the second half of the century that has just ended.

The temporality and spatiality that is indissolubly joined and present in all of Alfano's work, both through the adoption of subjects and specific sign emblems and through the use of valences which, renouncing rhetorical metaphor, introduce, on the contrary, the enigma of reality, are soaked in that element that precipitates them into forms and works – the sentiment of experience. Space-Time-Life are the triad-monad through which Alfano's sensibility has left traces with works which free themselves from the biographical, the identifiable and the historical, to travel on the wavelength of the artistic and poetic message of a humanity that is to come. What Alfano therefore interprets with his works is that substance which, although belonging to our age, has atomically already belonged to the past, just as it will also belong to a future which, though incipient, is not clearly visible to us, but fortunately observable through the sphere of his painting. But which sign acts as support, vehicle, presence? I believe it is the emergence and growth during the span of his artistic life of an intuition that reveals both tensions of an existential aesthetic nature and, in a wider sense, anthropological conditions in the act of large transformations which assail the perception, the sensitivity, the conscience and the very sentiment of human destiny. At his debut, Alfano, in adhering to the Informal, brought to it a figure of "disorientation," which would be distinctive in the works of the late eighties, right up to *Camera* (1988). This spatial quality, with its evident power to disturb, from the very first instance appeared to represent a problem with a dual consistency: on one hand, the theme of the anthropological condition drifting in time and space, now objectively gaping *sine misura* in the cosmic sense; on the other, the problem of the odyssey in the existential arc, in search of the self in ontological reciprocity with the other.

Starting with the Metaforme themselves, he introduced a critical-spatial reflection on the prospective entity at the base of transparent, reflecting, deforming, mobile, luminous elements, bringing, in a word, instability, uncertainty, opineability, openness to the indefinable. Even though the chosen elements bring distinctive daylight, sunny properties, what they indirectly disseminate and disclose is the questioning of the possible, the unknown, doubt, in short an overture to obscurity. Metaforme as presentiment of "metamorphic" other infinite possibilities of the condition and whether these can be represented? Therefore the very impossibility of representing them? Using rather different exponents and above all very remote methods, in those years a contemporary of his, Giulio Paolini, had also started an analytical process of enunciation of the impossibility of representation and of *doublure*, no less loaded with tension and aesthetic dramatic force. On coordinates which locate the "threshold" place, the character of "reflection," the space-time interrogation and the theme of "identity," yet another contemporary, Michelangelo Pistoletto, had also taken up research which denoted a meditation on the disorientation and redefinition of the temporal notion in a plastic pictorial sense.

It could be interesting, though not in this context, to investigate the possible relationships of Alfano's work with that of the two personalities mentioned, due if nothing else to the fact that they share period sensibilities which do not seem improbable. But Alfano is always found in front of an impenetrable darkness which does not seem to belong to the others. Thus, when the obscurity becomes an actual condition in which the phenomenological and emblematic devices of *Delle distanze dalla rappresentazione* (1968-69) are tripped, it becomes a little more explicit to the extent to which that element – the darkness – has the power of a spell over him, as synonym of the ambiguity of speculative action and the existential and poetic condition of the artist himself.

Subjected to such close observation and comparison, almost all of Alfano's subsequent work, even though it be metaphor or substitution, or direct stakes of matter or color-noncolor, be it black or white, graphite or aluminum, appears to show itself on that *nigredo* horizon common to concepts of liquid depth, theatrical spatiality, anonymity (he whose name or identity is unknown), narcissism, death and rebirth of identity (*Dalla vocazione al giocatore*). In short the penumbra he has often evoked, a persistent inclination to doubt, a tendency to the laterality which brings uncertainty, the relentless debate which continues to bounce the question back and forth and never achieves peace are, with increasing evidence, the coordinates of a place unknown to his and our conscience and even to our human destiny. And as I mentioned earlier some of his contemporary artists for their notions

Alfano, alcuni altri pittori si cimentino ormai da tempo con dimensioni come il buio, il silenzio, il vuoto, stigmate distintive già della sua opera.

Nella *Stanza per voci* dell'*Archivio delle nominazioni* (1969), l'assenza di pittura è sostituita dalla presenza del vuoto-voce realizzato da Alfano. Un'opera persino per non vedenti, tanto grande in essa è la provocazione e lo scacco fatto subire all'organo della vista messo all'oscuro da ogni immagine per favorire l'immaginazione. Ogni "ritratto" contenuto in quei nastri, che pur recavano un'identità, in realtà era invisibile, adombrato dalla voce amplificante un senso esistenziale mnemonico. Così, in *Frammenti di un autoritratto anonimo* (1969-1975) Alfano, pur tornando alla pittura, la costringe a ridursi a caverna per il verbo, a fondo nero, lavagna su cui tracciare il trascorrere del tempo, degli istanti, delle domande che non chiedono risposta, la costringe ad ammutolire, a divenire sprofondamento ed eco oracolare, abisso apollineo, cosmo a messaggi numerici, a cancellazioni lineari di una scrittura disseminata, fitta, inalteratamente liturgica, microgrammata come la sabbia in un oscuro deserto. Ma il misterioso viaggiatore di quel buio-cosmo interiore trasmette su frequenze ancora in gran parte indecifrate. Quanta intensità di esplorazione in quel ciclo impressionante dei *Frammenti*! Quale vasta deriva in quella sua spericolata navigazione al buio nella "geografia del desiderio"!

La scoperta poetica di Alfano della "zona scura" che divide i due gruppi dipinti da Caravaggio nella *Vocazione di San Matteo* e dell'oscurità dello stagno del *Narciso* (indipendentemente dalla sua attribuzione) appare confermare più che rivelare l'inclinazione a quella penombra genitrice di tante sue creazioni. Ed è nell'esercizio di quella negazione spaziale e cromatica che Alfano sviluppa i nuovi cicli *Dalla vocazione al giocatore* (1975) e *Narciso* (1980). I suoi modi si liberano ulteriormente, inventa nuovi supporti, nuove rischiose spazialità da investire con nuovo disegno straordinario, la tensione drammatica aumenta col desiderio di attraversare quel buio per conoscere proprio dove lo condurrà. Si avverte nell'infittirsi di versioni della *Vocazione* e del *Narciso*, un'ansia di penetrazione nell'oscurità semantica appena rinvenuta e da perlustrare come un territorio vergine carico di possibili sorprese.

Ormai Alfano autointroduce sempre più frequentemente se stesso in quella penombra, in quel silenzio, in quel vuoto. Si autoritrae quasi presentendo che quella topografia è il suo riferimento vocativo più stringente. E giunge così, con quella catartica meditazione sull'ombra caravaggesca, al capitolo finale della sua opera. Lo segna una nuova svolta: l'accostamento di materie metalliche satinate, raggelate, rese ancora più refrattarie, a ogni possibile fessurazione sentimentale, dall'uso del neon che le rischiara impietosamente, riducendo ogni eventuale valore emblematico della luce. Disegna con la grafite su nero o usa il bianco lattiginoso su epidermiche pergamene. Nella tela *Senza titolo* (1983), in cui la sua ombra proiettata su un sudario disteso sopra un tavolo circondato dal nero e attraversato da una "smagliatura" diagonale della tela, Alfano tocca una nota dalla sonorità misteriosa, la cui enigmaticità induce a evocare il de Chirico del *Portrait prémonitoire d'Apollinaire*, o la stessa *Ombra di Leonida alle Termopili*. Ciò che incalza ormai non è più l'ipotesi di un'inclinazione melanconica, ma una frequentazione trasparente e dichiarata del *pathos* autoconoscitivo quanto prometeico. Se il nero dei fondi dei *Frammenti di un autoritratto anonimo* fa da quinta alla parola, quello delle *Figure* (1984-1985), realizzato con pellicole entro cui s'immergono diafane anatomie, annuncia ulteriori apnee.

Alfano all'inizio degli anni Settanta aveva realizzato un'opera del ciclo *Tempi prospettici*, su incarico del Soprintendente alle Antichità Mario Napoli, in un'area del Museo Archeologico Nazionale di Paestum, adiacente all'aula dove era stata esposta la *Tomba del tuffatore*, rinvenuta negli scavi del 1968. Quella versione dei *Tempi prospettici*, non esente da esiti di esperienze degli anni Sessanta e da memorie suscitate in Alfano dalla sua frequentazione assidua del Serapeo di Pozzuoli (come risulta oltretutto da bellissime foto di Mimmo Jodice del 1970), si era coniugata, per via della presenza dell'acqua e delle forme cilindriche, al tema decorativo del Tuffatore-Defunto, dipinto nel VI secolo, che dal trampolino si lancia nell'oceano, mitica soglia oltremondana. Ebbene, a partire dagli *Studi per Narciso* (1981), fino alla fine degli anni Ottanta, la figura del Tuffatore torna nella pittura di Alfano con frequenza a dir poco inquietante. La distesa figura intenta nel simbolico tuffo verso la morte o, come l'ha dipinta Alfano, lungo diagonali squadrature del foglio o della tela verso un nero coprente sordo e assorbente, oltre a chiudere un cerchio temporale e premonitore, si coniuga altresì a quel tuffo *dans le vide* compiuto da Yves Klein (1962) proprio in un cielo che nella pittura di Alfano è ormai componente fissa di colore blu cobalto, albeggiante.

All'interesse per il vuoto e verso l'immaterialità di Klein fa da controcanto l'attrazione fatale per uno spazio di tenebra a prospettiva verso l'interno senza equivoci psicoanalitici di Alfano. Il buio, l'oscurità da sondare costantemente è quella interna del quesito esistenziale senza risposta, unico attore ammesso nello "spazio teatrale dell'animo" (Alfano). Per questo, come ho accennato all'inizio, era difficile parlarne. Ma lo ha fatto Alfano, con la sua *Camera* (1988) e con la pittura degli ultimi suoi anni in modo insuperato e indimenticabile.

of representation and reflection, now I cannot help observing that along with Alfano, there are other painters who have been venturing for some time into dimensions such as the dark, silence, emptiness, already distinctive stigmata in his work.

In *Stanza per voci* of the *Archivio delle nominazioni* series (1969), the absence of painting is substituted by the presence of the empty voice of Alfano. A work suitable even for the blind, so great is its provocation and the setback the organ of sight suffers left in the dark about every image so as to favor the imagination. Each "portrait" contained in those tapes, though having an identity, was in reality invisible, concealed by the voice amplifying a mnemonic existential sense. Thus, in *Frammenti di un autoritratto anonimo* (1969-1975), Alfano, though returning to painting, forced it to dwindle to a cave for the word, a black background, a blackboard on which he traced the passing of time, of moments, of questions which do not require an answer, forcing it to be struck dumb, to become oracular hollow and echo, Apollonian abyss, cosmos of numerical messages, of linear cancellations of a disseminated, thick, unalterably liturgical writing, in micrograms like the sand in an obscure desert. But the mysterious traveler in that interior dark cosmos broadcasts on a frequency still for the most part indecipherable. What intensity of exploration in that stunning cycle of *Frammenti*! How far adrift in that reckless navigation in the dark in the "geography of desire"!

Alfano's poetic discovery of the "dark zone," which divides the two groups painted by Caravaggio in *La vocazione di San Matteo* and the obscurity of the pond in *Narciso* (independently of its attribution), appears to confirm rather than reveal the propensity towards that penumbra, mother of many of his creations. And it is in the exercising of that spatial and chromatic negation that Alfano develops the new cycles *Dalla vocazione al giocatore* (1975) and *Narciso* (1980). He takes even greater liberties, inventing new props, new risky spaces to invest with new extraordinary intention and the dramatic tension increases with the desire to cross that darkness to find out exactly where it leads. One perceives in the increasingly frequent versions of *Vocazione* and *Narciso* an anxiety to penetrate the just discovered semantic obscurity and to explore it as though it were a virgin territory full of possible surprises.

By now Alfano was increasingly found in that penumbra, that silence, that emptiness. He portrayed himself almost with a premonition that this topography was his most stringent vocative reference. And so he reached, with that cathartic meditation on the Caravaggesque shadow, the final chapter of his work. It was marked by a new turning point: the matching of glazed, frozen, metal materials made even more refractory, at every possible sentimental fissuring by the use of the neon which pitilessly illuminates it, reducing every eventual emblematic value of the light. He drew with graphite on black or milky white on skin parchment.

On the canvas *Senza titolo* (1983) in which his shadow is projected onto a shroud lying on a table surrounded by black and crossed by a diagonal "break" on the canvas, Alfano touched a note of mysterious sonority, whose inscrutability induces an evocation of de Chirico's *Portrait prémonitoire d'Apollinaire*, or the same *Ombra di Leonida alle Termopoli*. What is now pressing is no longer the hypothesis of a melancholic inclination, but a transparent and declared frequentation of the *pathos* that is as self-cognitive as it is Promethean. If the black of the backgrounds of *Frammenti di un autoritratto anonimo* provides a backdrop for the word, that of *Figure* (1984-85), made with films in which there are diaphanous anatomies, announces greater depths.

At the beginning of the sixties Alfano created a work belonging to the *Tempi prospettici* cycle, commissioned by the Superintendent of Antiquities Mario Napoli, in a section of the Museo Archeologico di Paestum, adjacent to the hall where *Tomba del Tuffatore* had been exhibited, recovered from a dig in 1968. That version of *Tempi prospettici*, not exempt from the results of sixties experiences and memories stirred in Alfano by his assiduous attendance of Serapeo di Pozzuoli (as shown moreover by the beautiful photos of Mimmo Jodice of 1970), had wed, due to the presence of water and cylindrical shapes, the decorative theme of the *Tuffatore-Defunto*, painted in the sixth century, who dives into the ocean from a diving-board, mythical threshold of the other world. Now, beginning with the *Narciso* studies (1981) up to the end of the eighties, the figure of the *Tuffatore* returns to Alfano's painting with a frequency that is disturbing to say the least. The prone figure intent on the symbolic dive into death or, as Alfano painted it, long diagonal squaring of the sheet or the canvas towards a dull and deadening black coating, in addition to closing a temporal and premonitory circle, likewise weds that dive *dans le vide* painted by Yves Klein (1962) into a sky which in Alfano's painting is now a fixed element of the cobalt blue color of dawn.

Opposed to Klein's interest in emptiness and immateriality, we find the countermelody of Alfano's fatal attraction for darkness and inner prospective without psychoanalytical ambiguities. The darkness, the obscurity to be constantly probed is the internal one of the existential question to which there is no answer, the only moving force admitted to the "theatrical space of the soul" (Alfano). For this reason, as I mentioned at the start, it was difficult to speak of it. But Alfano has managed to do so with his *Camera* (1988) and with his recent paintings in an unsurpassed and unforgettable way.

La pittura
come teatro filosofico

Angelo Trimarco

1. Sulla scena della pittura compaiono ora parole, nozioni, concetti che l'accompagneranno, inquietandola, fino agli esiti estremi, a quell'opera, *Camera*, che ancora oggi penso macchina paradossale, congegno discontinuo, trappola mortale[1]. Questi termini, concetti, parole – archivio, nominazione, temporalità, desituato, discontinuo – disegnano una costellazione che, senza sosta, interroga la rete dei rapporti che designa la rappresentazione, il rappresentare, per suggerirne l'impossibilità. Anzi, da questo momento, in maniera radicale, la pratica pittorica di Alfano diviene esercizio e riflessione su questa impossibilità: un'esperienza privata, la sua pittura (lo ha ripetuto tante volte), che si fa, insieme, teatro dell'intelligenza sul quale la ragione e il suo rovescio, il Medesimo e l'Altro, inscenano un infinito intrattenimento, lacerato e fratturato, incerto e discontinuo, mai terminato né terminabile.

Già i titoli sono emblemi, sulla soglia di due decenni, il Sessanta e il Settanta, di questi taglienti e sottili pensieri: *Archivio delle nominazioni* (1969), *Distanze (delle distanze dalla rappresentazione)* (1969), *Frammenti di un autoritratto anonimo* (1969-1970) – consumata l'esperienza immediatamente precedente dell'arte programmata e cinetica, di cui il lavoro di Alfano conserverà il rigore e l'asciuttezza delle procedure – aprono su un luogo differente, segnato dalla scissura, *Spaltung*, del soggetto e, al tempo stesso, dal nome di Foucault. "La lettura di Michel Foucault ha coinciso con il movimento che segna il mio nuovo lavoro. Ricordo il fascino di quell'incontro, la felicità di quando lo conobbi. Foucault delimita un campo sul quale noi tutti lavoriamo, offre un dispositivo di cui si avvertiva la mancanza, colma un vuoto. Definisce un sapere che è, senz'altro, il nostro sapere". Un sapere, avverte con lucidità Alfano, che scuote luoghi teorici privilegiati, ma ormai inefficaci e come prosciugati. "La critica alla somiglianza e alla rappresentazione, la lettura splendente di *Las Meninas*, la riflessione sul discontinuo, la distanza dallo storicismo e l'amore per l'archeologia, l'ironia sull'empirismo, l'attenzione alle scienze, l'idea che la ragione è la storia del Medesimo e dell'Altro, erano e sono temi per me fondamentali. E ritengo non soltanto per me. Lo sono stati per tutta la mia generazione"[2].

Alfano, così, nel nome di Foucault, non soltanto segna il percorso del suo lavoro anche per i tempi a venire, ma ci invita a riconsiderare come abbia agito nelle trame dell'arte, rinnovandole, sul limitare di due decenni, l'insegnamento foucaultiano: appunto, la critica all'Età della Somiglianza e ai regimi di verità, l'apertura all'Altro, l'attenzione al discontinuo. "Il problema non è più quello della tradizione e della traccia", avverte in questi anni Foucault, "ma quello della frattura e del limite, non è più quello del fondamento che si perpetua, ma quello delle trasformazioni che valgono come fondazione e rinnovamento delle fondazioni"[3].

2. L'archivio, la nominazione, la distanza dalla rappresentazione, il ritratto, l'autoritratto, frammentato e anonimo, divengono, così, i luoghi del suo lavoro, la scena sulla quale mettere alla prova le nozioni sovrane del soggetto, della somiglianza, della temporalità. L'autoritratto è, poi, di questo spazio figura cruciale per riflettere sulla pratica della pittura, sulla sua stessa possibilità, al di là del soggetto – l'autore – che le conferisce pienezza di senso.

L'*Archivio delle nominazioni* è, appunto, un défilé di ritratti e autoritratti: Alfano pone, accanto al suo, uno vicino all'altro, i ritratti di amici che vivono lontano, in altre città. Sono, talvolta, i ritratti di chi segna (disegna) la vita dell'arte, Per esempio, di Beuys, Kounellis, Menna, Boatto, Paolini, Amelio, Boltanski, Bonito Oliva. L'*Archivio delle nominazioni* si presenta come una serie ordinata di astucci di marmo che custodiscono le bobine magnetiche dei racconti dei personaggi, dei loro nomi e degli eventi che hanno attraversato, dei loro silenzi e dei loro desideri. Del genere – del ritratto e dell'autoritratto – Alfano conserva soltanto la cornice che, però, adesso è una struttura lucente di alluminio, poggiata a terra, svuotata al suo interno, percorsa da un capo all'altro dai nastri magnetici. Il telaio di alluminio, che nasconde i magnetofoni di trasmissione, non riesce a contenere il racconto e a definire il campo visivo, a conferire *unità* e *distanza* all'opera, come è proprio della cornice, secondo la suggestione di Simmel, perché Alfano rimuove il visivo sostituendolo con la *voce* e l'immagine con l'infinito scorrimento del *récit* che, debordando dai limiti della cornice, raggiungono, al di là, gli spettatori[4]. Così, la *Stanza per voci*, come l'ha chiamata l'artista, diviene intrattenimento incessante del Medesimo e dell'Altro.

Pensare, dunque, l'*Archivio delle nominazioni* come territorio della memoria ed esercizio del ricordare è non solo riduttivo ma, perfino, uno sbaglio, perché ricollega il lavoro di Alfano a un itinerario teorico segnato ancora dal soggetto come fondamento e unità di senso. Mentre l'*Archivio* – e Alfano non senza ragione fa riferimento a questa nozione fin dal titolo – suggerisce, foucaultianamente, uno spazio radicalmente diverso, "tutto lo spazio della dispersione". "L'analisi dell'archivio", ha detto Foucault, "ci distacca dalle nostre continuità; dissipa quella identità temporale in cui amiamo contemplarci per scongiurare le fratture della storia" e laddove "il pensiero antropologico interroga l'essere dell'uomo o la sua soggettività, essa fa brillare l'altro e l'esterno", perché "la differenza non è origine dimenticata e sepolta, ma quella dispersione che noi siamo e facciamo"[5].

Se l'*Archivio delle nominazioni* dissipa l'identità temporale e fa brillare l'altro e l'esterno, i *Frammenti di un autoritratto anonimo*, di questa dissipazione, segnano il punto estremo d'incandescenza. I grandi quadri, acrilici prevalentemente neri, scanditi dal ritmo scrittura-cancellazione, sono centrati sui processi di produzione testua-

Painting
as Philosophical Theater

Angelo Trimarco

1. Words, notions, concepts appeared to stay on the painting scene, unsettling it and leading to extreme consequences, until the work entitled "Camera," which I still think of today as a paradoxical machine, an erratic contrivance, a death trap. These terms, concepts, words – archive, nomination, temporality, dislocated, discontinuous – make up an array that incessantly interrogates the network of relationships that designates the representation, the representing, in order to suggest the hopelessness of it. In fact, from this moment on, in a radical fashion Alfano's painting became an exercise and reflection on this hopelessness: private experience and his painting (he said so more than once) are together a theater of intelligence in which reason and its opposite, the Self and the Other, stage an infinite entertainment, lacerated and fractured, uncertain and discontinuous, never-ending and interminable.

On the threshold of two decades, the sixties and seventies, his titles were already emblems of these sharp and subtle thoughts: *Archivio delle nominazioni* (1969), *Distanze (delle distanze dalla rappresentazione)* (1969), *Frammenti di un autoritrattto anonimo* (1969-1970). After the immediately preceding experience of programmed and kinetic art whose rigor and leanness would be seen in Alfano's work, they opened a new chapter, branded by the dissension or *Spaltung* of the subject and, at the same time, by the name of Foucault. "Reading Foucault coincided with the movement which characterizes my new work. I recall the fascination of that meeting, the happiness when I met him. Foucault delimits a field in which we all work, giving us a system we felt the lack of, filling a void. He defines a wisdom that is, unmistakably, our wisdom." A wisdom, Alfano clearly felt, which undermined favorite theoretical commonplaces which were by then tired and inefficient. "Criticism of Semblance and representation, the brilliant reading of *Las Meninas*, the meditation on discontinuity, the distance kept from historicism, the love of archaeology, the irony expressed towards empiricism, the attention to the sciences, the idea that reason is the history of the Self and the Other, were and are fundamental themes for me. And I believe not only for me. They were for the whole of my generation."

Alfano thus, in Foucault's name, not only indicated the direction his work would take in the future, but invited us to reconsider how Foucault's teaching acted on the theories of art, regenerating them on the cusp of two decades: precisely, the criticism of the Age of Semblance and the regimes of truth, openness to the Other, the scrutiny given to discontinuity. "It is no longer a problem of tradition and the general plan," Foucault told us in those years, "but a problem of fracture and limit, it is no longer that of the basis which is perpetuated, but that of the transformations which count as the foundation and renewal of the foundations."

2. The archive, nomination, the distance kept from representation, the portrait, the self-portrait, fragmented and anonymous, thus became the locus of Alfano's work, the sphere where he put to the test the sovereign notions of the subject, likeness, temporality. The self-portrait became a crucial figure in this space for a reflection on the practice of painting, on its possible existence beyond the subject – the artist – who gives it full meaning.

The *Archivio delle nominazioni* is, in fact, a parade of portraits and self-portraits: Alfano placed the portraits of friends who lived faraway, in other cities, next to his own self-portrait. Sometimes they are the portraits of those who mark (draw) the history of art. For example, Beuys, Kounellis, Menna, Boatto, Paolini, Amelio, Boltanski and Bonito Oliva. The *Archivio delle nominazioni* appears as an ordered series of marble cases which contain the magnetic spools of the stories of the characters, their names and the events they have experienced, their silences and their desires. Of the genre – portrait and self-portrait – Alfano keeps only the frame, which however is now a shining aluminum structure, resting on the floor, emptied of its insides, crisscrossed from top to bottom by the magnetic tapes. The aluminum case, which conceals the transmitters, is unable to contain the story and to define the visual field, to confer *unity* and *distance* to the work, which a frame should do, according to the ideas of Simmel. Alfano removes the visual and replaces it with the *voice* and the image with the endless flow of the *récit*, which, pouring out of the boundaries of the frame, reaches the spectators beyond. Thus the *Stanza per voci*, as the artist called it, becomes the ceaseless entertainment of the Self and the Other.

Therefore, regarding *Archivio delle nominazioni* as the territory of memory and an exercise in remembering is not only reductive but even a mistake, because it once more connects the work of Alfano to a theoretical territory marked by the subject as foundation and unity of meaning. While the *Archivio* – and Alfano not unreasonably referred to this notion starting from the title itself – suggests, in Foucault style, a radically different space, "the whole area of dispersion." "The analysis of the archive," noted Foucault, "detaches us from our continuity; dissipates that temporal identity in which we love to contemplate ourselves in order to avert the fractures of history," and whilst "the anthropological thought interrogates man's being or subjectivity, it illuminates the other and the outside," because "the difference does not come from a forgotten and buried source but that dispersion we are and make." If the *Archivio delle nominazioni* dissipates the temporal identity and illuminates the other and the outside, *Frammenti di un autoritratto anonimo*, marks the extreme point of incandescence of this dissipation. The large paintings, mostly black acrylics, stressed by the rhythm of writing-cancellation, are cen-

le: sui bianchi che ne inceppano e frantumano la continuità, sui silenzi e le cesure, sulle ferite e la spaziatura, sulla dispersione.

Foucault è, certo, dei percorsi di Alfano trama teorica essenziale. Ma, accanto a Foucault, Caravaggio è, dalla seconda metà degli anni Settanta, lo sappiamo, l'altra "metafora ossessiva". "I lavori di questi anni", ricorda l'artista, "da *Eco-Narciso* alla rivisitazione della *Vocazione di San Matteo* si riferiscono (...) a grandi opere caravaggesche". Tuttavia, sottolinea – ed è l'essenziale –, "la mia intenzione, a scanso di equivoci, non è mai stata quella di citare, manipolare, lavorare stilemi ed emblemi di questo artista"[6].

Alfano colloca, così, con decisione la sua esperienza fuori dei discorsi sull'arte come storia dell'arte o della pittura come "ripetizione differente". Di nuovo la sua attenzione è rivolta alla duplicità, al doppio, a Narciso[7]. Il suo sguardo, della *Vocazione di San Matteo*, trafigge, del resto, soltanto l'intensa lama di nero che distingue lo spazio di Cristo da quello dei giocatori. "È su questo elemento che sono intervenuto: il nero come pausa, intervallo, silenzio, attesa, sospensione", dice ancora l'artista. Appunto, è intervenuto sul nero, sulla lama di nero, come frattura e discontinuità. Questa curvatura teorica lo accompagnerà nel lavoro immediatamente successivo: certo, in *Eco-Discesa*, dove un corpo che cade in diagonale viene segnato ancora da un taglio. E questo taglio distingue, nettamente, l'opera. E, subito dopo, in *Figure*. Ma è, si è detto, in quell'opera del 1987, presentata a Napoli al Museo di Capodimonte, che diviene *trappola mortale*. Perché *Camera* – è questo il titolo dell'opera – spinge il gioco della realtà e della finzione, della rappresentazione e della sua denegazione, del situato e del desituato a quel limite dove il desituato è l'immagine segreta del pensiero[8].

3. Il freddo e il desituato sono gli ospiti, non inaspettati, della *Camera* di Alfano. Già il titolo, così neutrale e indifferente, *Camera*, orienta verso una condizione di sospensione e di silenzio. E, poi, a confermare questa impressione ci sono i materiali, quattro pannelli di metallo opaco di grandi dimensioni (sei metri di lunghezza) e le due strisce di neon che ci restituiscono una luce chiara. Ma, questa volta, al silenzio e al raffreddamento si accompagna un dato sorprendente, inquietante. Proprio il concetto di desituato, suggerito dall'ottaedro di metallo, che reca su ciascuna delle sue facce una bussola diversamente orientata. Uno strumento, dunque, che invece di orientare disorienta, allarma piuttosto che

indicare la via: l'ottaedro che nella *Melancholia I* di Dürer è simbolo della scultura e cifra della capacità ideativa dell'uomo.

Muovendo dall'ottaedro s'incontra qualche metro più avanti (mi riferisco, naturalmente, all'installazione nella Sala dei Camuccini del Museo di Capodimonte), sulla parete che chiude lo spazio, la grande tavola di metallo opaco, scandita in quattro sezioni, rigorosamente in relazione tra loro. Le due lastre, a sinistra, sono vuote, salvo che in alto, dove sono tagliate. E da quel taglio affiora la luce fredda di due neon. Sulla superficie di destra Alfano ha incollato sul metallo dei fogli di pellicola sui quali ha disegnato con la grafite un nudo maschile senza testa, a grandezza naturale. E di questo nudo ha disegnato, contemporaneamente, l'avanti e il dietro, la parte anteriore e quella posteriore. Dunque, un nudo di uomo senza testa e con le braccia in croce: un'immagine che fa pensare, ha suggerito Schilling, anche al "Cristo nella *Crocifissione* del 1426 di Masaccio al Museo di Capodimonte"[9].

La strategia di Alfano è, così, subito all'opera, ponendo una prima (decisiva) contraddizione, uno splendido paradosso, tra lo spazio che segna l'installazione e la *Camera*, la quale, al contrario, è uno spazio aperto, mobile, senza direzioni obbligate, desituato, disorientato (e disorientante). L'ottaedro, si è detto, non è più misura di attività ideative né la bussola è strumento che aiuta a raggiungere una meta, a seguire un cammino. La *Camera* più che un topos è uno spazio mentale, un luogo di riflessione: la riflessione, appunto, sulla fine della rappresentazione o, forse meglio, sulla sua impossibilità.

Così, al dentro/fuori della *Camera* fa da immediato contrappunto l'avanti/indietro dell'uomo nudo in croce. E poi, insieme, il pieno e il vuoto della superficie. Insomma, un gioco sottile e perverso di opposizioni per prendere nella rete, ancora una volta, la pretesa che la pittura sia rappresentazione, conoscenza simmetrica del reale, somiglianza delle immagini alle cose. Ora, dice Alfano a chi entra nella sua *Camera* che la pittura è un intrattenimento infinito sul rappresentare per dimostrarne l'impossibilità. È, si è ricordato, una macchina paradossale, un congegno discontinuo, una trappola mortale.

"Comunque, per me si tratta di non smettere di interrogare quella rete di rapporti che designa la rappresentazione per dimostrare, in fine, come sia impossibile. Il mio lavoro tende, appunto, a riflettere su questa impossibilità"[10], ci ha lasciato detto – ed è un viatico – Carlo Alfano.

1. A.Trimarco, *Quando la pittura è una trappola mortale*, in "Paese sera", 22 marzo 1988, p. 14.
2. *Colloquio di Angelo Trimarco con Carlo Alfano in compagnia di Narciso*, in "Rara Avis", Napoli 1985, s.p.
3. M. Foucault, *L'archeologia del sapere*, t.i., Rizzoli, Milano 1971, p. 12.
4. Sul significato che assume la cornice si rinvia alle riflessioni di G.Simmel, *La cornice* (1902), t.i., in *Il volto e il ritratto. Saggi sull'arte*, introd. di L. Perucchi, t.i., il Mulino, Bologna 1985. Per un'analisi più puntuale di questo transito simmeliano si cfr. il mio libro, *Opera d'arte totale*, Luca Sossella Editore, Roma 2000, pp.30 sgg.
5. M. Foucault, *L'archeologia del sapere*, op. cit., p. 152.
6. *Colloquio di Angelo Trimarco con Carlo Alfano in compagnia di Narciso*, cit., s.p.
7. Sulla figura di Narciso, anzi su Narciso/Alfano, rinvio al mio testo *Per Narciso/Alfano*, catalogo della mostra, Galerie Art in Progress, München, 1976.
8. A. Trimarco, *Napoli ad arte 1985/2000*, Editoriale Modo, Milano 1999, p. 124.
9. J. Schilling , *"Camera, 1987"*, in *C. Alfano*, a cura di B. Corà, Electa, Napoli 1988, p. 22.
10. *Colloquio di Angelo Trimarco con Carlo Alfano in compagnia di Narciso*, op. cit., s.p.

tered on processes of textual production: on the whites which obstruct and shatter the continuity, on the silences and the caesuras, on the wounds and the spacing, on the dispersion.

Foucault is, certainly, an essential theoretical thread in Alfano's work. But alongside Foucault, Caravaggio was from the second half of the seventies the other "obsessive metaphor." The works of these years," recalled the artist, "from *Eco-Narciso* to the revisitation of the *Vocazione di San Matteo* refer . . . to great Caravaggesque works." However, he underlines – and it is essential – "my intention, to avoid any misunderstandings, was never to mention, manipulate or fashion stylistic features and emblems of this artist."

Alfano thus decisively collocates his experience outside art discourses of the history of art or painting as "different repetition." Again his attention is turned to duplicity, the double, Narcissus. His gaze in the *Vocazione di San Matteo*, moreover, pierces only the intense black swathe which distinguishes the Christ's space from the players' space. "It is on this element I went to work: the black as pause, interval, silence, waiting, suspension," repeated the artist. He went to work precisely on black, on the swathe of black, as fracture and discontinuity. This theoretical sweep would accompany him in the works which immediately followed: certainly in *Eco-Discesa*, where a body falling diagonally is again severed by a cut. And this cut clearly distinguishes the work. And, immediately afterwards, in "Figure." But it is and has been said that, in the work of 1987 presented in Naples at the Museum of Capodimonte, it becomes a *death trap*. Because *Camera* – this is the title of the work – pushes the play of reality and fiction, of representation and its negation, of the located and dislocated to that limit that the dislocated is the secret image of thought.

3. Coldness and dislocation are not unexpected guests in Alfano's *Camera*. Already the title, *Camera*, so neutral and indifferent, creates a condition of suspension and silence. And then, to confirm this impression there are the materials – four large-size opaque metal panels (six meters in length) and two neon strips which shed a clear light. But this time, the silence and coolness is accompanied by something surprising and disturbing. It is precisely the concept of dislocation, suggested by the metal octahedron which has on each of its faces a differently pointing compass. An instrument which instead of orienting, disorients, throw-

ing us into alarm rather than showing us the way: the octahedron which in Dürer's *Melancholia I* is symbol of sculpture and cipher of man's ability to invent.

Moving from the octahedron a few meters ahead we find (I am referring of course to the installation in the Sala dei Camuccini of the Museum of Capodimonte) on the wall enclosing the space, the large opaque metal plate, articulated in four sections, tightly linked to each other. The two plates on the left are empty, apart from above where they are cut. And from that cut the cold light of two neon strips emerges. On the right hand surface Alfano stuck sheets of film onto the metal on which he drew a life-size headless male nude in graphite. And he simultaneously drew the front and back, the anterior and posterior of this nude. Therefore we have a nude headless man with his arms crossed: an image which recalls, as Schillling has suggested, "Christ in Masaccio's *Crocifissione* of 1426 hung in the Museum of Capodimonte."

Alfano's strategy is thus immediately at work, raising an initial (decisive) contradiction, a shining paradox, between the space which marks the installation and *Camera*, which, on the other hand, is an open, moving space with no compulsory directions, dislocated, disoriented (and disorienting). The octahedron, as we have said, is no longer the measure of the ability to invent and neither is the compass, an instrument which helps us to reach an objective, to find a route. The *Camera* is a mental space rather than a *topos*, a place for meditation: a meditation on the death of representation or, perhaps better still, on the impossibility of it.

Thus, the front/back of the naked man on the cross makes a contrast to the interior/exterior of the *Camera*. And, at the same time, the fullness and emptiness of the surface. In short, a subtle and perverse play of oppositions to net, once again, the pretension that painting is representation, symmetrical grasp of reality, likeness of the image to actual objects. Now, as Alfano said to whoever went into his *Camera*, painting is an endless entertainment on representation to show how impossible it is. And, as noted, a paradoxical machine, an erratic contrivance, a death trap.

"However, for me it means continuing to interrogate that network of relationships which designates representation to show ultimately how hopeless it is. My work tends, precisely, to reflect on this hopelessness," was the message – and viaticum – that Carlo Alfano left.

1. A.Trimarco, "Quando la pittura è una trappola mortale," *Paese sera*, 22 March 1988, p. 14.
2. "Colloquio di Angelo Trimarco con Carlo Alfano in compagnia di Narciso," *Rara Avis* (Naples, 1985): n.p.
3. M. Foucault, *L'archeologia del sapere* (Milan: Rizzoli, 1971): p. 12. (Eng. trans. Judith Mundell.) Originally published as *L'archéologie du savoir* (Paris, 1969)
4. On the significance of the frame, cf. G. Simmel, "La cornice" (1902), in *Il volto e il ritratto. Saggi sull'arte*, introd. by L. Perucchi, (Bologna: il Mulino, 1985). (Eng. trans. Judith Mundell.) For a more detailed analysis of this Simmelian passage, see my book, *Opera d'arte totale* (Rome: Luca Sossella Editore, 2000): pp. 30 ff.
5. M. Foucault, *L'archeologia del sapere*, op. cit., p. 152.
6. "Colloquio di Angelo Trimarco con Carlo Alfano in compagnia di Narciso," op. cit., n.p.
7. On the figure of Narcissus, or rather Narcissus/Alfano, see my text, *Per Narciso/Alfano*, exhib. cat. (Munich: Galerie Art in Progress, 1976).
8. A. Trimarco, *Napoli ad arte 1985/2000* (Milan: Editoriale Modo, 1999): p. 124.
9. J. Schilling, "Camera, 1987," *Carlo Alfano*, ed. B. Corà (Naples: Electa, 1988): p. 22.
10. "*Colloquio di Angelo Trimarco con Carlo Alfano in compagnia di Narciso*," op. cit., n.p.

Camera

Jürgen Schilling

Quadro ed installazione, un insieme coinvolgente lo spazio, costituiscono l'ultima opera di Carlo Alfano: *Camera*. Egli dispone quattro tavole di alluminio di gran formato (veri e propri oggetti) l'uno accanto all'altro su una superficie di sei metri di lunghezza. Un altro oggetto pure di alluminio, in forma di ottaedro irregolare, gli sta davanti nello spazio. Il quadro alla parete (composto da quattro parti) è a sua volta diviso in due. Le due lastre a sinistra sono tagliate pochi centimetri sotto il margine superiore quasi per tutta la lunghezza, e il taglio lascia passare la luce chiara, fredda, di un neon. Per il resto queste superfici sono vuote.

Di fronte al loro freddo silenzio, la parte destra del quadro, nera e bloccata alla prima impressione, è ad uno sguardo più ravvicinato sfumata e mossa. Su fogli di pellicola (incollata sul metallo), che già aveva più volte usato in precedenti lavori, Alfano ha disegnato con la grafite un nudo maschile a grandezza naturale, senza testa.

La parte sinistra della figura, che si stacca come un'ombra dal fondo, è costituita dalla parte anteriore del corpo; l'altra, sulla destra, dalla parte posteriore.

Debolmente essa scaturisce dal fondo nero luminoso. È come se questo corpo anonimo girasse attorno ad un asse invisibile, entra nella superficie nera del quadro e di nuovo ne esce. Essa si crea il proprio spazio senza muoversi in uno spazio determinato. Si tratta di un'originale interpretazione del crocifisso da parte di "un pittore il giorno dopo il rinascimento" così come Alfano si vede?

La forma di un uomo con le braccia completamente aperte fa pensare al disegno di Leonardo per illustrare il canone proporzionale di Vitruvio: "l'ampiezza di palmi di un uomo con le braccia spalancate corrisponde esattamente alla sua altezza", o anche al Cristo nella *Crocifissione* del 1426 di Masaccio al Museo di Capodimonte, la cui testa a stento sembra appartenere al corpo. Ma diversamente che in queste costruzioni visualizzanti sistemi di idee, manca alla figura di Alfano qualsiasi sostegno sicuro. Persino la banda scura, in acrilico, a destra in basso, dipinta sulla pellicola, che ha la funzione di mantenere la simmetria visiva, qui non è in grado di cambiare niente. La mezza figura si muove senza peso ma non senza interna drammaticità. Questa rappresentazione della realtà non esprime nulla di obiettivo sullo stato o addirittura sulla posizione del motivo tematico. L'entrare dentro e, attraverso la morte, l'allontanarsi dalla vita, potrebbe essere il tema di questo lavoro. Orfeo negli inferi in dubbio se avanzare o guardare indietro, il cadere di Don Giovanni dopo il confronto con il convitato di pietra?

Ma i modi di procedere, la scelta dei materiali indicano la distanza da questo tema, evitano valutazioni dirette, impediscono interpretazioni premature. Benché nata contemporaneamente a disegni e collage del tutto eterogenei, fogli molto spesso esprimenti una volontà di comunicazione tutta individuale (*Studi per Narciso*, *Figure*, *Teste*), questa rappresentazione rimane, malgrado ogni condizionamento iconografico, senza emozione, agendo come puro segno.

Alfano ribadisce che il titolo di questo ciclo, *Camera*, è stato scelto in contrapposizione al concetto di stanza che denominerebbe in senso poetico e concreto una stanza di soggiorno (egli ha ripetutamente usato in rapporto ad altri cicli *Stanza di soggiorno* e *Stanza da notte*). *Camera*, che è anche strumento del fotografo nella sua opera di soggettiva banalizzazione, si riporta immediatamente e direttamente al più intimo ambito dell'Artista.

I tubi al neon, senz'anima, dalla luce intensa e sottile, sono nella *Camera* ma li si ritrova anche nel nudo atelier dell'artista alla Riviera di Chiaia: due luci che illuminano il processo di formazione di tutte la sue opere. Così questo astratto elemento si rivela come un'ironica allusione alla realtà.

Forse anche le bussole, montate al centro di ogni faccia della scultura (la cui funzione sarà stata scoperta non lontano dal luogo di origine di questa opera) sono da interpretare così. Esse indicano il "loro" nord, cercano, come è la loro funzione, l'orientamento, il loro punto di vista: come l'artista nel suo studio, la *Camera* che descrive la sua visione delle cose.

Una costruzione simile reagisce nello spazio al suo campo d'azione, essa sembra uscita dalla parete del quadro, determinando, con il suo modellato angoloso ed aggressivo, l'atteggiamento dell'osservatore. Essa confonde e tuttavia agisce costruttivamente. Anche per questa scultura il pensiero si riporta all'obiettivo programmatico-universale del Rinascimento italiano e tedesco. Un ottagono simile lo troviamo nell'incisione di Dürer, la *Melancholia* del 1514: il poliedro come emblema della scultura e simbolo dell'attività ideatrice. Ma qui, riportato in tre dimensioni, esso sta come inquietudine del lucido dialogo con quanto accade nell'opera alla parete. Lo spazio viene definito e compreso ma sempre, di nuovo, si danno ulteriori possibilità di osservazioni e di presa con lo sguardo. Tuttavia, esso si afferra a chi penetra in lui. Il rigore respingente del metallo levigato trova una corrispondenza stringente nei sensibili tratti sul nero della pellicola. L'assieme di questi oggetti nello spazio scatena un suono che domina l'ambiente. Caldo, freddo, chiaro splendente, oscurità profonda, ragione ed illusione trovano qui uno strano rapporto.

Come si inserisce questa installazione nell'opera di Alfano? Il pittore riporta, come nei suoi precedenti lavori, simboli classici,

Camera

Jürgen Schilling

Painting and installation, a combination involving space, make up Carlo Alfano's last work: *Camera*. He arranged four large-size aluminum sheets (real objects) side-by-side on a surface measuring six meters in length. Another object – it too made of aluminum – in the shape of an irregular octahedron stands in front of it. The painting on the wall (composed of four parts) is in turn divided in two. The two sheets on the left are cut a few centimeters under the top edge almost the whole of its length, and from the cut emerges the clear, cold light of neon. Otherwise these surfaces are empty. Facing their cold silence, the right side of the painting, black and frozen, on first impressions is faded and blurred. On the sheets of film (stuck on metal) which he had already used several times for previous works, Alfano drew a life-size headless male nude in graphite.

The left of the figure, which detaches itself like a shadow from the background, is made up of the front of the body; the other, on the right, of the back. This emerges faintly from the luminous black background. It is as though this anonymous body were revolving around an invisible axis, entering into the black surface of the painting and emerging once more. It creates its own space without moving in a fixed space. Are we dealing with an original rendition of the crucifix by "a painter the day after the Renaissance," as Alfano saw it?

The shape of a man with his arms thrown wide apart reminds us of Leonardo's drawing illustrating Vitruvio's canon of proportion – "the width between the man's palms with his arms thrown open corresponds exactly to his height" – or to the Christ in Masaccio's *Crocifissione* of 1426 at the Museum of Capodimonte, whose head hardly seems to belong to the body. But unlike these visual systems of ideas, Alfano's figure is lacking any safe support. Even the dark acrylic band at the lower right, painted on film, whose task is to maintain the visual symmetry, is not able to make any difference here. The half figure moves weightlessly, but not without internal drama. This representation of reality says nothing objective on the state or even the position of the thematic motif.

Could coming into and, by dying, leaving life, be the theme of this work? Orpheus in Hades, doubting whether he should go ahead or look behind him, the stone corpse of Don Giovanni after the encounter with the guest? The procedure and choice of materials, however, indicate how far we are from this theme, elude explicit judgments, and impede premature assessments. Although created at the same time as completely heterogeneous sheets of drawings and collages often expressing a wholly individual will to communicate (*Studi per Narciso*, *Figure*, *Teste*), this representation, despite every iconographic conditioning, remains emotionless, acting as pure sign.

Alfano repeated that the title of this cycle – *Camera* – was chosen as a contrast to the concept of "room," which would denominate in a poetic and concrete sense a living-room (he repeatedly used the terms "living-room" and "bedroom" in relation to other cycles). *Camera*, which is also the photographer's tool in this work of subjective trivialisation, leads immediately and directly to the more intimate environment of the artist.

The soulless neon tubes of intense, subtle light are found both in *Camera* and in the artist's bare atelier at Riviera di Chiaia: two lights which illuminate the creative process of every one of his works. Thus this abstract element is revealed to be an ironic allusion to reality.

Perhaps the compasses, too, mounted at the center of each face of the sculpture (whose function will have been revealed not far from the place of origin of this work) are to be interpreted in that way. They indicate "their" north; they seek, as is their function, direction, their point of view: like the artist in his studio, *Camera* describes his vision of things.

A similar construction reacts in the space to its scope – it seems to have come out of the wall of the painting, determining the observer's attitude with its angular and aggressive modeling. It confuses and yet acts constructively. For this sculpture, too, the thought leads to the programmatic-universal objective of the Italian and German Renaissance. We find a similar octagon in the engravings of Dürer, the *Melancholia* of 1514; the polyhedron is an emblem of sculpture and symbol of creative activity. But here, in three dimensions, it stands for uneasiness in the lucid dialogue with what is happening in the work on the wall. The space is defined and understood, but again there are always more things to observe and which arrest the eye. However, it clings to who penetrates it. The repelling rigor of the polished metal finds a forceful correspondence in the sensitive strokes of black on film. The combination of these objects in space triggers a sound which dominates the environment. Hot, cold, shining clarity, deep obscurity, reason and illusion form a strange relationship here.

How is this installation part of Alfano's work? The painter added, as he did in his previous work, classic symbols, inserting them as calculated stylistic tools. Already the cycle on the mysterious and silent flow of time, reflection and self-inquiry – though dramatic and marked by individual emotion (*Frammenti di un autoritratto anonimo*) dating back to the end of the sixties and the whole of the seventies – and then the long pursued encounter with *Narcissus*, which drowns in itself, and Caravaggio's *Vocazione di San Matteo* prepare us for the "Echo" of this work.

inserendoli come mezzo stilistico calcolato. Già il ciclo sul flusso misterioso e silenzioso del tempo, riflessione ed indagine su se stesso, pure drammatico ed improntato di individuale emozione (*Frammenti di un autoritratto anonimo*) risalente alla fine degli anni Sessanta e per tutti gli anni Settanta, poi il confronto a lungo perseguito con *Narciso* che annega in se stesso e con la *Vocazione di San Matteo* del Caravaggio preparano l'"Eco" di quest'opera.

Lo specchio, rappresentato dalla superficie nera e rilucente della pellicola, riflette non più Narciso che ama se stesso senza essere amato.

Anche l'artista si è ritirato: ora solo gli osservatori si scorgono, anche se in maniera appena percepibile, nel quadro. Proprio ciò che impedisce la riproducibilità di questa opera, la superficie specchiata, crea qui un nuovo campo di significati.

L'osservatore entra nella *Camera* – l'evento – si muove tra l'oggetto al suolo e la nuda parete di metallo, interrotta in parte dal disegno trasparente. Egli non sfugge a se stesso perché dall'opera si sviluppano volumi che vanno al di là, oltre il corpo disegnato nel nero: perché lo spazio circostante a questa figura non è neppure prevedibile. Ma c'è qualcosa che ha il suo posto stabile?

Caravaggio, a cui Alfano si richiama, pretendeva di dipingere ciò che vedeva creando un realismo estremamente soggettivo, interpretando la realtà ambiguamente. Alfano rinunzia a indicare una persona determinata, che potrebbe essere identificata.

Anche la propria immagine diretta o indiretta, nascosta o messa in dubbio, a lungo tema del suo lavoro, una particolare forma di riflessione su se stesso, si ritira cautamente dietro l'esigenza di una forma universalmente valida.

Malgrado tutti i contrasti di materia, e proprio a causa delle cesure stilistiche, questa installazione ci stimola, sviluppando un colloquio mentale intensificato dalla plastica presenza dei partner nello spazio. Il tempo catturato ne è il tema non come flusso di colonne di numeri, di frammenti di nastri registrati o di foto, ma come segno di un determinato insostituibile momento.

Alfano, in quest'opera, più che nei narrativi *Frammenti*, in cui le cifre si alternano a brani letterari e che vogliono essere letti solo da chi sia in grado di coglierne il senso, confida nella profondità delle argomentazioni dell'immagine. Ora il posto delle belle partiture di tipo musicale o del ciclo *Figura* nella combinazione di superfici monocrome con la figura, concepita concettualmente, Alfano ha scoperto una nuova possibilità di far diventare immagine la sua ossessione.

Egli stesso si espresse, tempo fa, in questi termini: "[l'opera] è un evento, una realtà conclusa. Essa nasce da una serie di possibili condizioni mentali e reali concretizzatesi in forma. Esse si dissolvono continuamente per formare daccapo nuove serie di costellazioni per future opere... Anche la pittura ricalcando le proprie tracce, ricusando i suoi vecchi scenari della rappresentazione, dissolve le precedenti categorie dei suoi 'universali' creando così nuove realtà, nuovi eventi in cui nuovamente si rappresenta...".

Non ho mai capito il paragone che spesso viene fatto con l'Arte povera; i moti del pensiero e del comportamento di Alfano sono di tutt'altro tipo. Che egli utilizzi tecniche sconosciute agli storici dell'arte di ieri che significa?

Alfano ha cominciato con ambizioni letterarie (gli interessa sempre il genio di Shakespeare) che ancora traspaiono nei lavori degli anni Settanta. Il suo interesse era ed è di scoprire la mutabilità delle forme nel tempo e nello spazio, il cui moto e il cui linguaggio trasmettono le "verità sempre valide". Questo vale per i contenuti della sua opera che non può essere classificata nei normali canoni di logori modelli concettuali.

in B. Corà (a cura di), *Carlo Alfano*, catalogo della mostra, Museo Nazionale di Capodimonte, Napoli 1988.

The mirror, represented by the black and glittering surface of film, no longer reflects Narcissus who loves himself without being loved. The artist has also withdrawn: now only the observers discern themselves – although only just barely – in the painting. It is precisely the thing that stops the work from being reproduced – the mirrored surface – which creates a new field of meanings.

The observer enters into *Camera* – the event – moving between the object on the ground and the bare metal wall, partly broken by the transparent drawing. He cannot escape from himself because the work develops volumes of space which go out beyond the body drawn in black: because not even the space surrounding this figure is predictable. But is there anything that has its own stable place?

Caravaggio, whom Alfano refers to, claimed to paint what he saw, creating an extremely subjective realism, interpreting reality ambiguously. Alfano forgoes the idea of indicating a particular person who could be identified. Even his own direct or indirect, hidden or questioned image, which was long a theme in his work, a particular form of self-meditation, cautiously retreats behind the need for a universally valid form.

Despite all material contrasts, and precisely because of the stylistic caesuras, this installation stimulates us, developing a mental conversation intensified by the plastic presence of partners in space. Time captured is not the theme meant as a flow of columns of numbers, fragments of recorded tapes or photos, but as a sign of a particular, priceless moment. Alfano confides in this work, more so than in the narratives entitled *Frammenti*, in which the figures alternate with literary passages and demand to be read only by those who are able to grasp the meaning in the depth of the argument of the image. Now, combining beautiful scores of a musical nature or the *Figure* cycle with the monochrome surfaces and a figure conceived conceptually, Alfano discovers a new means of turning his obsession into image.

He said it himself some time ago, using these words: "[the work] is an event, a definitive reality. It is born of a sequence of conceivable mental and real conditions concretized in form. They continuously dissolve to form once more new sequences of clusters for future works. . . . Painting, too, retracing its steps, rejecting its old scenarios of representation, dissolves the previous categories of its "universals" thus creating new realities, new events in which, once again, it represents itself. . . ."

I have never understood the comparison that is often drawn with Arte Povera: Alfano's notions of thought and behavior are completely different. What should it mean that he used techniques unknown to art historians of the past?

Alfano began with literary ambitions (he was always interested in the genius of Shakespeare), which are again visible in his works of the seventies. He was interested in discovering the mutability of forms in space and time, whose motions and language transmit the "eternally valid truth." This is true for the contents of his work, which cannot be classified using the normal canons of worn-out conceptual models.

in B. Corà, ed., *Carlo Alfano*, exhibition catalogue (Naples: Museo Nazionale di Capodimonte, 1988).

Autoritratto in negativo

Flavia Alfano

“. . . . . e ci incontriamo qui . . . .
. . . . . . io seduto in questa stanza ed il cane che sta abbaiando contro le onde del mare . . . .
. . . . io onaflA sono di fronte al muro . . . . non ho premura di incontrare Alfano di fronte. . . . .
. . . .”
(C. Alfano, *Nastro n. 0,8* dall’*Archivio delle nominazioni 1969, ’70, ’71, ’72, ’73, ’74…*)

A ritroso i passi di Alfano, le sue tracce, le sue parole, appaiono ora come una successione di centri concentrici, persi uno nell’eco dell’altro, ritmicamente aperti eppure, come i respiri, chiusi e conclusi autonomamente. In ogni sua opera c’è una tensione ad interrogarsi, più che a dare un segno certo, ed a porre, di riflesso a sé e a noi, domande sul significato della rappresentazione, del dipingere: “un segno concluso è la certezza [ed io] non so cosa dovrei narrare a me o agli altri. Per cui diciamo che anche a me stesso do un segno ambiguo, un segno incerto…”[1]. Forse proprio questa assenza di certezze può accompagnarci, mentre fugacemente attraversiamo la sua opera[2], insieme al dubbio, una volta in più, che il linguaggio delle parole sia incompleto ed inadeguato di fronte ai suoi lavori. Più efficace risulta, per sintonizzarsi sulla sua lunghezza d’onda, utilizzare “altre” categorie mentali: durata, intensità, risonanza, profondità, opacità, silenzio, destino, luce, oscurità, intese come qualità percettive.

Dalla fine degli anni Cinquanta, in quello che Alfano stesso definiva come il capitolo di una personale “preistoria”, “un intimo privato lavoro solitario”, il discorso pittorico sembra suggerire piuttosto che affermare, insinuandosi lentamente nella geografia interiore dello spettatore. In questa “preistoria” appaiono, a viaggio ultimato, suggestioni[3] concetti, che riaffioreranno, con altri segni e altre immagini, in tutto il suo lavoro successivo, come in un percorso spiraliforme.
Nelle figure scaturite dai primi pensieri la meditazione materica elabora ora accrescimenti variegati, ora leggere concrezioni coloristiche, ponendo in essere una strategia spaziale articolata su una pluralità di piani dove le immagini, funzionali sempre a questa ricerca, sono prive di ogni greve enfasi di tante opere coeve.
La produzione di quegli anni traduce queste istanze in accorti incastri di piani attraverso il colore, ottenuto mediante successive velature di lacche e trasparenti profondità rosse che creano compagini lucenti come smalti medievali (figg. 1, 2, 3). Nella grafica[4] di quegli anni il tratto è nervoso, elegante, lo schema compositivo risulta essenziale, incisivo, con interventi cromatici improvvisi che accendono inattese intensità sonore. (fig. 4).

Nelle opere che vanno dalla fine degli anni Cinquanta e gli inizi degli anni Sessanta alle figure viene detratto ancora peso. Esse emergono monumentali da insondabili profondità spaziali, appaiono improvvisamente, grazie alla momentanea incidenza di una luce dorata che si compenetra e crea una materia corpuscolare[5] tanto rilevata dal piano di fondo, da catturare anche la realtà esterna: quella dello spettatore (fig. 5).
“Egli compie una ricerca nella fluidità e nella mobilità delle cose, una ricerca non circostanziata nei tempi e nei luoghi. La materia cromatica ristagna nel motivo centrale, disposto in modo che l’opera possa essere intesa quasi diaframma inserito fra una realtà esistenziale ed una più misteriosa essenza immaginaria (…) il pittore tende ad inserirsi in un sistema temporale, in una categoria, i cui cardini sono i valori di flusso e di durata. Annullando sempre più il visibile e la sua immediata contingenza (…)”[6].
A partire dal 1963 la sperimentazione di Alfano assume i connotati di un metodo più analitico affrontando (su scenari diversi rispetto alla prima fase squisitamente pittorica) il problema della identità spaziale; nelle opere diviene più evidente la coesistenza di altri segni che confluiscono in una ambiguità della rappresentazione. Preliminarmente l’indagine muove i primi passi ancora dalla “pittura” (fig. 6) ormai esile frammento pittorico; successivamente le immagini vengono sezionate, poste su altrettante lastre di plexiglas (quasi per un esame *in vitro*) e trasferite in costruzioni solide. Ciò che appare è una diafana struttura tridimensionale che pur avendo catturato, circoscrivendoli, i tanti frammenti, non restituisce più l’immagine originaria; la sommatoria dei segni ha alterato la natura dell’oggetto rappresentato (fig. 7). Alfano come Foucault sa bene che “la scrittura e le cose non si somigliano” e nella sua pittura come nel Don Chisciotte “(…) i segni (leggibili) non somigliano più agli esseri (visibili)”[7].
La messa in scena di questi primi esperimenti (fig. 8) crea inusuali

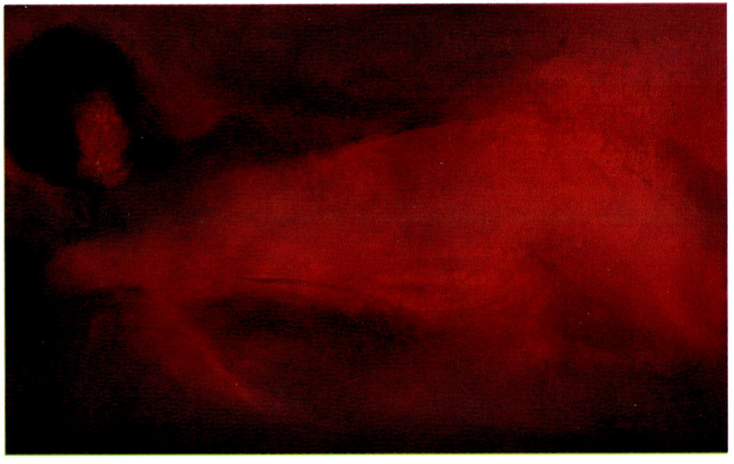

Self-Portrait
in Negative

Flavia Alfano

". . . . . and we meet here . . . . .
. . . . . I am sitting in this room and the dog is barking at the
waves of the sea . . . .
. . . .
I onaflA am in front of the wall . . . . I am in no hurry to meet
Alfano in front. . . . .
. . . ."
(C.Alfano, *Tape no. 0.8*, from *Archivio delle nominazioni
1969, '70, '71, '72, '73, '74 . . .*)

Backwards Alfano's steps, traces, words now appear as a
sequence of concentric circles, lost in the echo of each other,
rhythmically open or, like breaths, autonomously shut and
concluded. Each of his works strains to a self-examination,
rather than giving a sure sign, and asks questions, as a consequence of itself and of us on the meaning of representation, of
painting: "a concluded sign is the certainty [and I] don't know
what I should narrate to myself or others. Therefore let's say
that I give an ambiguous sign, an uncertain sign to myself too.
. . ."[1] Perhaps it is precisely this absence of certainties which
accompanies us, as we fleetingly go through his work,[2] together with the doubt, once again, whether the language of words
are complete and adequate enough to describe his works. It
turns out to be more efficient to use "other" mental categories
in order to tune into his wavelength: length, intensity, resonance, depth, opacity, silence, destiny, light, obscurity, understood as perceptive qualities.

From the end of the fifties, in what Alfano himself defined as
the chapter of a personal "prehistory," and "an intimate private
solitary work," the painting discourse seems to suggest rather
than affirm, insinuating itself slowly into the interior geography of the spectator. In this "prehistory," at the end of the journey, suggestions,[3] concepts appear, which will reemerge, with
other signs and other images, in all his subsequent work, as in
a spiral path.
In the figures flowing from the first thoughts, the material
meditation elaborates now variegated enhancements, now col-
or concretions, placing in being a spatial strategy articulated
on a plurality of planes where the images, always functional to
this research, are void of the heavy emphasis of many contemporary works.
The production of those years translates these instances into a
shrewd slotting of planes by color, obtained through a succession of lacquer glazes and transparent red depths which create
glossy frameworks like medieval glazes (figs. 1, 2, 3). In the
graphics[4] of those years the line is hesitant, elegant and the

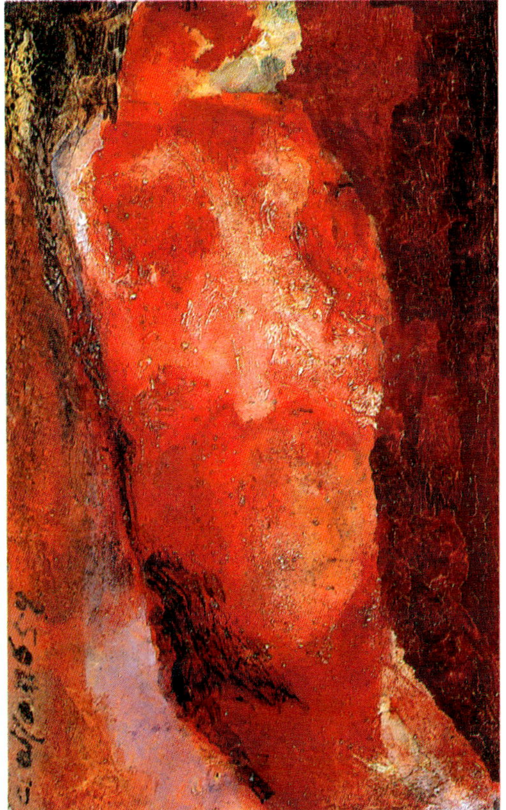

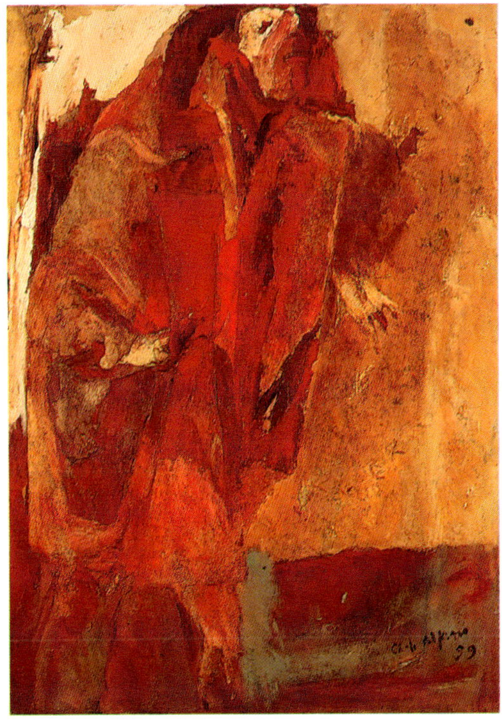

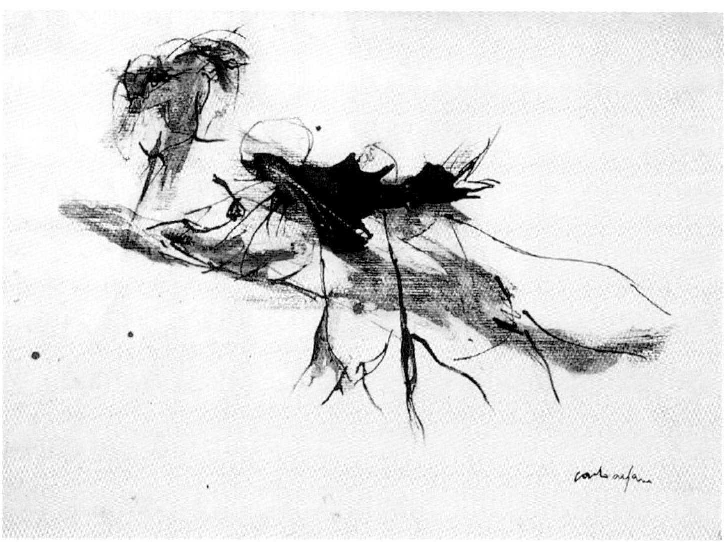

scenari spaziali pregni di possibilità impreviste ed imprevedibili, tutte contemporanee e assolutamente prive di una gerarchia visiva. Con i cicli *Tipo e strutture ritmiche* e *Tempi prospettici* l'analisi diviene più fredda. In queste opere sembra aleggiare la stessa rarefatta atmosfera del *Ritratto di Fra Luca Pacioli con un allievo* nel Museo di Capodimonte: un universo costellato di diafani solidi e astratte idee di geometrica leggerezza.

Ponendo come presupposto le coordinate classiche della prospettiva, Alfano mette a punto una scienza della dissimilitudine visiva il cui teorema dimostra gli inesauribili scarti della percezione spazio-temporale: ad un tempo medesima e diversa.

Una essenziale partitura segnica (fig. 9) dipinta su tavole di legno, a parete o da terra, costituisce un primo livello visivo/spaziale; su questo piano vengono collocati lucenti cilindri di acciaio o in plexiglas (selettori) che offrono superfici ora specchianti ora trasparenti (entrambi alteranti) e creano diverse casistiche fenomeniche. "La variabilità che scaturisce da questo sistema grafico spostando gli elementi fa si che io stesso debba inventare sempre di nuovo (…) la variabilità dovuta allo spostamento degli elementi cilindrici è ciò che innanzitutto mi interessa in quanto mi trovo, quando materialmente l'opera è finita, sempre nel corso di esecuzione, cioè nella situazione di dover inventare, come è naturale nella durata dell'agire…"[8].

Lo spazio che Alfano costruisce non è uniforme ed immobile ma interagisce costantemente con quello classico attraverso l'oscillazione tra univocità prospettica e visione eccentrica, perturbazione della regola e rottura degli equilibri spaziali. Egli non si pone come fine la "meraviglia" poiché le sue non vogliono essere trappole ottiche che scompaginano i termini autenticità/arbitrarietà. Il suo intento è di porsi nello spirito esattamente opposto a

quello, per esempio, delle *anamorfosi* (giochi eruditi del secolo XVII) che, partendo da prospettive depravate, ristabilivano l'ordine figurativo ribadendo le leggi prospettiche classiche (fig. 10); "(…) le opere [di Alfano] non pongono un punto fisso di riferimento, non tendono a raggiungere una certezza (l'immagine riflessa che ci dà la rappresentazione reale), ma a sottrarsi a qualsiasi principio di determinazione gerarchica del pattern formale per stabilire una perfetta equivalenza tra realtà e virtualità, determinazione e ambiguità, figura e fondo"[9].

Alla fine degli anni Sessanta la scala dimensionale dell'opera allarga i suoi confini assumendo l'ambiente a proprio scenario offrendo così un coinvolgimento sensoriale che in *Tempi di un percorso circolare* (1968; p. 49) è totale[10]. "Su una serie di colonne – come sistema chiuso di proporzioni equivalenti – scorrono, con tempi diversi, due ritmi di segni uguali, luminosi (proiezioni di films). Delle file di tubi trasparenti, posti sulle colonne, interrompono questi ritmi – uguali nello spazio circolare – e, deviandone la direzione e alterandone il tempo, aprono il cerchio del sistema chiuso"[11]. In questo ambito si inserisce tra il 1969 e il 1970 l'interessante progetto per una piazza[12] di cui rimane, come traccia, la foto della *maquette* distrutta (p. 50-51).

Tra il 1968 ed il 1970 Alfano realizza alcune delle sue opere cruciali facenti parte del ciclo *Tempi prospettici*: *Delle distanze dalla rappresentazione* (1968-1969) (p. 60), *Distanze (delle distanze dalla rappresentazione)* (1969; p. 61), *Tempi prospettici* (1970-1972; p. 54-55).

Alfano si conferma, anche in questi lavori, artefice estremamente raffinato e calibrato interprete di effetti visivi, di materiali minimi. In *Delle distanze dalla rappresentazione* (1968-1969) l'opera celebra, in una liturgia laica, il rito ritmico di un necessità fenomenica: una goccia cade ad intervalli regolari delineando il disegno di un silenzioso disturbo nella quieta superficie liquida, in un infinito intrattenimento. A poca distanza si colloca *Distanze (delle distanze dalla rappresentazione)* (1969)[13]: qui la linea di fuga disegnata sul pavimento invita a seguire la certezza prospettica, ma avvicinandoci – riducendo temporalmente e spazialmente le distanze dalla rappresentazione – ci attende l'illusorietà della rappresentazione

Nell'ambito del ciclo *Tempi prospettici*[14] (p. 25; p. 52-53) Alfano realizza successivamente a Paestum, su incarico di Mario Napoli, un'opera installata di fronte alle lastre della *Tomba del tuffatore*[15] (figg. 11, 12) L'opera dischiude il suo significato proprio in questo porsi frontalmente ed in relazione con il tuffatore[16]. Il suo spazio si apre nella frattura del dialogo tra la caduta bloccata, sospesa dell'ultimo tuffo, con il quale l'efebo dà il suo commiato alla vita e la mobile incertezza: la trasparenza inquieta di *Tempi prospettici*. La qualità incorporea dell'acqua, la sua capacità di rivelare

composition is essential, incisive, with sudden additions of color which illuminate unexpected sonorous intensities. (fig. 4).

In the works which span the years from the end of the fifties to the beginning of the sixties some weight is subtracted from the figures. Things emerging monumentally from unfathomable spatial depths appear suddenly, thanks to the momentary incidence of a golden light, which overwhelms and creates a corpuscular material[5] shown on the bottom plane to such an extent that it captures external reality, too: the spectator's reality. (fig. 5)

"It investigates the fluidity and mobility of things, a research not circumstantiated in times and places. The chromatic material stagnates in the central motif, arranged in such a way that the work may be understood almost as a diaphragm inserted between an existential reality and a more mysterious imaginary essence. . . . the painter tends to become part of a temporal system, in a category, whose pivots are the values of flux and duration. Increasingly canceling the visible and its immediate contingency. . . ."[6]

From 1963 Alfano's experimentation takes on the connotations of a more analytical method dealing (in different scenarios compared to the first exquisitely pictorial phase) with the

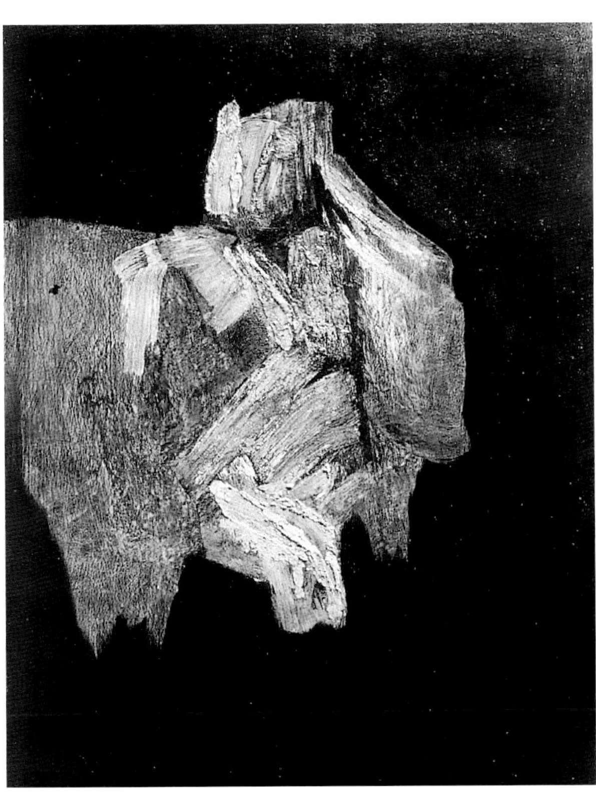

problem of spatial identity; in his works the coexistence of other signs which meet in an ambiguity of representation becomes more evident. Preliminarily the research takes its first steps away from the "painting," (fig. 6) now a slim pictorial fragment; subsequently the images are sectioned, placed on as many sheets of Plexiglas (almost as though for an in vitro examination) and transferred into solid constructions. What appears is a three-dimensional diaphanous structure, which though having captured the many fragments by circumscribing them, no longer gives us the original image; the summation of signs has altered the nature of the object represented (fig. 7). Alfano like Foucault knows well that "writing and things do not resemble each other," and in his painting as in Don Quixote, ". . . the legible signs no longer resemble (visible) beings."[7]

The staging of these early experiments (fig. 8) creates unusual spatial scenarios teeming with unforeseen and unforeseeable possibilities, all contemporary and absolutely void of a visual hierarchy. With the cycles *Tipo e strutture ritmiche* and *Tempi prospettici* the analysis becomes colder. In these works the same rarefied atmosphere of *Ritratto di Fra Luca Pacioli con un allievo* in the Museum of Capodimonte seems to pervade: a universe studded with diaphanous solids and abstract ideas of geometrical lightness.

Presupposing the classical coordinates of prospective, Alfano refines a science of visual dissimilitude whose theorem shows the inexorable waste of space-time perception: at once the same and different.

An essential score of signs (fig. 9) painted on wooden boards, on the wall or on the ground, makes up an initial visual/spatial level: on this plane shiny steel or Plexiglas (selectors) cylinders are placed which have mirroring and transparent surfaces (both distorting) and create different phenomenal casuistries. "The variability that flows from this graphic system of moving the elements means that I myself must continually reinvent . . . the variability owed to the shifting of the cylinders is what interests me most of all as I find I am, when the work is materially finished, always in the middle of execution, that is in the position of having to invent, which is natural when you are doing something."[8]

The space Alfano creates is not uniform and motionless, but constantly interacts with that classic space through the oscillation between perspective clarity and eccentric vision, upsetting the rules and destroying the spatial balance. He does not propose "marvels" as his aim since his are not intended to be optical traps which topple the terms authenticity/arbitrariness. His intention is to enter into the spirit exactly opposite

all'uomo la propria immagine, la limpida deformazione del plexiglas che restituisce l'ambigua apparenza del "doppio"
(fig. 13), la lucida impenetrabilità dell'acciaio, danno vita in quest'opera ad una rigorosa configurazione segnica dove l'esperienza emotiva suscitata è una epifania casuale a posteriori, inattesa e non perseguita a priori.
Le opere *Distanze* (1967; p. 58), *Distanze (1)* (1969; p. 59), *Distanze (2)* (1969; p. 59), segnano la conclusione ed il passaggio alle tematiche espressive del decennio successivo. Sulle tavole è delineata una leggerissima ed incongrua impalcatura spaziale nella quale veniamo catturati da un piccolo specchio; avvicinandoci troviamo un altro spazio: quello di una foto dell'opera prima che venisse aggiunto lo specchio. Attraverso questo meccanismo delle differenze discrete, del turbamento, Alfano definisce (nell'esiguo margine della sottrazione, e della riduzione dei mezzi) una topografia delle distanze, una geografia delle lontananze (p. 62).

Stanza per voci (1968-1969), *Archivio delle nominazioni 1969, '70, '71, '72, '73, '74...* (1969-1970), *Posto per la memoria* (1969-1970), *Spazio per trentadue secondi* (1969-1970), *Frammenti di un autoritratto anonimo* (1969-1970), sono opere che costituiscono il nucleo centrale della poetica di Alfano. Esse condensano in una forma essenziale il discorso sullo spazio/tempo dandone una definizione pura e perentoria.
 Stanza per voci (1968-1969: p. 75), *Posto per la memoria* (1969-1970; p. 66), *Spazio per trentadue secondi* (1969-1970; p. 66), sono opere che percepiamo in tutta la loro icastica assoluta. Le cornici, in alluminio anodizzato, denunziano subito una indicativa assenza, o meglio, una non-presenza: la tela, luogo tradizionale della rappresentazione pittorica.
In *Stanza per voci*, nel vuoto perimetrato dalla cornice, un nastro magnetico fende lo spazio ed il racconto sonoro, che fuoriesce da due piccole fessure, modella lo spazio della stanza[17] (fig. 14).
La cornice simmetrica, immobile, ed il nastro, che gira al suo interno con un moto rotatorio, creano una doppia orbita, in un gioco di reciprocità visiva dove la circolarità è "(...) sans début ni fin. Un univers dans lequel l'espace e le temps perdent leur signification, car rien ne permet de s'y orienter, de repérer les objets ou de mesurer la durée. En fixant notre regard sur une section quelconque du disque et en parcourant celui-ci on reviendra inévitablement au point de dèpart, et cela quelle que soit la section considérée (...)"[18].
Dinanzi la cornice di *Stanza per voci*, poggiato a terra, c'è l'*Archivio delle nominazioni 1969,'70,'71,'72,'73,'74...* (p. 72): un astuccio in marmo contenente dieci bobine in acciaio (p. 72) sulle quali sono avvolti i nastri registrati di altrettanti Ritratti/Auto-

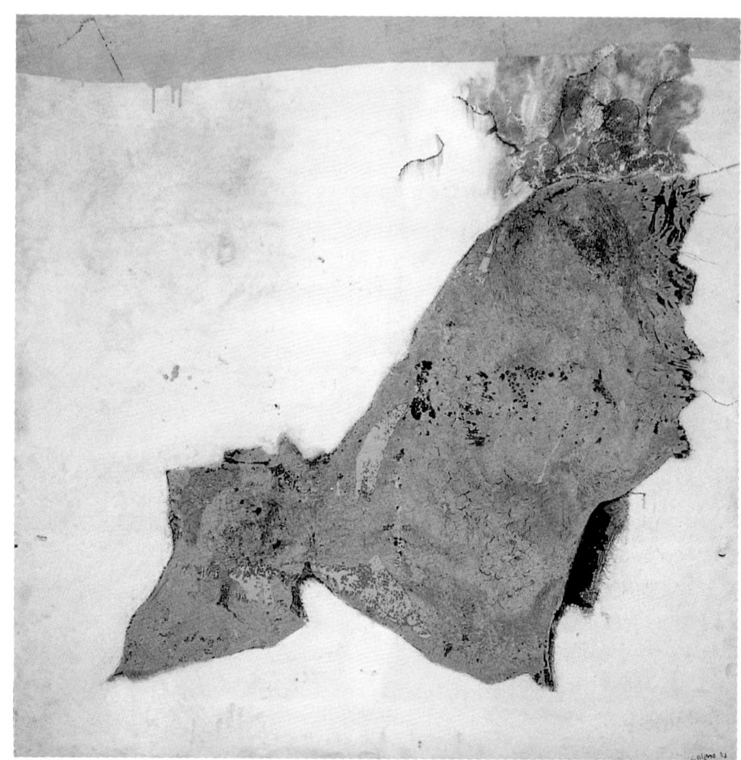

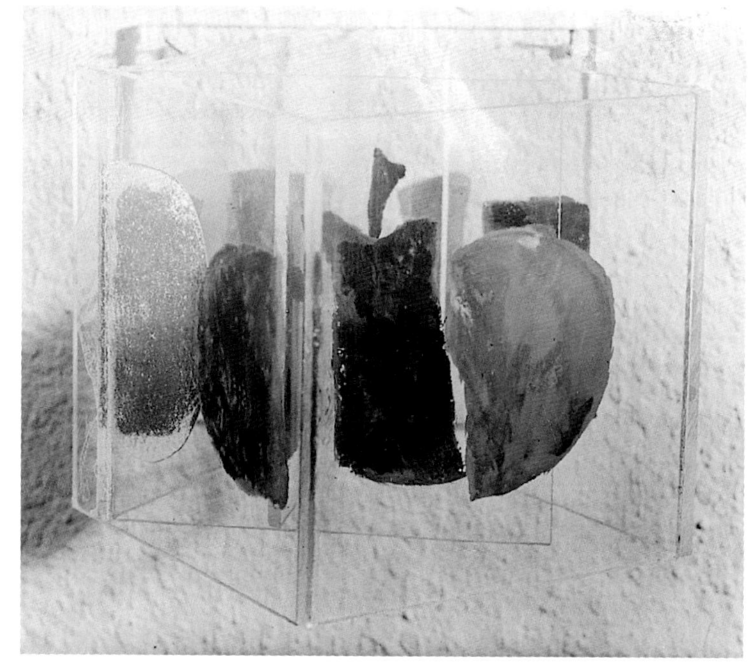

to that, for example, of anamorphosis (erudite games of the seventeenth century) which, beginning from depraved perspectives, reestablished the figurative order repeating the classical laws of perspective (fig. 10); ". . . the works [of Alfano] do not give a fixed point of reference, do not tend to reach a certainty (the reflected image which gives us the real representation), but to remove themselves from any principle of hierarchical determination of the formal pattern to establish a perfect equivalence between reality and virtuality, determination and ambiguity, figure and background."[9]

At the end of the sixties the scale of the works magnified to take in the environment, thus offering a sensorial involvement which in *Tempi di un percorso circolare*, 1968, (p. 49) is total.[10] "On a series of pillars – as a closed system of equal proportions – run, in different phases, two rhythms of identical, luminous (film projections) signs. Series of transparent tubes, placed on the pillars, interrupt these rhythms – equal in the circular space – and, changing their direction and altering their phases, break the circle of the closed system."[11] In this climate between 1969 and 1970 we find the interesting piazza project,[12] a trace of which remains in the photo of the broken *maquette*. (p. 50-51)

Between 1968 and 1970 Alfano did some of his crucial works, making up part of the cycle *Tempi prospettici: Delle distanze dalla rappresentazione*, 1968-1969, (p. 60), *Distanze (delle distanze dalla rappresentazione)*, 1969, (p. 61), and *Tempi prospettici*, 1970-1972. (p. 54-55)

With these works, too, Alfano proves to be an extremely refined artificer and measured interpreter of visual effects and minimal materials. In *Delle distanze dalla rappresentazione*, 1968-1969, the work celebrates in a lay liturgy, the rhythmic ritual of a phenomenal necessity: a drop falls at regular intervals delineating the pattern of a silent disturbance in the calm liquid surface, in an infinite entertainment. At a short distance we find *Distanze (delle distanze dalla rappresentazione)*, 1969.[13] Here the line of escape drawn on the floor invites us to follow the perspective certainty, but moving closer – reducing our temporal and spatial distance from the representation – the illusoriness of the representation awaits us.

Within the scope of the cycle *Tempi prospettici*[14] (p. 25; 52-53) Alfano subsequently completes at Paestum, commissioned by Mario Napoli, a work installed opposite the slabs of the *Tomba del tuffatore*[15] (figs. 11, 12). The work's meaning unfolds precisely in this position facing the diver.[16] Its space begins in the dialogue between the frozen, suspended fall of the last dive, with which the youth takes his leave of life, and the fickle uncertainty: the uneasy transparency of *Tempi prospettici*.

The incorporeal quality of the water, its capacity to show man his own image, the limpid deformation of the Plexiglas which gives the ambiguous semblance of the "double," (fig. 13), the glossy impenetrability of the steel, produced in this work a rigorous configuration of signs where the emotive experience aroused is an a posteriori accidental epiphany, unexpected and not pursued a priori.

The works *Distanze*, 1969, (p. 58), *Distanze (1)*, 1969, (p. 59), *Distanze (2)*, 1969, (p. 59), mark the conclusion and the move to expressive themes of the following decade. On the tablets there is a very slight and incongruous spatial framework in which we are captured by a small mirror; moving closer we find another space: that of a photo of the work before the mirror was added. Through this mechanism of moderate differences, of disturbance, Alfano defines (in the slim margin of the subtraction, of the reduction of the means) a topography of distances, a geography of removal. (p. 62).

Stanza per voci, 1968-1969, *Archivio delle nominazioni 1969, '70, '71, '72, '73, '74 . . .*, 1969-1970, *Posto per la memoria*, 1969-1970, *Spazio per trentadue secondi*, 1969-1970, *Frammenti di un autoritratto anonimo*, 1969-1970, are works which make up the central nucleus of Alfano's poetics. They condense in an essential form the discourse on space/time, giving it a pure and peremptory definition.

Stanza per voci, 1968-1969, (p. 75), *Posto per la memoria*, 1969-1970, (p. 66), *Spazio per trentadue secondi*, 1969-1970 (p. 66), are works in which we perceive the whole of their absolute representative art. The frames, in anodized aluminum, at once

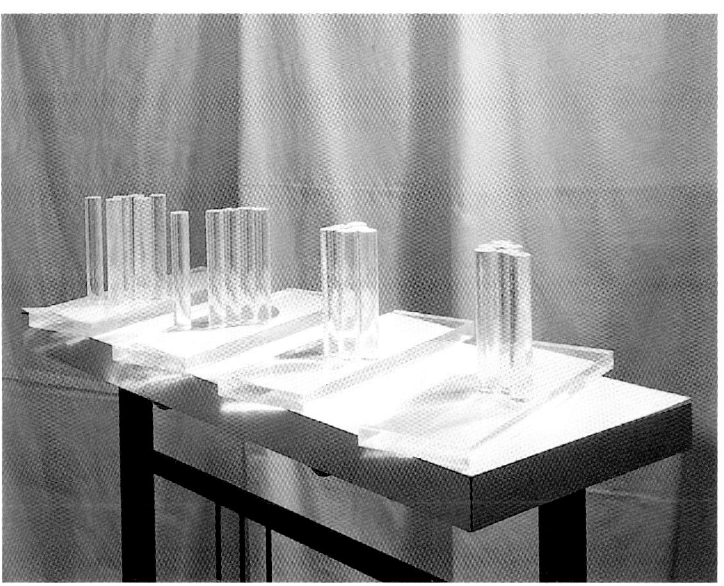

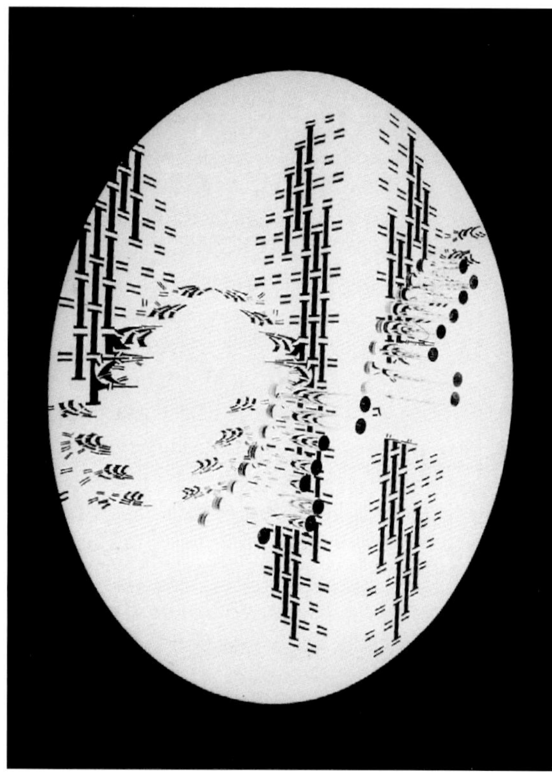

ritratti, da inserire per l'ascolto, nella cornice di *Stanza*. Ogni nastro dell'*Archivio delle nominazioni* è la testimonianza di un frammento temporale di un'unica sequenza: dal 1" al 100". Esso percorre l'intera campata della cornice per poi ritornare su se stesso, in un perenne ripetersi; e già, sull'eco dell'ultima parola sentiamo di nuovo la prima che chiude il circuito. È un processo temporale anonimo, perché disattende, decontestualizzandola, la trama storica ed anomalo, perché segna una demarcazione mobile, una distanza incerta tra il prima ed il poi, tra io e l'altro tra l'apparenza ed il disvelamento. Dal 1" a 1' 40" si alternano parole e secondi scanditi dal ticchettio di un orologio; all'intensità di questo puro esistere si sovrappone una qualità sensibile che si fenomenizza attraverso il suono che compenetra lo spazio.

Attraverso il suono: la voce

Le parole articolate, scivolano nell'al di qua della cornice, fluide si amplificano nell'atmosfera circostante, fluttuano nell'aria che ora respiriamo, nello spazio che occupiamo, appartengono ora a questo presente dove agiscono su/con i pensieri, in una interazione che ci sovrappone, ci sdoppia; nella *Stanza per voci* vengono smarrite le coordinate spazio/temporali e si subisce il plagio di un mutevole e seducente gioco del ribaltamento, del rispecchiamento. Il tempo come impressione sensibile, il suono, l'odore, la sen-

sibilità tattile dello spazio, sono (tra le esperienze umane) le più sfuggenti, illusorie, legate inevitabilmente alla reinterpretazione soggettiva ed al tradimento della riproduzione, della duplicazione; secondo l'idea eraclitea della inafferrabile fragranza dell'evento: "L'esperienza dei sensi noi l'afferriamo istantaneamente e poi la lasciamo cadere; se vogliamo fissarla, inchiodarla, la falsifichiamo"[19].

Alfano accetta ancora una volta i termini di una indistinzione spazio/temporale nella *Stanza*.

Resta in attesa, sulla soglia, tra l'indeterminatezza delle possibilità e l'impossibilità del determinato; acconsente a seguire la variabilità che condiziona l'opera: "(...) che segna ogni evento, e lo sospende al suo carattere provvisorio ed effimero. Quello che semplicemente capita, è di necessità, più ricco di ciò che è programmato. Il contenuto estetico di un'opera dotata di senso deve sopportare l'intensità, e il peso, dell'influenza da parte di uno, o più, aspetti della realtà, come può essere quella insita nell'oggetto di arte visiva, e mentre il suono può essere il detto del non detto, è anche la *voce*, il respiro, il battito del cuore dell'opera. Questa è stata, forse da sempre, la segreta, ma indomabile, aspirazione dell'artista: *dare voce, phonè*, al proprio lavoro"[20].

Nella *Stanza per voci* il dialogo stabilito dalla prospettiva frontale, tra spettatore ed opera, non fissa un equilibrio dialettico, una strategia delle contrapposizioni geometriche (domanda/risposta, sé/altro da sé) e per impedire queste facili corrispondenze Alfano altera ulteriormente questo spazio, attraverso una seconda cornice sonora: altro segno di instabilità. Similmente a quello che accade quando con il nostro corpo occupiamo lo spazio tra due specchi perfettamente paralleli: si crea l'illusivo effetto di un dilatamento prospettico infinito. Le due cornici, parallele e speculari (ma anche) affrontate e separate, creano nello spazio un corto circuito temporale dato dall'accavallamento temporale dal 1' al 100'. Quando Alfano prevede *Stanza per voci* con l'installazione delle due cornici (p. 70) l'opera agisce: "(...) nel doppio movimento della ripetizione variata: sosta nella permanenza con ciò che la precede ed è spinta verso l'apertura della variazione. È legata al progetto, all'essenza ripetitiva del simbolo come condizione al suo movimento di trasformazione (come i rami di un albero, divergono dal progetto lineare e ascensionale di questo)"[21].

Nell'*Archivio delle nominazioni 1969, '70, '71, '72, '73, '74...*, Alfano costruisce uno schedario progressivo, onnivoro ed eclettico potenzialmente infinito, un ordine discontinuo delle rappresentazioni, un catalogo delle logiche disattese, delle ombre silenziose sulle/nelle quali altre "figure" possono rappresentarsi[22] (p. 78). Alfano stila due liste del suo catalogo sonoro includendo nel primo elenco gli *Autoritratti*, nel secondo i *Ritratti*. La "rappresen-

declare an indicative absence, or better still, a non-presence: the canvas, traditional sphere of pictorial representation.

In *Stanza per voci*, in the void defined by the frame, a magnetic tape cleaves the space and the sonorous account which leaks from two small fissures models the space of the room.[17] (fig. 14).

The still, symmetrical frame and the tape, which goes round inside with a rotary motion, create a dual orbit, a play of visual reciprocity where the circularity is "... sans début ni fin. Un univers dans lequel l'espace e le temps perdent leur signification, car rien ne permet de s'y orienter, de repérer les objets ou de mesurer la durée. En fixant notre regard sur une section quelconque du disque et en parcourant celui-ci on reviendra inévitablement au point de dèpart, et cela quelle que soit la section considérée. ..."[18]

In front of the frame of *Stanza per voci*, resting on the floor, we find *Archivio delle nominazioni 1969, '70, '71, '72, '73, '74...* (p. 72): a marble case containing ten steel spools (p. 72) on which recorded tapes are wound of ten portraits/self-portraits to be inserted into the frame of *Stanza* for listening. Each tape of the *Archivio delle nominazioni* is evidence of a temporal fragment of a unique sequence: from the first to the hundredth second. This runs along the entire length of the frame to turn back on itself in infinite repetition; and already, in the echo of the last word we once again hear the first which closes the circuit. It is an anonymous temporal process because it disregards, decontextualizing it, the historical plot, and it is anomalous as it marks a shifting delimitation, an uncertain distance between, before and after, between I and the other, between appearance and revelation. From one second to one minute forty seconds, words and seconds marked by the ticking of a clock alternate; onto the intensity of this pure existence is superimposed a sensitive quality which becomes phenomenon in the sound which permeates the space.

Through Sound: Voice.

The articulated words glide to this side of the frame, and are fluidly amplified in the surrounding atmosphere, fluctuating in the air we breathe, in the space we occupy, belonging now to this present where they act on/with thoughts, in an interaction which overlaps and doubles us; in *Stanza per voci* space/time coordinates are lost and we are subjected to the plagiarism of a changeable and seductive play of reversal, of mirroring. Time as sensitive impression, the sound, smell, tactile sensitivity of space, are (among human experiences) the most fleeting and illusory, linked inevitably to subjective reinterpretation and to the betrayal of reproduction, of duplication; according to the

Heraclitean idea of the elusive fragrance of the event, "We seize sense experience instantaneously and then drop it; if we want to fix it, nail it down, we falsify it."[19]

Alfano once again accepts the terms of a space/time indistinctness in *Stanza*.

He waits, on the threshold, caught between the vagueness of possibility and the impossibility of the determined, and agrees to follow the variability that conditions the work, "... which marks each event, and hangs it on its temporary and ephemeral character. What simply happens is necessarily richer than what is planned. The aesthetic content of a work endowed with meaning must bear the intensity, and the weight, of the influence of one or more aspects of reality, like what is inherent in a visual art object, and while the sound may be 'what is said and left unsaid,' it is also voice, breath, and pulse of the work. This has perhaps always been the secret, but indomitable aspiration of the artist: to give voice, phonè, to his work."[20]

In *Stanza per voci* the dialogue established by the frontal perspective, between spectator and work, does not fix a dialectical balance, a strategy of geometrical contrasts (question/answer, self/other than self), and to impede these facile correspondences Alfano further alters this space

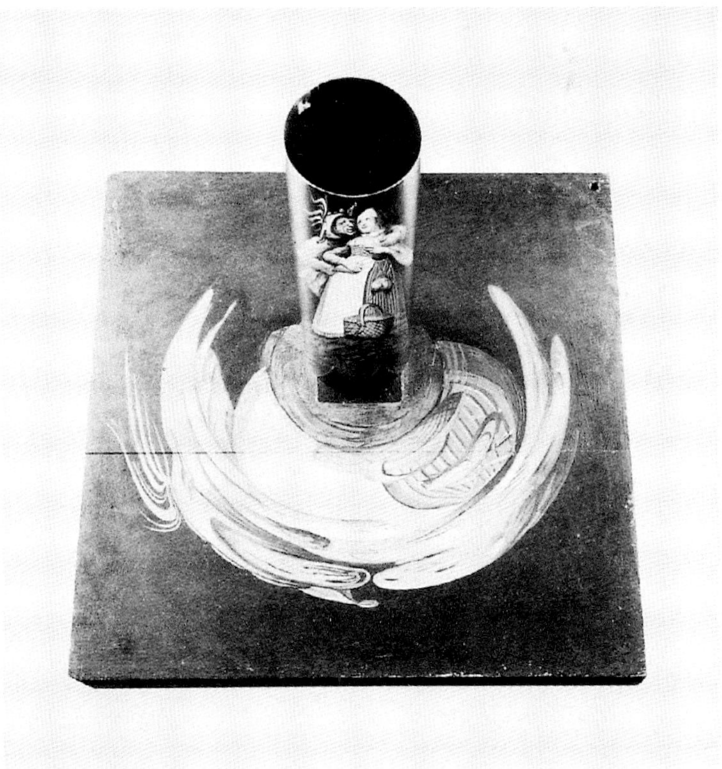

11. Lastra di copertura della/Cover slab of *Tomba del Tuffatore*, inizio del V secolo a.C./beginning of the 5th century B.C.
Paestum, Museo Archeologico Nazionale (prima del restauro/before restoration)

12. G. de Franciscis, pianta della nuova ala del Museo di Paestum con *Tempi prospettici* (1970-1972) di fronte alla sala della *Tomba del Tuffatore*/G. de Franciscis, map of the new wing of the Museum of Paestum with *Tempi prospettici* (1970-1972) in front of the *Tomba del Tuffatore* Room

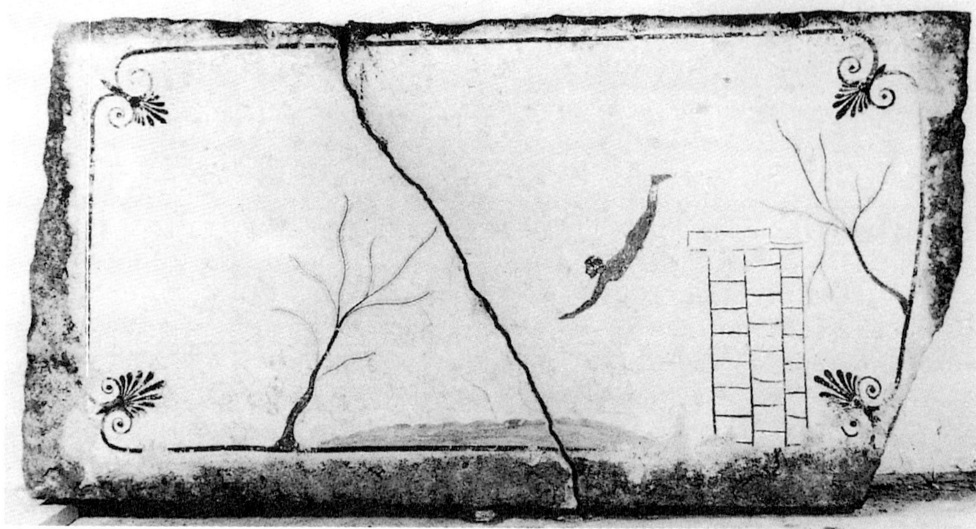

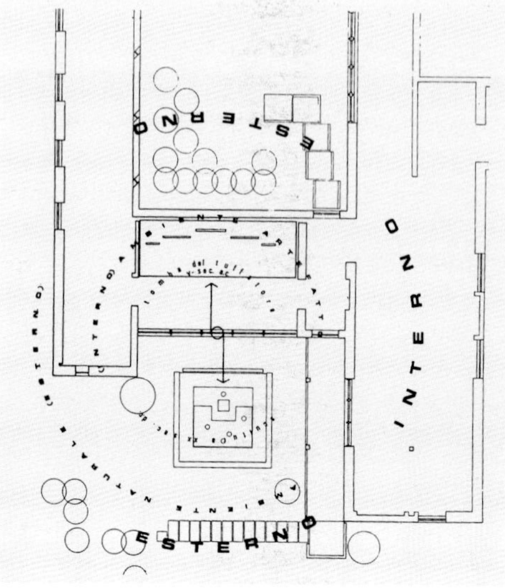

tazione" dei protagonisti resta la stessa ma il doppio binario semantico è il sofisticato congegno concettuale attraverso il quale Alfano, incorniciando nella *Stanza per voci* gli *Autoritratti*, gli dà una dimensione speculare di *Ritratti*[23].

A proposito dell'(auto)ritratto di Joseph Beuys (nastro n. 0,19 - a), nel quale l'artista modella il proprio spazio attraverso la voce, dice Alfano: "(...) a me, nell'autoritratto, questa espansione di sé, dal proprio nucleo al mondo esterno, ricorda in qualche modo l'autoritratto che Joyce scrive di sé in Dedalus quando, studente, prende coscienza del proprio essere – nel banco di scuola – e traccia in cerchi sempre più aperti i moti della sua autoconsapevolezza: dal suo essere geografico, dal suo nome all'universo (...)"[24].

Frammenti di un autoritratto anonimo (1969-1970; p. 84) è la prima opera di un ciclo mai interrotto e terminato con *Frammenti di un autoritratto anonimo* (ottobre 1990; p. 185).

Frammenti di un autoritratto anonimo, è l'esatto rispecchiamento, il rovesciamento della *Stanza* sul campo neutro della tela. Una trascrizione fedele, morfologica della parola, della trama temporale scandita dai secondi dell'*Archivio delle nominazioni*: "(...) Il senso di ogni frammento – come del grande frammento che è il quadro intero – non è quello di comunicare una serie di concetti compiuti e di una linearità del tempo; mi interessa cogliere del tempo le sue circolarità, i suoi arresti, le sue velocità. Tra le unità dei secondi (il segno che ho scelto per indicare il tempo) mi interessa il lento affacciarsi della parola, le tensioni delle sue regole, i conflitti e le esclusioni dei suoi movimenti soggettivi, prima che la parola raggiunga quella pienezza che riempirà il silenzi"[25].

Dunque comprenderemmo parzialmente il senso dei *Frammenti di un autoritratto anonimo* se omettessimo di rilevare che, quanto accade sulla tela, non è solo trascrizione simultanea del suono in segni, parole. La realtà del quadro ci offre una lettura aperta su un unico spazio temporale in cui la coesistenza sincronica di eventi contemporanei si pone come speculare al nostro tempo/spazio presente. Alfano ci invita a prendere atto degli spazi del silenzio, della rete di possibilità che si apre nelle *pause*, ad entrare nel meccanismo della rifrangenza e nella implicita qualità riflessiva dell'opera. Egli non si occupa di un tempo assoluto (una struttura metafisica di un puro scorrere o durare) ma di un tempo relativo che coincide con quello dell'esserci, di colui che è nello spazio delimitato dalla stanza. Uno spazio dunque non astratto, non infinito ma legato alla possibilità di agire, di relazionarsi del singolo, dell'individuo.

Alfano è la cavia di questo studio, colui che, ponendosi di fronte, nel luogo dei *Frammenti di un autoritratto anonimo* (1969-1970) percepisce i meccanismi dello scarto e interagisce nelle pieghe del tempo. La fredda luce radente del neon da destra crea sulla superficie un diaframma su una profondità di campo, la "partitura" è come sospesa su una soglia, tra il suo dietro ed il nostro avanti.

Il nero delle grandi tele dei *Frammenti di un autoritratto anonimo*[26] detta le condizioni di uno spazio anonimo speculativo, non legato a specifiche contingenze fisiche. In alcune tele, come in *Frammenti di un autoritratto anonimo n. 2* (1970) (fig. 15), i frammenti temporali uguali e con brevi annotazioni sono iterati su tutta la superficie senza che avvenga nessuna relazione tra le sequenze; in altre opere come *Frammenti di un autoritratto anonimo n. 9* (1971; p. 94) si assiste ad una notevole interazione trasversale tra le sequenze sincroniche con relazioni, attraversamenti, accavallamenti...

In altri quadri del ciclo l'ordine temporale è fittamente contrap-

through a second sonorous frame: another sign of instability. It is similar to what happens when we bodily occupy the space between two perfectly parallel mirrors: we create the illusory effect of an infinite multiplication of perspective. The two frames: parallel and mirroring (but also) facing and separate, create in space a temporal short circuit given by the temporal overlap from the first to the hundredth second. When Alfano plans *Stanza per voci* with the installation of the two frames (p. 70) the work acts ". . . in the dual movement of varied repetition: it lies in the permanence with what precedes it and is pushed towards the openness of the variation. It is linked to the plan, to the repetitive essence of the symbol as condition of its movement of transformation (like the branches of a tree diverge from the tree's linear and upward plan)."[21]

In *Archivio delle nominazioni 1969, '70, '71, '72, '73, '74 . . .* Alfano sets up a progressive, omnivorous and eclectic, potentially infinite catalogue, a discontinuous order of representations, a catalogue of disregarded logics, of silent shadows on/in which other "figures" can be represented.[22] (p. 78) Alfano drafts two lists of his sonorous catalogue, including the *Self-*

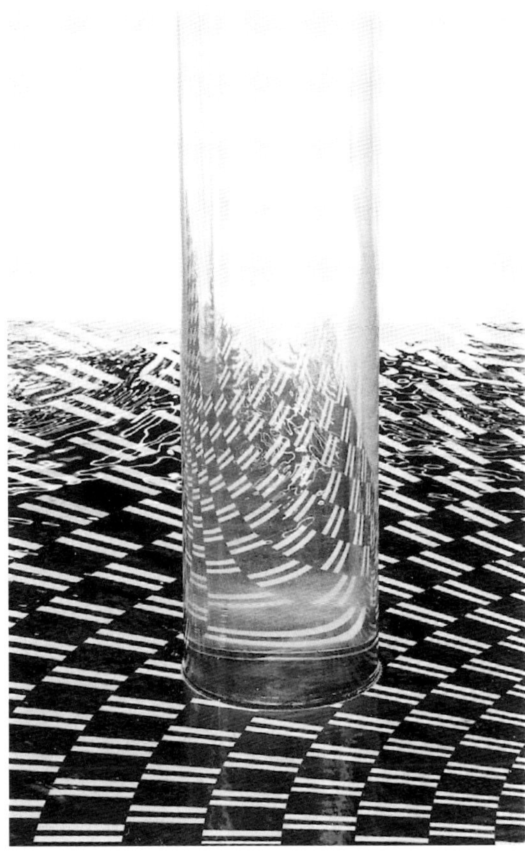

Portraits in the first list and the *Portraits* in the second. The "representation" of the protagonists remains the same, but the dual semantic track is the sophisticated conceptual contrivance through which Alfano, framing the *Self-Portraits* in *Stanza per Voci*, gives it the mirror dimension of *Portraits.*[23]

With regard to the (self) portrait of Joseph Beuys (tape no. 0.19 - a), in which the artist molds his own space through voice, Alfano says: ". . . to me, in the self-portrait, this self expansion, from one's own nucleus to the external world, somehow recalls the self-portrait that Joyce writes in *Dedalus* when, as a student, he becomes aware of his own being – in the schoolroom – and traces in ever increasing circles the motion of his self-awareness: from his geographical being, from his name to the universe. . . ."[24]

Frammenti di un autoritratto anonimo, 1969-1970, (p. 84) is the first work of an unbroken cycle which ended with *Frammenti di un autoritratto anonimo*, October 1990, (p. 185).

Frammenti di un autoritratto anonimo is the exact mirror, the reversal of *Stanza* on the neutral field of the canvas. A faithful, morphological transcription of the word, of the temporal plot marked by seconds of *Archivio delle nominazioni*: ". . . The sense of each fragment – as of the large fragment which is the entire painting – is not to communicate a series of finished concepts and a linear nature of time: I am interested in capturing the circular nature of time, its arrests, its speed. Between the unity of seconds (the sign I chose to indicate time) I am interested in the slow occurrence of words, the tension of their rules, the conflicts and exclusions of their subjective movements, before the word reaches that fullness which will infuse the silence."[25]

Therefore we would only partially understand the meaning of *Frammenti di un autoritratto anonimo* if we omitted to reveal that what happens on the canvas is not only the simultaneous transcription of the sound into signs, words. The reality of the painting gives us an open reading into the unique temporal space in which the synchronic coexistence of contemporary events becomes a mirror of our present time/space. Alfano invites us to acknowledge the spaces of silence, of the network of possibilities unfurling in the pauses, to enter into the mechanism of refractivity and the implicit reflective quality of the work. He does not deal with an absolute time (a metaphysical structure of pure flow or duration) but with relative time which coincides with that of being in that place, of whoever finds himself in the delimited space of a room. A space therefore which is not abstract, not infinite but linked to the individual's potential to act and interact.

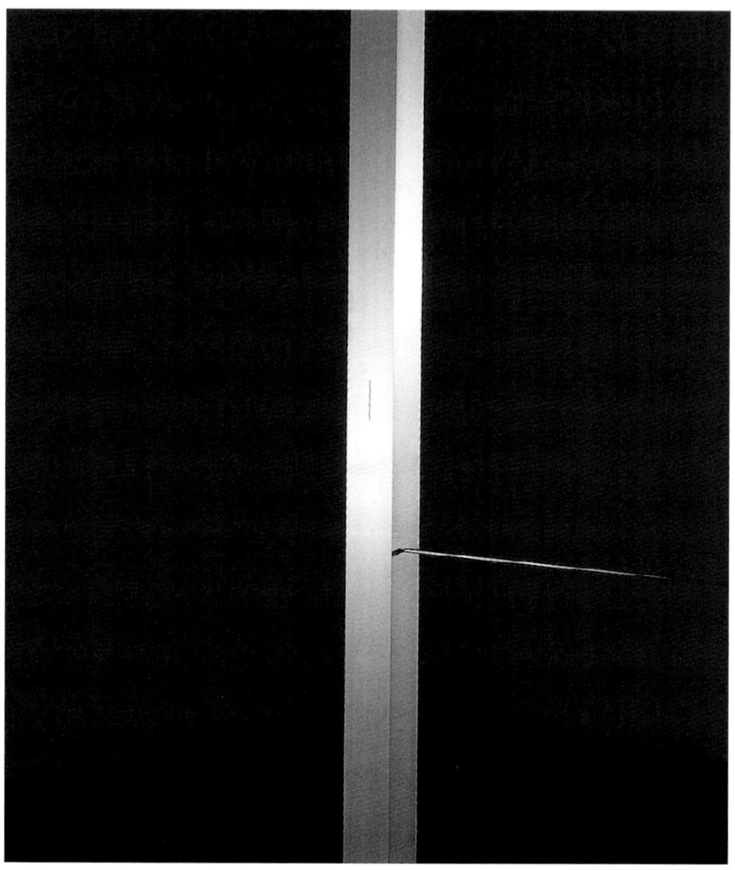

14. *Stanza per voci*, 1968-1969
(particolare/detail)

15. *Frammenti di un autoritratto anonimo n. 2*,
1970

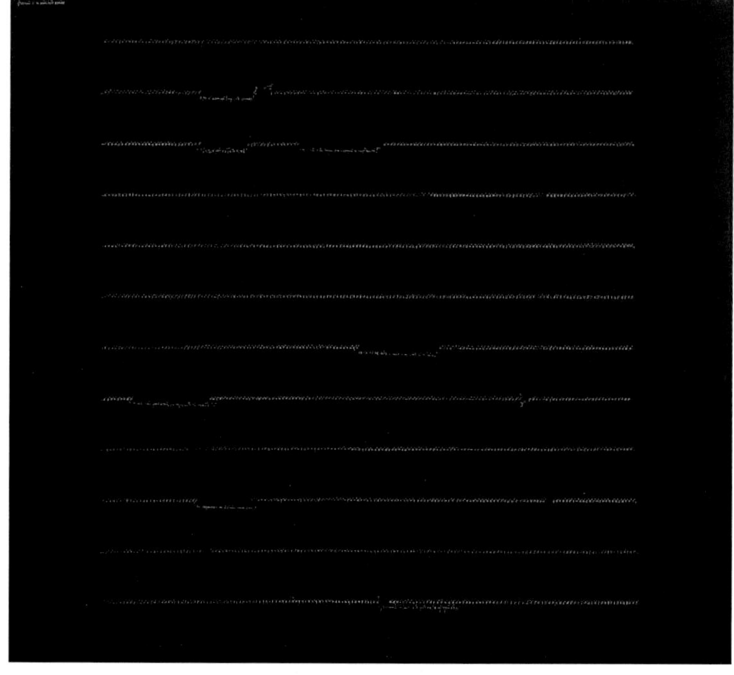

puntato o completamente sostituito da frammenti letterari: l'epi-
ca errante del Don Chisciotte, il flusso/monologo di Molly Bloom
di Joyce (p. 92; 93)

Dalla metà degli anni Settanta il segno letterario è sostituito dalla cifra visiva.
Alfano lavora a lungo su la *Vocazione di San Matteo* di Caravaggio (fig. 16) su quel "(…) grande spazio vuoto, buio [che] si apre
come un impraticabile confine"[27] (p. 128-129). Nel ciclo *Dalla
vocazione al giocatore* attraverso segni e consolidate cifre del
comune bagaglio visivo, egli sonda questa pausa. Nel luogo esatto in cui la rappresentazione è sospesa egli dilata la distanza temporale e spaziale tra i due gruppi di personaggi facendola coinci-
dere con il frammento temporale aperto e mobile del presente. Lo
spazio simbolico che separa l'opera dallo spettatore si amplifica
perde i suoi confini e come nel dipinto di Velázquez *Las Meninas*
"(...) in questo luogo esatto, ma indifferente, il guardante e il guardato si sostituiscono incessantemente l'uno all'altro. Nessuno
sguardo è stabile o piuttosto, nel solco neutro dello sguardo, che
trafigge perpendicolarmente la tela, soggetto e oggetto, spettatore e modello invertono le loro parti all'infinito (...)"[28].
Il senso della intertestualità e della permanenza di icone classiche (letterarie e figurative) nelle opere è lucidamente chiarito da
Alfano stesso quando dice "(…) non può esserci nessuna possibilità di totale originalità. È una strada già percorsa, la ripercorriamo e, qualche volta, alla sicurezza di porre il piede su vecchie
orme, si aggiunge la felicità che un particolare rapporto tra il caso
ed il pensiero ci porti sul luogo di un evento"[29].
La temporalità, come autoriflessione della durata, non definisce,
non delimita, non divide il sé dall'altro, ma determina uno "spazio
mobile" incerto dell'essere: "L'io' andava e veniva lungo la linea
tesa nel dialogo tra noi due: soli protagonisti dialettici dei diversi-medesimi"[30].
Questo aspetto viene sviluppato tra la fine degli anni Settanta e i
primi anni Ottanta nel ciclo *Eco-Narciso*.
Alfano isola la figura mitica del Narciso e lavora sul testo caravag-
gesco (fig. 17); egli non è interessato a cogliere del mito l'edonisti-
co autocompiacimento, piuttosto a fissare il diaframma, l'attimo
preciso in cui rispecchiandosi il giovane scinde la figura nei propri
riflessi divenendo altro da sé. Narciso non può delimitare la propria immagine, fissare il proprio confine spaziale e temporale: egli
è colui che nell'Eco perde ogni coordinata orientativa (p. 140; 141).
In *Eco* del 1977 (fig. 18) la rappresentazione in alto di Alfano (in
positivo e negativo fotografico) intento a dipingere ed in basso il
riflesso di Narciso nell'acqua pongono le due realtà su un piano
temporale simultaneo. Le due immagini indicano che la perdita
del baricentro figurativo coincide con quella della univocità spa-

34

Alfano is the guinea pig of this study. Standing in front of *Frammenti di un autoritratto anonimo*, 1969-1970, he perceives the mechanisms of waste and interacts in the recesses of time. The cold, cutting light of neon from the right creates on the surface a diaphragm on a depth of field, the "score" is as though suspended on a threshold, between its past and our future.

The black of the large canvases of the *Frammenti di un autoritratto anonimo*[26] dictates the conditions of an anonymous, speculative space, not tied to any specific physical contingencies. In some canvases, like *Frammenti di un autoritratto anonimo n. 2*, 1970, (fig. 115) the same temporal fragments with brief annotations are iterated on the whole of the surface without any relationship developing between the sequences; in other works like *Frammenti di un autoritratto anonimo n. 9*, 1971, (p. 94) one sees a considerable transversal interaction between the synchronic sequences with relations, crossings, overlaps . . .

In other works of the cycle the temporal order is a sharp counterpoint to or completely substituted by literary fragments: Don Quixote's wandering epic, Molly Bloom's flow/monologue by Joyce (p. 92; 93)

From the middle of the seventies the literary sign is replaced by the visual cipher. Alfano works for a long time on Caravaggio's *Vocazione di San Matteo* (fig. 16) on that ". . . great empty, dark space like an impassable border."[27] (p. 128-129). In the cycle *Dalla vocazione al giocatore* he investigates this pause with new signs, consolidated ciphers of our shared visual baggage. In the exact place in which the representation is suspended he dilates the temporal and spatial distance between the two groups of characters making it coincide with the open and moving temporal fragment of the present. The symbolic space which separates the work from the spectator grows and its boundaries disappear, and like the Velazquez painting *Las meninas*, ". . . in this precise but immaterial place, the observer and the observed substitute each other perpetually. No look is stable, or rather, in the neutral rift of the gaze, which pierces the canvas perpendicularly, subject and object, spectator and model infinitely exchange roles. . . ."[28]

The sense of the intertextuality and of the permanence of classical icons (literary and figurative) in the works is lucidly clarified by Alfano himself when he says ". . . there cannot be any total originality. It is a road which has already been traveled, we travel down it again and sometimes in addition to the safety of putting our feet in old footsteps we have the happiness that a particular relationship between chance and thought can bring us where an event takes place."[29]

Temporality, as self-reflection of duration, does not define or delimit, does not divide itself from the other, but determines a "moving space" uncertain of being: "The 'I' came and went along the taut line of dialogue between us two: the only dialectical protagonists of different-same."[30]

This aspect is developed between the end of the 'seventies and the early eighties in the cycle *Eco-Narciso*.

Alfano isolates the mythical figure of Narcissus and works on the Caravaggesque text (fig. 17); he is not interested in capturing the hedonistic self-congratulation of the myth; he is more interested in fixing the diaphragm, that precise moment in which looking into the mirror the youth separates the figure he sees reflected, which becomes another self. Narcissus cannot delimit his own image and fix his own spatial and temporal confines: he is the one that loses every indicative coordinate in the Eco. (p. 140; 141)

In *Eco* of 1977 (fig. 18) the representation of Alfano above (photographed in positive or negative) intent on painting, and the reflection of Narcissus in the water below, place the two realities on a simultaneous temporal plane. The two images indicate that the loss of the figurative center of gravity coincides with that of spatial clarity and that this coexistence of distant places is only one of the hypotheses, of a series of possible shifts of one figure into another, of mirror images, in a circularity between question/answer, He/eH, Narcissus/Eco, Alfano/onaflA.

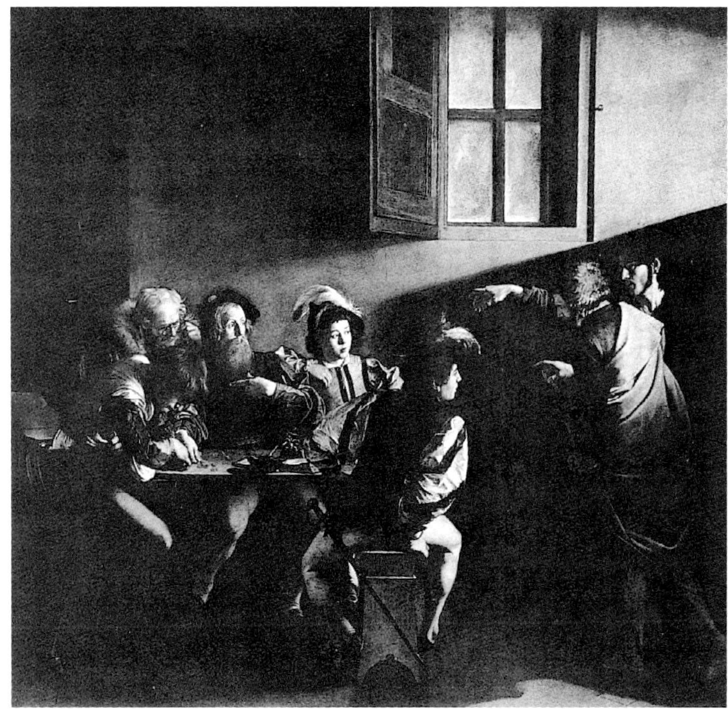

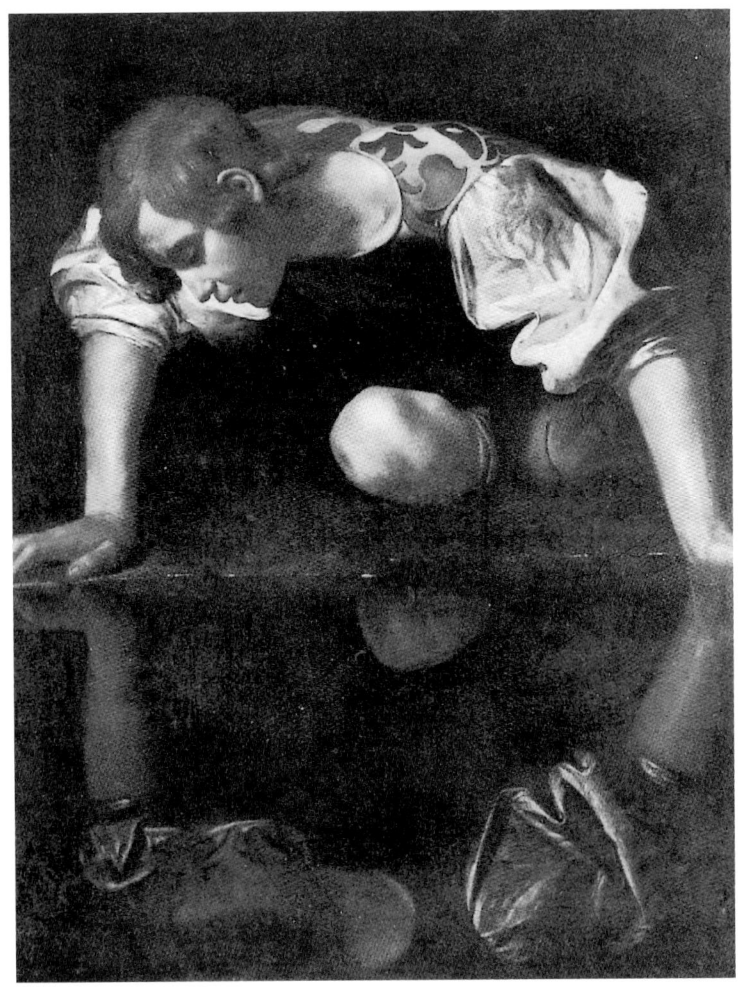

17. Caravaggio
Narciso, 1599-1600
Roma, Galleria Nazionale d'Arte Antica, Palazzo Corsini

18. *Eco*, 1977

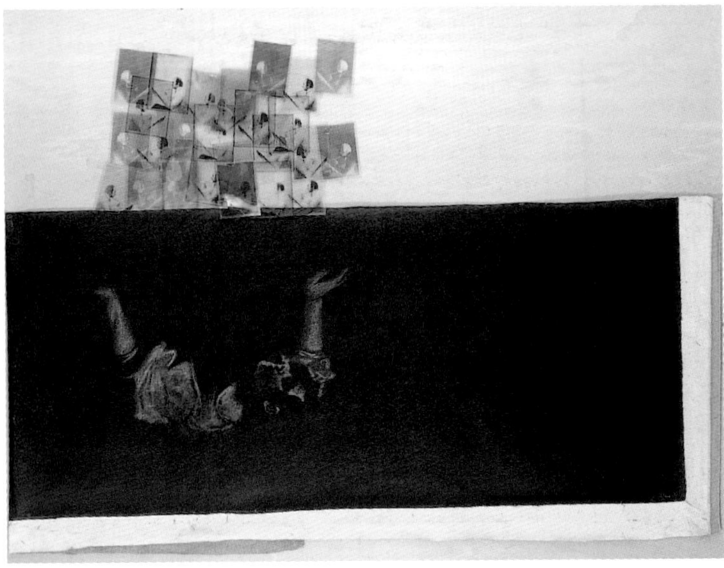

ziale, e che questa coesistenza di luoghi distanti è solo una tra le ipotesi, di una serie di possibili slittamenti di una figura nell'altra, di sdoppiamenti speculari, in una circolarità tra domanda/risposta, Egli/ilgE, Narciso/Eco, Alfano/onaflA.

L'immagine di Alfano, che ritroviamo in molte opere di questi anni (p. 143), non ha un valore di riflessione solipsistica ma è nuovamente un segno "familiare" su cui lavorare per parlare della individualità, dell'essere singolare rispetto al mondo: "Se vuol sapere se c'è autobiografia nella mia pittura, le rispondo di si, penso proprio di si. In quanto uomo tra gli uomini, scrivo anch'io, a mio modo, del dubbio e della mancanza di senso, della lacerazione dell'io che è propria dell'uomo d'oggi"[31].

Eco-Discesa è il primo ciclo degli anni Ottanta. A proposito del primo *Eco-Discesa (luce-nero)* (1981; p. 150) dice Alfano: "Le due sezioni del corpo spezzato sono l'una l'eco dell'altra: l'eco rimanda alla voce e viceversa. Nel mio lavoro è fondamentale il tema della duplicità. Nel mio caso il doppio non va inteso come sommatoria, bensì come condizione d'ambiguità in cui giocano il reale e il suo riflesso. Alla fine tutto oscilla tra questi due falsi. L'eco, a sua volta, è una voce che si ripercuote e che va oltre la sua sorgente di origine, ma che ha sempre bisogno di un'emittente, di una matrice: così nel quadro le due parti staccate non possono agire autonomamente"[32].

Lo spazio nero, immane, ingombrante, del quadro, dà forma visibile al concetto di profondità come vuoto nel quale esilissime traiettorie geometriche sono poco più di un *memento* per scarse ipotesi orientative, avendo esse perso ogni valore di riferimento, di guida per la coordinazione dell'immagine. All'interno, o meglio, sulla soglia di questo insondabile spazio è la figura umana la cui frattura come individuo viene marcata da un segno forte sulla tela che viene tagliata. Le due parti sono ricomposte attraverso una fitta trama di fili: "Dietro ogni rottura inserita nella tela c'è uno spazio fisico reale, quello cioè del mondo. Una divisione può avvenire solo tra elementi della stessa specie, e il risultato prospetta un altro spazio"[33].

La figura non offre più un doppio speculare ma è, essa stessa, divisa in due rimarcando una scissione ed una perdita della centralità più che mai interna all'individuo. Su questa riflessione è imperniato il lavoro del decennio che va dal 1980 al 1990 punteggiato da opere di fortissimo impatto visivo: rarefatte, freddamente silenziose, a chi non conoscesse Alfano, sembrerebbero frutto di uno sguardo distaccato, in realtà puri distillati di incertezze, interrogativi (a sé, agli altri), segnalazioni esistenziali.

Nei cicli *Figura* e *Rappresentazione*[34] egli lavora, come nelle opere precedenti, sul senso delle possibilità di ciò che non appare nell'oscurità, eppure esiste. Come già accadeva nella *Stanza per voci* (ora con i dispositivi pittorici) lo spazio contiene in se il

The image of Alfano which we find again in many of the works of these years, (p. 143) does not have the force of a solo reflection but is again a "familiar" sign on which to work in order to speak of individuality, of being singular compared to the world: "If you want to know if there is autobiography in my painting, I say yes, I think so, yes. As a man among men, I too write, in my own way, of the doubt and lack of sense, of the laceration of the I which is common to today's man."[31]

Eco-Discesa is the first cycle of the eighties. With regard to the first *Eco-Discesa (luce-nero)*, 1981, (p. 150) Alfano says, "The two sections of the severed body are an echo of each other: the echo recalls the voice and vice versa. In my work the theme of duplicity is fundamental. In my case the double is not to be understood as a sum but as an ambiguous condition in which reality and its reflections play. In the end everything oscillates between these two falsehoods. The echo, in its turn, is a voice which reverberates and goes beyond its original source, but which always needs a transmitter, a matrix: thus in the painting the two detached parts cannot act autonomously."[32]

The enormous, cumbersome black space of the painting gives visible shape to the concept of depth as a void in which extremely thin geometrical trajectories are little more than a vague reminder, having themselves lost every power of reference, unable to provide coordinates for the image. Within, or better still, on the threshold of this unfathomable space is the human figure, whose fracture as individual is marked by a strong sign on the canvas, which is torn. The two parts are recomposed thorough a thick weave of threads: behind each break made in the canvas there is a real physical space, that of the world. A division may take place only between elements of the same species, and the result shows another space."[33]

The figure is no longer a mirror image but is, itself, divided in two, underlining a scission and a loss of centrality which is more than ever internal to the individual. The work of the decade from 1980 to 1990, punctuated by works of an extremely strong visual impact, hinges on this reflection: rarefied, coldly silent, to those who don't know Alfano they seem the fruit of a detached eye, in reality pure concentrations of uncertainties, interrogatives (of the self, of others), existential signals.

In the cycles *Figura* and *Rappresentazione*[34] he focuses, as in previous works, on the sense of the potential of what does not appear in obscurity, yet exists. As in *Stanza per voci* (now with pictorial contrivances) the space contains within itself the reverberation of the echo, and things show their negative in the shadow and in the reflection of the image. The seductive works of this period are about the meaning of representation, even though their cogitative fascination is never the ultimate purpose of the experience, and their aspect springs from precise objects and is always concentrated in concrete signs. The blue, intense and "hot" background (p. 164; 168) creates a space folded in on itself which envelops the figure generally with his back to us, intent on crossing the threshold of another place." In many works one perceives an "impenetrable density of color (and a) transparency of the subject in movement but frozen, full-bodied but refracted, never however decipherable. The density of color does not however materialize in the shape of suffering or anguish but in a state of suspension and incompleteness, which moves and at the same time immobilizes the body."[35]

The idea of representation in Alfano seems to start a long way from that myth "in negative" of painting born of the tracing of the shadow reflected on a wall, described by Pliny the Elder and of the platonic myth of the cave at the origin of consciousness. For Alfano the shadow is projected onto this scenario: in the sphere of the possible, in the space lying between the self and the expansion of the other.

In *Rappresentazione n. 1*, 1984, (p. 165) the reading of the

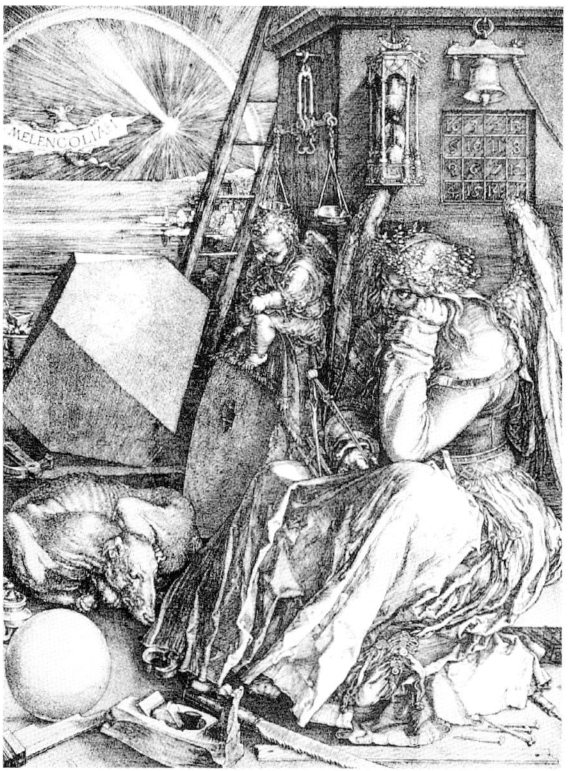

20. *Camera n.1*, 1987 (particolare/detail)

riverbero dell'eco e le cose manifestano il loro negativo nell'ombra e nel riflesso dell'immagine. Il lavoro di questi anni verte sul senso stesso della rappresentazione con opere seducenti, anche se, il loro incanto meditativo non è mai il fine stesso dell'esperienza e le apparenze scaturiscono da oggetti precisi e si condensano sempre in segni concreti. Il fondo blu, intenso e "caldo" (p. 164; 168), crea uno spazio introflesso che avvolge la figura per lo più di spalle intenta a varcare la soglia di un altro luogo, in molte opere si coglie una "(...) densità cromatica impenetrabile [e una] trasparenza del soggetto in movimento ma congelato, corposo ma rifratto, mai comunque decifrabile. La densità cromatica non si materializza però nella forma della sofferenza o dell'angoscia ma in uno stato di sospensione e d'incompiutezza che muove e allo stesso tempo, immobilizza il corpo"[35].

L'idea di rappresentazione in Alfano sembra partire da lontano da quel mito "in negativo" della pittura nata dalla delimitazione dell'ombra riflessa su un muro, descritta da Plinio il Vecchio, e dal mito platonico della caverna all'origine della conoscenza. Per Alfano l'ombra si proietta su questo scenario: nel luogo del possibile, nello spazio intercorrente tra sé e la dilatazione dell'altro.

In *Rappresentazione n. 1* (1984; p. 165) la lettura dell'opera procede in senso circolare da destra verso sinistra, lo spazio è diviso da due soglie che separano due luoghi distinti. A destra una lama di luce fredda illumina pochi brani di una figura la cui proiezione dovrebbe occupare lo spazio a lei speculare, ma l'ombra è fago-

citata da un denso specchio nero nel quale sembra dissolversi: ora al suo posto si riflette e prende forma l'ombra della nostra figura intenta ad osservare l'altra.

I grandi dipinti della metà degli anni Ottanta sono da considerarsi come una fase di gestazione per la genesi di *Camera:* sontuoso e scarno epilogo di Alfano.

Senza titolo (1987; p. 180-181) è la prima opera ed il viatico per *Camera n. 1* (1987; p. 172) e *Camera n. 2* (1988-1989; p. 182-183). Nei tre lavori in successione Alfano dà forma visiva al suo pensiero sulla pittura: "[la pittura] serve a qualificare un suo annullamento: tutto lo spazio diventa il luogo in cui la pittura non è più un punto d'incontro tra la fine e la memoria, una traccia estrema"[36]. L'"insonorizzazione" emotiva perseguita da Alfano in *Senza titolo* (1987)[37] trova compiuta espressione nella respingente opacità dei pannelli in alluminio di *Camera n. 1* (1987) . A rendere il materiale ancora più "freddo" intervengono due fessure di luce a sinistra che si contrappongono all'oscurità contigua di due grandi lastre di pellicola "bruciata". Qui, nel buio denso, l'argento della grafite ha delineato le due metà di uno stesso corpo che "(…) rispettivamente entrano ed escono nello e dallo spazio nero dell'opera. La parte destra della 'figura', quella posteriore, guarda nel suo 'luogo', nello spazio nero interno dell'opera dove si riflette l'esterno, il reale. La sinistra, la parte anteriore della 'figura', va verso l'esterno al quadro con il braccio teso come a cercare fuori dall'opera in cui vive il suo equilibrio, il suo spazio"[38]. L'immagine si riversa sul suo esterno ed incontra innanzi, specularmente, un ottaedro. Alfano utilizza ancora una "cifra storica": si tratta del poliedro che nell'acquaforte di Dürer la *Melancholia I* compare tra i molti dei "contrari" alchemici; esso rappresenta il passaggio, nel processo di sublimazione alchemica, dalla forma quadrata alla forma circolare (la "quadratura del cerchio") (fig. 19). Alfano preleva questo segno classico di incompiutezza spaziale e lo trasforma in un vero oggetto solido riducendo la "distanza storica". Immettendolo nella contemporaneità vi aggiunge su ogni lato una bussola il cui ago mostra per ogni faccia un orientamento diverso, così l'insieme dei piani rimanda ad una condizione instabile, disorientante e alla individuale perdita di coordinate univoche come accadeva anche con l'eco in *Stanza per voci*. Da astratto oggetto simbolico diviene concreto riferimento alla ingovernabilità del processo rappresentativo (fig. 20). In *Camera n. 2* (della quale si conserva uno studio, fig. 21) alla dissonanza del corpo sulle due tavole a destra non corrisponde più l'oggetto disarmonico.

A sinistra la pellicola, delimitata da due lame luminose, ora accoglie solo l'apparenza instabile e mutevole della nostra ombra, registrando il presente del nostro essere come soggetto: "Non essendoci altri percorsi univoci di segni collettivi la pittura si configura come l'estremo sentiero da percorrere"[39].

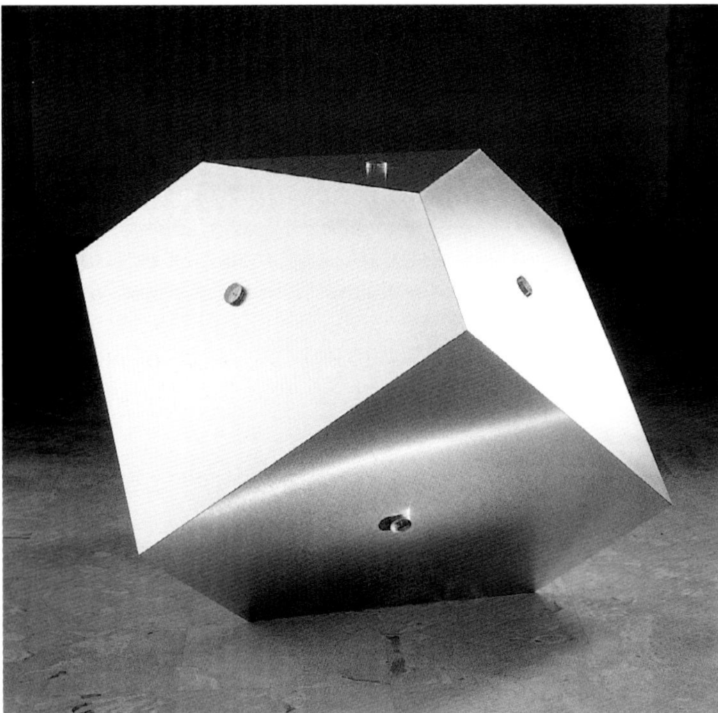

work proceeds in a circular direction from the right to the left, the space is divided by two thresholds which separate two distant places. To the right a cold blade of light illuminates a few fragments of a figure whose projection should occupy the space mirroring it, but the shadow is engulfed by a dense black mirror into which it seems to dissolve: now in its place the shadow of our figure intent on observing the other is reflected and takes shape.

The great paintings of the end of the eighties are to be considered as a phase leading to the birth of *Camera*, Alfano's sumptuous and bare epilogue.

Senza titolo, 1987, (p. 180-181) is the first work and viaticum for *Camera n. 1*, 1987, (p. 172) and *Camera n. 2*, 1988-1989, (p. 182-183).

In the three successive works, Alfano gives visual shape to his philosophy of painting: "[painting] serves to qualify its cancellation: all space becomes the place in which painting no longer is, a join between the end and the memory, an extreme trace."[36]

The emotive "sound-proofing" Alfano pursues in S*enza titolo*, 1987,[37] finds its complete expression in the buffer opacity of the aluminum panels of *Camera n. 1*, 1987. To make the material even "colder" there are two fissures of light on the left which contrast with the contiguous obscurity of the two large sheets of "burnt" film. Here, in the dense darkness, the silver of the graphite has delineated the two halves of one body which ". . . respectively enter and exit into and out of the black space of the work. The right half of the figure, the back, looks into its 'locus,' into the black space within the work where the outside, the reality is reflected. The left, the front of the figure moves out of the work with its arm outstretched as though seeking balance and space beyond the work it inhabits."[38] The

image flows outside and further on meets an octahedron in the mirror. Alfano again uses a "historical cipher": this is the polyhedron which in Dürer's etching *Melancholia I* appears among the many alchemical "opposites." It represents the passage in the process of alchemical sublimation from the shape of the square to the shape of the circle ("squaring the circle") (fig. 19). Alfano takes this classical sign of spatial incompleteness and turns it into a real solid object, reducing the "historical distance." Introducing it to the contemporary world, he adds a compass on each side whose needles show a different direction for each face, so all together the planes create an unstable, disorienting condition, and the individual loss of unequivocal coordinates, which also happened with the echo in *Stanza per voci*. From abstract symbolic object it becomes a concrete reference to the ungovernability of the representative process (fig. 20). In *Camera n. 2* (of which a study, fig. 21) is preserved), the discordant object no longer corresponds to the dissonance of the body on the two tables to the right. To the left, the film, delimited by two blades of light, now only captures the unstable and changeable appearance of our shadows, recording the present of our being as subject: "There being no other unequivocal itineraries of shared signs, painting emerges as the extreme route to take."[39]

1. A. Colucci de Goyzueta, *L'artista e il suo doppio*, in "Il Mattino", 26 ottobre 1990.

2. Di cui resta, la sua ragionata raccolta personale come lucida testimonianza.

3. Caravaggio, Velázquez, Rembrandt, Goya... prime epifanie attraverso i libri d'arte, poi, nelle allora solitarie stanze di Capodimonte, gli ineffabili bruni di Rosso Fiorentino, la precisione lenticolare di Lotto, l'atmosfera adamantina di Bellini, la luce/colore di Tiziano, la trasmigrazione del segno in senso de *La parabola dei ciechi* di Brueghel. Tappe di un itinerario personale, silenziose stazioni per intimi pensieri, per lunghe riflessioni sulle tecniche e sulle pure ragioni pittoriche.

4. Il suo esordio pubblico avviene nel 1955 con una personale alla Galleria San Carlo di Napoli dove Alfano presenta la sua produzione grafica.

5. Un intenso sperimentalismo materico caratterizza l'attività di Alfano già dai tempi dell'Accademia portandolo ad unire elementi e sostanze assolutamente non convenzionali e perfezionando una tecnica per ottenere che i colori non si fondessero tra di loro ma si respingessero l'uno con l'altro creando effetti molto interessanti.

6. L. Vergine, *Undici pittori napoletani*, Napoli 1963, p. 118.

7. M. Foucault, *Le parole e le cose*, Milano 1967, p. 61.

8. Appunti autografi di Carlo Alfano.

9. F. Menna, *Carlo Alfano*, in *Terza rassegna d'arte del Mezzogiorno*, catatalogo della mostra, Napoli 1967, s.p.

10. Cfr. P. Restany, *La lumière prise au piege*, in *Al di là della pittura*, catatalogo della mostra, San Benedetto del Tronto, luglio-agosto 1969, Firenze 1969, s.p.

11. C. Alfano, in *Al di là della pittura*, catalogo della mostra, op. cit., s.p.

12. Alfano partecipò al concorso indetto dall'amministrazione di Rossano Calabro per la sistemazione urbanistica del nuovo Palazzo di Giustizia.

13. Le opere vennero presentate insieme da Alfano all'esposizione *Vitalità del negativo 1960/70*, Palazzo delle Esposizioni, Roma 1970-1971.

14. Questo ciclo è da considerarsi concluso con l'opera *Tempi prospettici* (1970) ora conservata nella Galleria Nazionale d'Arte Moderna di Roma.

15. Il 3 giugno del 1968 venne alla luce, vicino Paestum, quella che sarebbe stata da allora conosciuta come *Tomba del Tuffatore*, nome che trae la sua ragione dalla rappresentazione, sulla lastra di copertura della tomba a cassa, dell'immagine di un giovane atleta colto nell'attimo di tuffarsi: simbolico atto del passaggio dalla vita alla morte.

16. Sull'opera *Tempi prospettici* (1970-1972) e sul suo recente restauro cfr. R. D'Andria, *Il Tuffatore di Carlo Alfano*, Salerno, 1985.

17. Il suono di *Stanza per voci* condivide con l'acqua di *Delle distanze dalla rappresentazione* (1968-1969) e di *Tempi prospettici* (1970-1972) le

medesime proprietà: incolore, trasparente, riflettente, temporale.

18. Come per il *Pi* (disco rituale cinese simbolo del Dio supremo), G. Nicolis, *Brisures de symétrie et perception des formes*, in AA.VV., *L'art et le temps regards sur la quatrième dimension*, catalogo della mostra, Sociétè des Exposition du Palais des Beaux-Art de Bruxelles, 1984, p. 36.
(Traduzione della citazione: "...senza inizio né fine. Un universo in cui spazio e tempo perdono significato, poiché non v'è nulla che permette di orientarsi, di individuare oggetti o di misurare archi di tempo. Fissando il nostro sguardo su una sezione qualsiasi del disco e percorrendo questa traiettoria si tornerà inevitabilmente al punto di partenza, qualsiasi sia la sezione considerata".)

19. G. Colli, *La nascita della filosofia*, Milano 1978, p. 65.

20. M. Vescovo, *Sound-Forme e colori del suono*, catalogo della mostra, Museo d'arte moderna Bolzano, Museion, 1993, p.22

21. C. Alfano, in A. Trimarco, *Colloquio di Angelo Trimarco in compagnia di Narciso*, in "Rara Avis", Napoli 1985, s.p.

22. Si veda in catalogo l'elenco dell'*Archivio delle nominazioni 1969,'70,'71,'72,'73,'74* e la trascrizione dei testi dei nastri contenuti nelle bobine.

23. Cfr. A. Boatto, *Narciso infranto. L'autoritratto moderno da Goya a Warhol*, Bari 1997.

24. Testo tratto da uno scambio epistolare del 1987 tra Pasquale Trisorio e Carlo Alfano a proposito di una progettata edizione non realizzata dell'*Autoritratto di Joseph Beuys dall'Archivio delle nominazioni* (1971), di cui si conservano i prototipi ed alcuni esemplari.

25. H. Stocker, *Interview mit Carlo Alfano*, in "Kunstforum International", 1974 .

26. Tutte le tele hanno una larghezza di 220 cm, esattamente la distanza che intercorre tra i due poli della cornice di *Stanza per voci*

27. C. Alfano, *Caro Heiner*, in *Carlo Alfano- Bilder und Zeichnungen- Fragmente eines anonymen Selbstbildnisses*, catalogo della mostra, Städtisches Museum Leverkusen Schloß Morsbroich, 19 gennaio-11 marzo 1979

28. M. Foucault, *Le parole e le cose*, op. cit., pp. 18-19.

29. C. Alfano, *Caro Heiner*, in *Carlo Alfano...*, catalogo della mostra, op. cit.

30. C. Alfano, *Dialogo per "egli"*, in *Testuale*, catalogo della mostra, Milano 1979.

31. A.M. Siena, *Dubbi d'artista*, in "Reporter", 7 novembre 1984.

32. C. Alfano, *Intervista con Michele Bonuomo*, in *Terrae Motus*, catalogo della mostra, Napoli 1984, p. 33.

33. C. Alfano, *Intervista con Michele Bonuomo*, op. cit., p. 33.

34. Nell'Archivio Alfano si conserva il materiale fotografico di studio realizzato da Alfano per la rea-

lizzazione delle opere di questo decennio.

35. A. Izzo, *Carlo Alfano*, in *Dipingere Rotondo*, catalogo della mostra, Amalfi 1984, p. 79.

36. M. Bonuomo, *L'uomo in croce nel freddo di una "Camera"*, in "Il Mattino", 27 febbraio 1988.

37. Nel luglio del 1985, Alfano interviene sull'opera *Figura n. 4* del 1984 ridipingendone il fondo e sostituendo il blu con un fondo sordo, allusivo di un'assenza di profondità. Nel 1987 l'opera viene inserita nel trittico *Senza titolo*.

38. Lettera di Carlo Alfano inviata ad Erich Steingräber nel 1987.

39. M. Bonuomo, *L'uomo in croce...*, op. cit.

1. A. Colucci de Goyzueta, "L'artista e il suo doppio," *Il Mattino*, 26 October 1990.

2. Of which remains his judicious personal collection as clear evidence.

3. Caravaggio, Velasquez, Rembrandt, Goya . . . first epiphanies through art books, then in the at that time solitary rooms of Capodimonte, the ineffable browns of Rosso Fiorentino, the biconvex precision of Lotto, the crystal-clear atmosphere of Bellini, the light/color of Titian, the transmigration of the sign into meaning of Brueghel's *Parable of the Blind*. Stages on a personal journey, silent terminuses for intimate thoughts, for long meditations on techniques and pure painting motifs.

4. His public debut takes place in 1955 with a solo exhibition at the Galleria S. Carlo in Naples where Alfano presents his graphic production.

5. An intense material experimentalism characterizes Alfano's work from the days of the Accademia bringing him to unite totally unconventional elements and substances and to perfect a technique which stops colors blending into each other so that they repel each other instead, creating very interesting effects.

6. L. Vergine, *Undici pittori napoletani* (Naples, 1963): p. 118.

7. M. Foucault, *Le parole e le cose* (Milan, 1967): p. 61 (Eng. trans. Judith Mundell.) Originally published as *Les Mots et les choses. Une Archéologie des sciences humaines* (Paris, 1966).

8. Autograph notes of Carlo Alfano.

9. F. Menna, "Carlo Alfano," in exhibition catalogue *Terza rassegna d'arte del Mezzogiorno* (Naples, 1967): n.p.

10. Cf. P. Restany, "La lumière prise au piege," in exhibition catalogue *Al di là della pittura* (San Benedetto del Tronto, July-August 1969, Florence, 1969): n.p.

11. C. Alfano in exhibition catalogue *Al di là della pittura*, op. cit., n.p.

12. Alfano took part in the competition held by Rossano Calabro's administration for the architectural planning of the new Court of Law.

13. The works are shown together by Alfano in the exhibition entitled *Vitalità del negativo 1960/70*, (Rome: Palazzo delle Esposizioni, 1970-1971).

14. This cycle is to be considered finished with the work *Tempi prospettici*, 1970, now preserved in the Galleria Nazionale d'Arte Moderna in Rome.

15. On 3 June 1968 there came to light near Paestum something which would henceforth be known as *Tomba del Tuffatore*, a name that derives from the representation on the slab, the lid of the coffin, of the image of a young athlete captured in a dive: the symbolic act of passage from life to death.

16. On the work *Tempi prospettici*, 1970-1972, and its recent restoration, cf. R. D'Andria, *Il Tuffatore di Carlo Alfano* (Salerno, 1985).

17. The sound of *Stanza per voci* shares with the water of *Delle distanze dalla rappresentazione*, 1968-1969, and *Tempi prospettici*, 1970-1972, the same properties: colorless, transparent, reflecting, temporal.

18. As for the *Pi* (ritual Chinese disc symbol of the supreme God) cf. G. Nicolis, "Brisures de symétrie et perception des formes," in *L'art et le temps regards sur la quatrième dimension*, exhibition catalogue (Sociétè des Exposition du Palais des Beaux-Art de Bruxelles, 1984): p. 36. (Quote translation: ". . . without beginning or end. A universe in which space and time lose their meaning, for there is nothing to allow us to find our bearings, to identify objects or to measure spans of times. If we fix our gaze on any section of the disc and follow this direction, we will inevitably return to our point of departure, whatever section we consider.")

19. G. Colli, *La nascita della filosofia* (Milan, 1978): p. 65.

20. M. Vescovo, *Sound - Forme e colori del suono*, exhibition catalogue, Museo d'arte moderna Bolzano (Museion, 1993): p. 22.

21. Carlo Alfano in Angelo Trimarco, "Colloquio di Angelo Trimarco in compagnia di Narciso," in *Rara Avis*, (Naples, 1985): n.p.

22. In the catalogue there is the list of *Archivio delle nominazioni 1969, '70, '71, '72, '73, '74 . . .* and the transcription of the texts of the tapes contained on the spools.

23. Cf. A. Boatto, *Narciso infranto L'autoritratto moderno da Goya a Warhol* (Bari, 1997).

24. Text from an exchange of letters in 1987 between Pasquale Trisorio and Carlo Alfano concerning a planned but never finished edition of *Autoritratto di Joseph Beuys Dall'Archivio delle nominazioni*, 1971, of which the prototypes and some samples are preserved.

25. H. Stöcker, "Interview mit Carlo Alfano," in *Kunstforum international*, 1974.

26. All the canvases are 220 cm wide, which is exactly the distance between the two poles of the frame of *Stanza per voci*.

27. C. Alfano, "Caro Heiner," in the exhibition catalogue *Carlo Alfano- Bilder und Zeichnungen- Fragmente eines anonymen Selbstbildnisses* (Städtisches Museum Leverkusen Schloß Morsbroich, 19 January - 11 March 1979).

28. M.Foucault, *Le parole e le cose*, in op. cit., pp. 18, 19.

29. C. Alfano, "Caro Heiner," in exhibition catalogue *Carlo Alfano…*, in op. cit.

30. C. Alfano, "Dialogo per 'egli'," in exhibition catalogue *Testuale* (Milan, 1979).

31. A.M. Siena, "Dubbi d'artista," *Reporter*, 7 November 1984.

32. C. Alfano, "Intervista con Michele Bonuomo," in exhibition catalogue *Terrae Motus* (Naples, 1984): p. 33.

33. C. Alfano, "Intervista con Michele Bonuomo," in op.cit., p. 33.

34. Photographic studio material, which Alfano used for the works of this decade, is stored in Archivio Alfano.

35. A. Izzo, "Carlo Alfano," in exhibition catalogue *Dipingere Rotondo* (Amalfi, 1984): p. 79.

36. M. Bonuomo, "L'uomo in croce nel freddo di una *Camera*," *Il Mattino*, 27 February 1988.

37. In July 1985, Alfano goes to work on *Figura n. 4* of 1984, repainting the background and substituting the blue with a dull base, alluding to an absence of depth. In 1987 the work becomes part of the triptych *Senza titolo*.

38. Letter by Carlo Alfano sent to Erich Steingräber in 1987.

39. M.Bonuomo, "L'uomo in croce…," in op. cit.

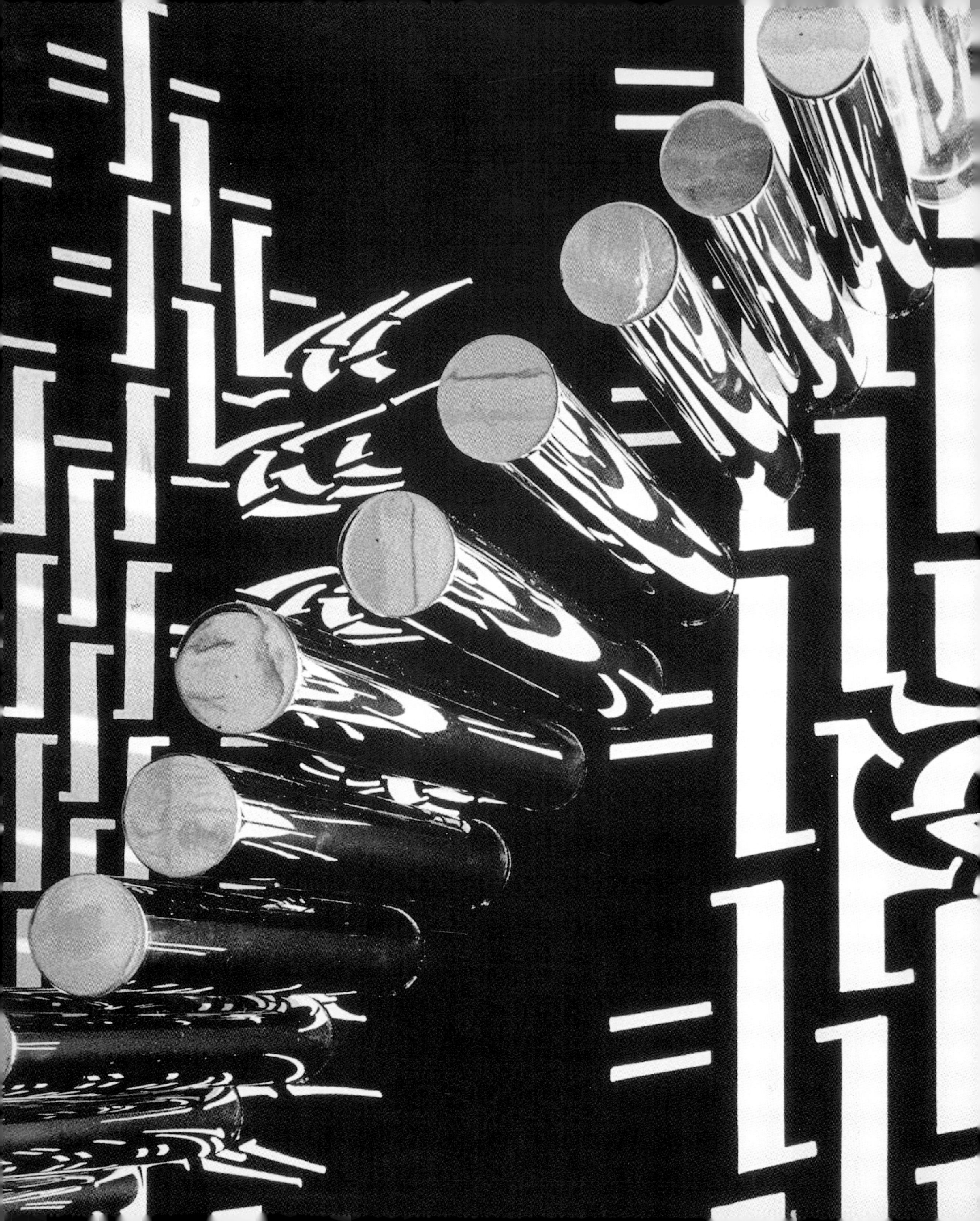

Tipo e strutture ritmiche
Tempi prospettici
Distanze

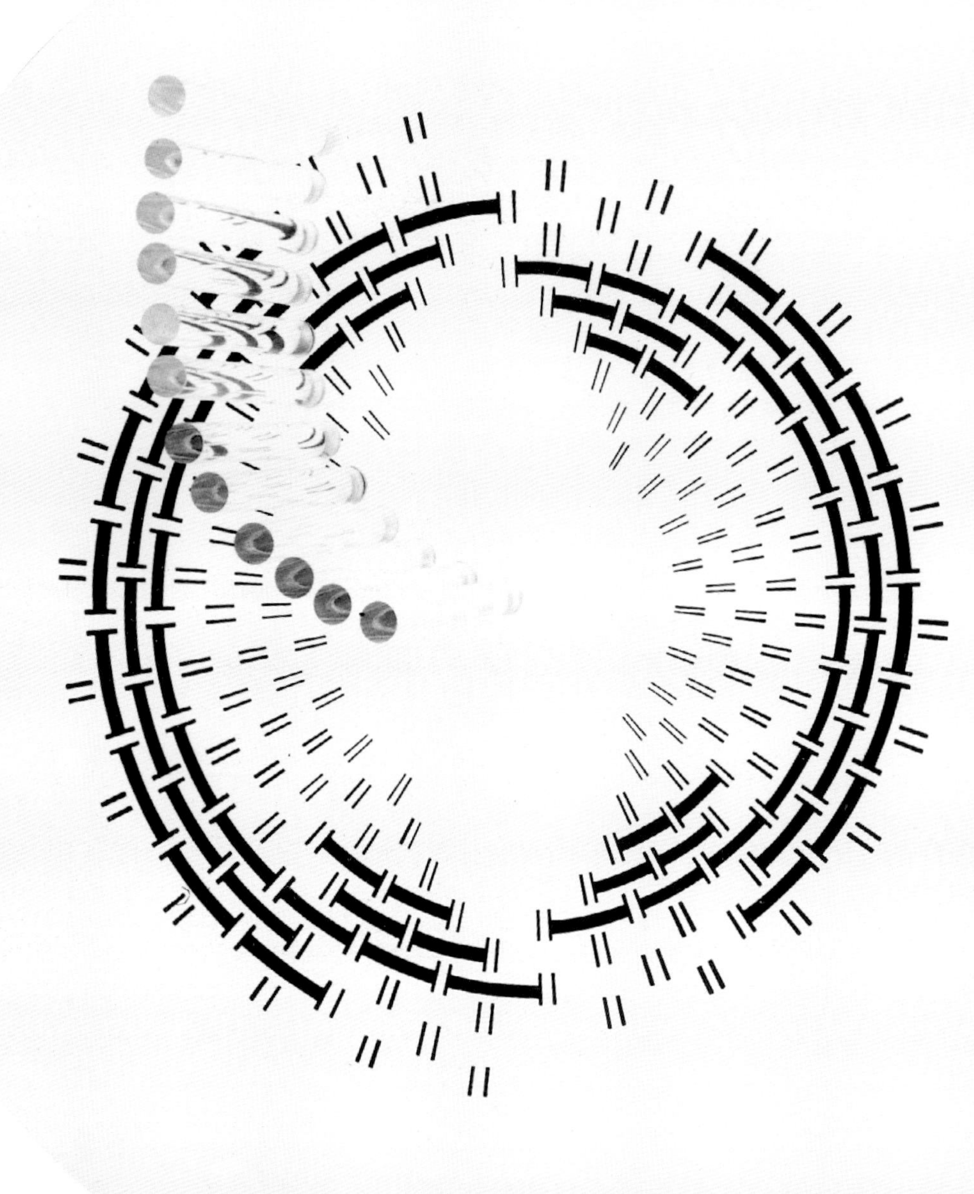

p. 42
Tempi prospettici, 1969

Tipo e strutture ritmiche, 1966

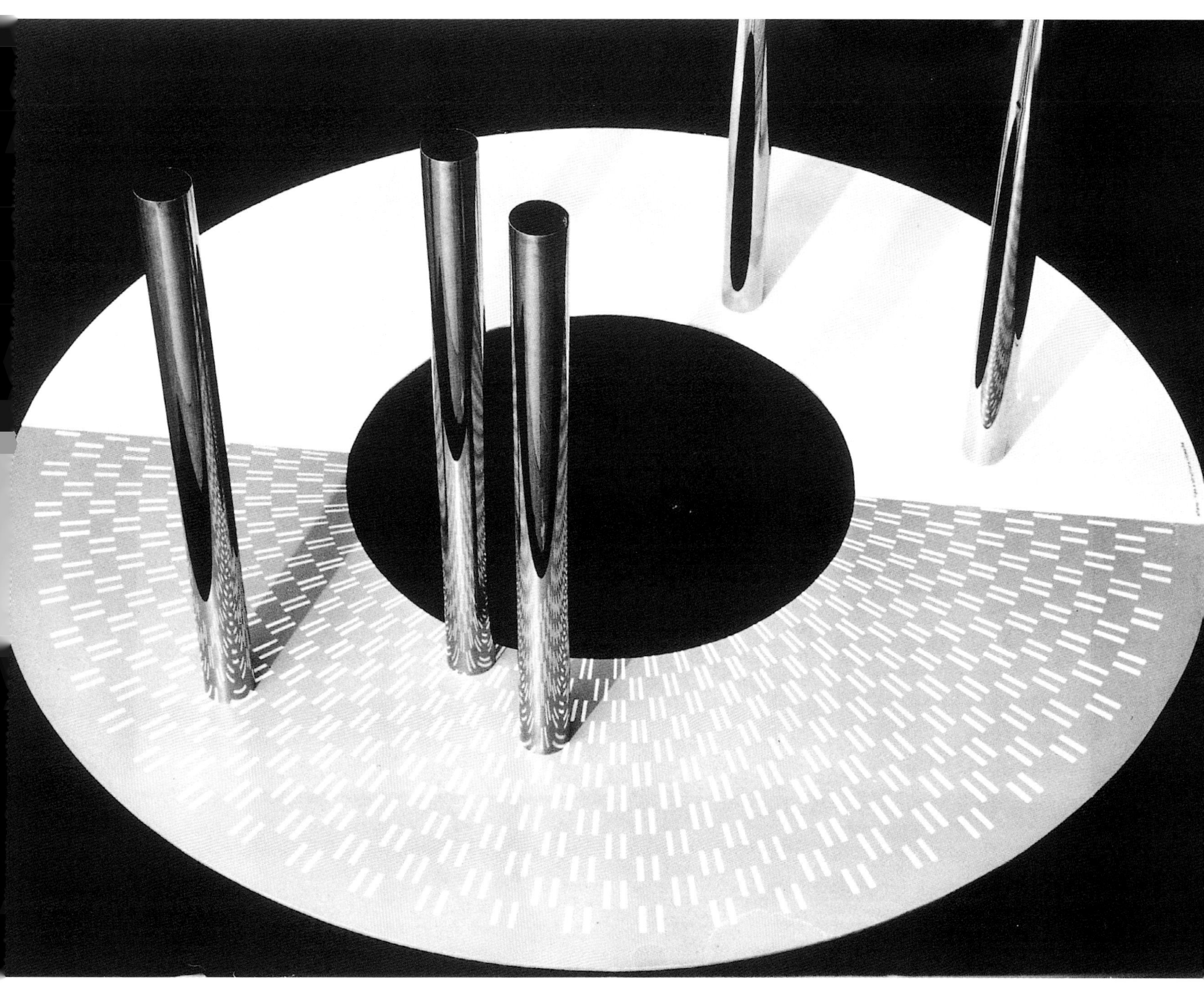

Tempi circolari, 1967

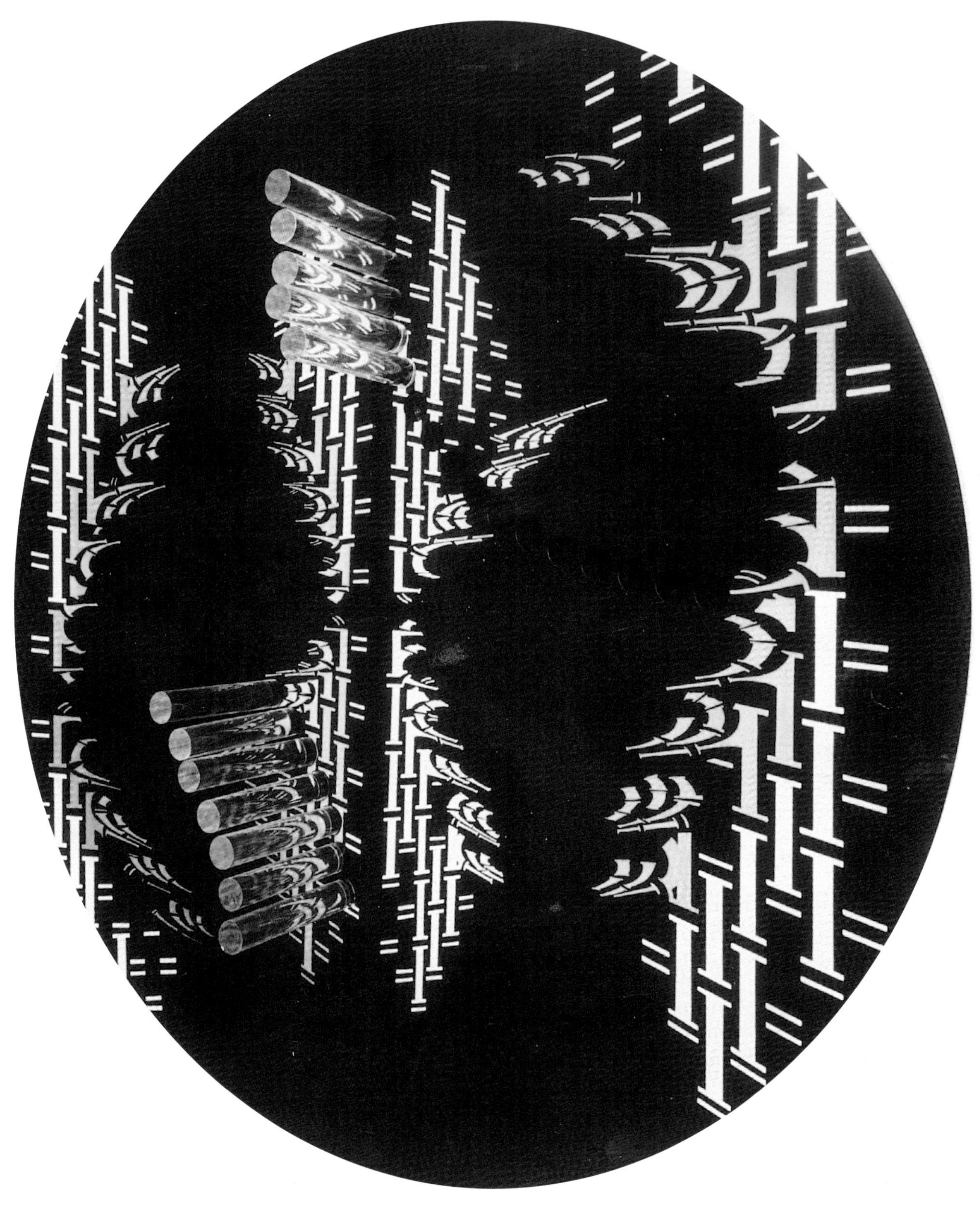

Tipo e strutture ritmiche, 1966

Tipo e strutture ritmiche (c), 1966

46

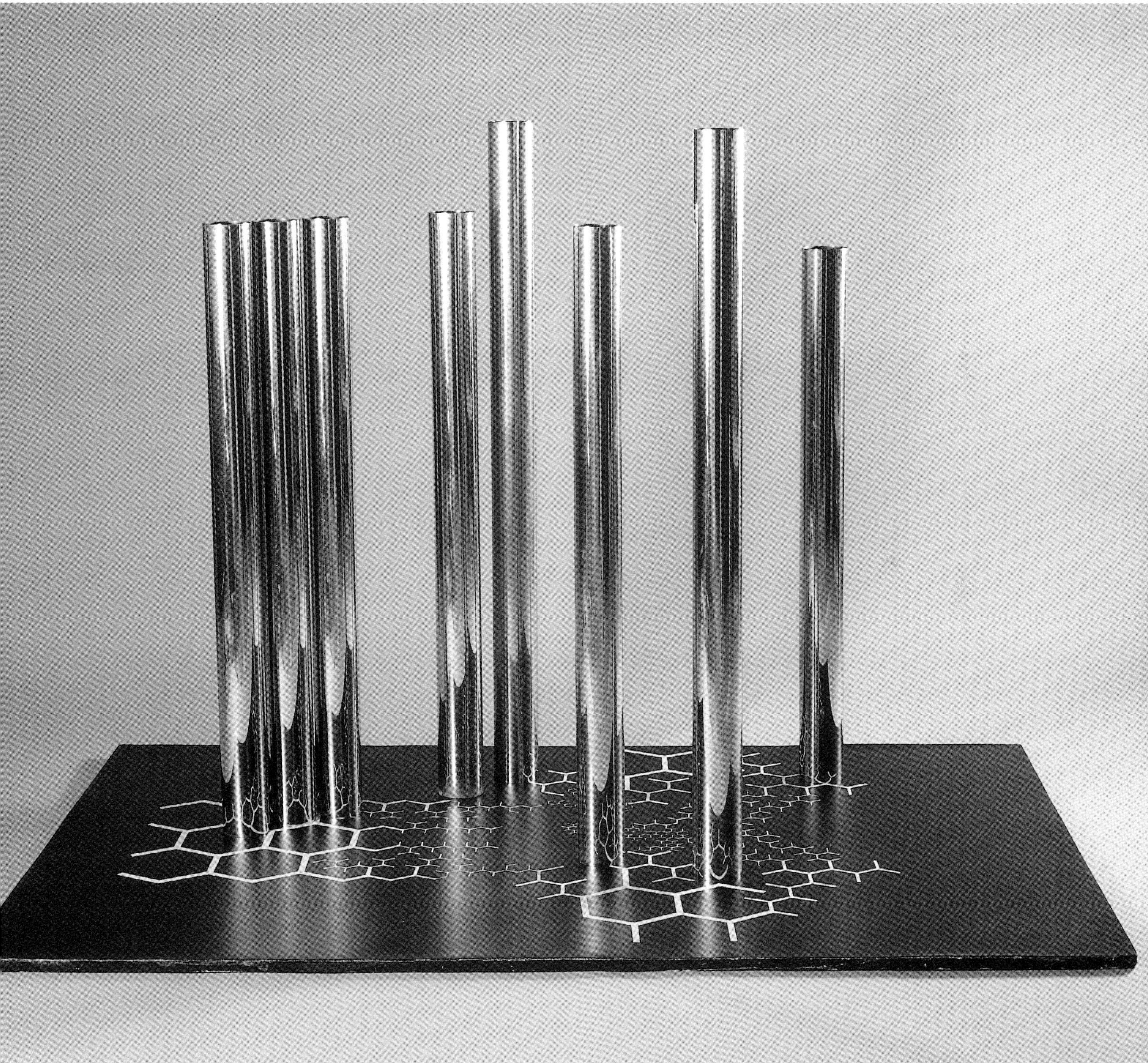

La luce presa in trappola

Light Caught in a Trap

Pierre Restany

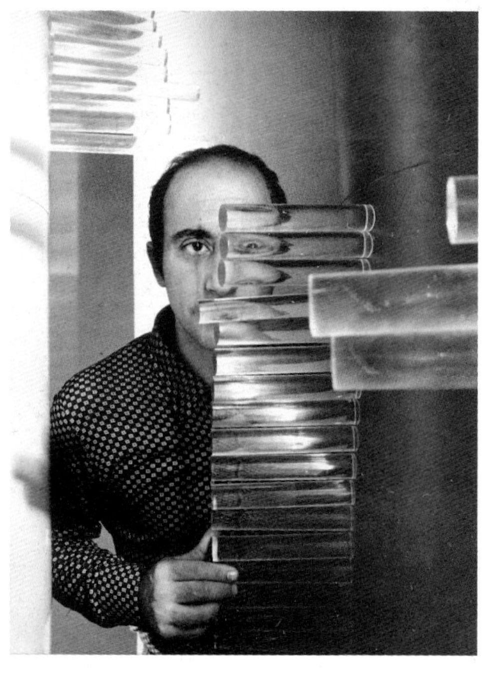

Tempi di un percorso circolare, 1967-1969
(particolare/detail)

p. 49
Tempi di un percorso circolare, 1967-1969
(particolare/detail)

Il problema dell'animazione delle strutture di base ha condotto Carlo Alfano a una nuova definizione dell'ambiente. Il suo punto di partenza era strettamente costruttivista: una disposizione ritmica di tubi cilindrici, di allineamenti programmati.

Poco a poco la sensazione dell'immanenza dello spazio si impone all'operatore visuale. Lo spazio da occupare è un concetto astratto: un cubo teorico nell'universo infinito. I punti di riferimento non bastano più a se stessi. I tubi iniziali diventano larghe colonne disposte nella più totale oscurità. Solo la proiezione alternata di segni luminosi (proiezione di film) le rivela allo spettatore, e a se stesse. Il percorso luminoso svela la collocazione delle colonne, in altre parole la strutturazione dell'ambiente. Ma nello stesso tempo la trasparenza delle colonne disturba il percorso della luce e condiziona il ritmo direzionale dei segni proiettati. Questo dualismo interattivo rappresenta l'innesco di un originale linguaggio dialettico. L'environment di Alfano è una trappola per la luce. Nel laboratorio della nostra mente si registrano simultaneamente due serie di messaggi: il calcolo proporzionale di una struttura rivelata da un fascio di onde luminose e le probabilità di aleatorie alterazioni, quegli incidenti di percorso, per così dire, che la struttura in questione impone ai raggi di luce. In Alfano, la qualità e l'efficienza della comunicazione dipendono ormai dal dosaggio e dal trattamento rispettivamente di questi due elementi essenziali del proprio linguaggio.

The problem of animating the basic structures led Carlo Alfano to redefine the space. His point of departure was strictly constructivist: a rhythmic arrangement of cylindrical tubes aligned according to a specific design.
Gradually the artist becomes aware of the vastness of the space. In fact, the space he has to occupy is an abstract concept: a theoretic cube in the infinite universe. The points of reference are no longer enough. The original tubes become large columns arranged in absolute darkness. Only the intermittent projection of luminous signs (projection of films) shows them to the viewer, and relates them to one another. The path of light reveals the placement of the columns, that is, the organization of the space. But, at the same time, the transparency of the columns interferes with the path of light and conditions the directional rhythm of the projected signs. This interactive duality triggers a new dialectical language. The environment created by Alfano is a trap for the light. Our minds have to process two series of messages simultaneously, and calculate both the proportions of a structure revealed by a beam composed of luminous waves and the probability of chance alterations, those accidents of life, so to speak, that happen when the ray of light comes into contact with the structure. In Alfano's work, the quality and effectiveness of his communication depend on the respective regulation and treatment of these two elements that are essential to his language.

in *Al di là della Pittura*, VIII Biennale d'Arte Contemporanea, catalogo della mostra/exhibition catalogue, Palazzo Gabrielli, San Benedetto del Tronto 1969.

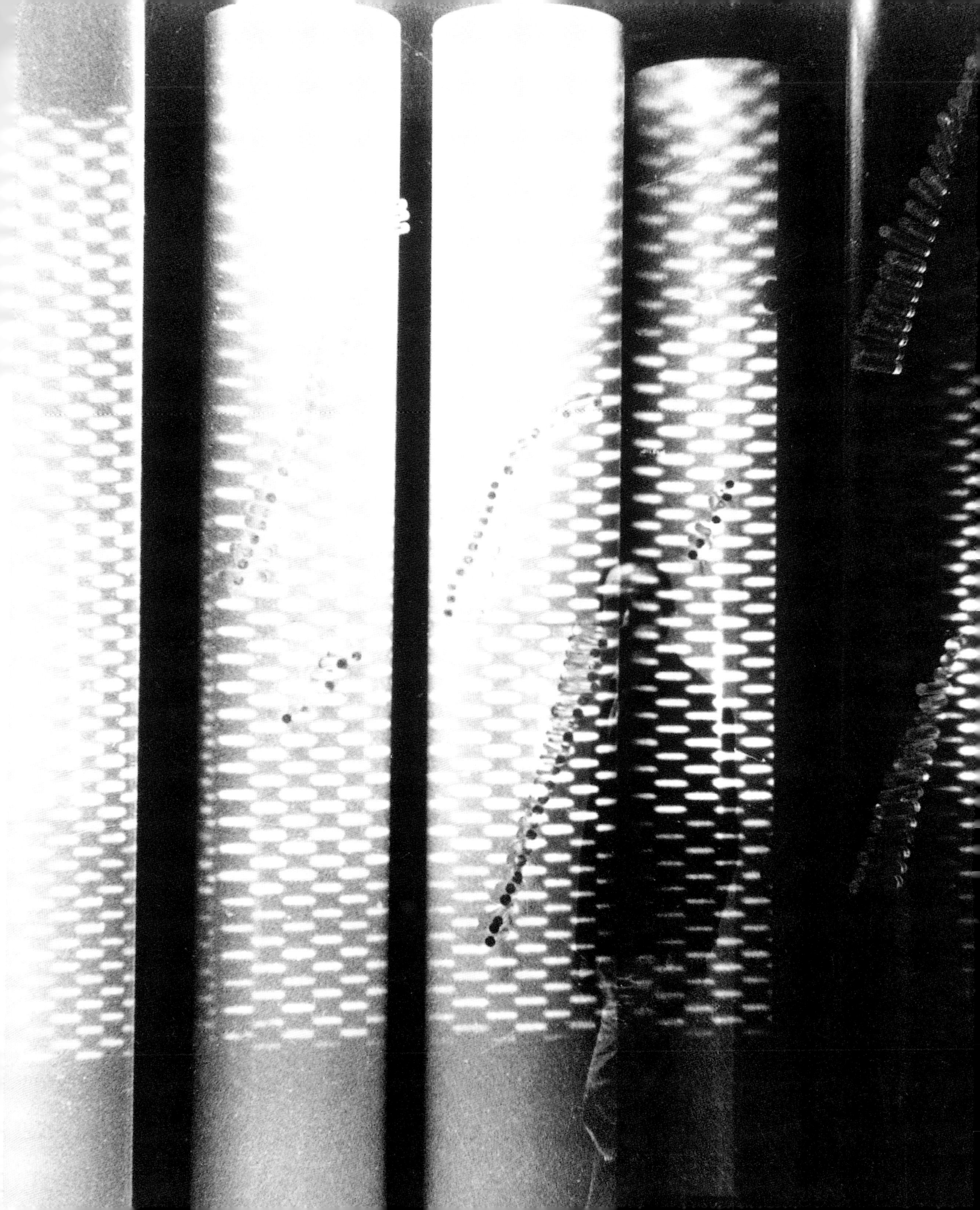

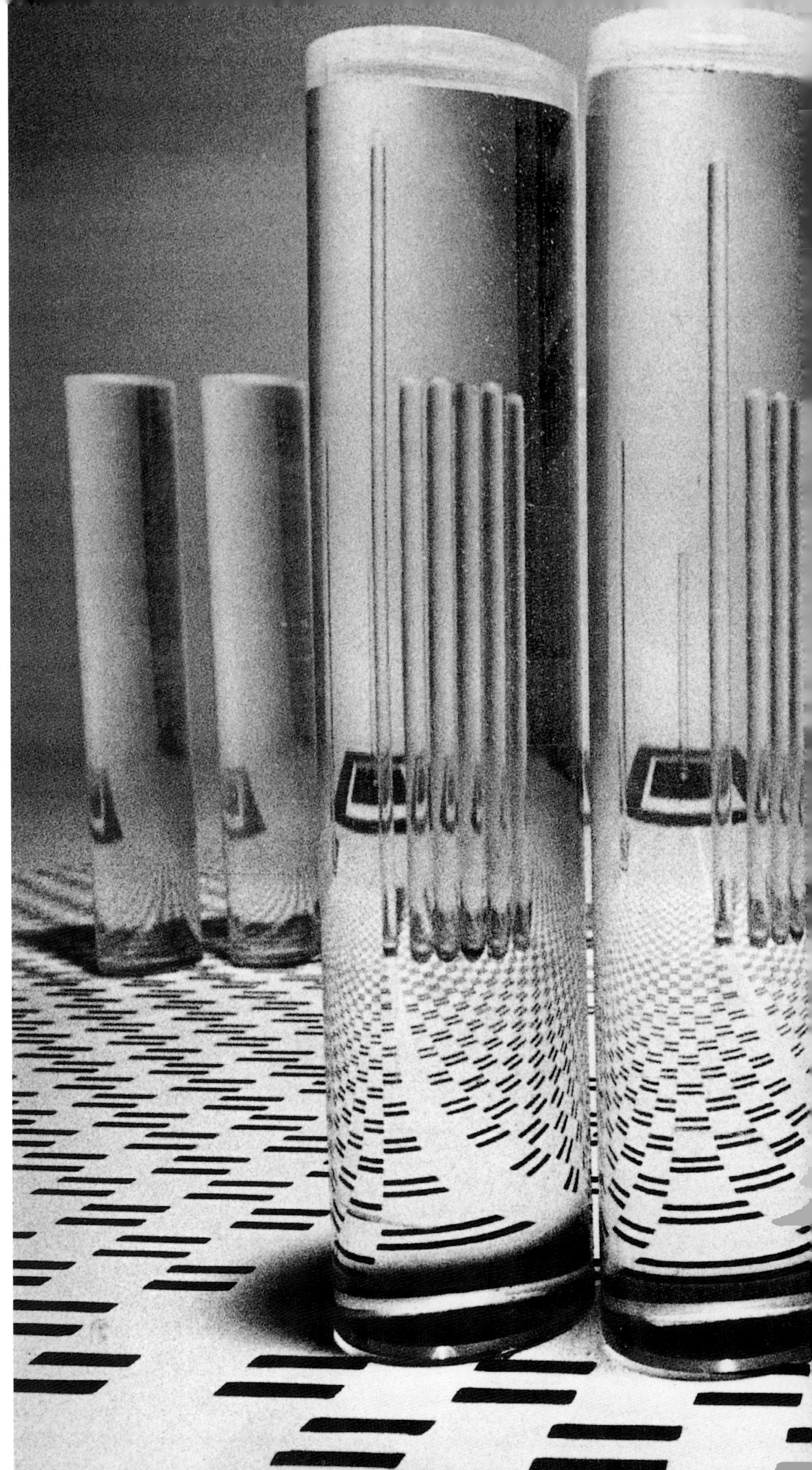

Lo spazio dell'utopia (B), 1969-1970

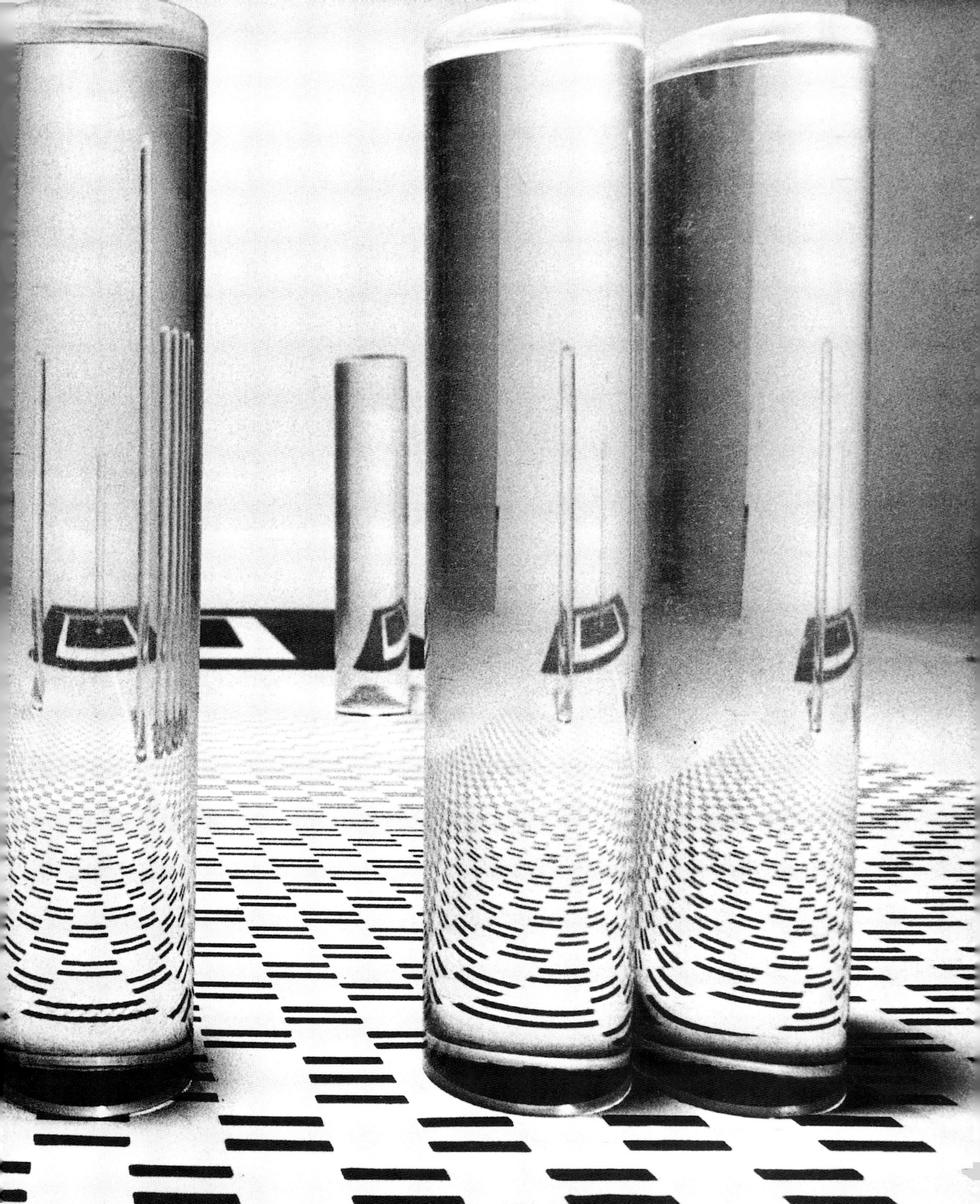

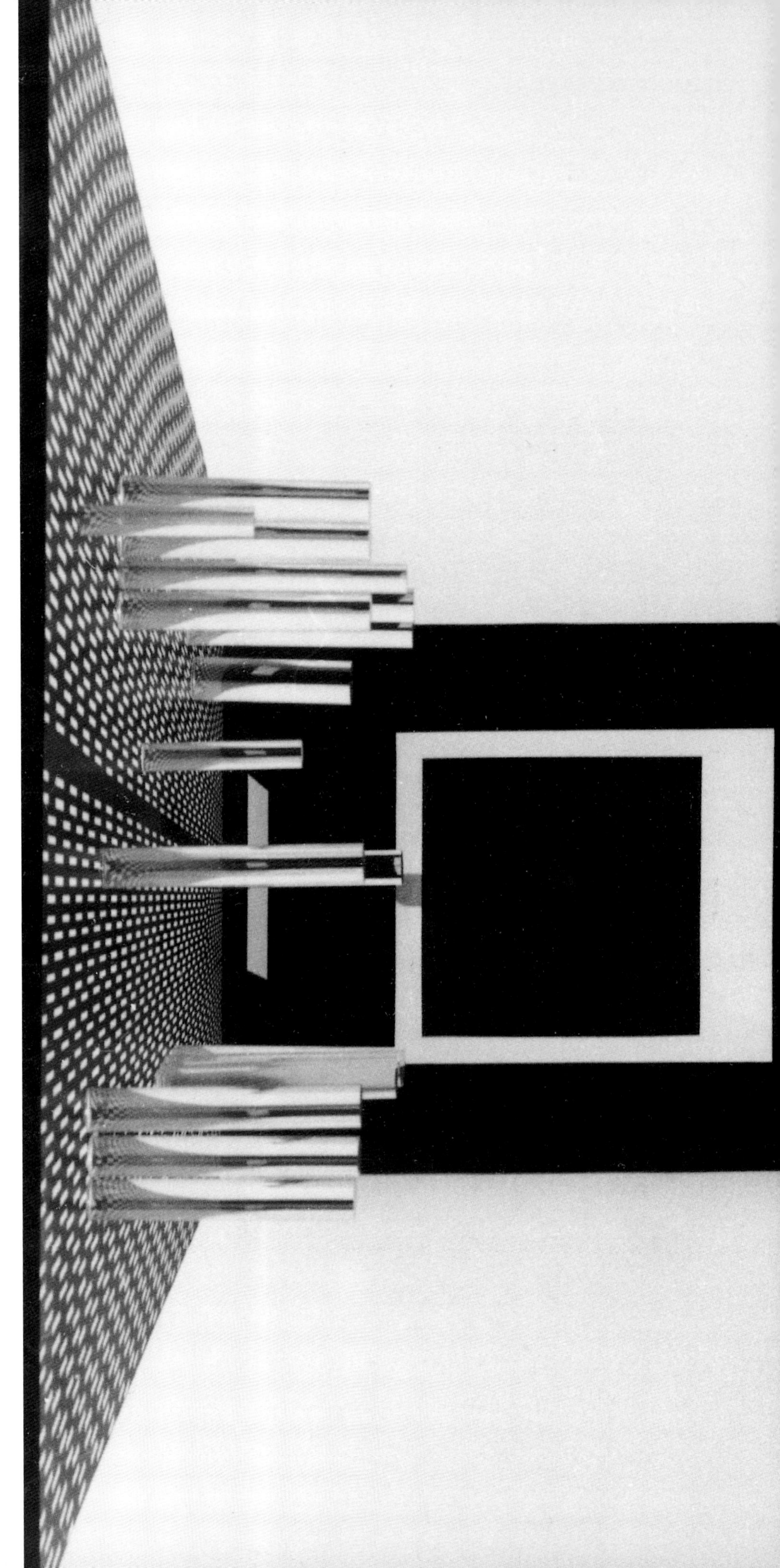

Tempi prospettici, 1970

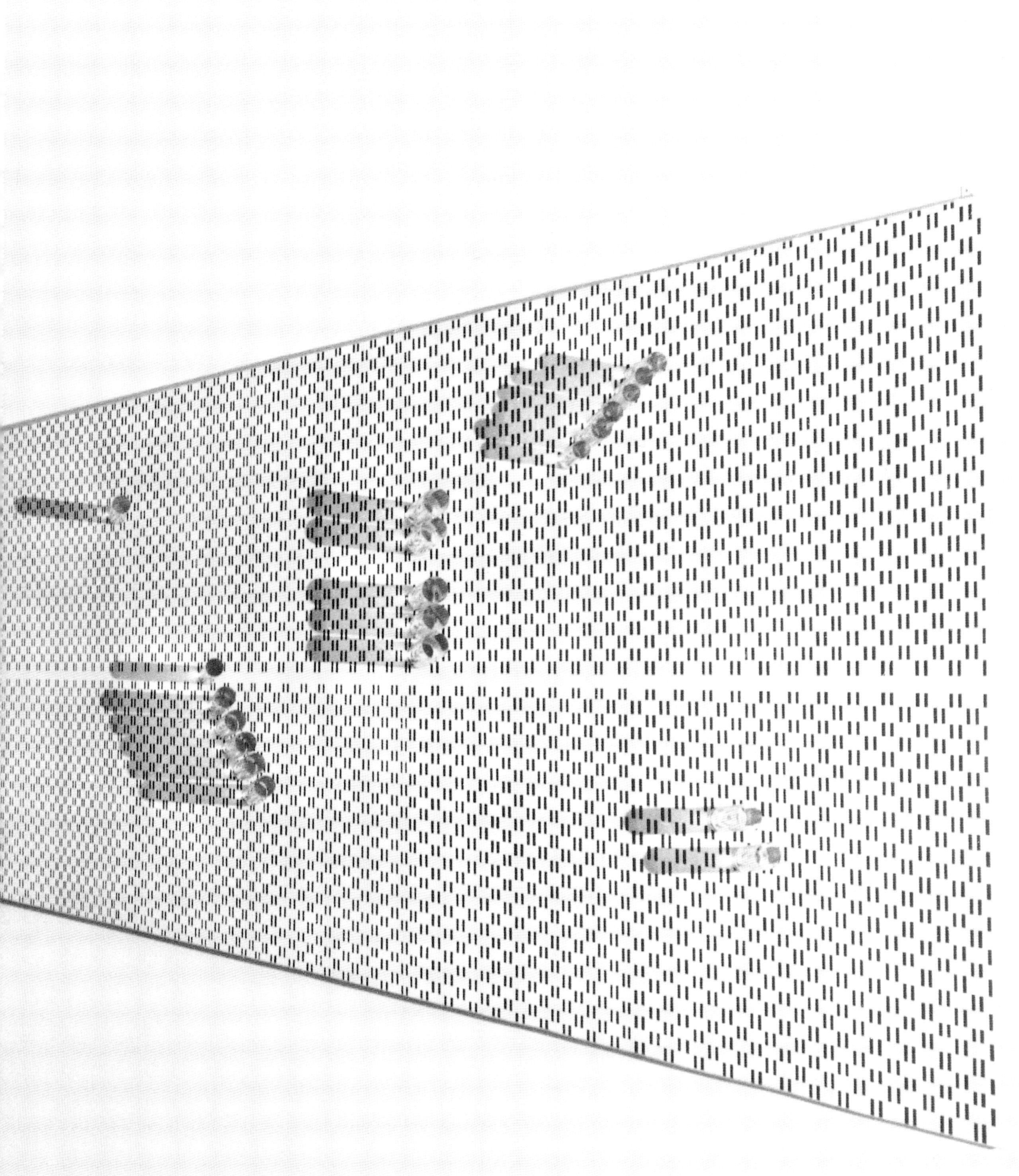

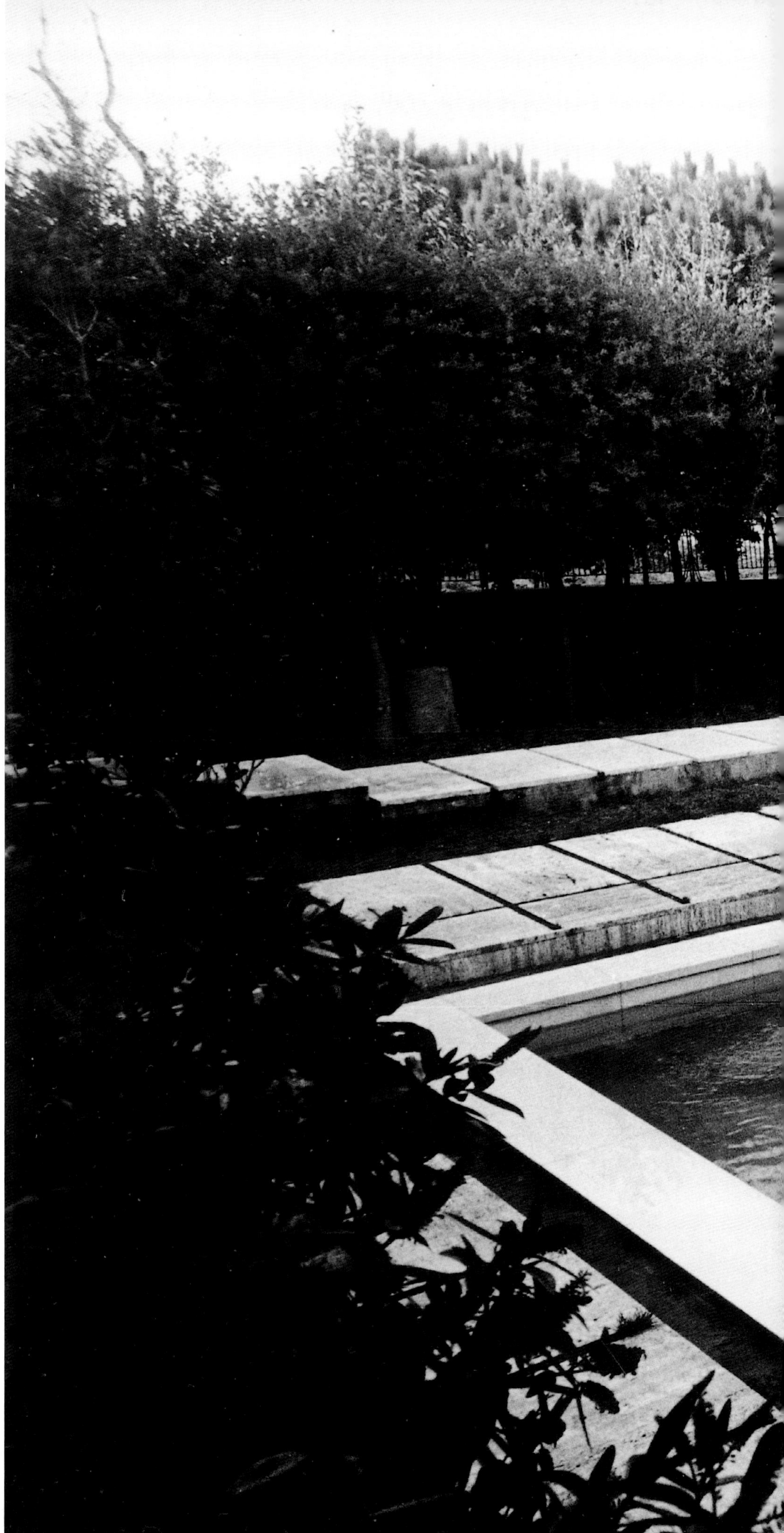

Tempi prospettici, 1970-1972

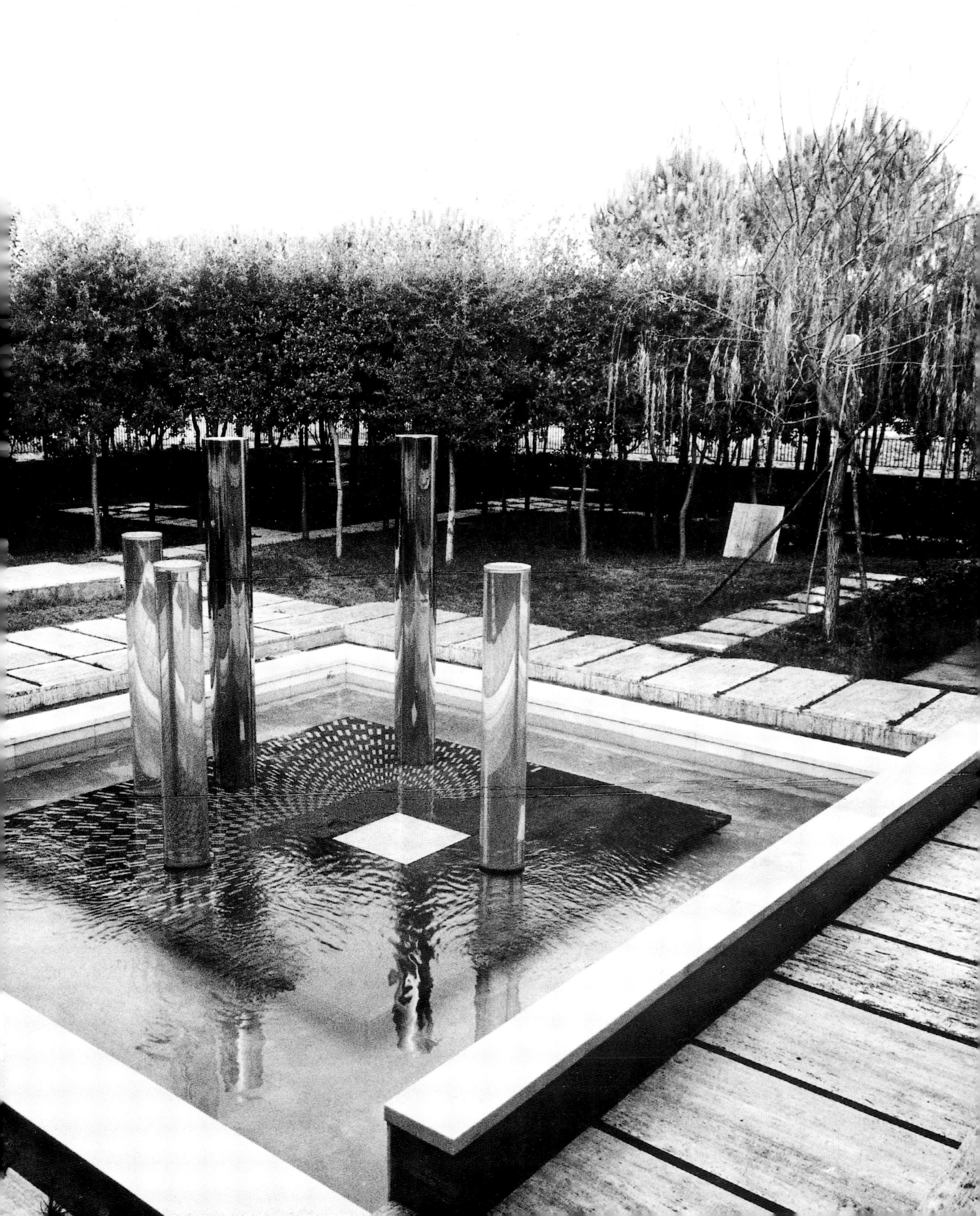

Descrizione del pensiero in preda al linguaggio

Description of Thought in Prey to Language

Achille Bonito Oliva

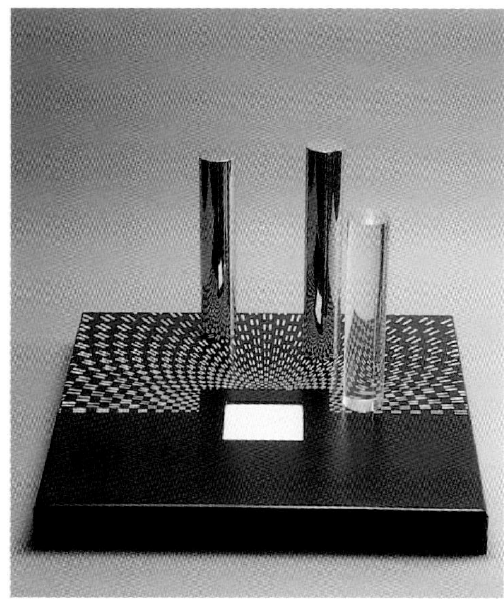

Tempi prospettici, 1970

"La scienza avendo trovato nel linguaggio una conferma di se stessa, deve ora diventare una conferma del linguaggio" (Mallarmé). Qui la scacchiera assume la declinazione del doppio tempo: il gioco del presente metonimico e la metafora del termine infinito. Alfano presenta una matrice di segni e tre cilindri speculari dove i segni costituiscono il campo dell'azzardo temporale ed il quadrato bianco al centro è la vertigine definitiva del pensiero. E la scacchiera metaforica mentre riflette su sé i movimenti della azione reale: la sottrazione alla minaccia dell'immobilità simmetrica. Il quadrato rappresenta il segno dell'astratta identità del pensiero con se stesso, la sostanza ridotta ad unità irriducibile. Poi il movimento temporale corrompe la figura cartesiana dello spazio infinibile e lo costituisce come struttura portante i valori dell'attualità e della virtualità. Perché il pensiero nell'atto della propria affermazione (come atto del pensare) cade sottoposto alle leggi del mondo ed assume nel proprio movimento la necessità della modificazione. Così la scacchiera diventa lo spazio della riflessione che totalizza tutti i movimenti del reale, quello iniziale dell'assunzione dell'essere come momento primario e quello successivo delle temporalità come movimento dell'essere. E il movimento si svolge dentro una zona formulata, dove il procedimento accertante la modificazione persegue il metodo del pensiero come volontà. La volontà è determinata dall'horror vacui, dalla paura dell'incognita oscura. Tutto avviene nell'ambito riduttivo della coscienza linguistica che stoicamente dipana il gioco della finzione conoscitiva. Perché il mondo sopravanza oltre la scacchiera, ma simultaneamente resta concentrato nello spazio che presenta la distanza irriducibile del tempo relativo e del tempo definitivo. Al di fuori di questa tensione non esistono prospettive omologanti altra posizione di ordine o di disordine. La scacchiera di Alfano è una messa in gioco del pensiero, un azzardo e una sfida a capire interamente il movimento del mondo. Come la musica di Webern. Perché nella musica di Webern, secondo la descrizione di Posseur, quello che viene prima non è il disordine ma l'essenza di determinazione e, meglio ancora, l'attualizzazione; emergono da questa virtualità primaria ed essenzialmente indefinita, dei fenomeni più ordinati, più determinati. Per esempio, a livello più elementare, i suoni che emergono dal silenzio.

"Science having found in language a confirmation of itself, must now become a confirmation of language" (Mallarmé). Here the chessboard takes on the declination of dual time: the play of the metonymic present and the metaphor of infinite time. Alfano presented a matrix of signs and three mirror cylinders where the signs make up the field of temporal hazard and the white square at the center is the definitive dizziness of thought. The metaphorical chessboard, while reflecting the movements of real action, removes itself from the threat of symmetrical motionlessness. The square represents the sign of the abstract identity of thought and self, substance reduced to an irreducible unit. Then the temporal shift corrupts the Cartesian figure of unfinishable space and establishes it as structure bearing the values of actuality and potentiality, because thought in the act of affirming itself (as an act of thinking) observes the laws of the world and embraces in its very act the need to modify. Thus the chessboard becomes the space for reflection which adds up all the shifts of reality, that initial one of the assumption of being as primary moment and the subsequent one of temporality as act of being. The change takes place within a formulated zone, where the procedure ascertaining the modification pursues the method of thought as will. The will is determined by vacuous horrors, the fear of the obscure unknown. All unfolds in the narrow circle of linguistic conscience which stoically unravels the play of cognitive invention, because the world surpasses the chessboard but simultaneously remains concentrated in the space which presents the limitless extent of relative and definitive time. Outside this tension there are no perspectives validating other positions of order or chaos. Alfano's chessboard is a staking of thought, a risk and a challenge to understand entirely the movement of the world. Like the music of Webern. Because in Webern's music, according Posseur's description, what comes first is not chaos but the essence of determination and, better still, revival; from these primary and essentially indefinite potentialities emerge the most ordered and determinate phenomena. For example, at the most elementary level, the sounds which emerge from silence.

già pubblicato nell'edizione del multiplo/already published in the multiple's edition *Tempi prospettici* (1970) di/by Carlo Alfano, ed. grafiche 2RC, Roma 1970.

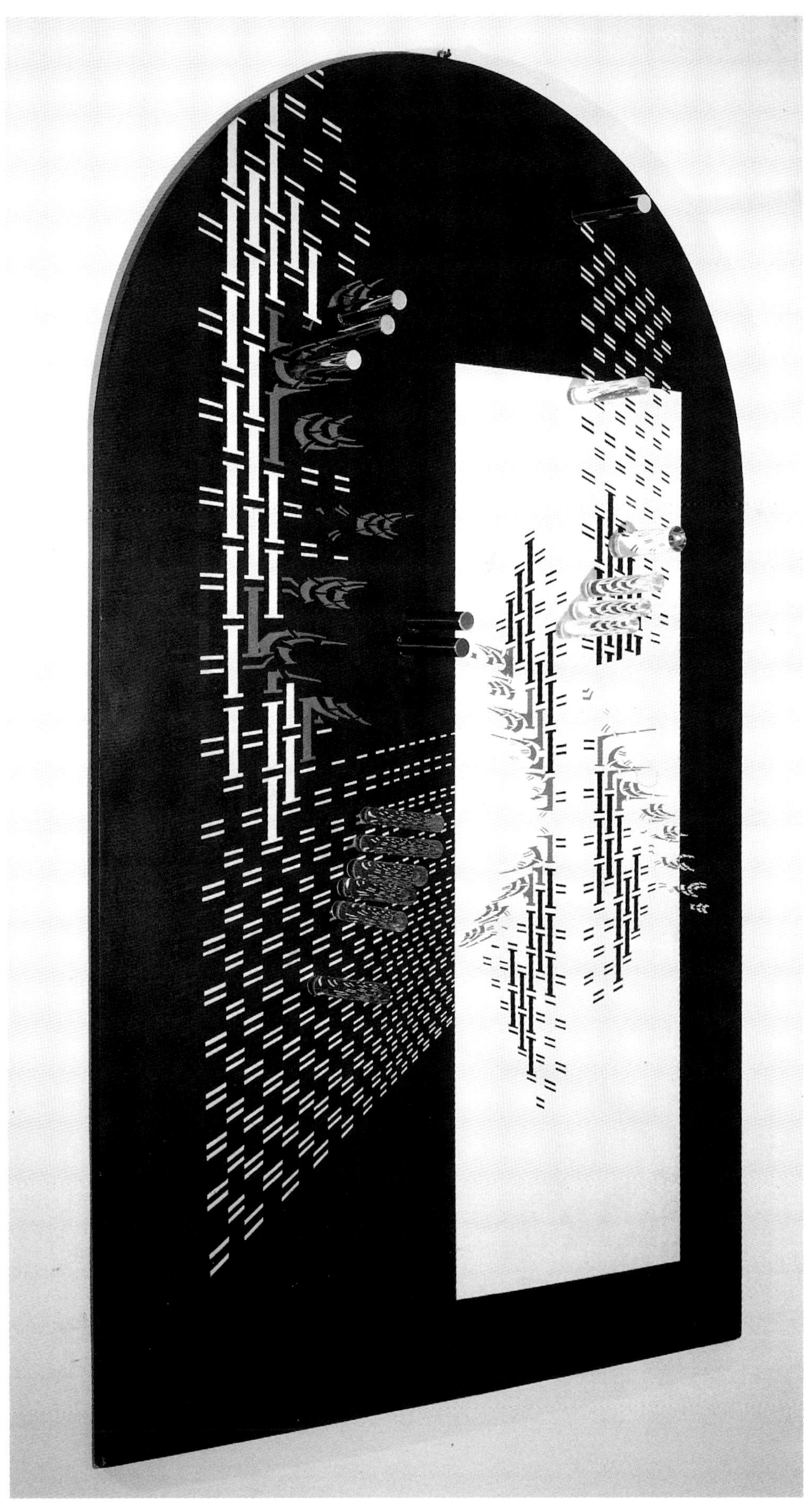

Tempi prospettici, 1969

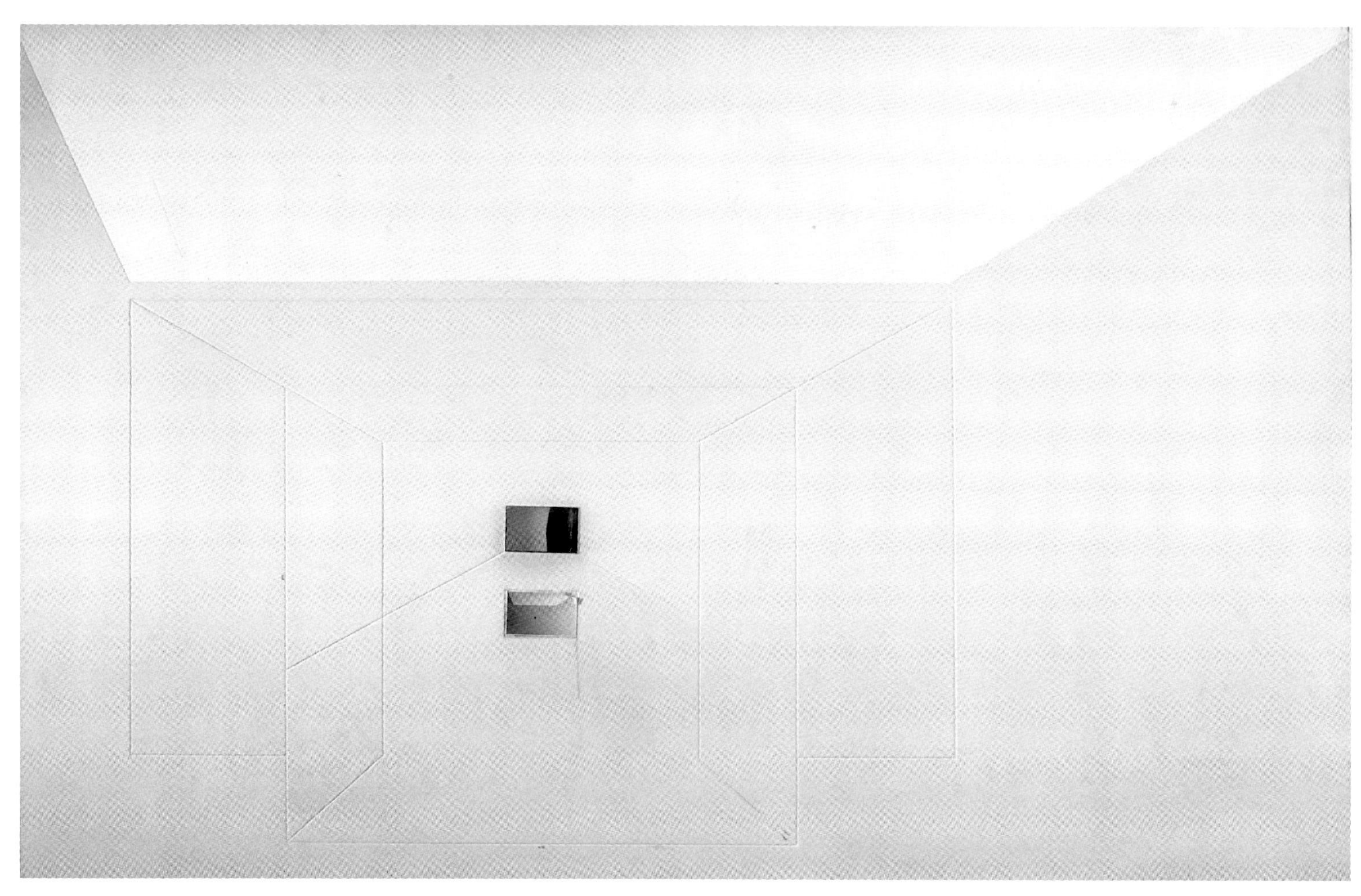

p. 59
Distanze (1), 1969

Distanze (2), 1969

Distanze, 1967

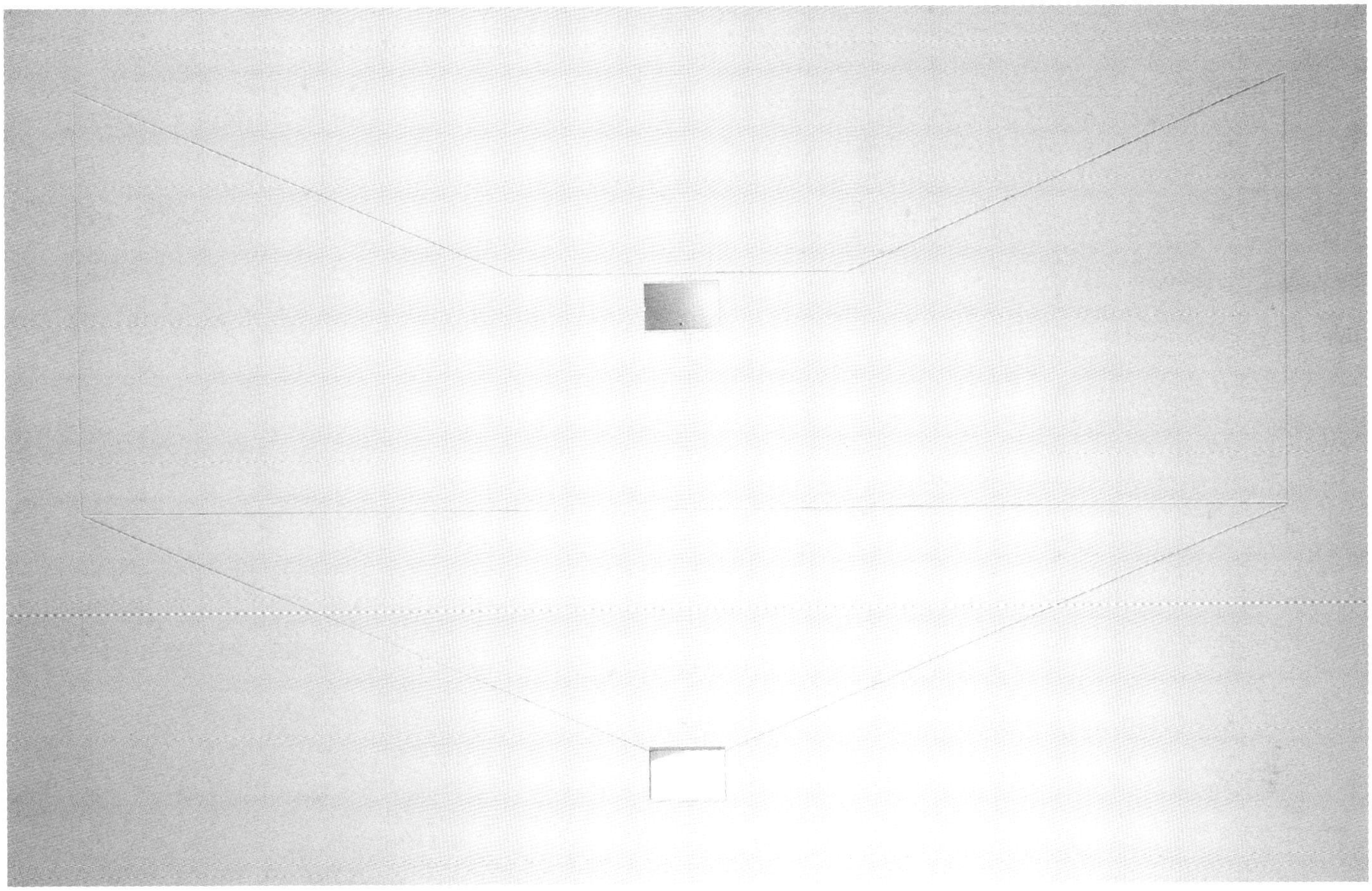

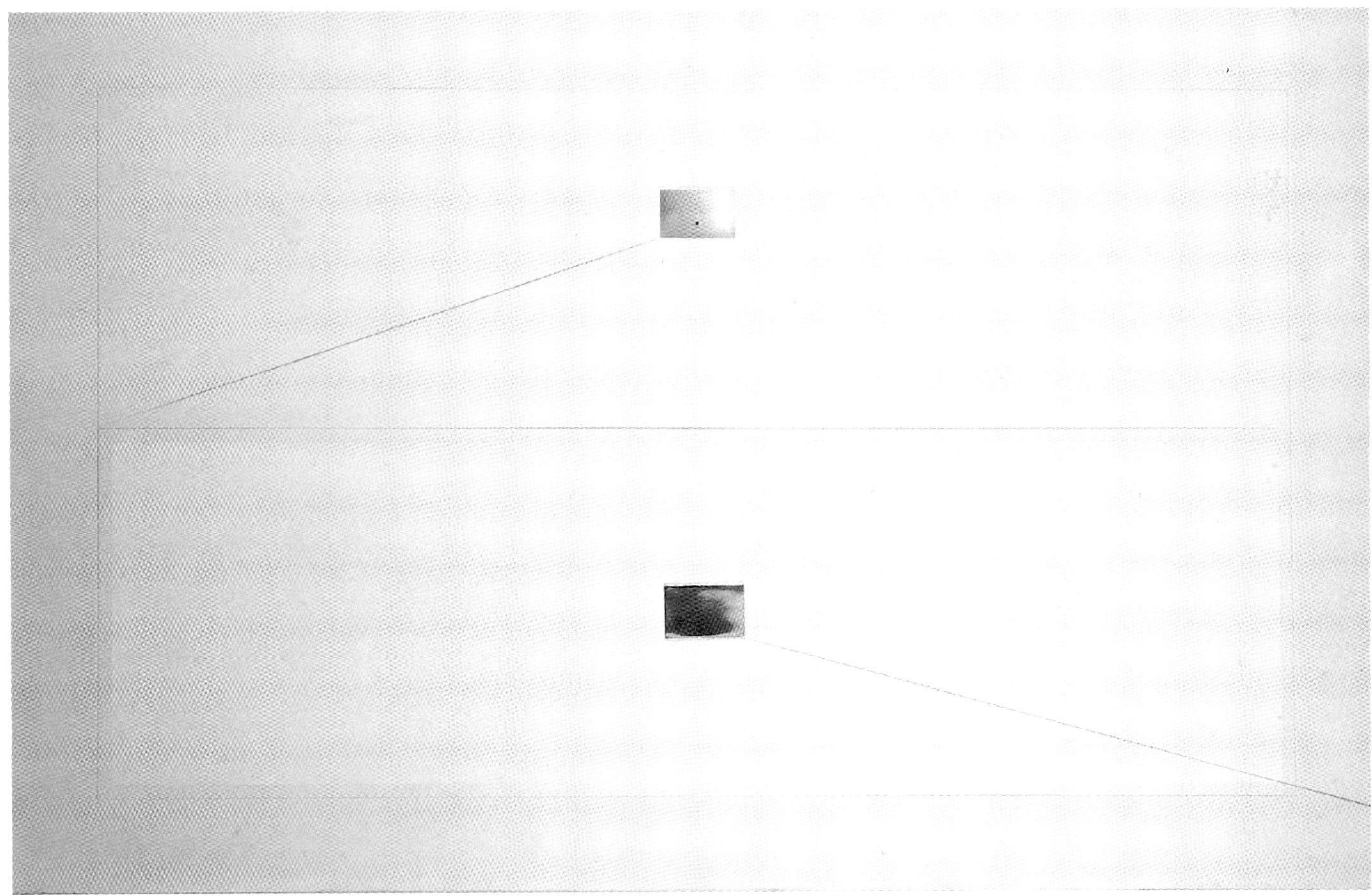

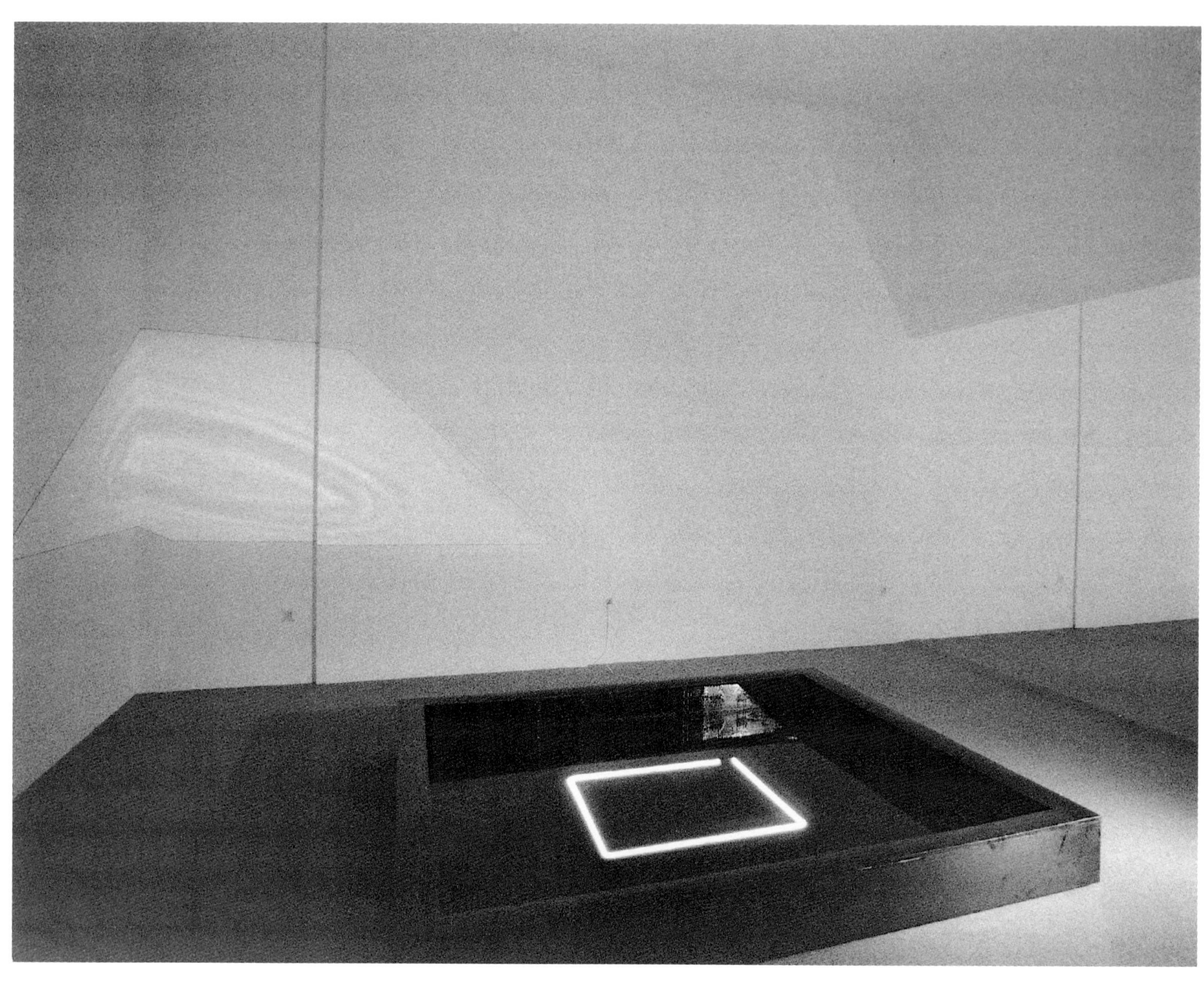

Delle distanze dalla rappresentazione,
1968-1969

Distanze (delle distanze dalla rappresentazione),
1969

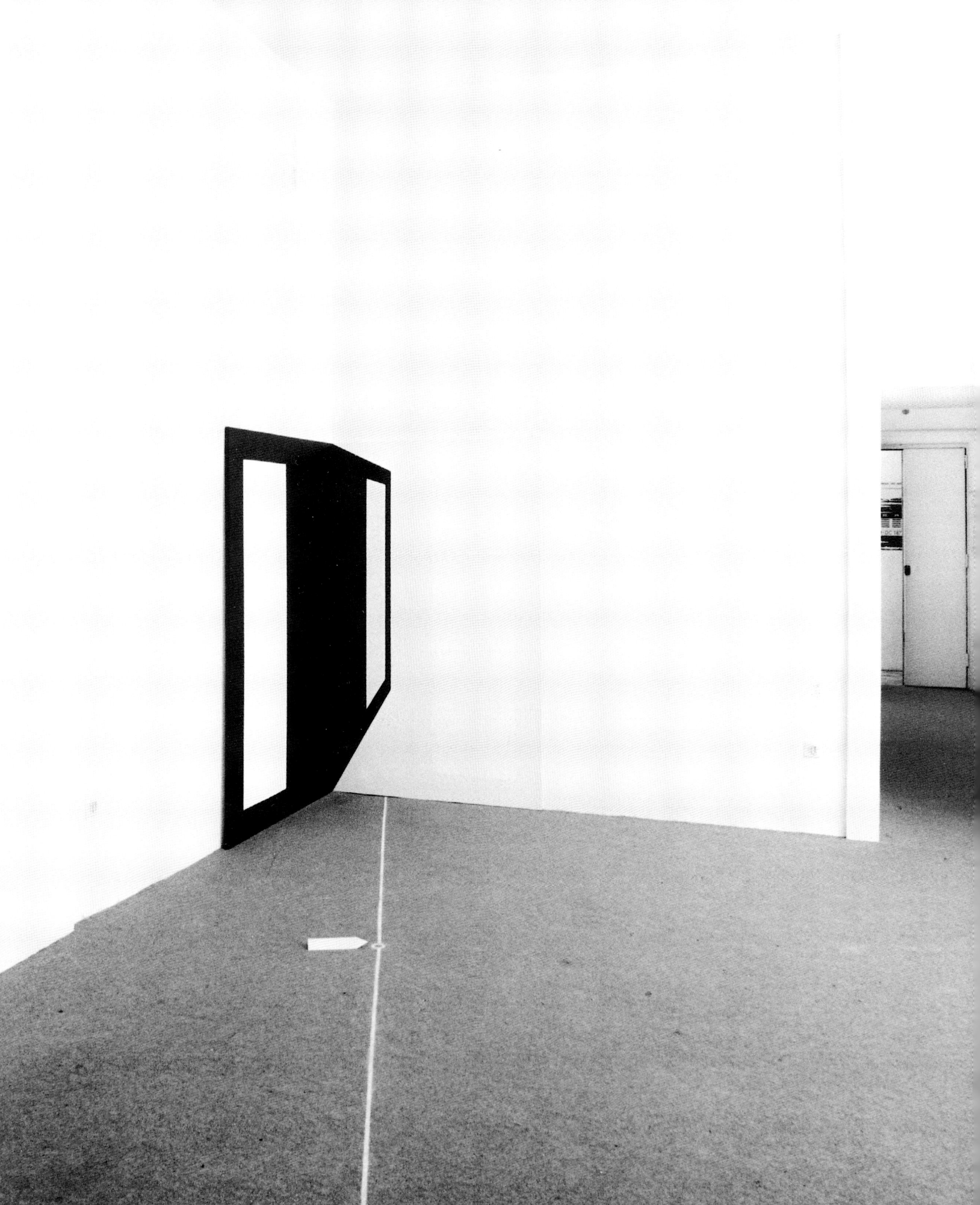

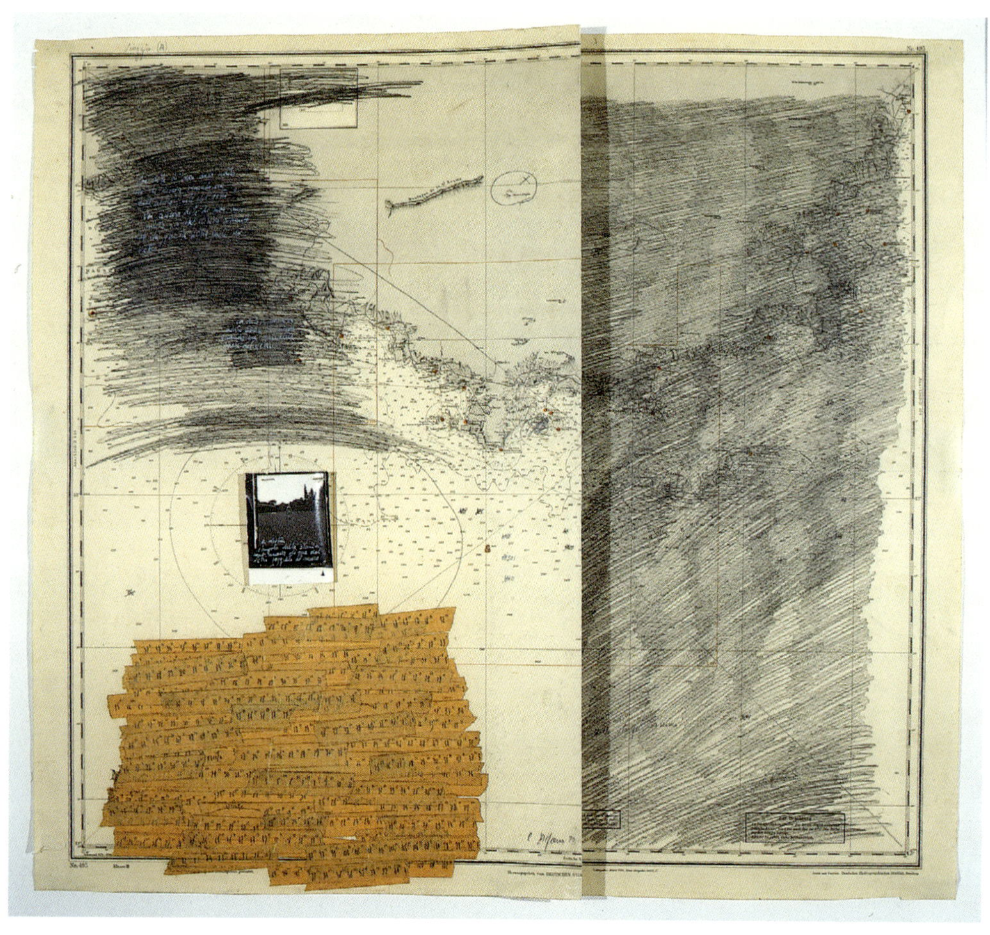

Viaggio (a), 1970

Studio per/Study for *Stanza per voci: autoritratto
a voce unica*, 1969

p. 63
Posto per la memoria, 1969

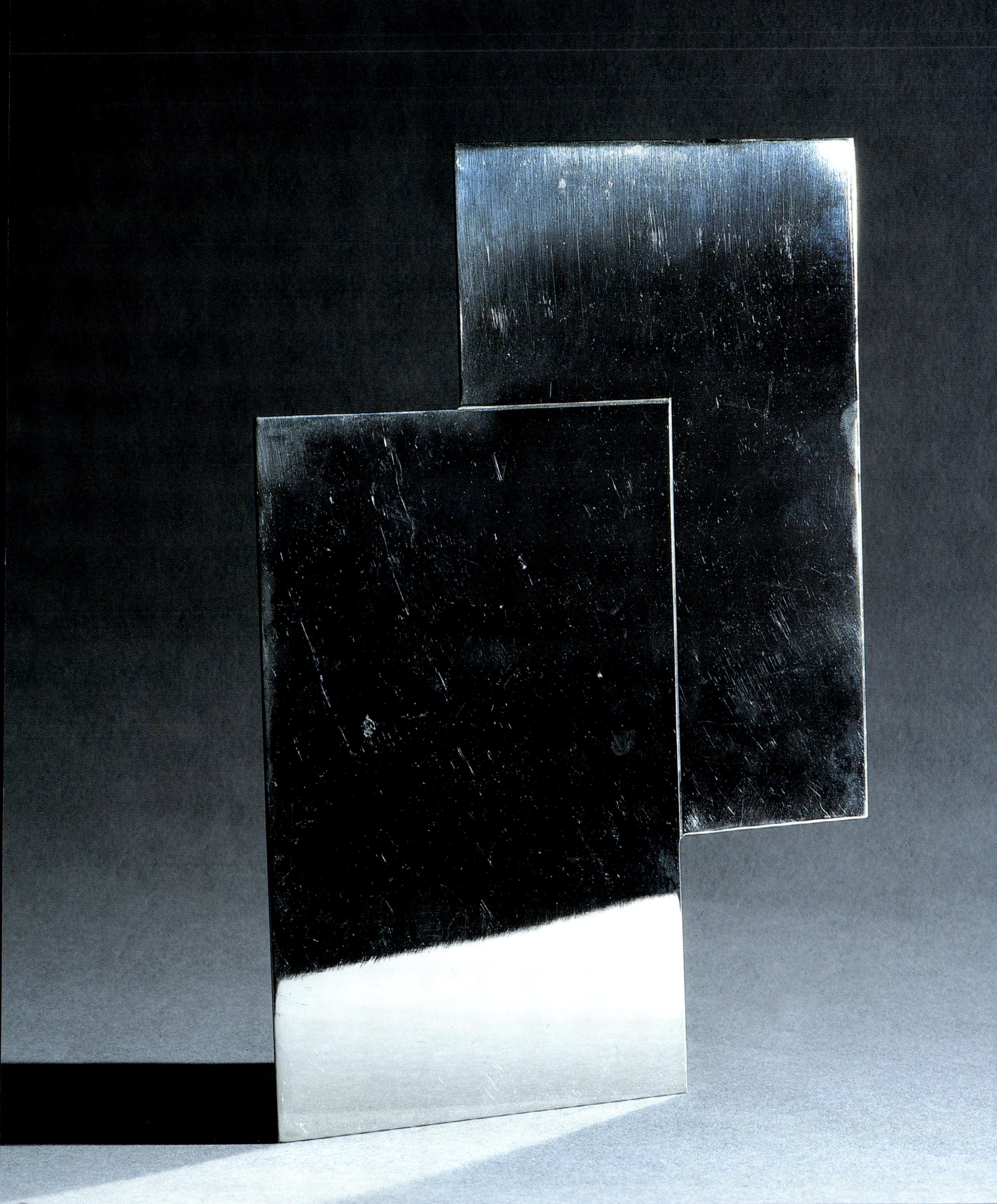

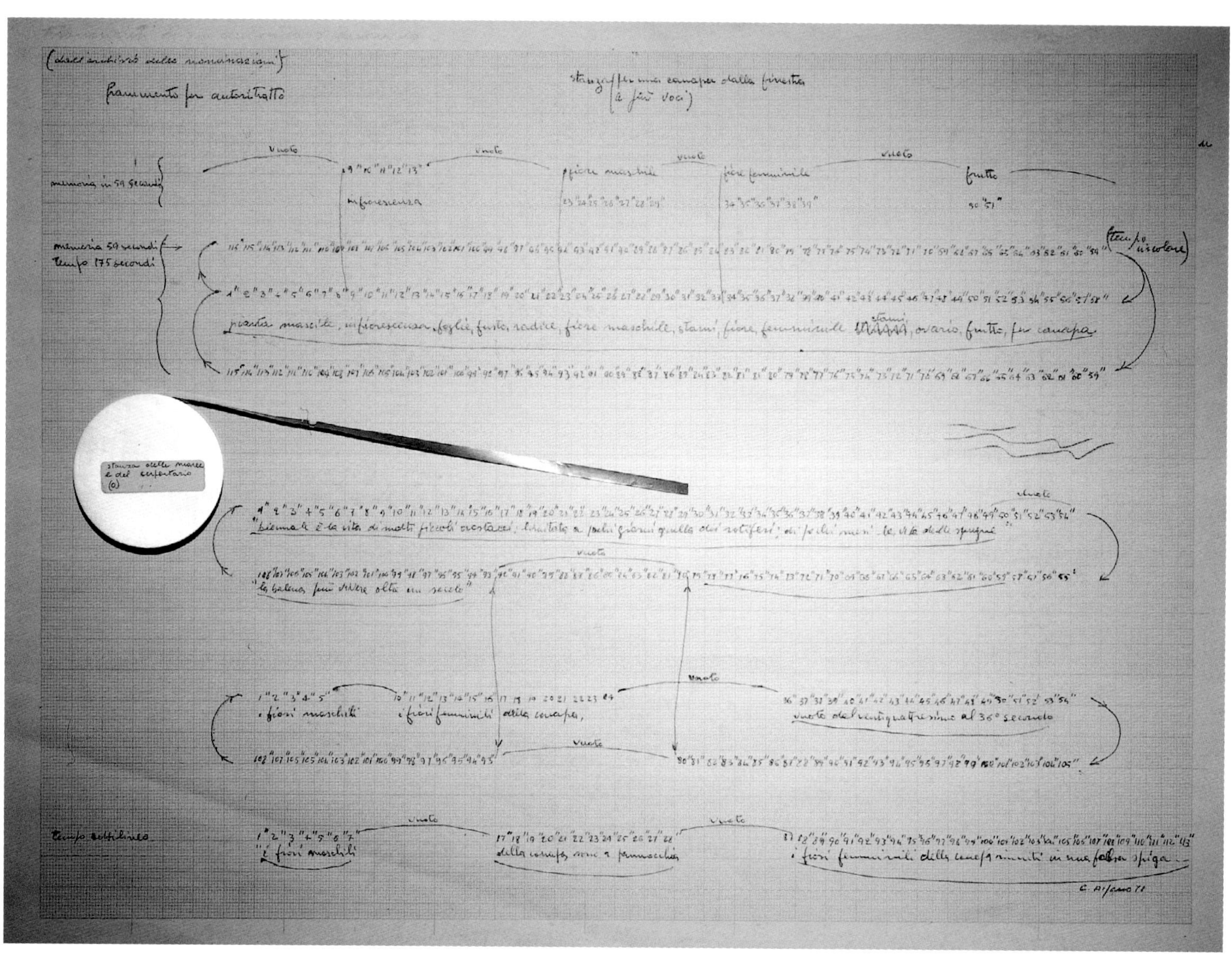

Studio per/Study for *Stanza delle maree e del serpentario*, 1971

Stanza per voci
Archivio delle nominazioni 1969,
'70, '71, '72, '73, '74...

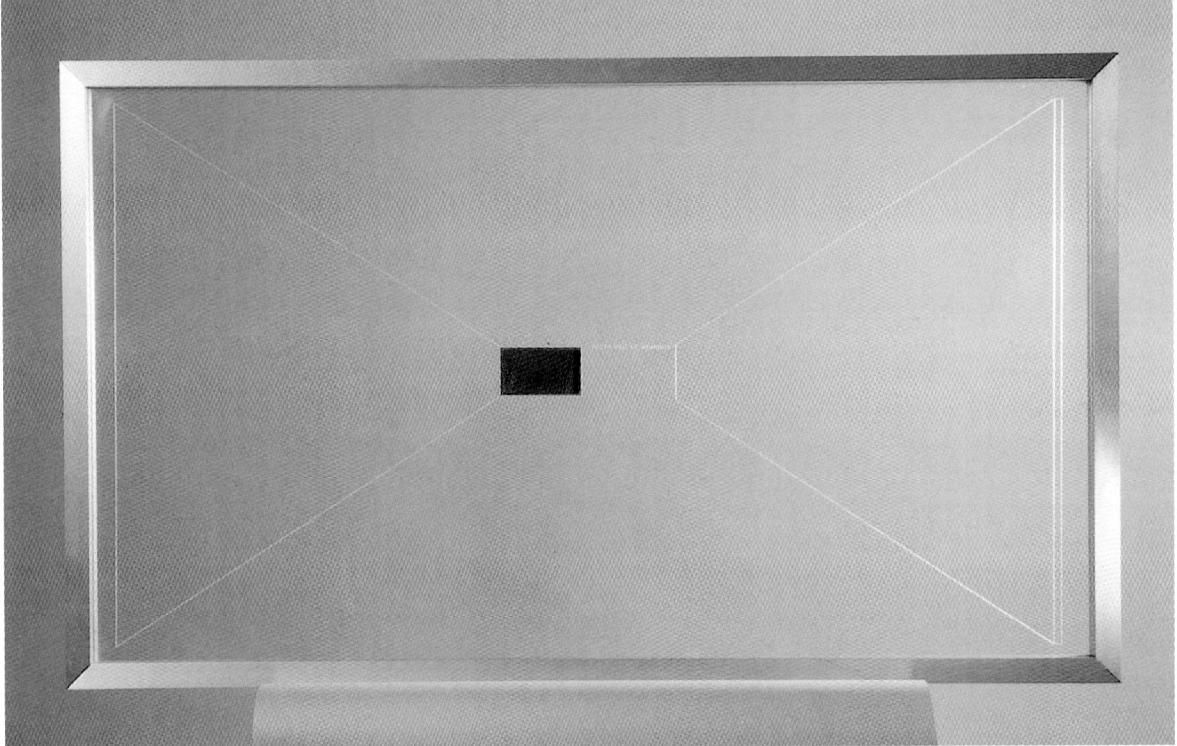

Spazio per trentadue secondi, 1969-1970

Posto per la memoria, 1969-1970

Posto per la memoria, 1969-1970
(particolare/detail)

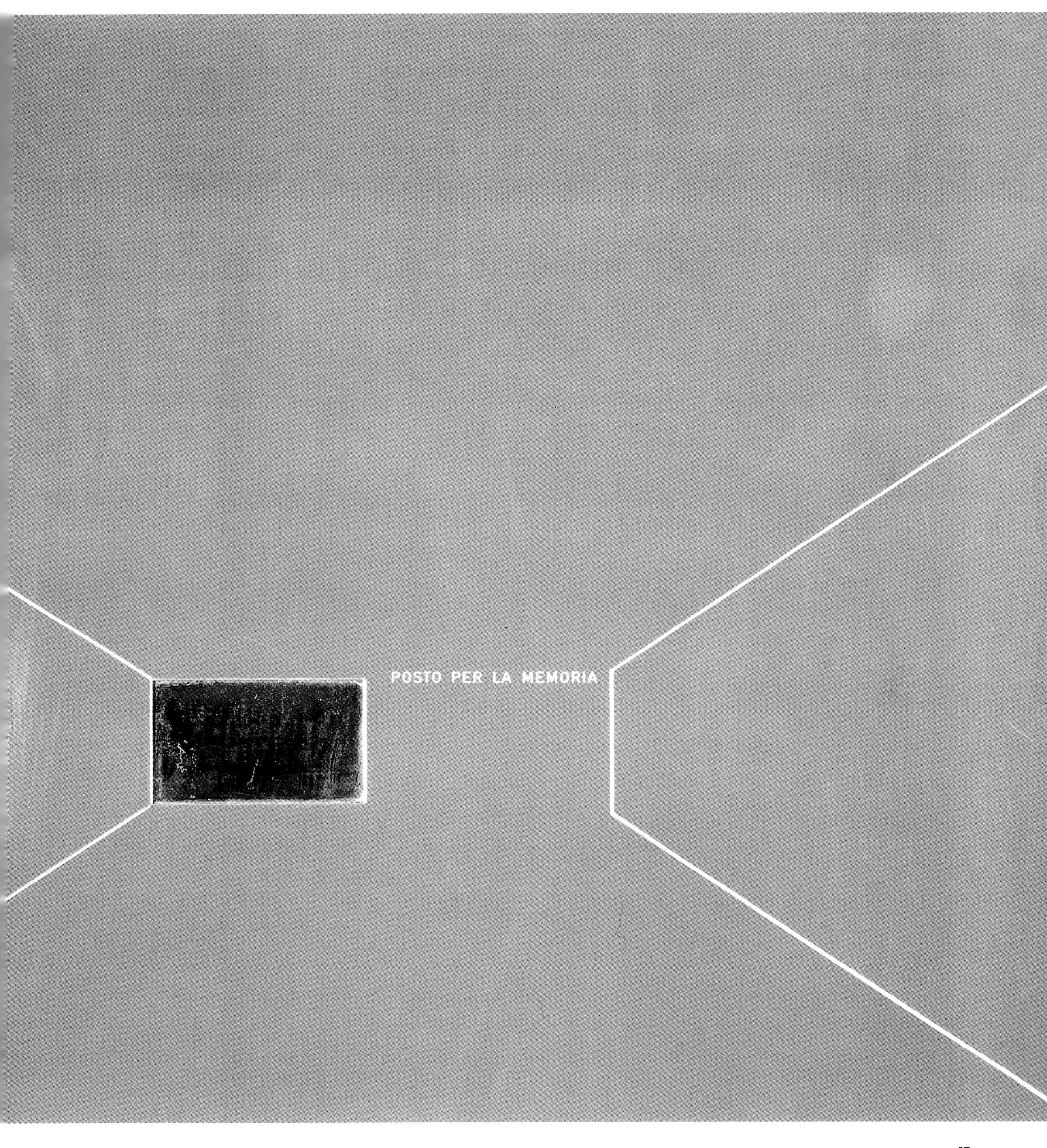
POSTO PER LA MEMORIA

La voce dice...

The Voice Says . . .

Alberto Boatto

La voce dice *fiammifero*, *Marlborough*, *bocca*, *vieni qui*, *Boulez*, ed in quanto tale l'elenco della voce è agito dal tempo: si presenta lineare ed irrepetibile com'è in ogni emissione vocale. Emigrando nel nastro la voce segna la sua vittoria sulla durata irrevocabile, ma si ha vittoria solo a patto d'essere scesi a gravi compromessi con l'elemento meccanico. Se la memoria rappresenta la possibilità di rovesciare il tempo e di recuperare il *fiammifero*, la reversibilità del nastro, col gracidio bizzarro che si ottiene quando lo si faccia scorrere all'indietro, ne è la più sicura parodia. Alfano sottrae la voce al tempo e riscatta il compromesso meccanico inserendo la voce nel disegno perfetto del circolo, e di esso sono dati due punti sonori ovviamente diversi ma simultanei. Al limite udiamo contemporaneamente *fiammifero*, *Marlborough*, *bocca*, *vieni qui*, *Boulez*; li recuperiamo tutt'insieme.

Intrattenendo rapporti insoddisfacenti col tempo al presente, Alfano ha lavorato sempre sulla ripetizione. Dall'alto cade tuttora una goccia d'acqua dentro la sua vasca rifrangente. Invecchiando Alfano ha compreso che più che con l'insistenza quanto sconfigge il tempo ha sempre a che fare in qualche modo con la struttura circoscritta. Con tutto quanto ritorna su se stesso. Con la figura del cerchio. Con l'eterno ritorno. Con *Boulez* che si riprende il *fiammifero*. Lo stralcio da qualsiasi elenco urbano di Chicago, di Sâo Paolo o di Berlino, nomina meno gli utenti e più traccia il percorso del nastro. La calda accettazione di Molly Bloom nel suo monologo notturno si inscrive qui nel compiuto giro dell'abbraccio.

The voice says *match*, *Marlborough*, *mouth*, *come here*, *Boulez* and as such the voice directory is contrived by time: it appears linear and unique as it is in every vocal emission. Emigrating on tape the voice scores its victory over irrevocable length, but there is victory only on condition that serious compromises have been descended to with the mechanical element. If memory represents the possibility of reversing time and salvaging the *match*, the reversibility of the tape, with that bizarre croaking one gets when it is made to run backwards, is the surest parody. Alfano removed the voice from time and offset the mechanical compromise inserting the voice in the perfect shape of the circle, and this is given two obviously different but simultaneous sonorous points. At its limit we hear simultaneously *match*, *Marlborough*, *mouth*, *come here*, *Boulez*; we retrieve them all at once.

Being on unsatisfactory terms with present time, Alfano always worked on repetition. From above a drop of water still falls into his refractive basin. Growing old Alfano understood that the extent to which time vanquishes is more a case of the circumscribed structure than perseverance. With everything he went back to himself. With the figure of the circle. With the eternal return. With *Boulez* who takes back the *match*. An extract from any urban directory of Chicago, Sao Paolo or Berlin does not so much name the subscribers as trace the route of the tape. The warm acceptance of Molly Bloom in her nocturnal monologue is inscribed here in the whole encircling embrace.

in *Carlo Alfano*, Incontri Internazionali d'Arte, catalogo della mostra/exhibition catalogue, Palazzo Taverna, Roma 1972.

La poetica...

Poetics . . .

Filiberto Menna

La poetica di Alfano è una poetica del doppio. Dell'immagine nello spazio, della parola nel tempo. La finestra prospettica si raddoppia come in uno specchio deformante, si risolve in una forte ambiguità visiva. Il vicino e il lontano si sovrappongono, prendono alternativamente il ruolo di protagonista. La voce incisa sul nastro esige l'ascolto da una delle estremità della struttura metallica portante, ma subito si duplica in un'altra dimensione del tempo e dello spazio: "Ora pronunziando il mio nome Carlo Alfano ... la mia voce coincide con un mio tempo presente ... Dopo il mio udito coincide con un altro tempo ...". La poetica del doppio è anche una poetica dell'ombra. La goccia cade sullo specchio dell'acqua, rompe l'equilibrio stabile del presente reale, dà l'avvio a una serie di eventi che si raddoppiano nello spazio e nel tempo illusori dell'ombra sulla parete.

La tela, l'acqua, il nastro si danno come superfici, sottili diaframmi che separano provvisoriamente reale e irreale, *tempo presente altro tempo*. Lo schermo si rompe a una lieve pressione, come lo strato di foglie che nasconde una trappola. La trappola predisposta da Alfano per i suoi interlocutori: l'innocenza apparente del dispositivo è invitante, come la disponibilità silenziosa dell'analista. Ma abbiamo solo pochi secondi e occorre approfittarne per ritrovare una immagine in cui ci si riconosca veramente. Compiamo un viaggio veloce: discendiamo all'interno, nell'*altro tempo*, dove ritroviamo i motivi primari della nascita e della morte e le attese non soddisfatte del corpo. Riaffioriamo alla superficie con l'aiuto della parola. Ma il codice della lingua ha pure i suoi diritti e li fa valere con le sue tecniche di deviazione e di rallentamento. La parola *sposta* e *condensa* i desideri in metafore e analogie o li dispone in belle sequenze razionali, trasformando (inevitabilmente) la confessione in una nuova, più scaltrita tecnica di mascheramento.

Poetics inherent to Alfano is a duel poetics. Of the image in space, of the word in time. The perspective window doubles as though in a deforming mirror, and turns into a strong visual ambiguity. Near and far overlap, alternatively assuming the role of protagonist. The voice on the tape demands to be listened to from one end of the metallic structure which carries it, but is immediately duplicated in another time and space dimension: "Now pronouncing my name Carlo Alfano . . . my voice coincides with my present time. . . . It is already a different moment in time when I hear it afterwards. . . ." The dual poetics is also a shadow poetics. The drop falls on a mirror of water, breaks the stable equilibrium of the real present, starts off a series of events which doubles in the illusory space and time of the shadow on the wall.

The canvas, the water, the tape are surfaces, thin diaphragms which temporarily separate the real and unreal, *present time different time*. The screen breaks at the slightest pressure, like the layer of leaves hiding a trap. The trap Alfano arranged for his interlocutors – the apparent innocence of the device is inviting, like the silent receptiveness of the analyst. But we only have a few seconds and one has to make the most of them to find an image in which we really recognize ourselves. We go on a rapid journey: we descend within, into *different time*, where we find the primary reasons for birth and death and the body's unfulfilled expectations. We once more resurface with the help of the word. But the language code has its own rights and makes them heard with its techniques of deviation and slowing. The word *moves and condenses* desires into metaphors and analogies, or arranges them in beautiful rational sequences, transforming (inevitably) the confession into a new, more refined technique of disguise.

in *Carlo Alfano*, Incontri Internazionali d'Arte, catalogo della mostra/exhibition catalogue, Palazzo Taverna, Roma 1972.

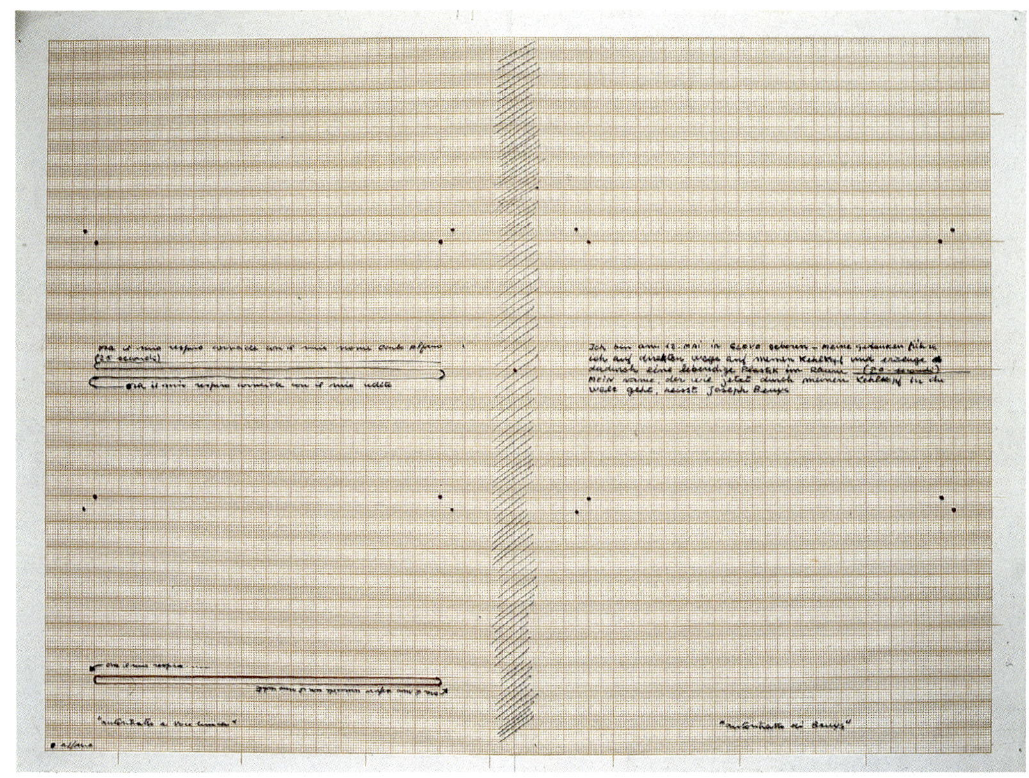

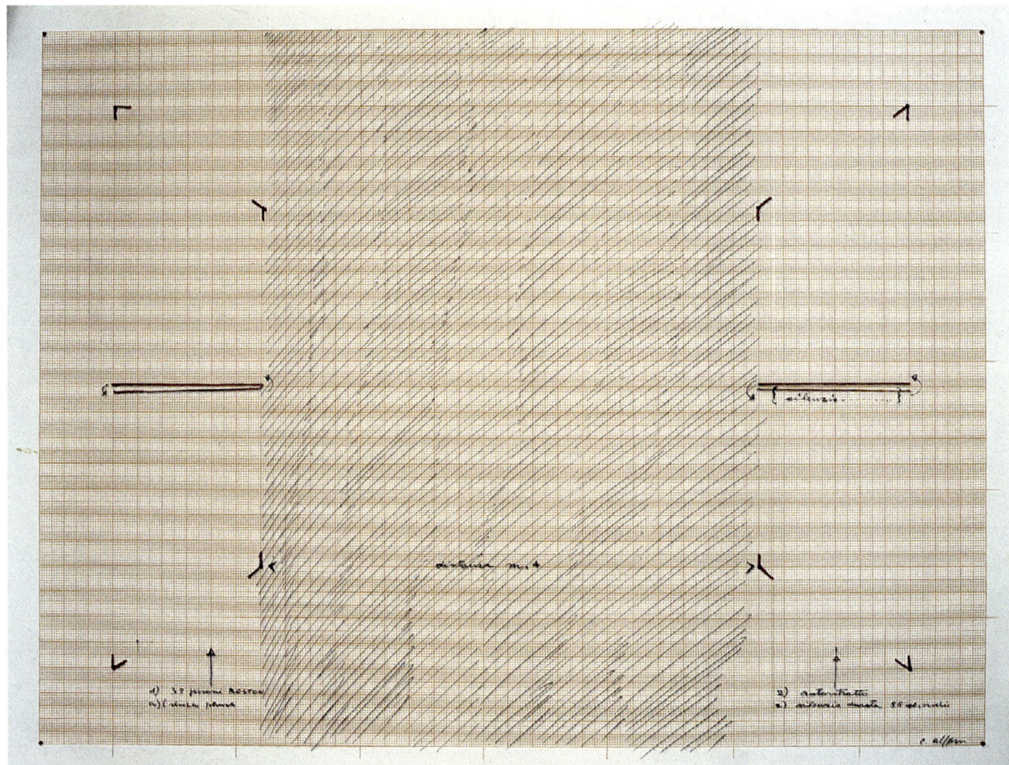

Studio per/Study for *Stanza per voci: autoritratto a voce unica e autoritratto di Joseph Beuys*, 1971 c.

Studio per/Study for *Stanza per voci: 35 persone di Boston e autoritratto*, 1972 c.

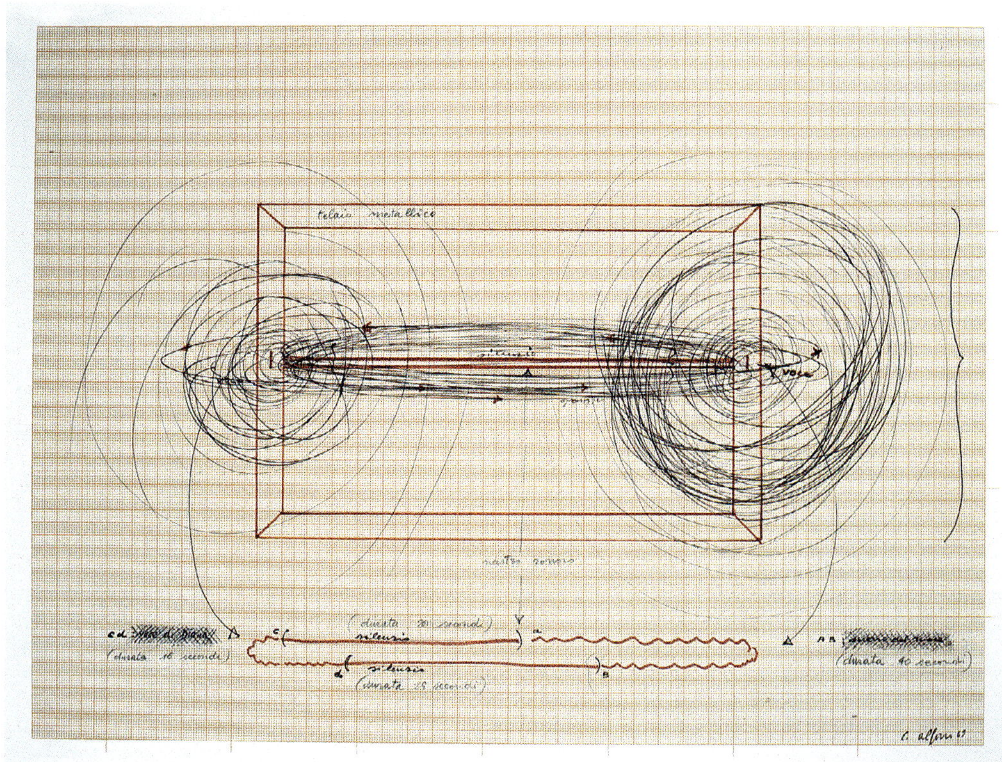

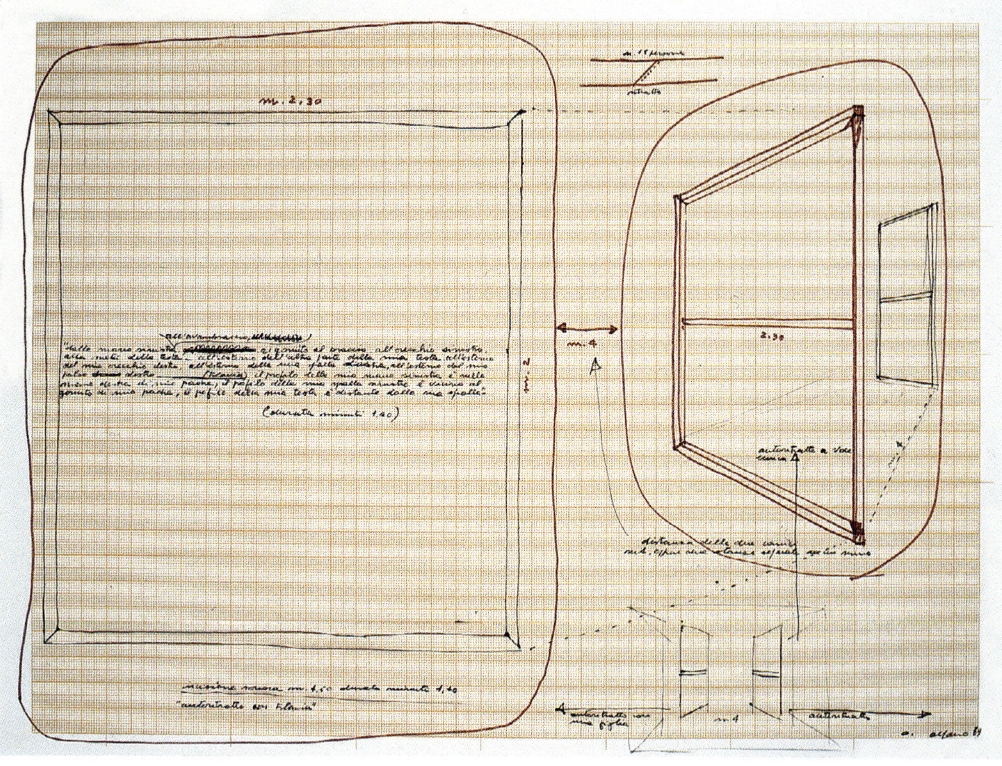

Studio per/Study for *Stanza per voci: suono del mare e voce di Diana*, 1969

Studio per/Study for *Stanza per voci: autoritratto con Flavia e autoritratto a voce unica*, 1969

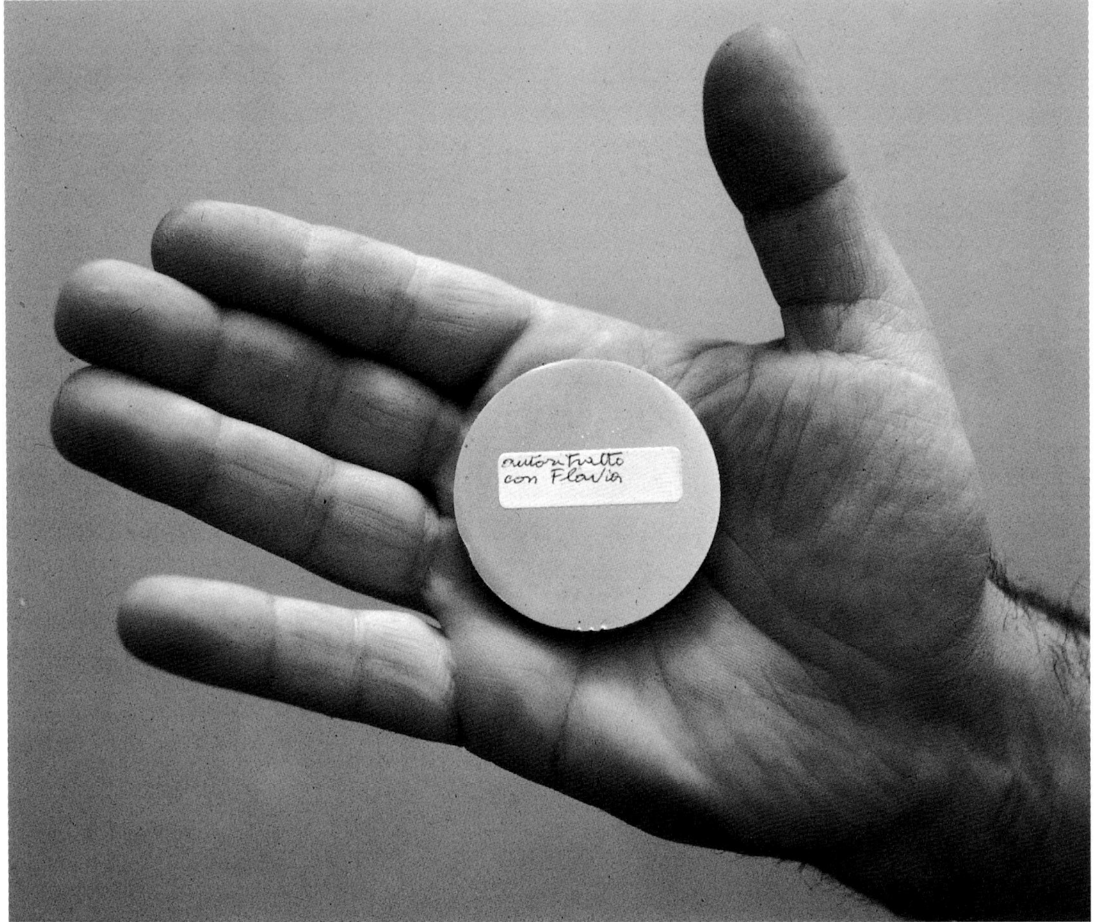

Archivio delle nominazioni 1969, '70, '71, '72,
'73, '74…, 1969-1974

Autoritratto con Flavia, nastro n. 0,2, 1969

p. 73
Stanza per voci, 1969
(particolare/detail)

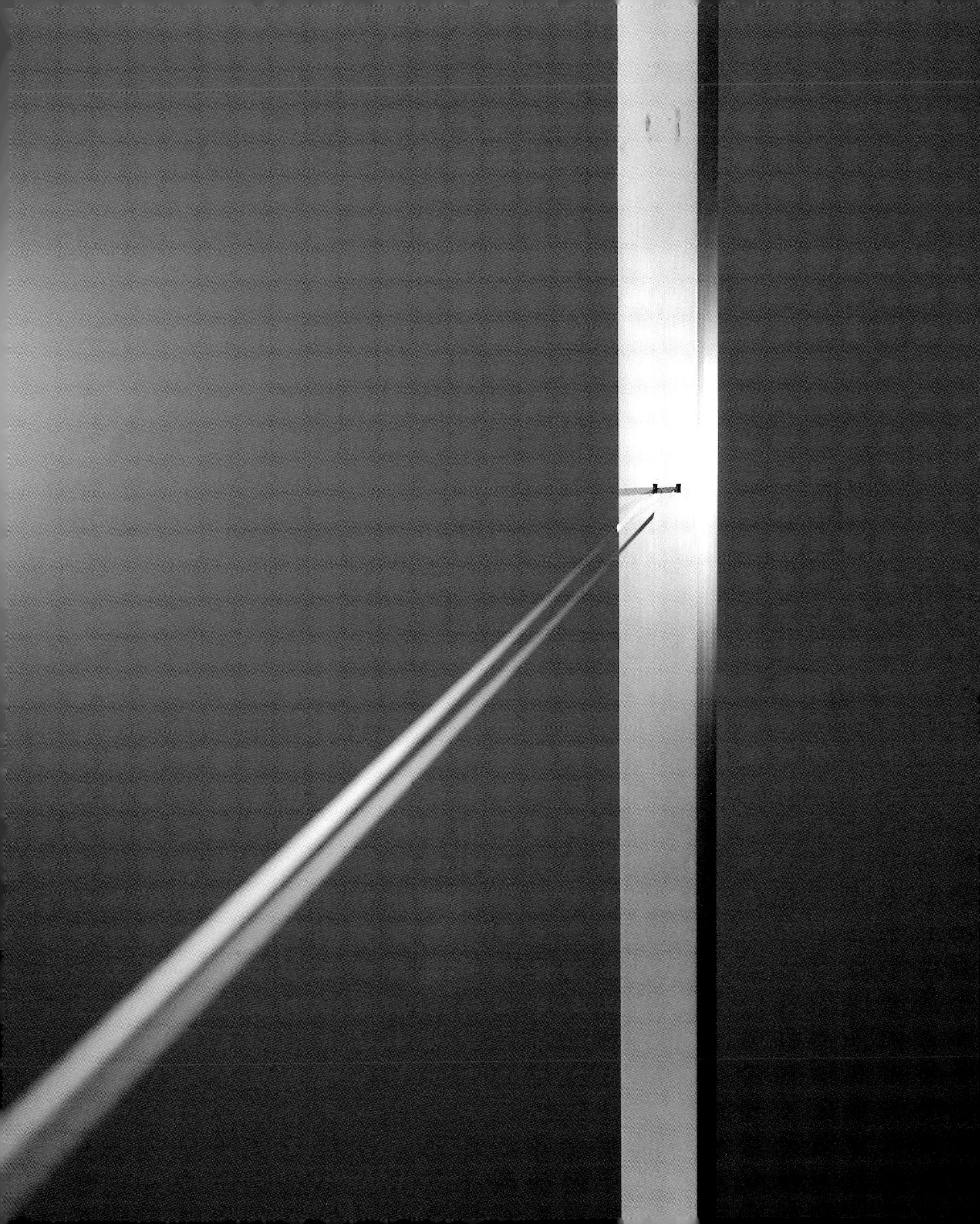

nastro / tape n. 0,1 autoritratto / self-portrait
nastro / tape n. 0,2 autoritratto con Flavia / self-portrait with Flavia
nastro / tape n. 0,3 autoritratto a voce unica / unanimous self-portrait
nastro / tape n. 0,4 stanza delle maree e del serpentario / room of tides and snake-house
nastro / tape n. 0,5 autoritratto con Diana / self-portrait with Diana
nastro / tape n, 0,8 autoritratto in negativo / negative self-portrait
nastro / tape n. 0,9 stanza del malessere a una voce / room of unanimous malaise
nastro / tape n. 0,10 frammento disperso di un autoritratto / missing fragment of a self-portrait
nastro / tape n. 0,13 autoritratto con Molly Bloom / self-portrait with Molly Bloom
nastro / tape n. 0,14 autoritratto con Molly Bloom – ciclo mestruale / self-portrait with Molly Bloom – menstrual cycle
nastro / tape n. 0,15 autoritratto con Molly Bloom a Howth / self-portrait with Molly Bloom at Howth
nastro / tape n. 0,16 frammento di dialogo con Diana / fragment of dialogue with Diana
nastro / tape n. 0,17 autoritratto sulla soglia / self-portrait on the threshold
nastro / tape n. 0,18 egli / he
nastro / tape n. 0,21 dal silenzio di Leopold Bloom / from the silence of Leopold Bloom
nastro / tape n. 0,26 frammenti di dialogo con Melitone / fragments of dialogue with Melitone
nastro / tape n. 0,28 stanza per Molly, maree e fiori / room for Molly, tides and flowers
nastro / tape n. 0,29 1'40" dall'autore ignoto / 1:40 from the unknown artist
nastro / tape n. 0,33 de la main gauche à la roue sur le seuil
nastro / tape n. 0,37 due frammenti opachi dal 3° libro di Don Chisciotte / two opaque fragments from the 3rd book of Don Quixote

nastro / tape n. 0,1 (a) autoritratto/ritratto di Franco Bianchi / self-portrait/portrait of Franco Bianchi
nastro / tape n. 0,8 (a) autoritratto/ritratto di Giorgio Franchetti / self-portrait/portrait of Giorgio Franchetti
nastro / tape n. 0,19 (a) autoritratto/ritratto di Joseph Beuys / self-portrait/portrait of Joseph Beuys
nastro / tape n. 0,33 (a) autoritratto/ritratto di Jannis Kounellis / self-portrait/portrait of Jannis Kounellis
nastro / tape n. 0,35 (a) autoritratto/ritratto di Achille B.Oliva / self-portrait/portrait of Achille B. Oliva
nastro / tape n. 0,36 (a) autoritratto/ritratto circolare di Alberto Boatto / self-portrait / circular portrait of Alberto Boatto

nastro / tape n. 0,38 (a) autoritratto/ritratto di Filiberto Menna / self-portrait/portrait of Filiberto Menna
nastro / tape n. 0,39 (a) autoritratto/ritratto in maschera di Bruno Mantura / self-portrait/portrait in Bruno Mantura mask
nastro / tape n. 0,40 (a) autoritratto/ritratto nudo di Lucio Amelio / self-portrait/nude portrait of Lucio Amelio
nastro / tape n. 0,49 (a) autoritratto/ritratto di Giuseppe Chiari / self-portrait/portrait of Giuseppe Chiari
nastro / tape n. 0,65 (a) autoritratto/ritratto di Giulio Paolini / self-portrait/portrait of Giulio Paolini
nastro / tape n. 0,70 (a) autoritratto/ritratto di Carmela Luino / self-portrait/portrait of Carmela Luino
nastro / tape n. 0,71 (a) autoritratto/ritratto di Piero Vigoriti / self-portrait/portrait of Piero Vigoriti
nastro / tape n. 0,72 (a) autoritratto/ritratto di Christian Boltanski / self-portrait/portrait of Christian Boltanski
nastro / tape 0,73 (a) autoritratto/ritratto di Lea Vergine / self-portrait/portrait of Lea Vergine

nastro / tape n. 5 nome e luogo di 21 persone di Chicago / name and address of 21 people in Chicago
nastro / tape n. 6 nome e luogo di 19 persone di Chicago / name and address of 19 people in Chicago
nastro / tape n. 7 nome e luogo di 20 persone di Chicago / name and address of 20 people in Chicago
nastro / tape n. 8 nome e luogo di 22 persone di Chicago / name and address of 22 people in Chicago
nastro / tape n. 9 nome e luogo di 21 persone di Chicago / name and address of 21 people in Chicago
nastro / tape n. 127 nome e luogo di 22 persone di Boston / name and address of 22 people in Boston
nastro / tape n. 300 nome e luogo di 21 persone di New York / name and address of 21 people in New York
nastro / tape n. 668 nome e luogo di 21 persone di Berlino / name and address of 21 people in Berlin
nastro / tape n. 832 nome e luogo di 18 persone di San Paolo / name and address of 18 people in San Paolo
nastro / tape n. 1 (a) intorno al rododendro / around the rhododendron
nastro / tape n. 2 (a) una palma / a palm tree
nastro / tape n. 1 (b) un cane con macchie marroni / a dog with brown spots
nastro / tape n. 1 (c) una sedia di legno / a wooden chair
nastro / tape n. 2 (c) 1'40" dal cassetto di Leopold Bloom / 1:40 of the cassette of Leopold Bloom, etc., etc.

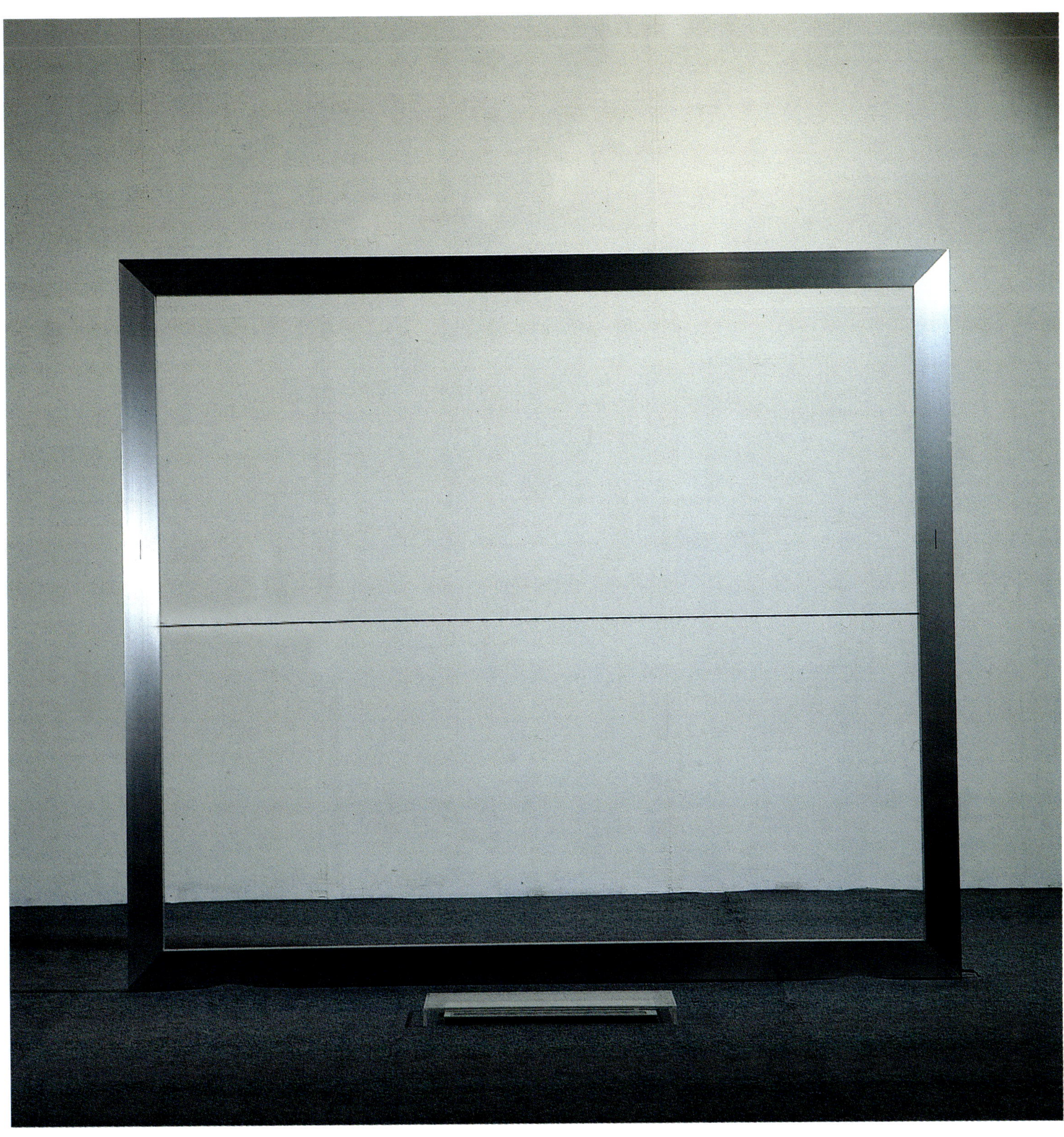

Stanza per voci, 1968-1969

nastro n. 0,2   autoritratto con Flavia (durata 1'40")

" . . . . dalla mano sinistra, all'avambraccio, al gomito, al braccio all'orecchio sinistro, alla metà della testa, ... all'esterno dell'altra parte della mia testa, all'esterno del mio orecchio destro, all'esterno della mia spalla destra, all'esterno del mio polso destro . . . . il profilo della mia mano sinistra è nella mano destra di mio padre, il profilo della mia spalla sinistra è vicino al gomito di mio padre, il profilo della mia testa è distante dalla sua spalla . . . . "

nastro n. 0,3   autoritratto a voce unica (durata 1'40")

" . . . . ora la mia voce pronunzia il mio nome Carlo Alfano . . . . la mia voce coincide   con   un   mio   tempo presente . . . . (*) dopo il mio udito coincide con un altro tempo . . . . "

(*) (contemporaneamente dall'altro estremo)

nastro n. 0,4   stanza delle maree e del serpentario   (durata 1'40")

" . . . . serpente corallo nome attribuito ai colubridi . . . . serpente bruno gigante colubrido diffuso in Australia nella penisola di York . . . . serpente corridore serpente d'acqua dal muso di cane omalopside lungo circa 1 metro di colore grigio . . . . marea di tipo diurno un'alta e una bassa marea al giorno . . . . marea di tipo semidiurno due alte e due basse maree al giorno . . . . serpente dagli occhiali nome volgare del cobra indiano . . . . serpente dal rostro il cui nome è dovuto alla forma del muso . . . . maree di tipo misto per la successione delle alte e delle basse maree . . . . maree sinodiche semidiurne . . . . "

nastro n. 0,8   autoritratto in negativo (durata 1'40")

" . . . . e ci incontriamo qui . . . . io seduto in questa stanza ed il cane che sta abbaiando contro le onde del mare . . . .

. . . . io onaflA sono di fronte al muro . . . . non ho premura di incontrare Alfano di fronte . . . . "

nastro n. 0,9   stanza del malessere a una voce (durata 1'40")

" . . . . io non so della mia pelle . . . . della mia carne . . . . del mio sangue . . . . del mio corpo . . . . del tempo del mio corpo . . . . e questo mi basta per vivere . . . . a volte so della mia pelle . . . . della mia carne del mio corpo del mio sangue e questo è un inciampo al mio vivere . . . . "

nastro n. 0,13   autoritratto con Molly Bloom (durata 1'40")

" . . . . il 10 ottobre dal 15" al 41" (. . . . "finché al rovescio incontri l'altro ". . . . .) . . . . e per la prima cosa gli misi le braccia intorno si e me lo tirai addosso in modo che mi potesse sentire il petto tutto profumato si . . . . e il suo cuore batteva come impazzito si dissi voglio si. . . . . "

nastro n. 0,14   autoritratto con Molly Bloom – ciclo mestruale di pentecoste (*Frammenti per autoritratto*) (durata 1'40")

"   Chissà   se mi succede qualcosa dentro o se ho   qualcosa   che   mi   cresce   dentro   che   mi   viene quella   cosa tutte le   settimane quando è   stata   l'ultima   volta lunedì di Pentecoste . si   appena   tre   settimane (. . . .) . . . . sono Carlo Alfano . . . . sono tutto quello che mi spetta essere come natura . . . . "

Tape Transcription

tape no. 0.2 self-portrait with Flavia (length: 1 minute 40 seconds)

". . . . . From the left hand, to the forearm, to the elbow, to the arm to the left ear, to halfway round the head, ... to the outside of the other side of my head, to the outside of my right ear, to the outside of my right shoulder, to the outside of my left wrist. . . . . the outline of my left hand is in my father's right hand, the outline of my left shoulder is close to my father's elbow, the outline of my head is distant from his shoulder . . . ."

tape no. 0.3 unanimous self-portrait (length: 1 minute 40 seconds)

". . . . . Now pronouncing my name Carlo Alfano. . . . . My voice coincides with my present time . . . . (·) later my hearing of the words will coincide with another time . . . ."

(·) (simultaneously from the other end)

tape no. 0.4 room of tides and snake-house (length: 1 minute 40 seconds)

". . . . . .coral snake name attributed to Colubridae . . . .giant brown snake colubrid widespread in Australia on the York peninsula . . . .racer snake grey dog nosed water snake about 1 meter long . . . . diurnal tides one high and one low per day . . . .semidiurnal tides two high and two low per day . . . . spectacle snake common name of Indian cobra . . . . beak snake whose name is owed to the shape of its head . . . . Mixed tides due to the sequence of high and low tides . . . . semidiurnal synodical tides . . . ."

tape no. 0.8 negative self-portrait (length: 1 minute 40 seconds)

". . . . . and we meet herei . . . . I am sitting in this room and the dog is barking at the waves of the sea . . . . I onaflA am in front of the

wall . . . . I am in no hurry to meet the Alfano in front . . . ."

tape no. 0.9 unanimous room of malaise (length: 1 minute 40 seconds)

". I know nothing of my skin . . . . of my flesh . . of my blood . . of my body . . . . of my body's time . . . . and that is enough for me to live . . . . sometimes I know of my skin . . . . of my flesh of my blood of my body and this is an obstacle to my living . . . ."

tape no. 0.13 self-portrait with Molly Bloom (length: 1 minute 40 seconds)

". . . . . . . the 10th of October from the 15th to the 41st second (. . . . "until on the reverse you meet the other". . . . .) . . . . .and the first thing I did I put my arms around him yes and I pulled him on top of me so he could smell my perfumed breasts yes . . . . and his heart was beating madly yes I said I want to yes. . . . ."

tape no. 0.14 self-portrait with Molly Bloom – Whitsun menstrual cycle – (Frammenti per Autritratto) (length: 1 minute 40 seconds)

" Who knows if something is happening inside or if I have something growing inside that it comes every week when was the last time the Whit Monday yes just three weeks (. . . . .) . . . . I am Carlo Alfano . . . . I am all nature deserves me to be . . . ."

tape no. 0.15 self-portrait with Molly Bloom in Howth (length: 1 minute 40 seconds)

"Before there was somebody else who did everything who?. . . . . they don't know here we are they might as

nastro n. 0,15 autoritratto con Molly Bloom a Howth (durata 1'40")
"Prima che ci fosse qualcun altro che ha fatto tutto chi?. . . . .
non lo sanno eccoci tanto vale che cerchino di impedire che domani sorga . . . .
. . . . . il sole splende per te disse lui quel giorno che eravamo stesi tra i rododentri di Howth (. . . . .)
sono Carlo Alfano . . . .
. . . . . sono tutto quello che mi spetta essere come natura . . . .
. . . .
. . . ."

nastro n. 0,28 stanza per Molly Bloom, maree e fiori (durata 1'40")
". . . . . (a) . . maree di tipo diurno . . . . .
(b) . . fiori femminili . . . . . (c) . . maree di tipo semidiurno . . (d) . . . . . fiori maschili .
. . . . (l) . . maree di tipo misto . . . . . (f) . .
. . . foglie . . . . (h) maree sinodiche semidiurne . . . .(i) filamento (l) stimmi. . . . . (m) . . stilo. . . . . (n) ovario . . . . . (o) ovulo . . . . (tempo) . . .
. . . .
. . . .
. . . . chissà se mi succede qualcosa dentro o se ho qualcosa che mi cresce dentro che mi viene quella cosa tutte le settimane quando è stata l'ultima volta lunedì di pentecoste si appena 3 settimane. .
. . . (tempo ". . . . .
. . . . . ."
=tempo
( ) = silenzio

nastro n. 0,8 (a) autoritratto di Giorgio Franchetti (durata 1'40")
". . . . . . . anzi nel 1820 . . . anzi nel 2020 sono morto nel 1898 . . . . anzi nel 1998 anzi nel 2098 . . . . sono stato balilla avanguardista giovane fascista giovane antifascista perché un compagno quando parlava di Mussolini lo chiamava il porco ho comprato il mio primo quadro quando avevo 14 anni . . . . il mio primo de Chirico lo comprai quando avevo 18 anni era un ritratto di fanciul-

la l'ho perduto perché era brutto . . . .
. . . sto per partire . . . . . . sto per scrivere . . . . . . sto per tornare sto per essere sto per fare sto per morire . . . . sono nato a Roma sono morto a Roma - . . . sono vissuto . . . . . . sto per . . . . . . ho da . . . .
. . . sono in . . . . mi chiamo Giorgio Franchetti e sono nato e morto a Roma . .
. . . ."

nastro n. 0,19 (a) ritratto di Joseph Beuys (durata 1'40")
"
. . . ich bin am 12. Mai 1921 in Cleve geboren. Meine gedanken fuhre ich auf direktem Wege auf meinen Kehlkopf und erzeuge dadurch eine lebendige Plastik im Raum Mein Name, der wie jetz durch meinen Kehlkopf in die Welt geht, heisst Joseph Beuys . . . .
. . . .
. . . . "
(traduzione in italiano:
"io sono nato a Cleve il 12 Maggio 1921 guido i miei pensieri per via diretta alla mia laringe e produco in tal modo una scultura vivente nello spazio il mio nome, che come ora va nel mondo attraverso la mia laringe, è Joseph Beuys ")

nastro n. 0,33 (a) ritratto di Jannis Kounellis (durata 1'40")
" . . . .
. . . . sono Jannis Kounellis nato a Pireo . . . .
. . . il 23 Marzo 1936 . . . .
. . . . in questo spazio . . . . sono blu
. . . . blu Rembrandt . . . (tempo) . . . sono Jannis blu Rembrandt . . . .
. . . ."

nastro n. 0,35 (a) autoritratto di Achille B.Oliva (durata 1'40")
" . . . . naturalmente sono Achille Bonito Oliva . . . . . . il critico cioè i l tra-

la flortontà conpenser
l'autosufficienza dei gatti
l'estasi nella sua apertura ritmica
la contellizzazione dell'intelligenza
l'amore nel buio del sottoscala
lo spazio bianco della sublimazione
la venita della futura persona nella biografia
la concellazione nell'ascesi della scrittura,
la sicurezza imposta dall'azione
il mondo mi mette alla prova presentandomi sempre le stesse figure
età adulta dell'esperienza
lacerato fra le dimensioni suono di Alberto Boatto

well stop the sun rising tomorrow . . . . the sun shines for you he said that day when we were lying in the rhododendrons at Howth (. . . . .) I am Carlo Alfano . . . . I am all nature deserves me to be . . . . ”

tape no. 0.28 room for Molly Bloom, tides and flowers (length: 1 minute 40 seconds)
“ . . . . . (a) . . diurnal tides . . . . . (b) . . female flowers . . . . . (c) . . semidiurnal tides . . (d) . . . . . male flowers . . . . . (l) . . mixed tides . . . . . (f) . . . . leaves . . . . (h) semidiurnal synodical tides . . . .(i) filament (l) stigma . . . . (m) . . style. . . . . (n) ovary . . . . . (o) egg. . . . . (time) . . . . Who knows if something is happening inside or if I have something growing inside that that thing comes every week when was the last time Whit Monday yes just three weeks. . . . . (time ”. . . . . ”
=time
( )=silence

tape no. 0.8 self-portrait of Giorgio Fianchetti (length: 1 minute 40 seconds)
“ . . . . . . no in 1820 . . . no in 2020 I died in 1898 . . . . no in 1998 no in 2098 . . . . . . I was an avant-garde member of the Italian Fascist Youth Movement young fascist young antifascist because a companion when he spoke of Mussolini called him a pig I bought my first painting when I was 14 years old . . . . . . I bought my first De Chirico when I was 18 years old it was the portrait of a little girl I lost it because it was ugly . . . . . . I am about to leave . . . . I am about to return I am about to be I am about to do I am about to die . . . . . . I was born in Rome I died in Rome -. . I lived . . . . I am about to . . . . I have to . .

. . . . . I am in . . . . my name is Giorgio Franchetti and I was born and died in Rome . . . . ”

tape no. 0.19 (a) portrait of Joseph Beuys (length: 1 minute 40 seconds)
“ . . . . ich bin am 12. Mai 1921 in Cleve geboren. Meine gedanken fuhre ich auf direktem Wege auf meinen Kehlkopf und erzeuge dadurch eine lebendige Plastik im Raum Mein Name, der wie jetz durch meinen Kehlkopf in die Welt geht, heisst Joseph Beuys . . . . ”
(Translation in English:
“I was born in Cleve on the 12th of May 1921 I guide my thoughts directly to my larynx and in this way producev a living sculture in space my name, which now goes into the world through my larynx, is Joseph Beuys”)

tape no. 0.33 (a) portrait of Jannis Kounellis (length: 1 minute 40 seconds)
“ . . . . I am Jannis Kounellis born in Pireus . . . . . . .on the 23rd of March 1936 . . . . in this space . . . . I am blue. . . . .

. . . . blue Rembrandt . . . (time) . . . I am Jannis . . . . blue Rembrandt . . . . ”

tape no. 0.35 (a) self-portriat of Achille B. Oliva (length: 1 minute 40 seconds)
“ . . . . naturally I am Achille Bonito Oliva . . . . the critic that is the traitor . . . . never frontal to the work . . . . . . I live to overturn it in writing . . . . from silence to image . . . . to the fixed death of the word . . . . therefore I am Achille Bonito Oliva . . . . ”

tape no. 0.36 (a) circular portrait of Alberto Boatto (length: 1 minute 40 seconds)
“ . . . the fluidity of fish . . . . . . the self-sufficiency of cats . . . . . . the ecstasy in its rhythmic opening . . . . . . the crystallization of intelligence . . . . . . love in the dark under the stairs . . . . . the white space of sublimation . . . . the growth of the first person in the biography . . . . . . the cancellation of ascesis in writing . . . . the nearness imposed by action . . . . the world puts me to the test offering me always the same figures . . . .

ditore . . . . mai frontale all'o-
pera . . . . . vivo per rovesciarla attraverso
la scrittura . . . . dal
silenzio dell'immagine . . . . alla
fissa morte della parola . . . .
. . . .
. . . .
. . . .
. . . .
. . . . dunque sono Achille
Bonito Oliva . . . .
. . . . ”

nastro n. 0,36 (a) ritratto circolare di Alberto
Boatto (durata 1'40”)
“ . . . la fluidità dei pesci . . . . . . l'autosufficienza dei gatti . . . . . l'estasi nella sua
apertura ritmica . . . . . . la cristallizzazione
dell'intelligenza . . . . l'amore
nel buio del sottoscala . . . . . lo spazio
bianco della sublimazione . . . .
. la crescita della prima persona nella biografia
. . . . . la cancellazione nell'ascesi della
scrittura . . . . la vicinanza imposta dall'azione . . . . il mondo
mi mette alla prova presentandomi
sempre le stesse figure . . . . e
la caduta dell'esperienza lacerato fra la
dimensione sonora di Alberto Boatto . . . .
. la fluidità dei pesci . . . . l'autosufficienza
dei gatti . . . . l'estasi nella sua apertura ritmica ..la cristallizzazione dell'intelligenza . . .
. l'amore nel buio del sottoscala . . . . lo
spazio bianco della sublimazione . . . . la crescita della prima persona nella biografia . . .
la cancellazione l'ascesi della scrittura . . . .
la vicinanza imposta dall'azione . . . . il mondo mi mette alla prova presentandomi sempre
le stesse figure . . . . . e la caduta dell'esperienza . . lacerato fra la dimensione sonora di
Alberto Boatto . . . .
. . . .
. . . . ”

nastro n. 0,38 (a) ritratto di Filiberto Menna
(durata 1'40”)
“ . . . . il nastro di Alfano è uno
strumento diabolico come la bau-
delairiana pentola di mezzanotte induce ad un esame di coscienza accet-

to l'invito (la mia voce penetra nello spazio in questo giorno del signore 15 gennaio 1972) . . . . la rivoluzione
industriale ha 200 anni e non è più
necessario per il freddo starsene presso
il tizzo del camino bastano i termosifo-
ni del mio studio accogliente e silenzioso il mio nome è Filiberto Menna sono
nato 45 anni fa . . . . oggi mi sento pri-
gioniero degli anni e del lavoro compiuto .
. . . non intravedo grandi aperture il mio
corpo lo sento vivere per proprio conto
debordare da tutte le parti con prepoten-
za accampa diritti totali assoluti
come se fosse appena uscito dal ventre della madre ”

nastro n. 0,39 (a) ritratto in maschera di Bruno
Mantura (durata 1'40”)
“ . . . . in principio . . . . “ selon nul ventre
que le sien filial on aurait pu naître .
. . . . in mezzo del cammin di nostra
vita . . . . le poison tutelaire . . . .
. . . toujours à respirer si nous en
périssons .
. . . .
. . . .
. . . . infine in forma di epitaffio . . . . . .
. suscite . . . . son siècle épouvanté
de n'avoir pas connu que la mort
triomphait dans cette voix étrange . . .
. . . .
. . . .
. . . . ”

nastro n. 0,40 (a) ritratto nudo di Lucio Amelio
(durata 1'40”)
“ . . . . autoritratto nudo di Lucio Amelio il cervello
attraverso il quale . . . . artico-
lo le mie idee . . . .
. . il cuore attraverso il quale mi rela-
ziono con il mondo . . . .
. . . . il sesso attraverso il quale fluisce la mia energia vitale
. . . .
. . . .
. . . . ”

nastro n. 0,49 (a) autoritratto di Giuseppe
Chiari (durata 1'40”)

“ io sono Giuseppe Chiari sono nato
a Firenze il 26 settembre 1926 io
sono Giuseppe Chiari sono nato a
Firenze il 26 settembre 1926 io non
sono un musicista non ho mai studiato
musica . . . . la voce che io sia un musicista è falsa . . . . (tempo) . . . .
. . ma io sono l'unica persona al mondo che
sa che la musica non è musica . . . . (tempo .
. . . .
. . . .) ”

Nastro n. 065 (a) autoritratto di Giulio Paolini
(durata 1'40”)
. . . . (macchina da scrivere) . . . .
. . . . appunti per la
descrizione di un quadro datato 1972 . . . .
sono nato il 15 novembre 1940 . . . .
. . . il mio nome è Giulio Paolini

Nastro n. 0,73 (a) autoritratto di Lea Vergine
(durata 1'40”)
Mi chiamo Lea . . . . sui documenti è scritto
Lea Buoncristo Scagna di provenzano Vergine .
.mia nonna mi dice che ho secondi terzi e quar-
ti nomi . . . . mi chiamo anche Viola .
. . . Francesca . . . . ma il nome di me
non è mio . . . . appartiene agli altri . .
. . . ho guardato da tutte le parti per vedere chi
fossero ma non ho visto . . . . nessuno

. . . . the fall of experience . . . . . lacerated by the sonorous dimension of Alberto Boatto . . . . the fluidity of fish . . . . . the self-sufficiency of cats . . . . . the ecstasy in its rhythmic opening . . . . . . the crystallization of intelligence . . . . . love in the dark under the stairs . . . . . the white space of sublimation . . . . the growth of the first person in the biography . . . . . . the cancellation of ascesis in writing . . . . the nearness imposed by action . . . . the world puts me to the test offering me always the same figures . . . . and the fall of experience . . . . . lacerated by the sonorous dimension of Alberto Boatto. . . . .
. . . . ”

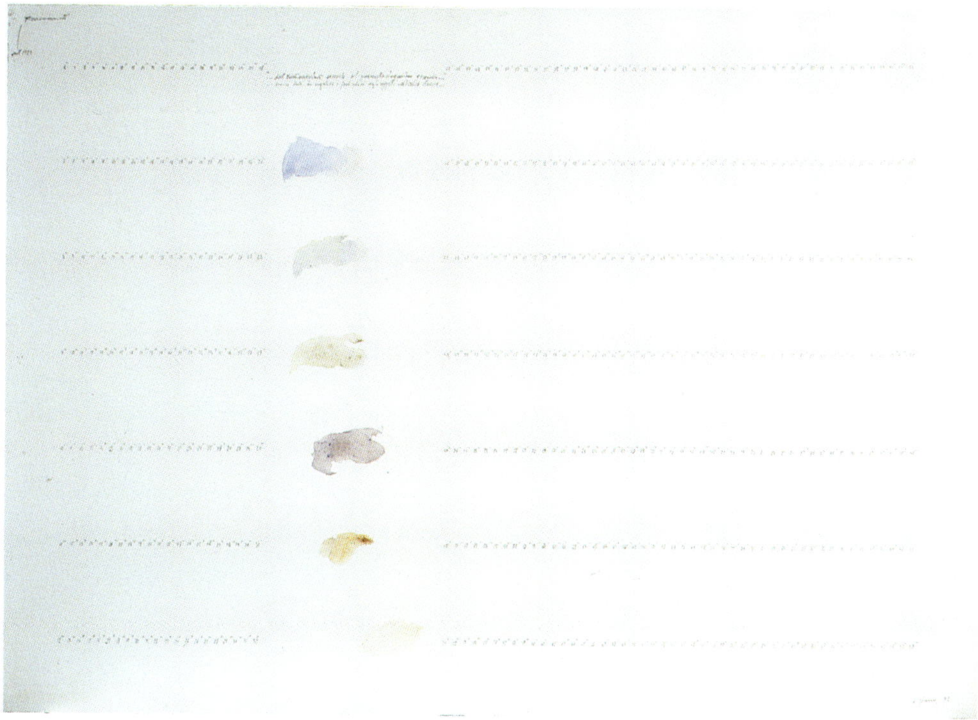

tape no. 0.38 (a) portrait of Filiberto Menna (length: 1 minute 40 seconds)
“. . . . Alfano's tape is a diabolical instrument like the Baudelairian pot of midnight induces an examination of guilt I accept the invitation (my voice penetrates the space

on this day of our Lord 15 January 1972) . . . . the industrial revolution is 200 hundred years old and it is no longer necessary because of the cold to stay by the embers in the fireplace the radiators in my cosy and silent study are enough my name is Filiberto Menna I was born 45 years ago . . . . today I feel I am a prisoner of the years and of work done . . . . I don't glimpse any large openings I feel my body live on its own overflowing everywhere arrogantly laying claim to absolute total rights as though it had just come out of my mother's belly”

tape no. 0.39 (a) masked portrait of Bruno Mantura (length: 1 minute 40 seconds)
“from no womb other than our own filial womb could we have been born
. . . . nel mezzo del cammin di nostra vita . . . . the guardian poison . . . . always breathing if we die of it. . . . .

. . . .
. . . .
. . . . . in the end in the form of an epitaph . . . . arouses. . . . . . his century frightened that it had not realized that death triumphed in this strange voice”

tape no. 0.40 (a) nude portrait of Lucio Amelio (length: 1 minute 40 seconds)
“. . . . . .nude self-portrait of Lucio Amelio the brain through which. . . . . .I articulate my ideas. . . . . .the heart through which I am acquainted with the world. . . . . .the sex through which my vital energy flows. . . . .”

tape no. 0.49 (a) self-portrait of Giuseppe Chiari (length: 1 minute 40 seconds)
“I am Giuseppe Chiari I was born in Florence on the 26th of September 1926 I am Giuseppe Chiari I was born in Florence on the 26th of September 1926 I am not a musician I have never studied music. . . . . .the rumor that I am a musician is false. . . . .(time). . . . . .but I am the only person in the world who knows that music is not music. . . . .(time). . . . .)”

Tape no. 0.65 (a) self-portrait of Giulio Paolini (length: 1 minute 40 seconds)
. . . . (typewriter) . . .
. . . .
. . . . notes forthe description of a painting dated 1972 . . . . I was born on 15 November 1940 . . . . my name is Giulio Paolini

Tape no. 0.73 (a) self-portrait of Lea Vergine (length: 1 minute 40 seconds)
My name is Lea . . . . on documents it is written Lea Buoncristo Scagna from Vergine. my grandmother told me that I have second third and fourth names . . . . I am also called Viola . . . . Francesca . . . . but my name is not mine . . . . it belongs to others . . . . I looked everywhere to see who they were but I didn't see . . . . anyone

l'orologio guasto in alto nel grande triangolo della facciata della stazione

Frammenti
di un autoritratto anonimo

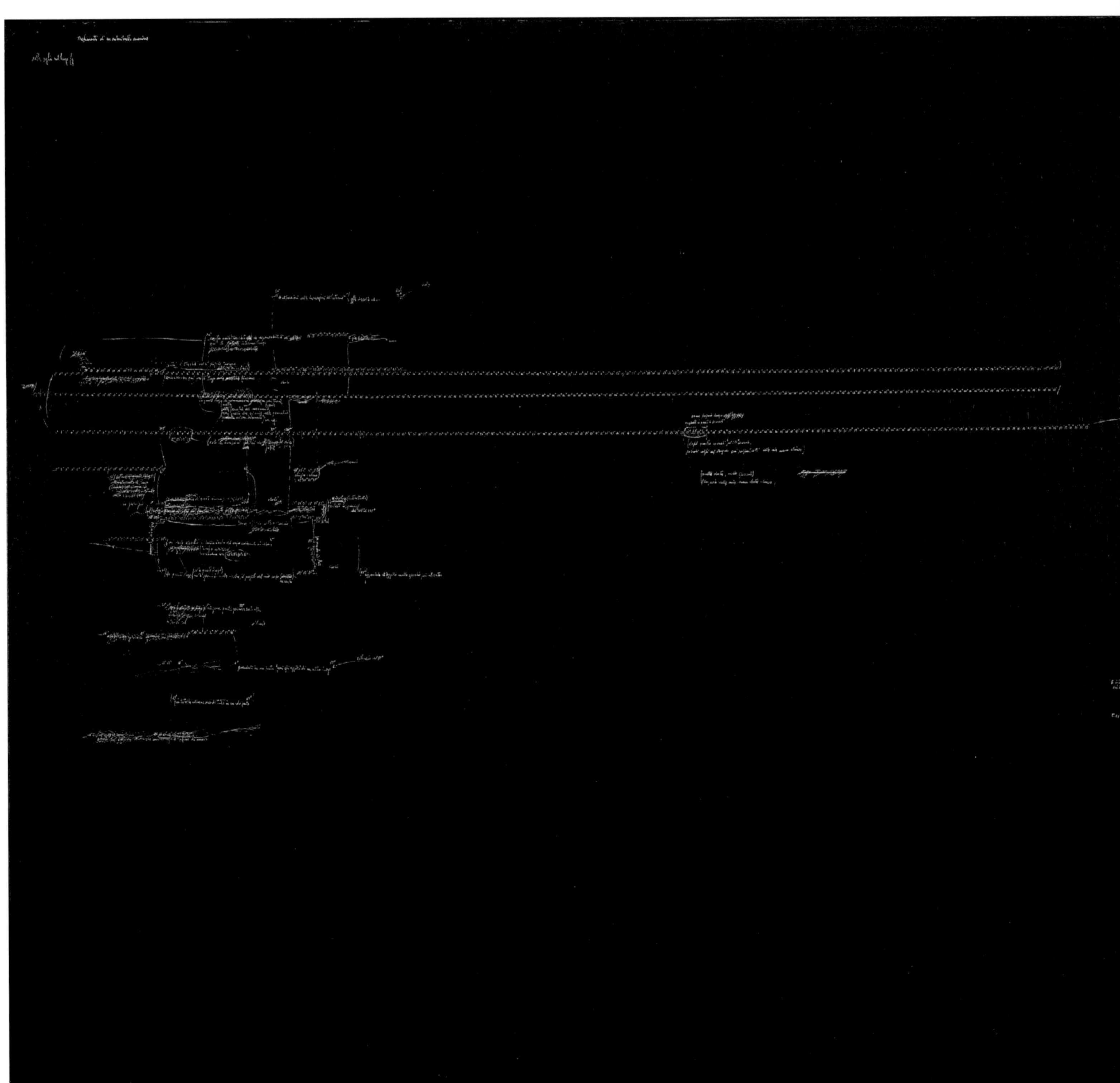

Frammenti di un autoritratto anonimo, 1969-1970

Intervista
a Carlo Alfano

Hartmut Stöcker

in "Kunstforum international", n. 11, ottobre-novembre/October-November 1974.

Hartmut Stöcker: Crediamo che questa intervista potrebbe dare delle informazioni sul tuo lavoro. A proposito delle interviste cosa ne pensi?

Carlo Alfano: Penso che una delle sue utilità è quella di dare all'intervistato delle informazioni sul suo intervistatore e, ancora, all'intervistato delle informazione su se stesso.

H.S.: Entriamo subito all'interno del tuo lavoro: pensi che esso abbia un valore di dialogo con chi guarda?

C.A.: È sempre ad un'altra persona che ci si rivolge. Anche quando fisicamente manca il destinatario – cioè durante l'elaborazione dell'opera – è allora con l'altro che si svolge il dialogo.

H.S.: Chi è questo "altro"?

C.A.: È l'"altro" che noi siamo come modo di esprimersi della cultura, è l'"altro" come storia individuale; quest'ultimo come depositario dei conflitti del nostro vissuto, come tutto ciò che di noi è sconosciuto e a partire da cui il nostro conoscere può nascere.

H.S.: Un esempio di questo dialogo con l'altro, la sua articolazione?

C.A.: Con il primo – cioè quando siamo noi stessi – oggetto d'indagine culturale, oggetto di storia, il dialogo si articola secondo brevi serie di domande e risposta in una sostituzione progressiva, nel senso che la risposta ricevuta diventa la domanda successiva che riponiamo all'altro in un lento continuo orizzontale: due passi avanti e uno indietro, secondo un certo modo di procedere della conoscenza del tempo per me. Con il secondo il dialogo è più difficile perché "egli" ci restituisce dal nostro fondo muto la nostra stessa domanda: come lo specchio, evitando la sua presa, ci restituisce – delusi – i nostri stessi movimenti.

H.S.: Più semplicemente: quando c'è fisicamente un'altra persona che guarda una tua opera (oltre questi due momenti di noi stessi) che cosa comunichi a questa? In che senso essa può sentirsi in comunicazione con ciò che guarda?

C.A.: A questa persona io non comunico nessuna cosa che non sia anche nella sua realtà, però trasformata. Essa (la realtà) è l'oggetto della nostra comunicazione espressa da entrambi nei nostri due rispettivi ruoli: di come siamo e di quello che produciamo; cioè come senso della nostra esistenza individuale e come produttori di oggetti di cultura. I due ruoli non sono divisi: essi si scambiano continuamente il punto d'osservazione.

H.S.: Questo "altro" è quell'"egli" che spesso appare nelle tue opere?

C.A.: È tutto: l'autore dell'opera, il soggetto dell'autoritratto anonimo, colui che guarda l'opera, l'altra faccia di noi.

H.S.: Sembra che tutto il tuo lavoro sia una reinvenzione del tempo, da quello della goccia d'acqua che cadeva ritmicamente ogni 8", alle tue rielaborazioni della prospettiva classica; dalle registrazioni magnetiche del tuo Archivio delle nominazioni, *ai quadri del tempo. Se è così, di quale tempo si tratta?*

C.A.: Non del tempo astratto, lineare, evolutivo, ma di quello a partire dal quale è possibile la nostra realtà del tempo, la nostra soggettività del tempo, la sua circolarità.

H.S.: Nei tuoi quadri ti servi, oltre che del simbolo del secondo, della lingua, anzi direi della parola. Che cosa dici a proposito?

C.A.: Adopero un modo convenzionale di scrivere il tempo mediante una linea numerica progressiva orizzontale, secondo una linearità evolutiva che va da 1 a 2. Queste serie lineari sono interrotte, secondo la struttura generale del senso che voglio dare al quadro, da brevi frasi (anzi, quasi sempre, da frammenti di frasi), da vuoti e da silenzi. Il senso di ogni frammento – come del grande frammento che è il quadro – non è quello di comunicare una serie di concetti compiuti o di una linearità del tempo; mi interessa cogliere del tempo le sue circolarità, i suoi arresti, le sue velocità. Tra le unità dei secondi (il segno che ho scelto per indicare il tempo) mi interessa il lento affacciarsi della parola, le tensioni delle sue regole, i conflitti e le esclusioni dei suoi movimenti soggettivi, prima che la parola raggiunga quella pienezza che riempirà il silenzio.

H.S.: E i silenzi che punteggiano questi tracciati?

C.A.: Riempiono il vuoto lasciato dalle censure.

H.S.: Spesso sono dialoghi fatti di domande e risposte, ma le risposte sono a volte un momento finale del dialogo, un orizzonte che chiude questo piccolo universo del dialogo.

C.A.: Ho già detto che le risposte si trasformano in domande.

H.S.: Qual è la differenza di un quadro rispetto ad un altro?

C.A.: Il rapporto tra frase e frase, tra frase e silenzio nella struttura generale del quadro.

H.S.: Che valore hanno nei tuoi quadri o nei nastri magnetici che realizzi i frammenti dal

Carlo Alfano
Interview

Hartmut Stöcker

Hartmut Stöcker

Hartmut Stöcker: We believe this interview could provide more information about your work. What do you think about interviews anyway?
Carlo Alfano: I think one of their uses is to give the interviewee information about his interviewer and, more, the interviewee information about himself.

H.S.: Let's get straight inside your work: do you think it is a form of dialogue with the spectator?
C.A.: It is always addressed to another person. Even when the addressee is physically missing – I mean during the elaboration of a work – the dialogue is then held with the other.

H.S.: Who is this "other"?
C.A.: It is the "other" we are as a cultural means of expression, it is the "other" as individual history; this last as depositary of the conflicts we have lived through, like everything that is unknown about us and beginning from which our knowledge may be born.

H.S.: An example of this dialogue with the other, its articulation?
C.A.: With the first – that is when we are ourselves – object of cultural inquiry, object of history, the dialogue is articulated according to a brief series of questions and answers in progressive substitution, in the sense that the reply received becomes the next question which we ask the other in a slow continuous horizontal: two steps forward and one backwards, according to a certain way of proceeding of my knowledge of time. With the second, the dialogue is more difficult because "he" sends back our same question from our mute depths: like the mirror, ducking its hold, reflects – disappointedly – our same movements.

H.S.: More simply: when there is another person physically looking at one of your works (besides these two moments of ourselves) what do you communicate to this person? In what sense can he feel he is communicating with what he is looking at?
C.A.: I don't communicate anything to this person which isn't also part of his reality, but transformed. This (the reality) is the object of our communication expressed by both in our two respective roles: of how we are and what we produce; that is as meaning of our individual existence and as producers of cultural objects. The two roles are not separate: they continuously switch their point of observation.

H.S.: Is this "other" that "he" who often appears in your works?
C.A.: It is everything: the creator of the work, the subject of the anonymous self-portrait, he who looks at the work, our other side.

H.S.: It seems that all your work is a reinvention of time, from the one in which the drop of water fell rhythmically every eight seconds, to your reworking of classical perspective; from the magnetic recordings of your Archivio delle nominazioni to the time paintings. If this is so, what time are you dealing with?
C.A.: Not abstract, linear, evolutionary time, but the one starting from which our reality of time, the subjective nature of time, its circularity, is a possibility.

H.S.: In your paintings you use, besides the symbol of the other, language, or rather, I would say, the word. What do you have to say about this?
C.A.: I use a conventional means of writing time through a horizontal progressive numerical line, based on an evolutionary linearity which goes from 1 to 2. These linear series are interrupted, depending on the general structure of meaning I wish to give the painting, by short phrases (or rather, almost always, sentence fragments), by emptiness and silences. The meaning of each fragment – like the large fragment that is the whole painting – is not to communicate a series of completed concepts or a linearity of time: I am interested in capturing the circularity, the stops, the speed of time. Between the unity of seconds (the sign I have chosen to indicate time), I am interested in the slow occurrence of the word, the tension of its rules, the conflicts and the exclusions of its subjective movements, before the word reaches that fullness which will fill the silence.

H.S.: And the silences which punctuate these tracings?
C.A.: They fill the void left by censure.

H.S.: Often they are dialogues formed of questions and answers, but the answers are sometimes a final moment in the dialogue, a horizon which closes this small universe of dialogue.
C.A.: I have already said that the answers turn into questions.

H.S.: What is the difference between one painting and another?
C.A.: The relationship between one phrase and another, between phrase and silence in the general structure of the painting.

H.S.: What value do they have in your paint-

monologo di Molly Bloom di Joyce o quelli dal Don Chisciotte di Cervantes?
In questi testi la "parola" ha raggiunto un suo senso pieno tanto da avere nella storia uno spazio preciso.
C.A.: Sul diaframma del presente dell'opera – il presente della sua realizzazione e quello successivo della sua lettura – questi frammenti hanno la funzione di creare delle profondità, quelle del senso legate al loro tempo. Essi (i frammenti) si collocano, quando li si legge, come altri diaframmi di tempo/memoria dietro il presente in cui nasce l'opera.

H. S.: Cosa ci puoi dire del titolo di quasi tutte le tue opere Frammenti di un autoritratto anonimo?
C.A.: Che è ambiguo.

H.S.: Chi rappresenta questo autoritratto anonimo?
C.A.: Tutte le persone che dopo leggeranno il quadro; la quantità di fatti e di persone che prelevo o che emergono, quando lavoro, dall'insieme del mio vissuto.

H.S.: Perché tutto questo lo fai sulla tela?
C.A.: Faccio il "pittore", di conseguenza a tutto questo do un'orchestrazione nello spazio della tela secondo una mia combinatoria di visualizzazione del tempo.

H.S.: E questa organizzazione spaziale si articola sulle linee del tempo.
C.A.: All'interno dei confini della tela – tutto l'universo visivo che ho quando lavoro – si forma come una geografia del tempo nella quale i riflessi di altri paesaggi sfumano o abbagliano questa prima geografia lineare. Le alture e le profondità sono le distanze tra i testi e i silenzi; il rapporto tra il testo di un desiderio di Molly Bloom e l'apparire di un mio desiderio; un oggetto considerato da Don Chisciotte e le mie osservazioni su un oggetto a me vicino. Dopo mi interessano le trasformazioni che il tempo assume, cioè quando dopo aver letto una certa cosa (per esempio la descrizione di un desiderio all'estremo nord della tela) si legge a sud, verso sinistra, dell'oggetto negato di questo desiderio.

H.S.: Puoi immaginare il problema dello spazio articolato in modo che non sia quello del quadro?
C.A.: È ciò che ho fatto quando realizzai l'opera *Stanza per voci* in cui i nastri magnetici registrati giravano in modo circolare sospesi nello spazio reale. Li realizzo ancora, e ognuno di questi è un frammento di 100". Il loro ascolto avviene sulla destra e sulla sinistra del supporto (una grande cornice vuota di metallo) nel quale è inserito il nastro. La distanza tra questi due poli è di cm 220 (lunghezza che riproduco in tutte le mie tele grandi).

H.S.: Come e quando hai iniziato questo lavoro?
C.A.: Ho presentato per la prima volta questi lavori nel 1969: la data del loro concepimento è più lontana, non legata ad un giorno preciso.

H.S.: I tuoi quadri sono allo stesso tempo molto belli e questo è considerato da alcune persone un pericolo, perché si potrebbe capire superficialmente solo la loro bellezza estetica.
C.A.: Che qualcuno o molte persone abbiano convenuto che un certo modo di impaginare un'opera sia estetico non mi interessa: essi sanno già a priori cosa è significativo e cosa è estetico; essi possono facilmente giudicare secondo questa loro concezione.

H.S.: Oltre al fatto che nel tuo lavoro i frammenti del lungo monologo di Molly Bloom e di Don Chisciotte sono adoperati come modi di un pensiero e di un tempo trascorsi, quali altri valori dai a questi testi?
C.A.: Per Molly quella, tra le altre ragioni, che è l'"altro" femminile e che il suo monologo ha un ritmo fisico, continuo, fiumano. Nei dialoghi tra me e Don Chisciotte, come nei dialoghi tra lui e i suoi interlocutori, c'è il tempo, il silenzio tra due pensieri distanti.

H.S.: Il tuo lavoro si distingue molto da tutto quello che si vede in giro. Ci puoi dire qualcosa in proposito?
C.A.: Le ragioni di questa diversità… è difficile rispondere perché mi trovo a conoscere un po' più me stesso che gli altri.

H.S.: In genere i pittori si servono di elementi del tutto diversi da quelli di cui tu ti servi (la parola, il tempo, la voce, etc…) e, normalmente, le opere sono molto diverse da quelle che fai tu. Che ne pensi?
C.A.: nessuna risposta

H.S.: Qual è la storia di Carlo Alfano?
C.A.: È quella di tutto ciò che ho visto, di tutto ciò che ho ascoltato, di tutto ciò che ho detto e non ho detto; è la storia delle mie rughe e anche di tutti i calendari che ho comprato ogni fine d'anno.

H.S.: Se non ci fossero i limiti che esistono per tutti, che influenzano la nostra vita, come vedresti il tuo futuro? Cosa vorresti fare in futuro?
C.A.: Non me lo chiedo, ma qualche volta me lo invento tra quei frammenti di tempo che traccio nelle mie opere.

H.S.: Ci saranno dei punti, delle zone di te stesso, che sono altrettanto importanti e di cui ora non abbiamo parlato.
C.A.: Eventualmente sono anche tutto quanto avrei potuto inserire in quei piccoli vuoti oscuri dove io scrivo la parola "silenzio".

ings or the magnetic tapes where we find fragments of Molly Bloom's monologue by Joyce or Don Quixote by Cervantes?
In these texts the "word" has reached its full meaning to the extent that it has a precise space in history.
C.A.: On the diaphragm of the work's present – the present of its making and the subsequent present of its reading – the function of these fragments is to create depths, depths of meaning linked to their time. These (the fragments) are to be found, when they are read, like other diaphragms of time-memory behind the present in which the work takes shape.

H.S.: What can you tell us about the title of almost all your works – Frammenti di un autoritratto anonimo?
C.A.: That it is ambiguous.

H.S.: Who does this anonymous self-portrait represent?
C.A.: All the people who will afterwards read the painting; the quantity of facts and people I collect or that emerge, when I work, from the whole of my experience.

H.S.: Why do you do all this on canvas?
C.A.: I am a "painter," as a consequence to all this I give the space on the canvas an orchestration according to my combination of time visualization.

H.S.: And this spatial organization is articulated on time lines.
C.A.: Within the confines of the canvas – all the visual universe I have when I work – it takes the shape of a geography of time in which the reflections of other landscapes blur or blind this initial linear geography. The heights and the depths are the distances between the texts and the silences; the relationship between the text of Molly Bloom's desire and the emergence of my desire; an object considered by Don Quixote and my observations on an object close to me. After that I am interested in the transformations time takes on, that is after reading a certain thing (for example the description of a desire at the extreme north of the canvas) one reads to the south, to the left, of the object negated by this desire.

H.S.: Can you imagine the theme of space articulated by a means other than painting?
C.A.: That is what I did when I did the work *Stanza per voci* in which the recorded magnetic tapes went round in circles suspended in real space. I still do them and each one is a fragment of one hundred seconds. They are to be listened to on the right and the left of a support (a large empty metal frame) into which the tape is inserted. The distance between these two poles is 220 centimeters (a length I reproduce in all my large canvases).

H.S.: How and when did you begin this work?
C.A.: I presented these works for the first time in 1969: the date of their conception is further back, not linked to any precise date.

H.S.: Your paintings are, at the same time, very beautiful and this is considered a danger by some people, because superficially one might see only their aesthetic beauty.
C.A.: That a few or many people have agreed that a certain way of making up a work is aesthetic is of no interest to me: they know a priori what is significant and what is aesthetic; they can make rapid judgments according to this notion of theirs.

H.S.: Besides the fact that in your work the fragments of Molly Bloom and Don Quixote's long monologues are handled as ways of thinking and of time spent, what other meanings do you give these texts?
C.A.: For Molly, among other reasons, that which is the female "other" and that her monologue has a physical, continuous, stream-like rhythm. In the dialogues between Don Quixote and me, as in the dialogues between him and his interlocutors, there is the time, the silence between two distant thoughts.

H.S.: Your work differs much from all we see around us. Can you comment on this?
C.A.: The reasons for this diversity . . . it is difficult to reply because I find I know myself a little better than others.

H.S.: In general painters use elements which are completely different from those you use (word, time, voice, etc. . . .) and, normally, *the works are very different from those you do. What do you think?*
C.A.: (no reply)

H.S.: What is C. Alfano's story?
C.A.: It is the story of everything I have seen, of everything I have heard, of everything I have said and not said. It is the story of my wrinkles and all the calendars I have bought at the turn of every year.

H.S.: If there were none of the limits that exist for everybody, which influence our lives, how would you see your future? What would you do in the future?
C.A.: I don't ask myself, but sometimes I make it up between those fragments of time I sketch in my works.

H.S.: There must be points, zones of yourself, which are just as important and which we haven't talked about here.
C.A.: Possibly they are also all those things I could have put into those small obscure voids where I write the word "silence."

Autoritratto anonimo, 1971

silenzio

40" 41" 42" 43" 44" 45" 46" 47" 48" 49" 50"

darsi   già conosciuto già visto → guardarsi
visto   esperienza decaduta di ciò che fu visto   nello specchio

za riconoscimento /

ciò che fu visto nello specchio

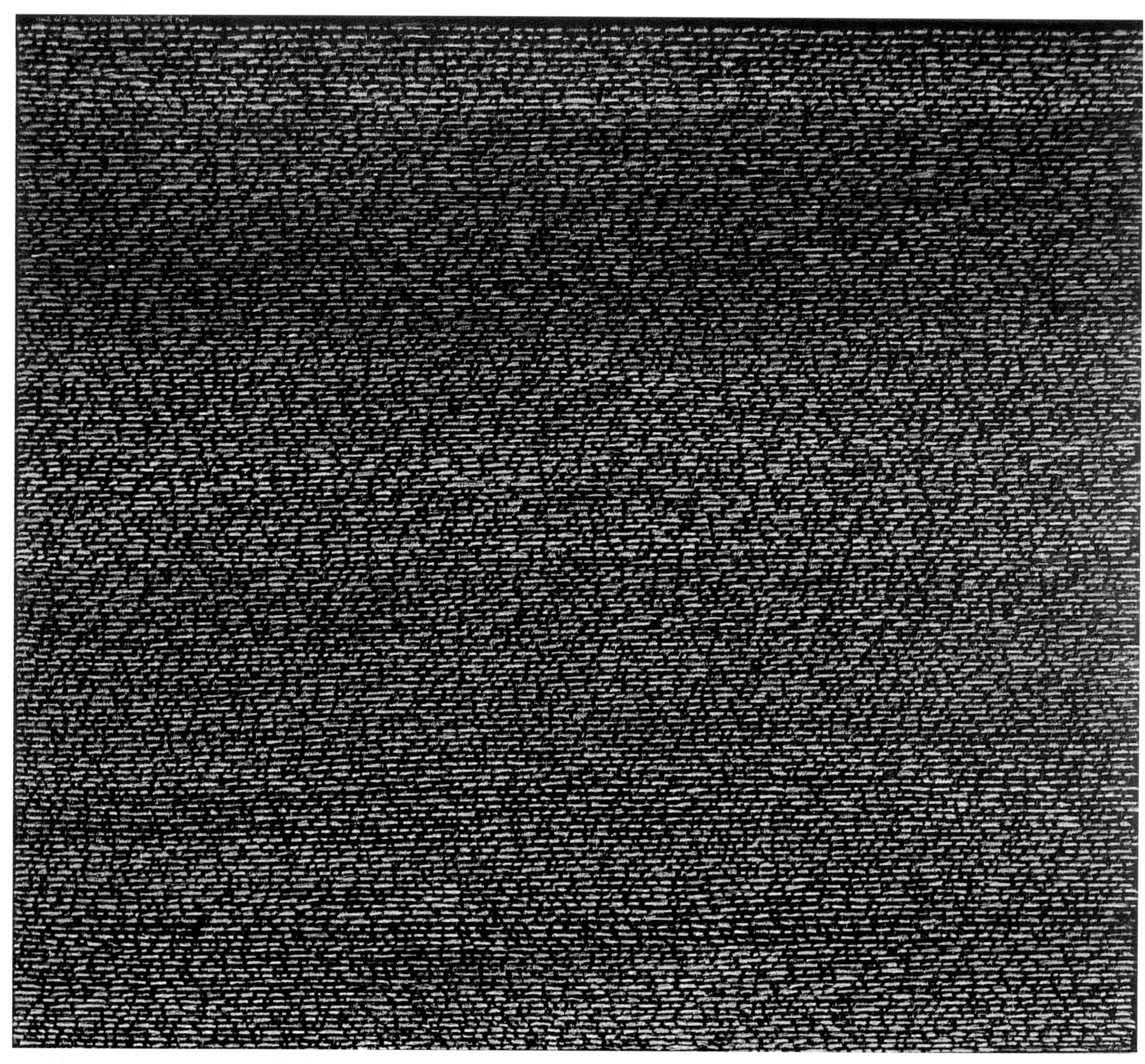

Appunti dal 3° libro del Don Chisciotte n. 11,
1971

*Eco di un monologo per Molly Bloom. Frammenti
di un autoritratto anonimo n. 26, 1972*

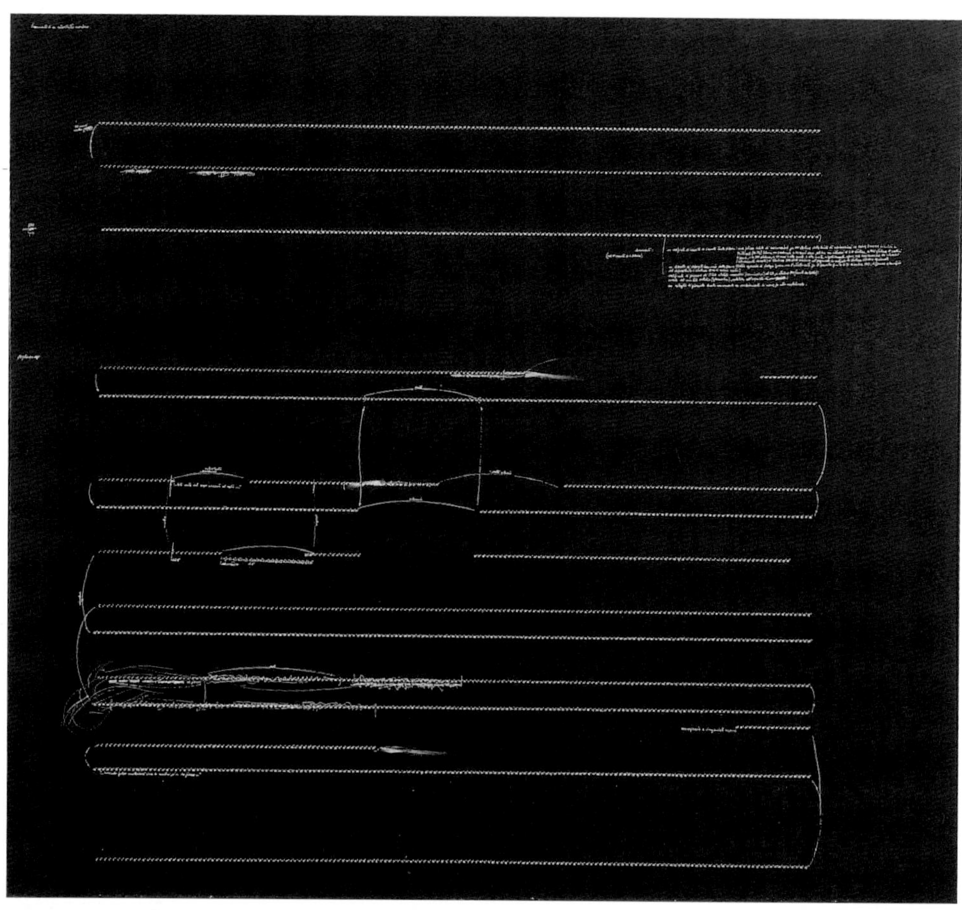

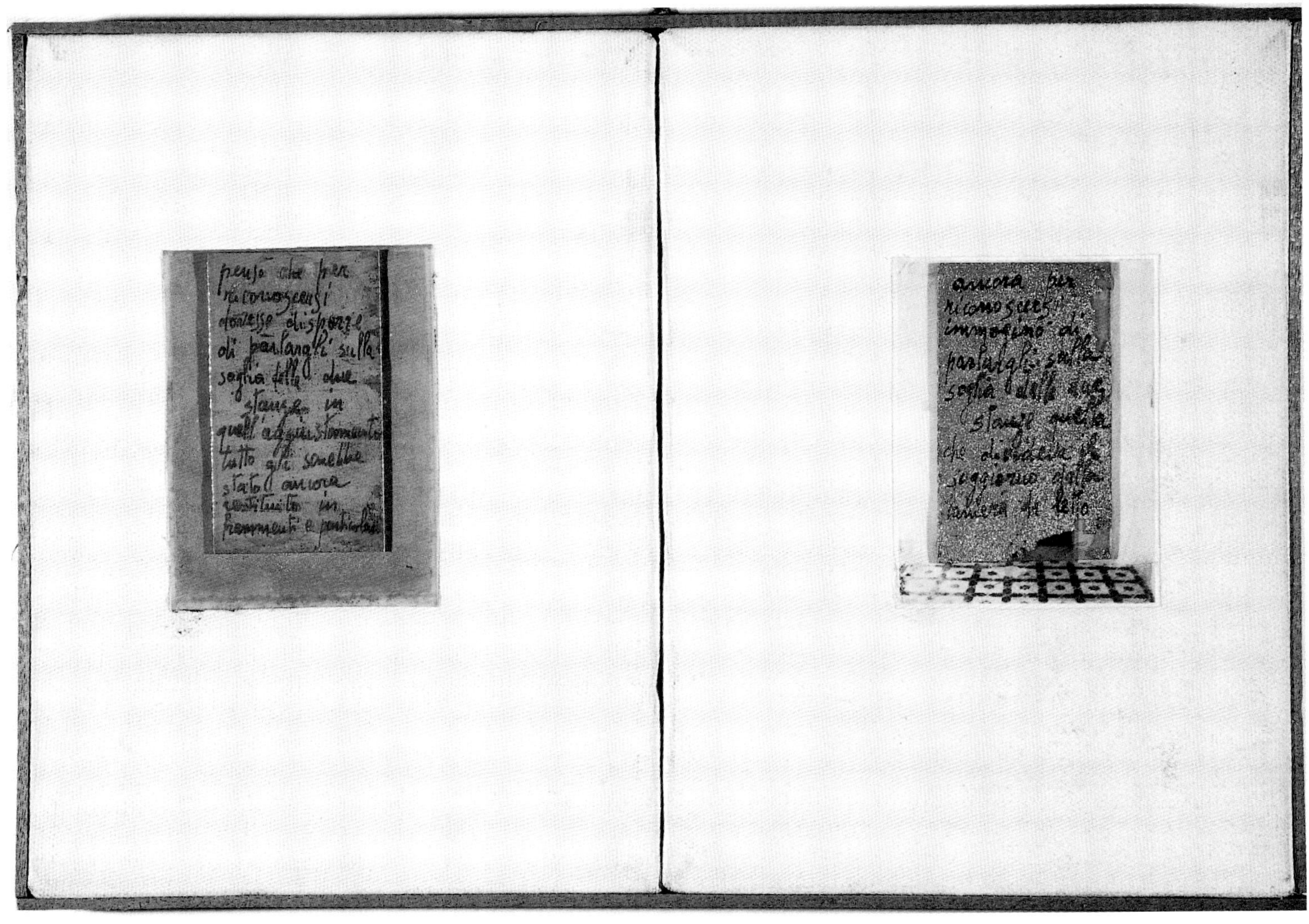

p. 94
Frammenti di un autoritratto anonimo n. 9,
1971

Frammenti di un autoritratto anonimo n. 11,
1971

Sulla soglia, 1971

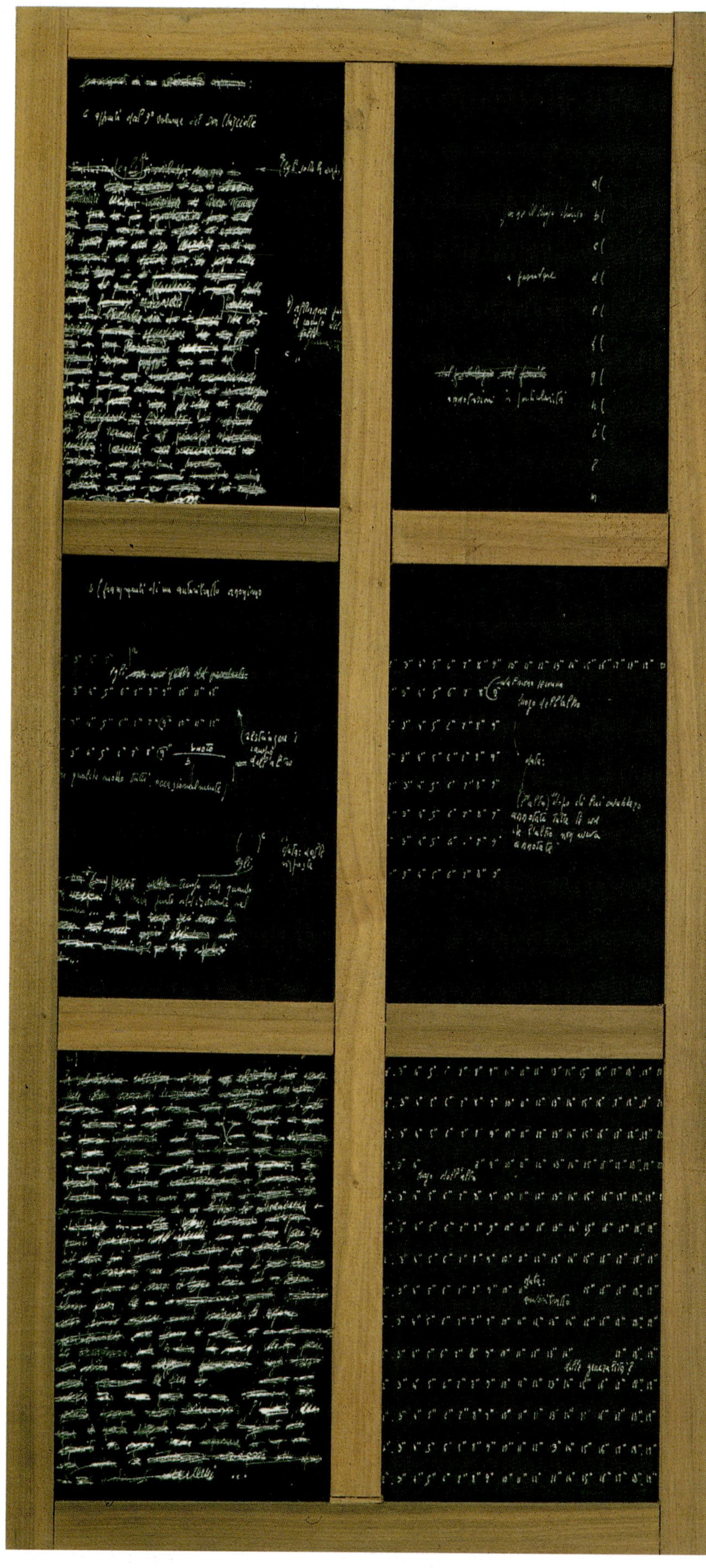

*Frammenti di un autoritratto
anonimo n. 25, 1972*

p. 97
*Frammenti di un
autoritratto anonimo n. 9,
1971 (particolare/detail)*

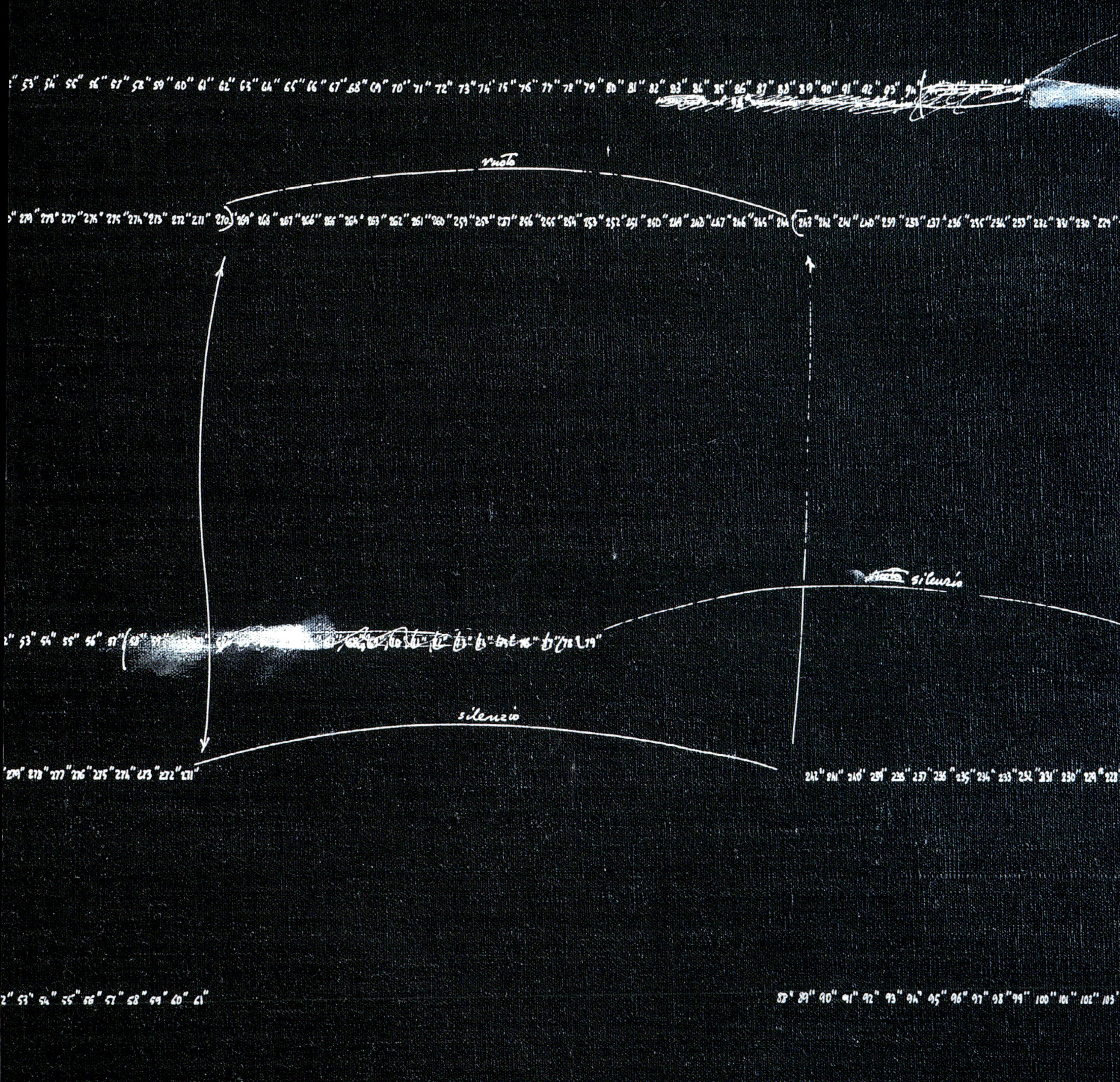
vuoto
silenzio
silenzio

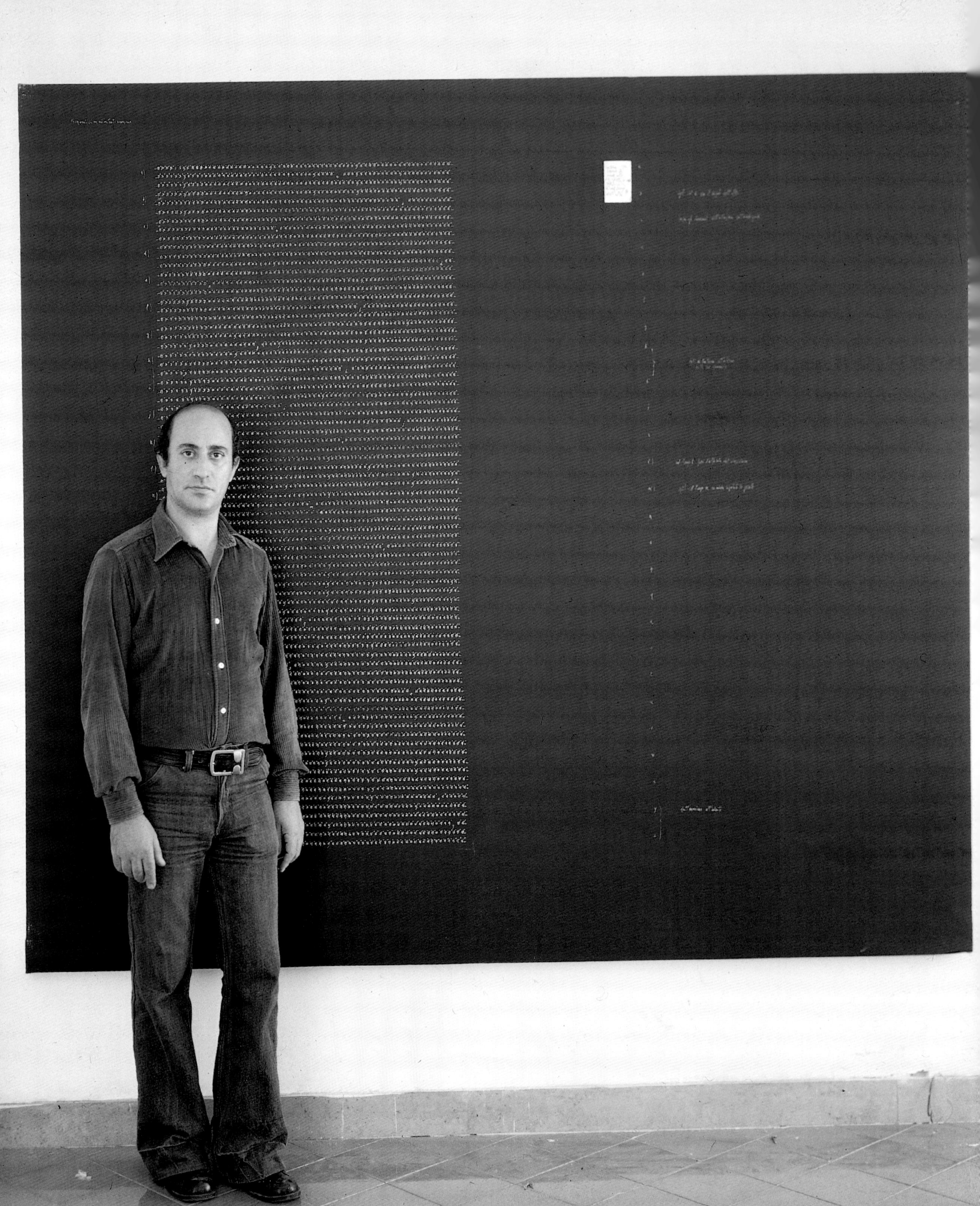

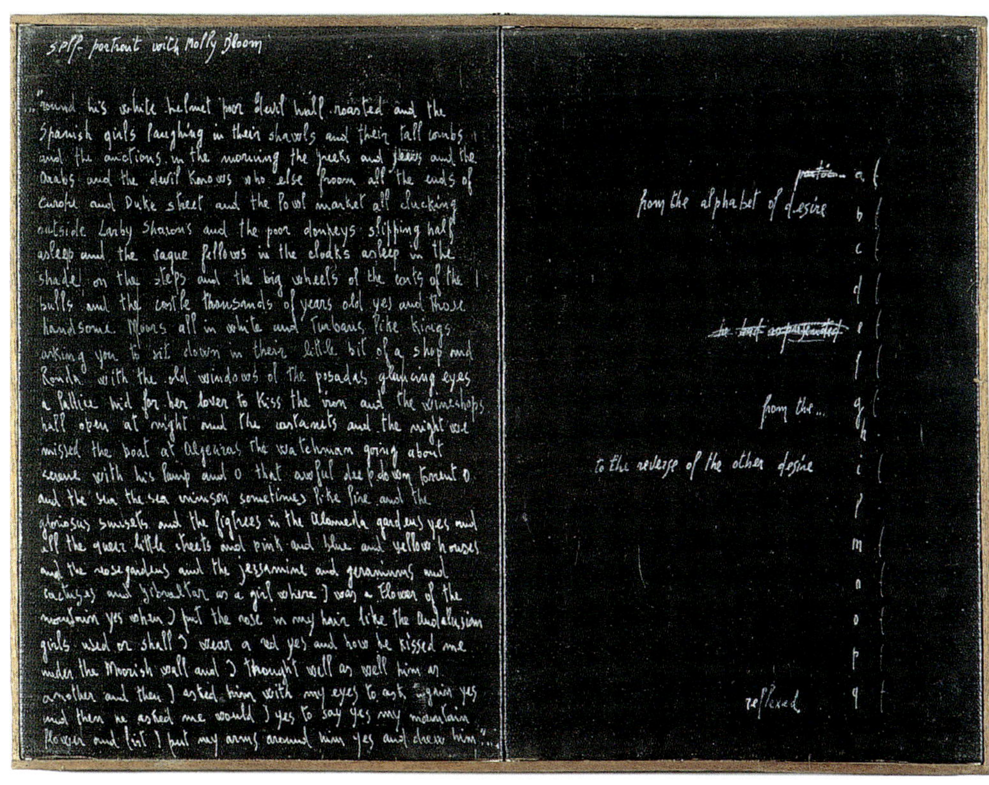

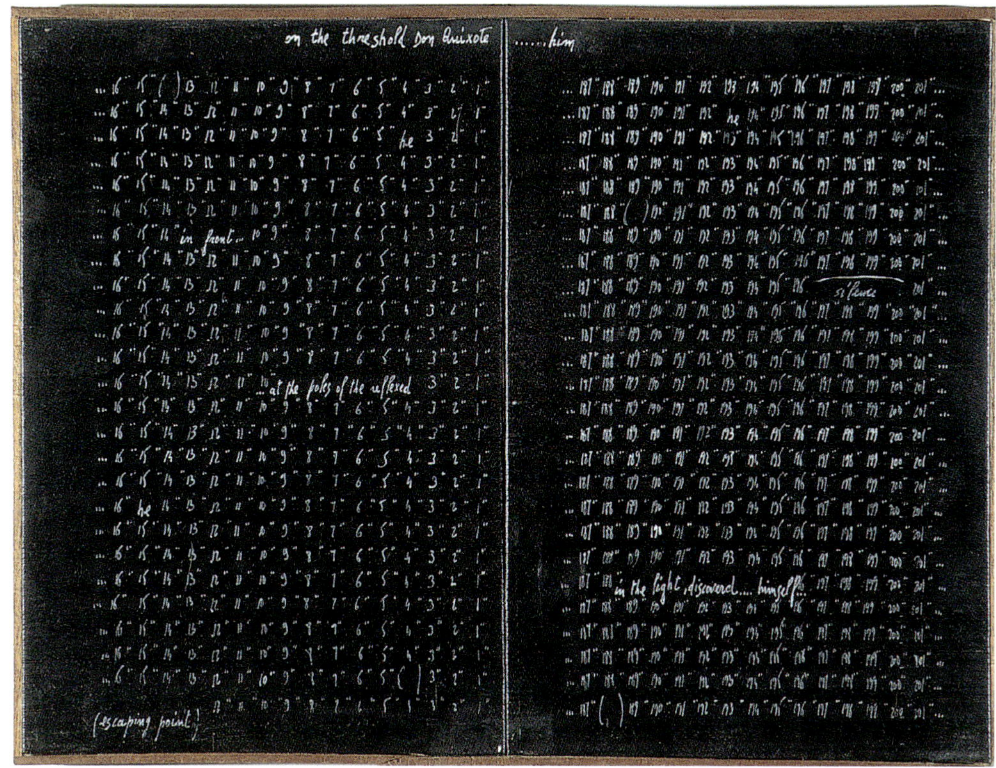

p. 98
Frammenti di un autoritratto anonimo n. 30,
1972

Self-portrait with Molly Bloom, 1971

On the threshold Don Quixote... him, 1971

*Frammenti di un autoritratto anonimo n.
53, 1973*

p. 101
Frammenti di un autoritratto anonimo n. 53, 1973
(particolare/detail)

ci aspettare (av passare)

... tempo di (scambio ...) è ogni dì è in...

ta falsa

rif Pessi (pluralità)

Spogliata ... bellezza il rosseggiare ...

... evadere ...

grumi bianchi

si - poteva vedere a macchie sul petto

... silenzio

... alla certezza della tua impossibilità a rispondere?) 38 37 40

della sue dismisura potenza ...

"35 "36 "37 "38 "39

suff.

16 17 "18 "19 "20

19

81" 82" 83" 84" 85" 86"

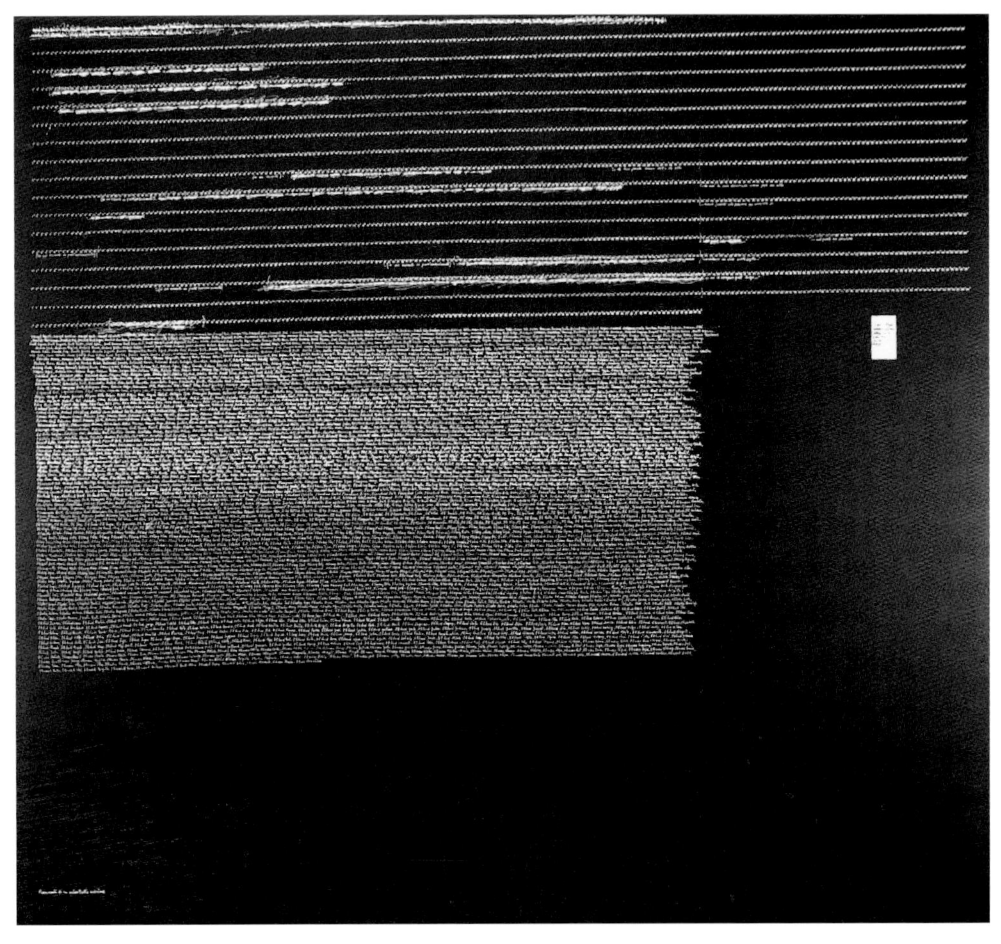

p. 103
Frammenti di un autoritratto anonimo, 1973

Frammenti di un autoritratto anonimo n. 83,
1974

Frammenti di un autoritratto anonimo n. 17,
1972

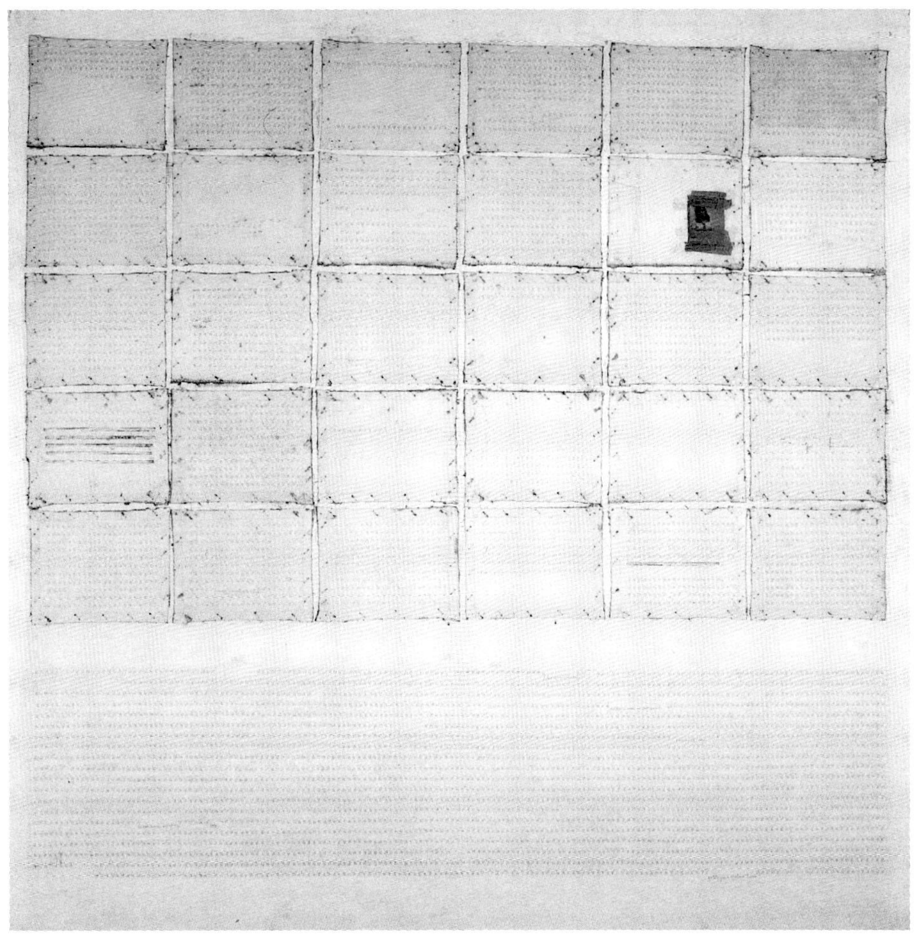

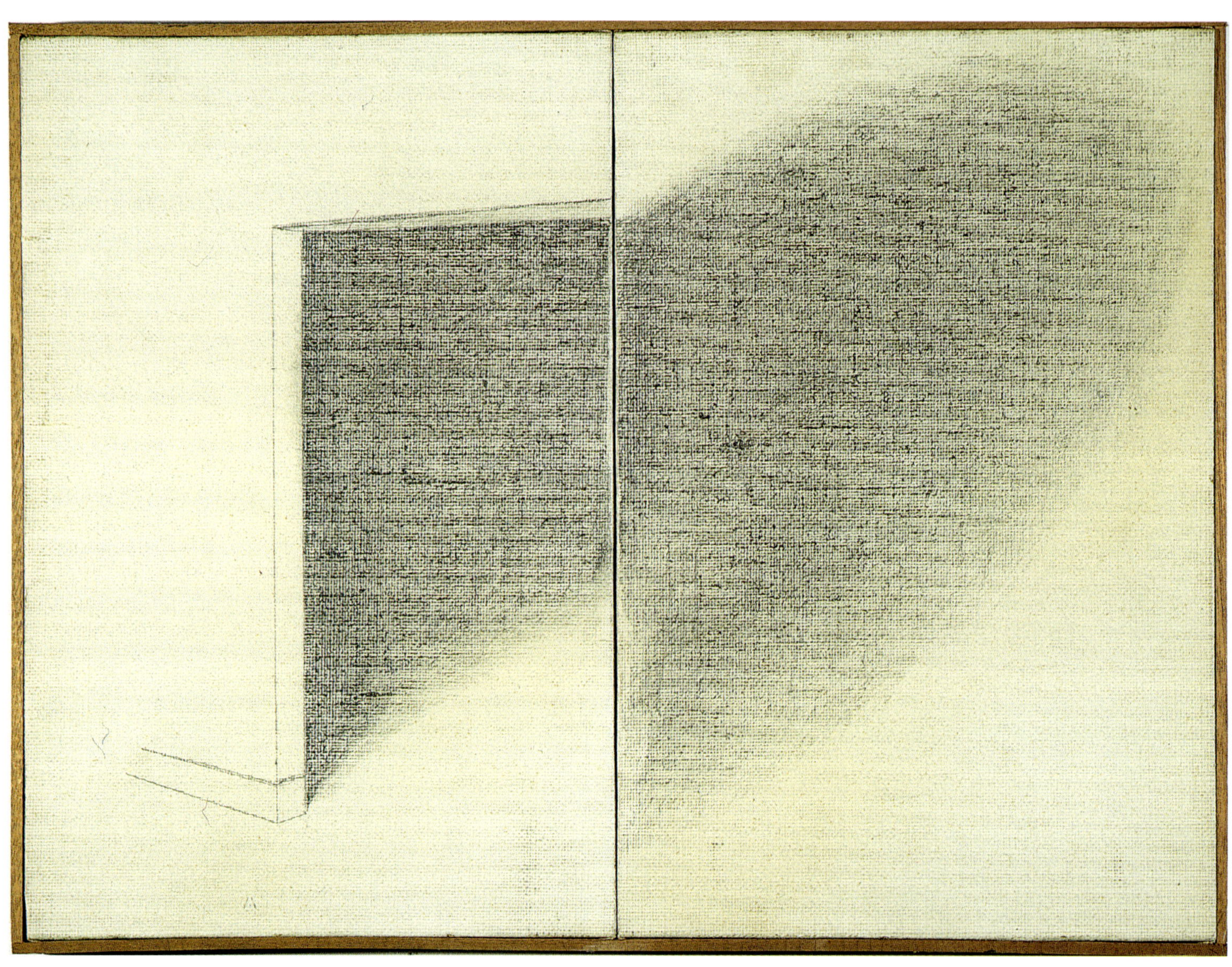

Studio per/Study for *Sulla soglia*, 1973

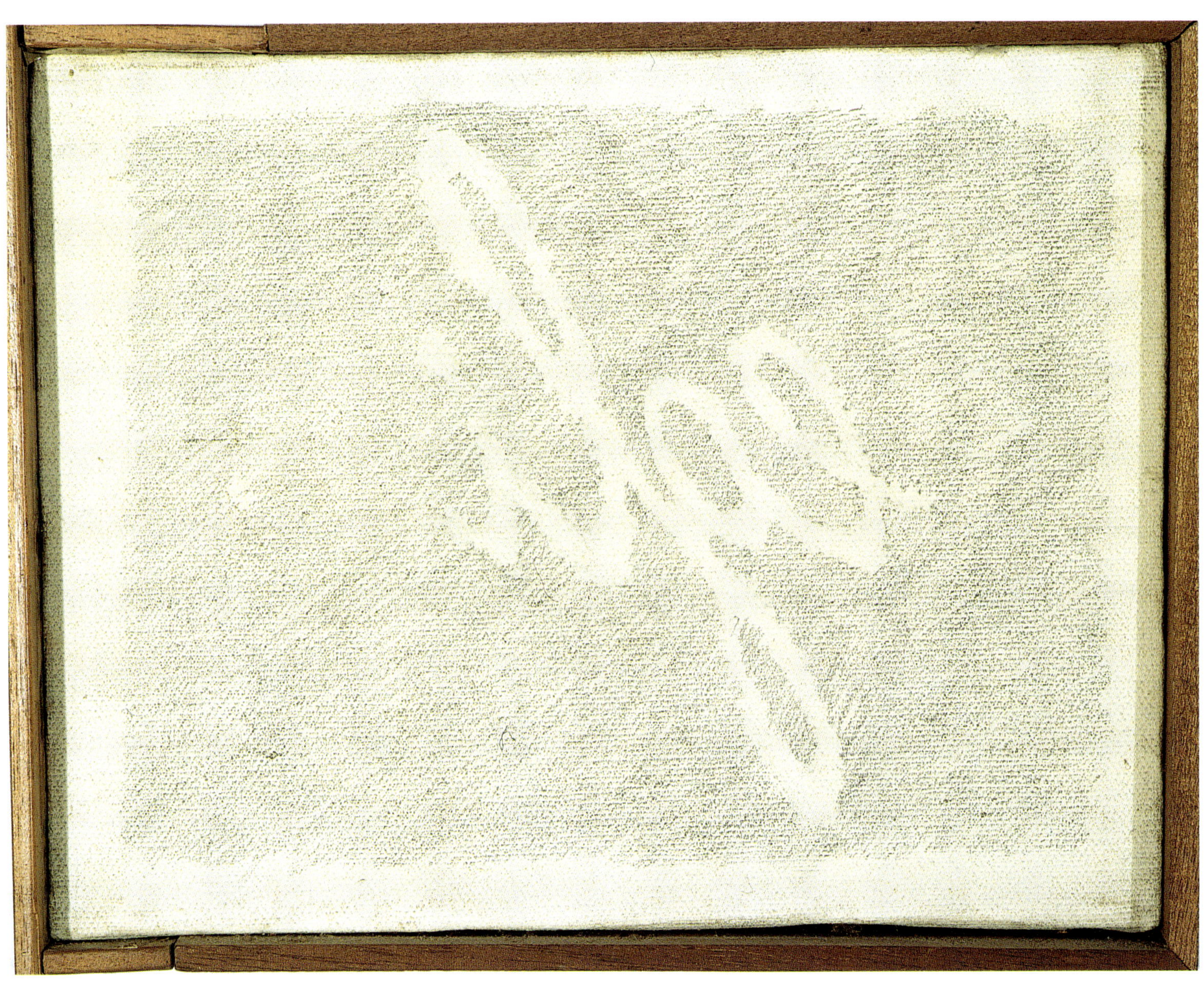

Studio per/Study for *Egli*, 1973

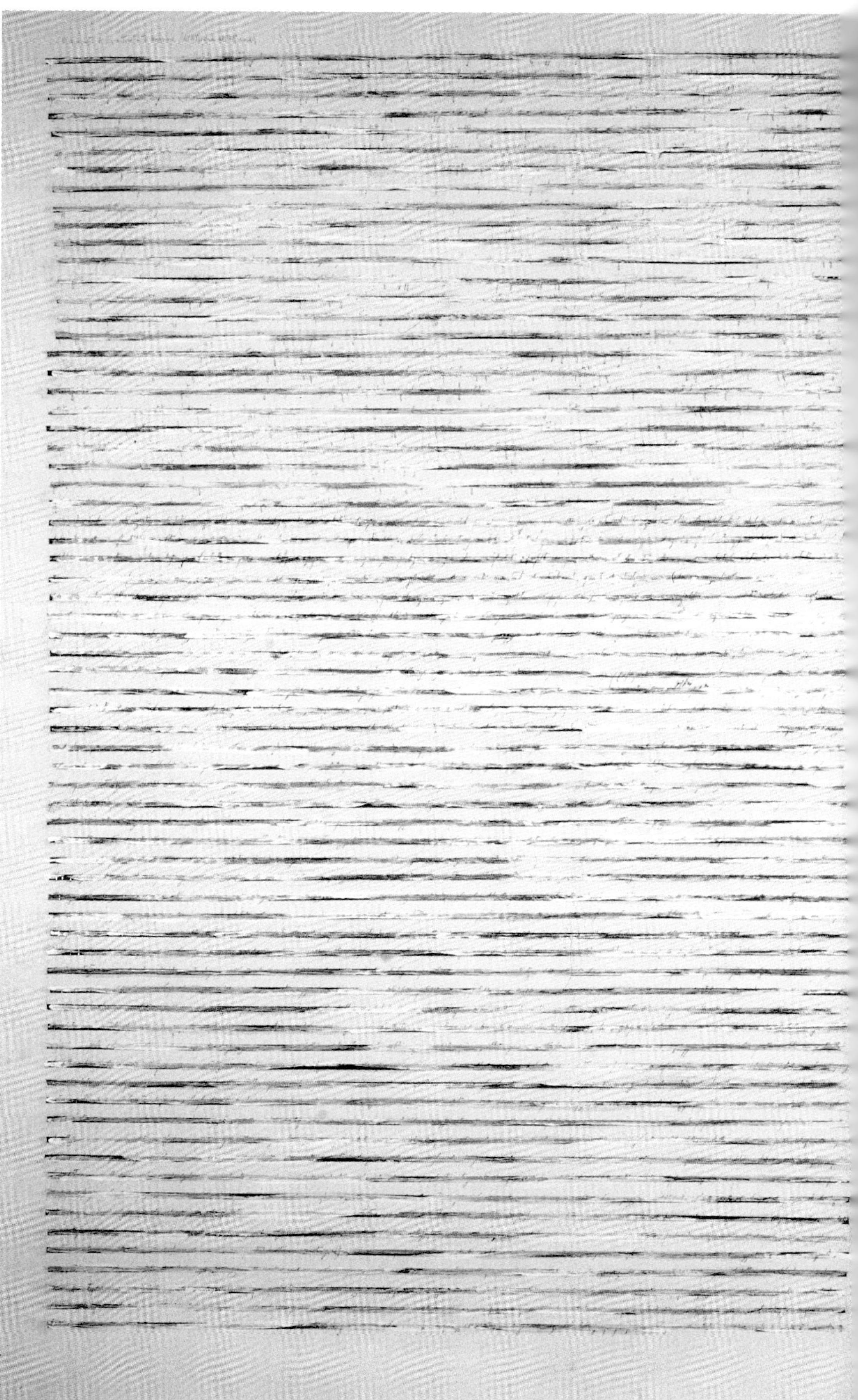

*Frammenti di un autoritratto anonimo
(dal 749 secondo all'839 secondo)*, 1976

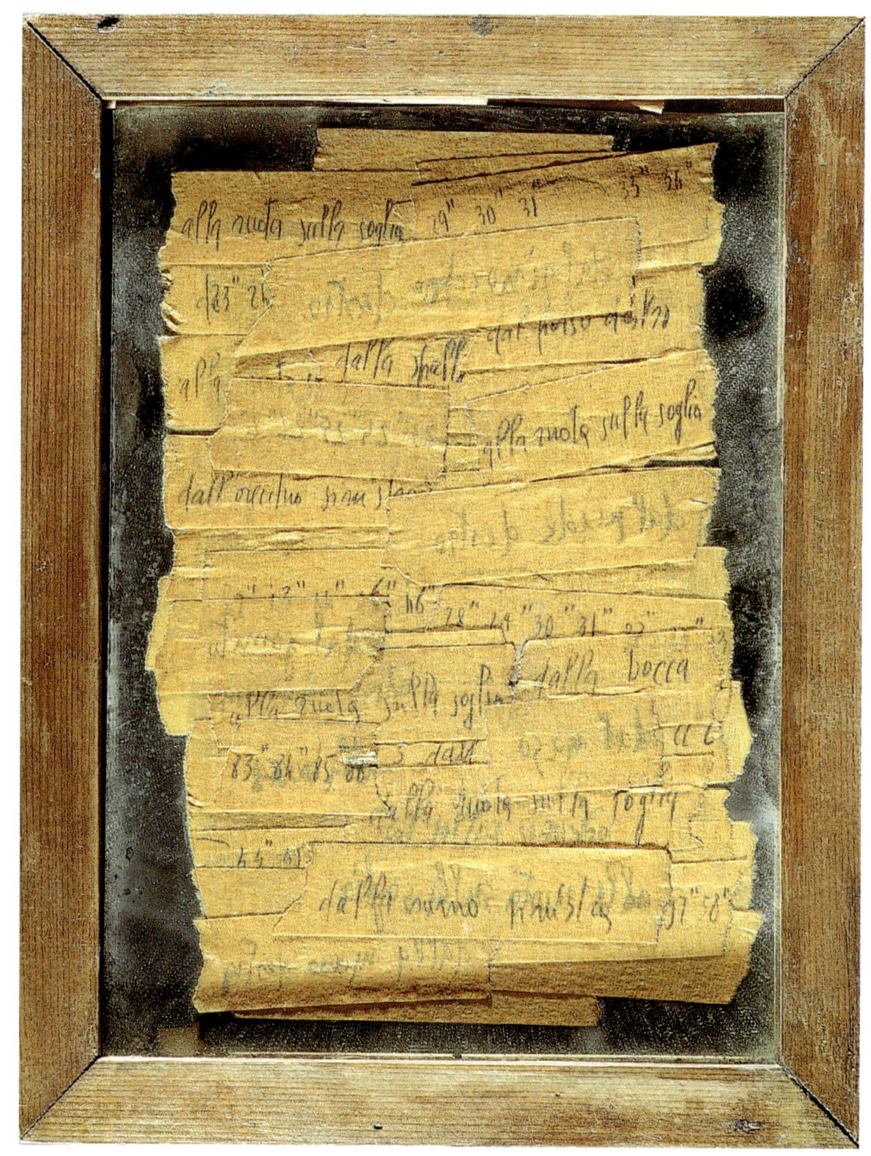

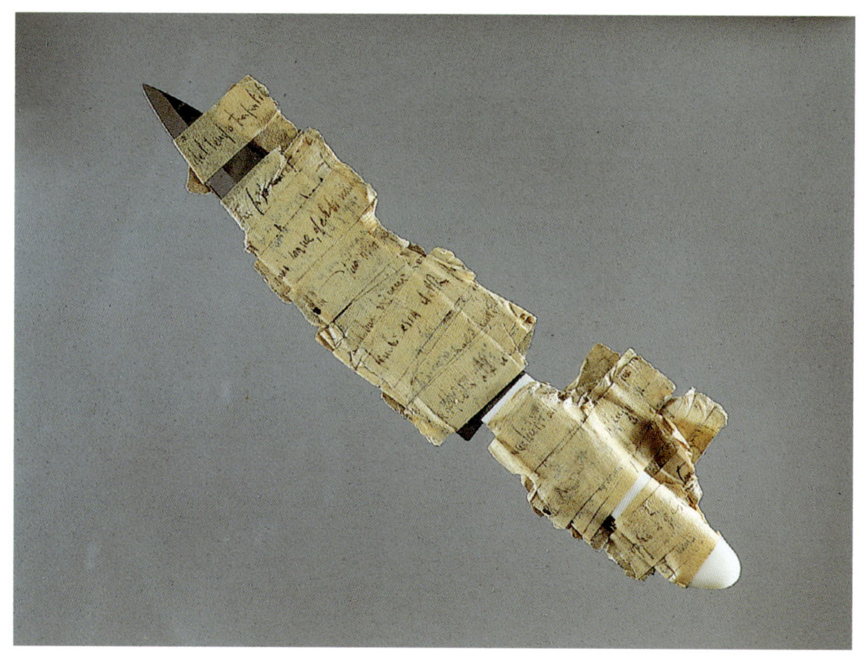

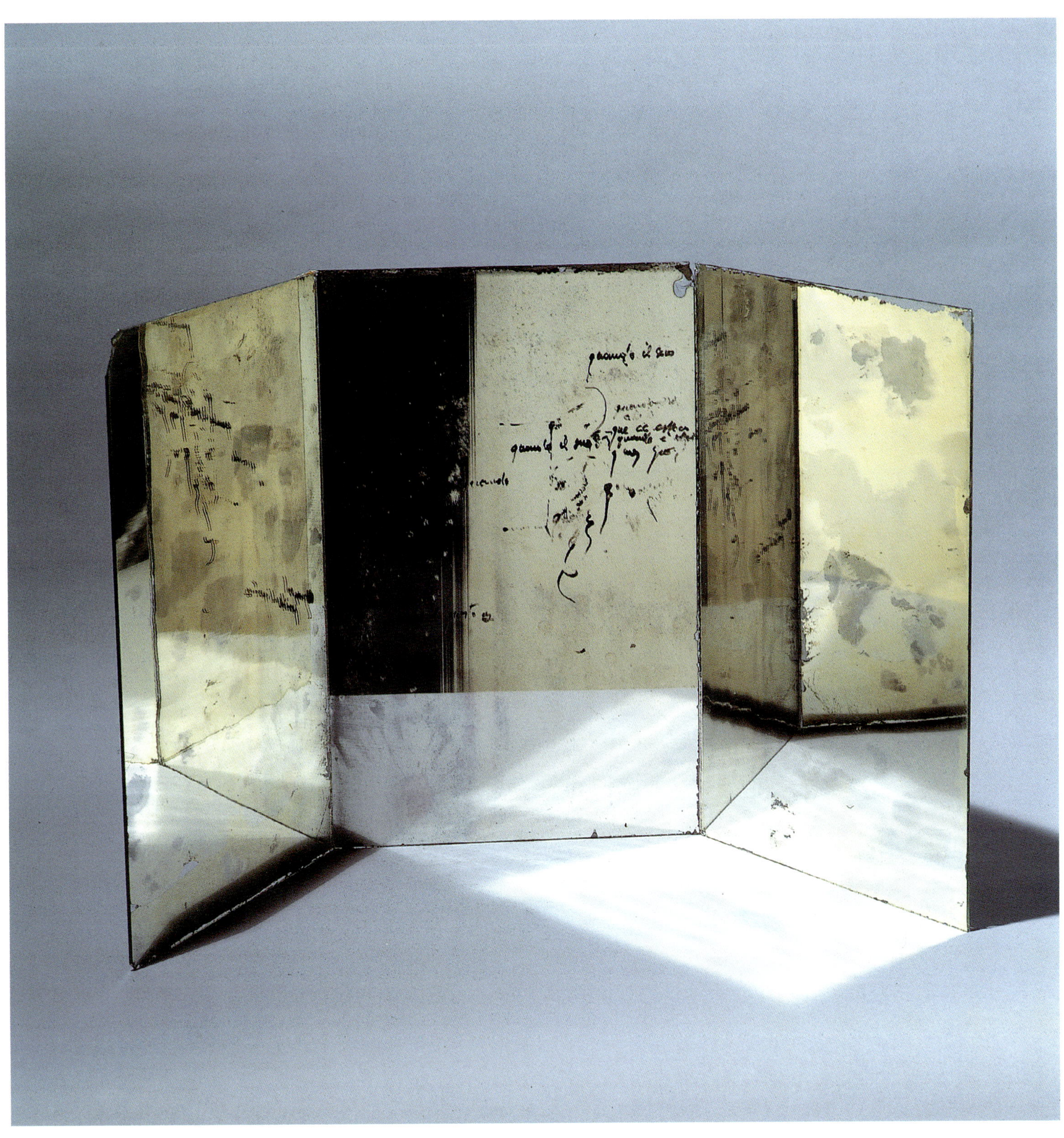

p. 108
Autoritratto con Flavia, 1971

Il dubbio del suicida, 1975

Teatro, 1985

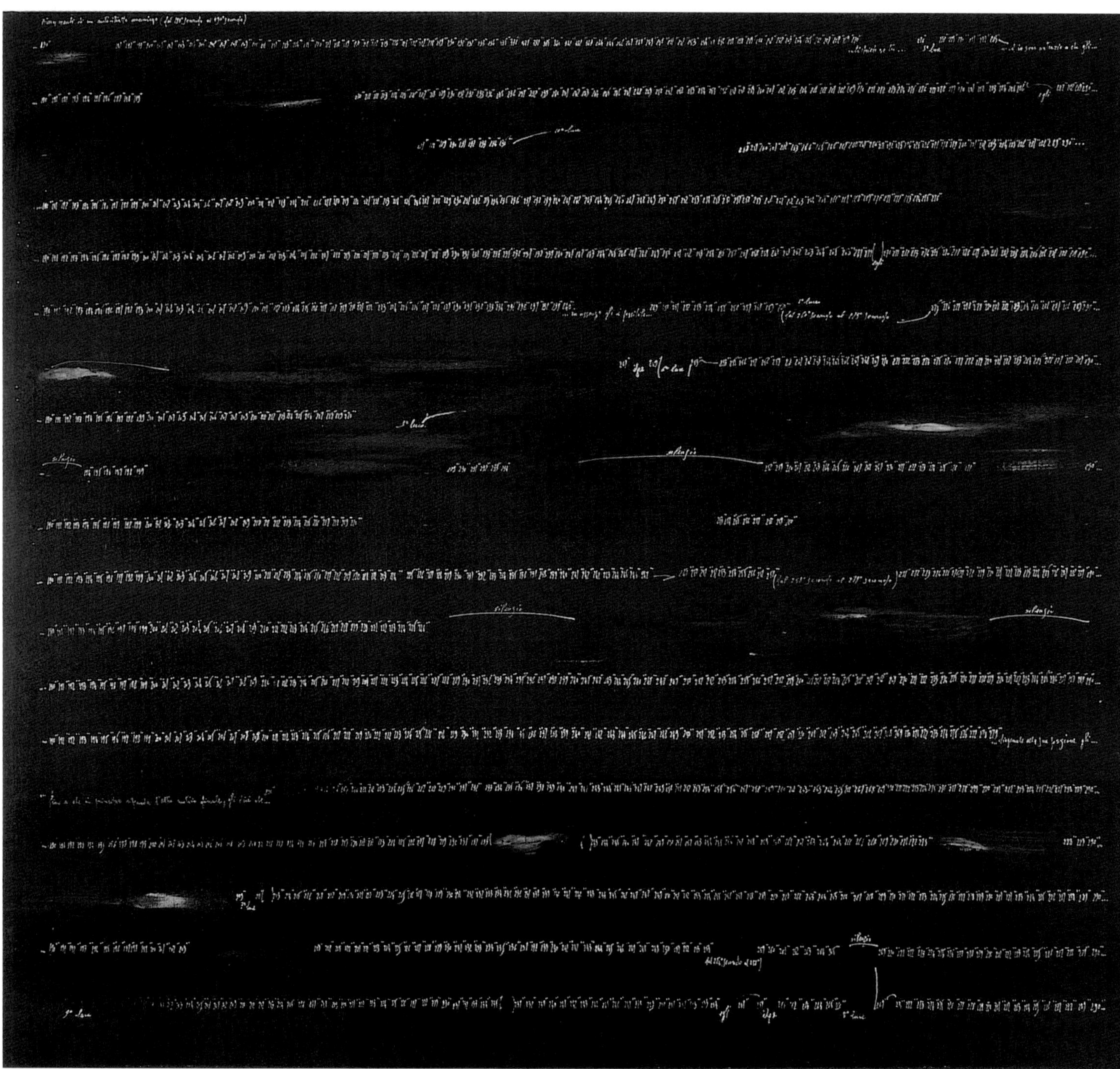

Doppio tempo, 1975

110

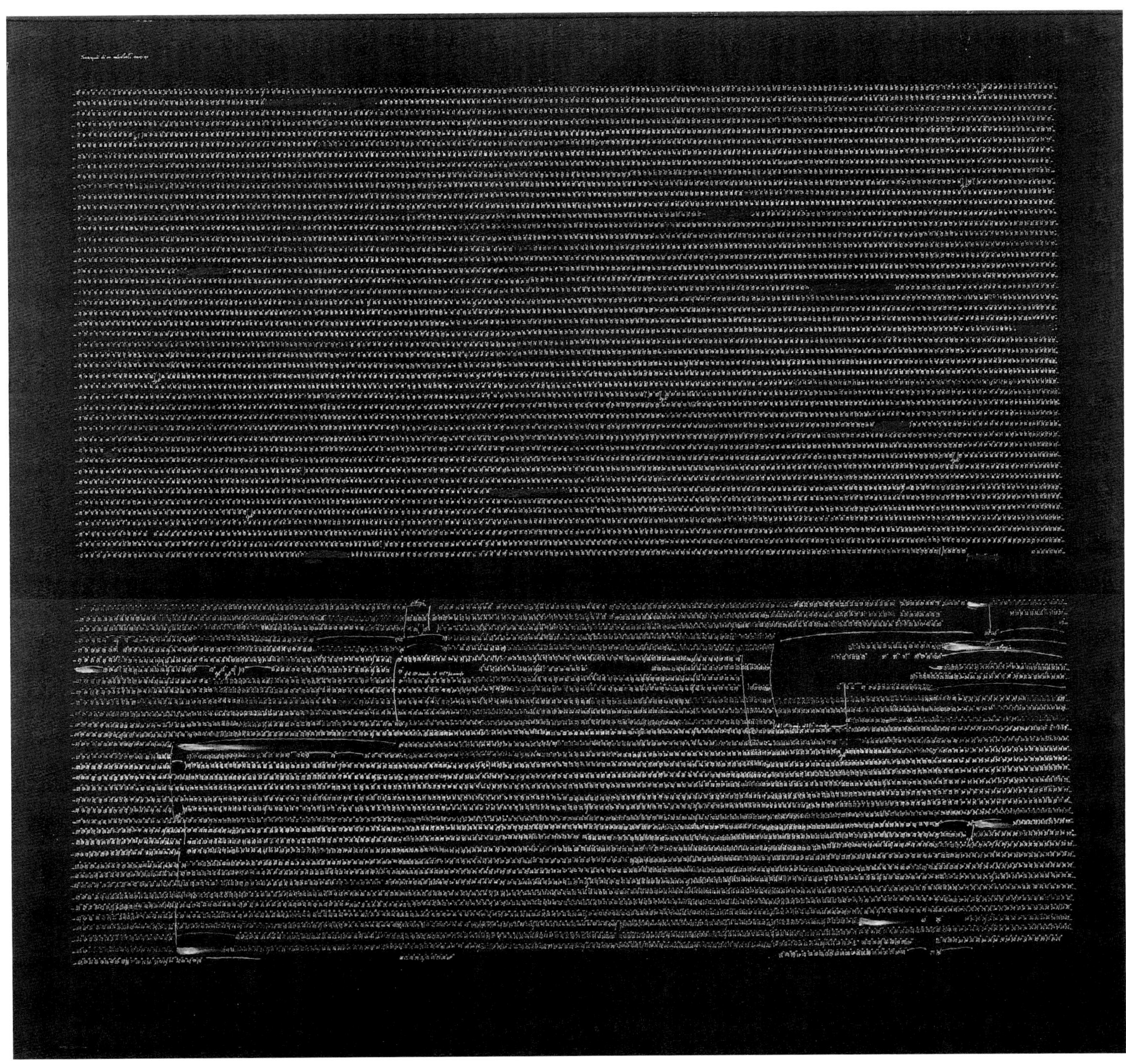

The Grooming of Narcissus, 1974

p. 112-113
Fragmentes anonyme avec Molly Bloom, 1973

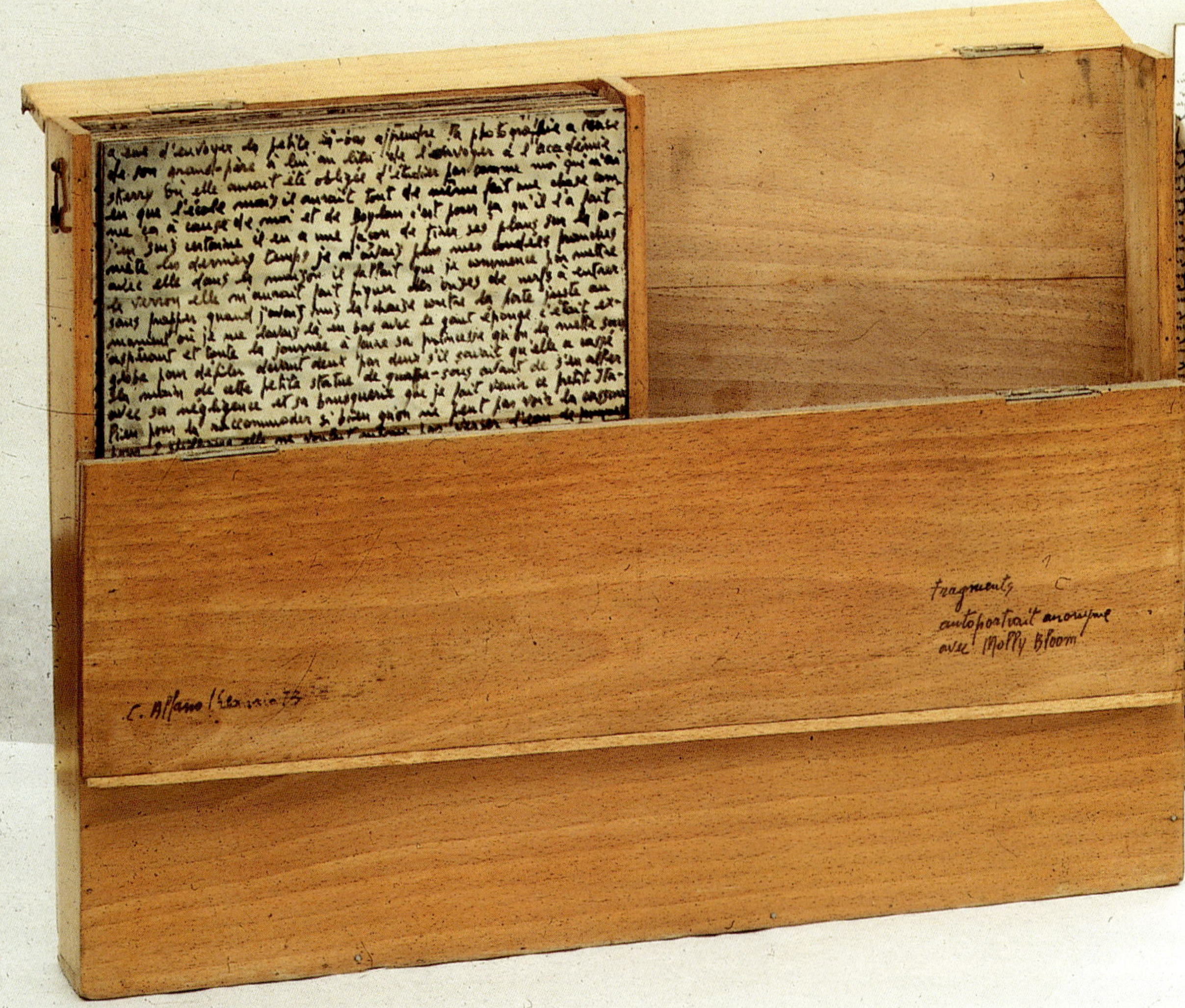
fragments
autoportrait anonyme
avec Molly Bloom

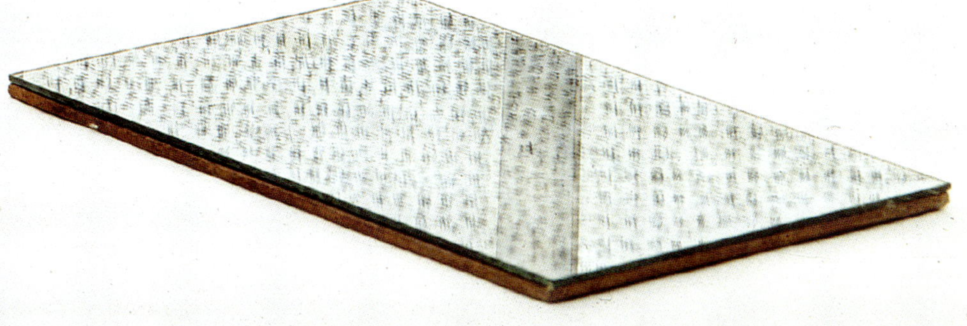

Lettere

Carlo Alfano

20 febbraio

Cara Anna,
vorrei non essere interrogato come fai nella tua lettera ed io non avere come unica risposta quella di dover parlare di me. Se ti interessa io mi nasconderò dietro le mie parole, e tu mi scoprirai dietro di esse. Non è meglio così? (mi lasci più libertà?) Così ho già risposto alle tue domande.
Un grosso abbraccio
Carlo.

Cara Anna,
io domando al centro di quella distanza tra la (tua) domanda e la (mia) risposta che attendi. Se (tu) potessi non rispondere ciò che la (mia) domanda attende. Spostati anche tu dalla zona speculare della loro frontalità. La (mia) domanda muore con la (tua) risposta, questa finisce soddisfacendo la (mia) domanda; questo si ripete. La loro morte non è la figura di una loro nuova vita. La loro distanza di posizione è l'intervallo di tempo che occorre perché, nel loro giro circolare, le risposte si trovino al posto delle domande. Questa è l'immobilità che producono – come dicevi – due soggettività parlanti.
La mobilità dei soggetti fa si che la soddisfazione della $\frac{(tua)}{(mia)}$ domanda divenga la $\frac{(tua)}{(mia)}$ domanda prossima (pensa al gioco lineare, scorrevole della cavallina). Proviamo a farlo?
Un abbraccio
Carlo.

3 maggio

Cara Anna,
perché mi scrivi: "c'è qualcosa di non detto in entrambe le tue ultime lettere. È l'ambiguità dei dialoghi del tuo lavoro. Potresti rispondermi... cominci la tua lettera del 19, la continui e la concludi con questa possibile risposta da parte mia. D'accordo, ti metti al mio posto e scrivi per riempire il tuo silenzio di due mesi? ecc.".
Cara, non dirmi che questo non è stato detto, (so che cosa intendi) altrimenti ... E il "d'accordo" nasconde la domanda: "nel tuo lavoro i frammenti, i tentativi di dialogo con lui e con l'altro sono la stessa cosa?". Mi chiedi con chi parlo? Certamente parlo con te, ma tu sei anche la possibilità non nominata per la mia parola (oppure del mio discorso). Nel cambio dell'identità, nel gioco dello scambio con il mio interlocutore (ci) interessano reciprocamente non il nostro aspetto, il nostro carattere, i nostri problemi. È importante che la nostra parola rimanga aperta, che abbia la possibilità di poter essere dissimulata dalla durata. Mi metto al posto dell'altro, egli si rispecchia in me. Noi due, uno di fronte all'altro, ci chiediamo continuamente chi di noi due sia "l'altro". Così siamo entrambi quella domanda che si ripete. I nostri dialoghi affiorano lungo la linea orizzontale del tempo – dialoghi che io scrivo sulla tela – oppure svaniscono o si interrompono prima di restringersi in un significato indirizzato all'altro. Rifletti, come è vecchio il volto che parla di fronte a te, come è profondo il solco delle abitudini nel quale cadono le parole della nostra identità. Sembra quasi inevitabile vedersi, per così dire, in trasparenza; nell'incertezza della nostra identità andremo oltre i nostri dialoghi, svisceretemo noi stessi fino in fondo.
In questo duplice gioco, chi è ora l'anonimo del titolo del mio lavoro *Frammenti di un autoritratto anonimo*?
Sei tu, sono io, al quale tu rimproveri di sostituirti?
Ti abbraccio.
Carlo

26 maggio

Cara Anna,
due giorni fa ho incontrato Giuseppe per strada; non ci vedevamo da tempo. Abbiamo parlato tra noi, ma era come se ognuno parlasse solo per se stesso. Dopo avermi chiesto del mio lavoro, ha tenuto un discorso sul fine e sulla responsabilità dell'arte. Ha sviluppato uno schema di lavoro diviso in due parti e ha messo in relazione in due posizioni contrapposte i protagonisti dell'antico problema decadente di "arte" e "vita". Ha dimostrato una notevole sicurezza. Ha posto domande partendo sulla vita, le cose reali, e ha parlato del medesimo ambito (nel quale mi ha incluso), e poi, alla fine, ha chiesto solo se approvavo questa posizione. (Malattia?)
A proposito di malattia, conosci la mia strana paura del tetano: mi sono fatto vaccinare un'altra volta.
Ti abbraccio
Carlo
P.S. So, sento che il mio lavoro è qualcosa di estraneo, esterno a me. Proprio come se ciò che io stesso faccio si staccasse poi da me.

10 giugno

Cara Anna,
è lì che io parlo, in quei piccoli spazi vuoti dove scrivo silenzio;
dove il silenzio:
parlando tutte le parole degli altri   è lì che io parlo
nega le singole identità   è lì che egli parla
le parole del desiderio   è lì che io parlo
Non cercare di me (direttamente) nella tela

in *Carlo Alfano*, catalogo della mostra/exhibition catalogue, Galerie Art in Progress, München.

Letters

Carlo Alfano

20 February

Dear Anna,

I would like not to be interrogated the way you do in your letter and not have as my only answer that I must talk about myself. If you are interested I will hide behind my words, and you will find me behind these. Isn't it better that way? (You leave me more freedom?) Thus I have already answered your questions. A big embrace,
Carlo.

Dear Anna,

I ask in the center of that distance between (your) question and (my) answer what you are waiting for. If (you) couldn't reply to what (my) question expects. You too shift from that mirror zone of their frontality. (My) question dies with (your) answer, this ends satisfying (my) question; this repeats itself. Their death is not the figure of a new life for them. The distance between them is the interval of time necessary for the answers, in their circular tour, to be found in the place of the questions. This is the immobility which two talking subjectivities – as you said – produce.
The mobility of the subject means that satisfying $\frac{\text{(your)}}{\text{(my)}}$ question becomes $\frac{\text{(your)}}{\text{(my)}}$ next question (think of the linear, smooth game of leapfrog). Shall we try it?
An embrace,
Carlo

3 May

Dear Anna,

Why did you write: "Something was left unsaid in your last two letters. It's the ambiguity of the dialogue in your work. You could reply . . . begin your letter of the nineteenth, continue and finish it with this hypothetical reply from me. OK, put yourself in my place, and write to make up for your two-month silence? etc."?
Don't tell me that you did not say this, my dear, otherwise (I know what you mean) . . . And behind the "OK" there is the question: "Are the fragments of dialogue, the attempts to establish a dialogue with him and with the other man the same thing in your work?" I ask myself to whom I am talking? To you of course, but you are also the unidentified possibility for my words. In the exchange of identities, in the interplay with my interlocutor, it is not our appearance, our character or our problems that are of interest (to us). It is important that our dialogue continue, that it can go on even when it's finished. I put myself in the other's place; he is reflected in me. Facing each other, the two of us constantly ask ourselves which of us is the "other." Thus, we are both the question that is repeated. Our dialogue emerges from the horizontal line of time – dialogue that I write on the canvas – or vanishes or is interrupted before it is reduced to a meaning and communicated to the other. Think how old is the face that is speaking opposite you, how deep is the furrow of habit into which the words of our identity fall. It seems almost inevitable that we shall see right through ourselves, so to speak; uncertain of our identity we shall go beyond our dialogue, we shall get to the very heart of ourselves.
In this ambiguous game, who now is the anonymous person in the title of my work *Frammenti di un autoritratto anonimo*?
Is it you, or is it me whom you criticize for taking your place?
Love,
Carlo

26 May

Dear Anna,

I met Giuseppe in the street two days ago; we hadn't seen each other for some time. We talked to each other, but it was as if we were talking to ourselves. After asking me about my work, he held forth about the aim and responsibility of art. He had developed a dual project and had related two conflicting positions, the main arguments of the old "decadent" problem of "art" and "life." He was decidely sure of himself. He asked questions about life, real things, and he spoke about that realm (in which he included me), and then, at the end, he merely asked if I agreed with this position. (Sickness?)
Speaking of sickness, you know my strange fear of tetanus: I had myself vaccinated again.
Love,
Carlo
P.S. I know, I feel that my work is something extraneous, something external. It is exactly as if what I do detaches itself from me.

10 June

Dear Anna,

It is there that I speak, in those small empty spaces where I write silence; where the silence:
speaking all the words of others   it is there that I speak
denies the single identity   it is there that he speaks
the words of desire   it is there that I speak
Don't look for me (directly) in the canvas which, you write, you liked. It is not I (per-

che, scrivi, ti è piaciuta. Non sono io (personalmente) che posso parlare con Don Chisciotte. Le mie parole non sono i desideri di Molly Bloom … ma io parlo. Occupiamo un piccolo posto nella grande geografia che le parole hanno tracciato. Ognuno fa risplendere e oscurare una piccola zona di queste quando la luce di un nuovo desiderio formula una domanda che segue l'oscurità della domanda già soddisfatta.

Scrivimi più spesso.

Ti abbraccio

Carlo

sonally) who can speak to Don Quixote. My words are not Molly Bloom's desires . . . but I speak. We take up a small space in the great geography that the words have sketched. Everyone brightens and darkens a small zone of this when the light of a new desire formulates a question which follows on from the obscurity of the question which has already been answered.

Write me more often.

I embrace you.

Carlo.

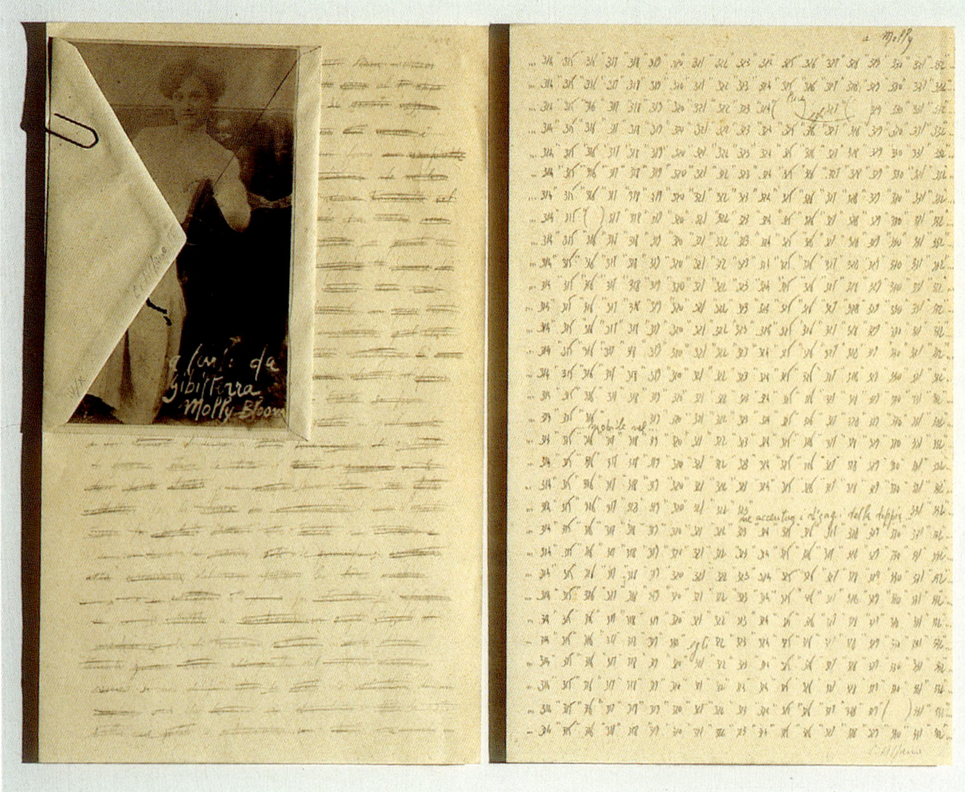

Mia corrispondenza con Molly Bloom, 1975

Dialogo
per "egli"

Dialogue
for "Him"

Carlo Alfano

in F. Caroli, L. Caramel (a cura di/ed. by), *Testuale. Le parole e le immagini*, catalogo della mostra/exhibition catalogue, Milano 1979.

...non è più possibile continuare il dialogo tra me e te. La ragione, lo sappiamo entrambi, è dovuta al fatto che quella morale dell'altruismo, che ci pose sempre di fronte per farci riconoscere come Io-Uomo, e, più idealmente, quella ricerca della unità nella quale "in verità" saremmo stati riconosciuti come stessi, sono state negate. Tutto era piano in questo nostro rapporto frontale di antagonisti. Non so chi di noi due ha ceduto il suo posto ad "Egli". Chi lo ha nominato ha alterato la già complessa prospettiva frontale del dialogo tra Io-Tu. Ma, ancora idealisti di quella unità, non chiediamoci chi ha interrotto la corrente di sequenze e di scambi continui tra noi per il nostro riconoscimento come "essenza". L'"io" andava e veniva lungo la linea tesa nel dialogo tra noi due: soli protagonisti dialettici dei diversi-medesimi. "Egli" ha opacizzato il divisorio trasparente attraverso il quale i nostri sguardi si accettavano come medesimi e antagonisti. "Egli" si è posto nella trasparenza del vetro tra le due superfici riflettenti, dove ognuno lo vede specchiato senza riconoscere nei propri gesti i suoi che ci restituiscono alla differenza.

. . . It is no longer possible to continue the dialogue between me and you. The reason, we both know, is owed to the fact that that altruistic principle, which always stands before us to identify ourselves as I-Man, and, more ideally, that quest for unity in which "in truth" we would have been recognized as same, have been denied. Everything was level in this frontal relationship of rivals. I do not know which of us gave up his place to "Him." Whoever named him altered the already complex frontal perspective of the dialogue between I-You. But, still idealists of that unity, let us not ask ourselves who interrupted the flow of continuous sequences and exchanges between us for our acknowledgement as "essence." The "I" came and went along the taut line of dialogue between us two: the only dialectical protagonists of different-same. "He" has opacified the transparent partition through which our gazes accepted each other as the same and as rivals. "He" has placed himself in the transparency of the glass between the two reflecting surfaces, where everyone sees him mirrored without recognizing in their own gestures his own, which bring us back to the difference.

269° luce, 1975

Caro Heiner

Carlo Alfano

Caro Heiner,

scrivere sui lavori che ho realizzati sulla *Vocazione di San Matteo* del Caravaggio, che tu hai visto al mio studio, comporta delle difficoltà di spostamenti e di adattamenti che, come sai, sono sempre generali quando si deve "parlare" di un'opera visiva. Per l'autore dell'opera è la stessa cosa. A queste difficoltà, anzi, se ne aggiunge, per lui, un'altra particolare. Si pensa che egli sia colui che, più degli altri, possa fare combaciare, almeno per la sua opera, la parola con lo sguardo; e, ancora, essere colui per il quale la parola è vedere. Difficoltà di adattamenti scrivevo sopra ma è più preciso dire impossibilità di far combaciare due sintassi: quella della parola con quella della visione. Esse, sappiamo, sono irriducibili l'una all'altra: significherebbe far passare un'opera visiva dal campo dello sguardo al campo della parola. Tuttavia, accettando questa incompatibilità, possiamo tenerci, sempre più, in un rapporto ravvicinato con l'opera affinché il linguaggio possa interrogarla dalla sua condizione esterna di esistenza, poi al cuore, alle sue condizioni interne di possibilità.

Un'opera è un evento cioè una serie di eventuali condizioni mentali e fisiche materializzatesi; poi queste si dissolvono per formare delle altre serie successive per le future opere. Perché? L'evento, credo, non è che ciò che pur non essendo accade. È ciò che nel suo apparire disperde le sue condizioni di essere – per immergersi di nuovo nel circolo delle sue future "condizioni di possibilità" – e lascia solo delle tracce, dei "segni" della sua esistenza trascorsa. Come l'evento nelle sue continue serie non si riproduce che sui frammenti delle unità che prima ha dissolto, così la pittura, ricalcando le proprie tracce, riusando i suoi vecchi scenari della rappresentazione, dissolve le unità delle sue precedenti categorie e dei suoi "universali". Essa, come l'evento, rappresentandosi si dissolve. Le serie discontinue di apparizioni sono come piccole luci che si accendono aggiungendosi a quella grande del giorno già in svolgimento e si spengono al di là di questa luce e della sua durata. Ora come tradurre in parole, far emergere, le condizioni che resero possibile la realizzazione di questi lavori ultimi sulla *Vocazione di San Matteo* del Caravaggio come degli altri precedenti? Come rintracciarne una loro storia in tutta la serie di elementi emergenti, in modo discontinuo, che sono alla base dell'origine? Dove individuare una linea che evidenzi una loro sistematicità?

Rileggo senza nessuna preoccupazione di originalità la tela dei Caravaggio, anzi voglio dire che non può esserci nessuna possibilità di totale originalità. È una strada già percorsa, la ripercorriamo e, qualche volta, alla sicurezza di porre il piede su vecchie orme, si aggiunge la felicità che un particolare rapporto tra il caso ed il pensiero ci porti sul luogo di un evento.

L'evento può apparire. La narrazione dell'incontro del Cristo con Matteo è terminata; ha raggiunto l'ultimo istante: si concluderà con la *Vocazione di San Matteo*. La rappresentazione pittorico-classica ha fornito le sue icone, la Cultura i suoi codici, il Sapere le sue interpretazioni, e i suoi ordini. Può svolgersi anche la "conversione di un sapere" attraverso i meccanismi della vocazione, giacché tutto è preparato affinché ogni essere come ogni cosa entri e si sistemi nei suoi ordini, anche un evento. I personaggi sono lì con lo scenario che li accoglie. Insieme hanno preparato il teatro per l'evento della conversione. Sono già divisi in due gruppi, occupano le zone estreme, a destra e a sinistra, di una bettola buia. In mezzo ad essi un grande spazio vuoto, buio (differente da una comune soglia che pur dividendo due stanze – come quella della notte da quella del giorno – ne assicura tuttavia la continuità ed il passaggio) si apre come un impraticabile confine. Al di là di questo, nei rispettivi territori il Cristo e i giocatori vestono i loro abiti (di due epoche diverse) della ricchezza e della povertà. A sinistra i giocatori siedono attorno ad un tavolo; a destra il Cristo ed un apostolo sono in piedi; sono ad una tappa del loro viaggio, dove li porta il loro sapere. Sono fermi così, in due partizioni. La cultura che li comprende entrambi li ha fermati elevandoli a "segni" a "figure" di due condizioni: ad ognuno dei due gruppi ha attribuito la sua parte. Ora si fronteggiano come due categorie opposte. Tra di esse, come uno spartiacque, lo spazio scuro sotto la finestra li tiene separati per distinguere il vero dal falso, il sacro dal profano. È il punto di arrivo di una cultura: tra gli ultimi suoi momenti? Sì: forse le due linee orizzontali e verticali della grande finestra aprendo lo spazio per l'evento della conversione di Matteo dischiudono anche quello di un nuovo sapere (indicando le direzioni della separazione e della congiunzione di due saperi, all'estremo limite della medesima soglia).

La cultura religiosa affidando alla rappresentazione (e al pittore Caravaggio) i suoi scenari ed i dispositivi delle certezze e delle distinzioni fa fallire il progetto della conversione che si arresta all'ultimo istante: quando cioè il testo religioso diventa pittura. L'evento è sospeso. Le causalità e le necessità ideali che regolavano i dispositivi lo hanno dissolto e

in *Carlo Alfano Bilder und Zeichnungen Fragmente eines anonymen Selbstbildnisses*, catalogo della mostra/exhibition catalogue, Städtisches Schloß Morsbroich, Leverkusen 1979.

Dear Heiner

Carlo Alfano

Dear Heiner,

Writing of the works I did on Caravaggio's *Vocazione di San Matteo*, which you saw in my studio, implies the difficulties in shifting and adapting, which as you know are always present when one has to "speak" of a visual work. It is the same thing for the painter of the work. In fact, for him a further detail is added to this difficulty. One thinks that he is the one who, more than anyone else, can make the word correspond to the visual, at least as far as his work is concerned. And in addition he is the one for whom the word means seeing. I wrote above about the difficulty of adapting, but it is more correct to say impossibility of making two syntaxes fit. The word and the vision. As we know they are hardened one from the other: it would mean shifting a visual work from the scope of the eye to the scope of the word. However, accepting this incompatibility, we can increasingly establish a close relationship with the work so that language can interrogate it from its external condition of existence, then to the heart, to its internal conditions of possibility.

A work is an event that is a succession of possible mental and physical conditions which materialize; then these dissolve to form other subsequent sequences for future works. Why? The event, I believe, is nothing less than that which though not being, happens. It is that which in appearing loses its condition of being – to immerse itself once again in the circle of its future "conditions of possibility" – and leaves only the traces, the "signs" of its past existence. Just as the event in its continuous sequence reproduces nothing but the fragments of the unity it has previously dissolved, so painting following its own traces, using once more its old scenarios of representation, dissolves the unity of its previous categories and "universals." It, like the event, dissolves as it represents. The discontinuous series of apparitions are like small lights which come on adding themselves to that great light of day which is already unfolding and going out beyond this light and its duration.

Now how to translate into words, bring to the surface, the conditions which made it possible to do these latest works on Caravaggio's *Vocazione di San Matteo*, like the other previous ones? How to trace their story in the whole series of haltingly emerging elements which are at the root of the source? Where to find a line which highlights their systematic nature?

I reread Caravaggio's canvas without any worry of being original; on the contrary I would like to say total originality is impossible. It is a road we have already been down, we go back and, sometimes, the security of stepping in old footsteps is added to by the happiness that a particular relationship between chance and thought can bring us to the site of an event.

The event may emerge. The narration of the meeting between Christ and Mathew is finished; it has reached the last instant: it will conclude with the *Vocazione di San Matteo*. Classical painted representation has supplied its icons, Culture its codes, Erudition its interpretations, and its orders. The "conversion of a wisdom" may also take place through the mechanisms of vocation, since everything is made ready so that every being and every thing enters and settles into its orders, including an event. The characters are there with the scenario that greets them. Together they have prepared the theater for the event of the conversion. They are already divided into two groups, they occupy extreme zones, to the right and to the left, of a dark tavern. In the middle of them there is a large empty place (different from the common threshold which though separating two rooms – like the sleeping quarters and the others – however ensures the continuity and the passage) which broadens into an impassable frontier. On the other side of this, in their respective territories Christ and the players wear their garments (of two different epochs) of riches and poverty. To the left the players sit around a table; to the right Christ and an apostle are standing; they are on a stage of their journey, where their knowledge is taking them. They are motionless like this, in two partitions. The culture which contains both of them has stopped them and elevated them to "signs" and "figures" of two conditions: to each of the two groups it has attributed its role. Now they face each other like two opposing categories. Between them, like a watershed, the dark space beneath the window keeps them separate to distinguish the true from the false, the sacred from the profane. It is the point of arrival of a culture: in its last moments? Yes: perhaps the two horizontal and vertical lines of the large window opening the space to the event of the conversion of Mathew also disclose a new knowledge (indicating the directions of separation and conjunction of two bodies of knowledge, at the extreme limit of the same threshold).

The religious culture entrusting its scenarios and systems of certainties and distinctions to representation (and the painter Caravaggio)

alcuni frammenti di questo hanno provocato un altro evento, forse opposto al suo. Si è aperto un nuovo spazio mondano. Se tutti i dispositivi a disposizione erano collaudati da tutta una storia della cultura come hanno assunto, tra le tante possibili, quelle posizioni e funzioni (non solo da non mantenere la promessa dell'evento che l'episodio narrato prometteva) da rovesciare la conversione da vittoria sacra in vittoria laica?

Credo questo sia l'evento di questa opera, il suo apparire, il suo essersi materializzato sulla frantumazione di questa unità della narrazione. Guardo ancora la tela. Essa ha due sintassi (con due tempi non simultanei e irriducibili tra loro): la narrativa e la visiva. Queste sintassi hanno due andamenti spaziali e due tempi di lettura; come i due versi delle due linee incrociate della finestra: una orizzontale prima, l'altra verticale dopo. Forse è in questa non simultaneità, nell'intervallo di tempo tra le due letture che la conversione cambia di segno.

Trascinati dalla grande luce che entra orizzontalmente nel quadro siamo guidati, in un primo momento, a leggere l'opera nel verso orizzontale, iniziando da sinistra, dal punto dove termina il fascio di luce e illumina il gruppo dei giocatori. Da qui, come procede la scrittura, inizia la narrazione dell'episodio della vita di Cristo: in una bettola un gruppo di cinque uomini seduti ad un tavolo gioca a carte; tra essi c'è Matteo che è chiamato da Cristo ad unirsi agli altri suoi discepoli per professare la nuova verità. La seconda lettura è verticale, segue immediatamente la prima. Ora prevale definitivamente il ritmo pittorico, la composizione dello spazio generale del quadro. Gli episodi sono tre. Un nuovo episodio pittorico si è aggiunto: la grande pausa della zona scura che divide i due gruppi. Essa si apre alla visione ponendo l'enigma della sua esistenza. Con la linea verticale della finestra taglia la tela in due parti.

Per ognuno dei due gruppi l'altro è "l'altro". Per ognuno dei due "segni" l'altro è il suo opposto. Questa opposizione ingrandirà quanto più il segno pittorico riempirà il mondo dei giocatori dei suoi particolari (nel cerchio che essi formano il danaro gira secondo i casi del gioco). Sulla destra, il luogo della nuova verità è semplificato fino a rimanere solo il simbolo di un altro mondo: una tunica gialla, semplice, povera.

La "Pittura" ha dipinto in un grande spazio il teatro della vita, ed in uno più piccolo, di fronte, il simbolo di una fede che inizia a sparire dalla scena della conoscenza. Svincolato dal rapporto dell'evento della conversione in un'altra fede, il mondo, sulla sinistra, si offre sulla scena della *Vocazione di San Matteo* come puro mondo. Lo spazio oscuro di questa separazione si allargherà fino a che altri eventi della conoscenza appariranno. Fino a quando, oltre lo spazio oscuro, il primo giocatore del gruppo che si affaccia nel vuoto non intravederà, come in uno specchio, al posto del Cristo e dell'apostolo, la prima figura di un uomo seduto di spalle che gioca ad un tavolo insieme ad altri quattro uomini. Questo, caro Heiner, è il luogo in cui si apre il mio lavoro sulla tela dei Caravaggio, e non solo questo.
Tuo C. Alfano

leads to the failure of the project of conversion, which stops in the last instant: when, that is, the religious text becomes painting. The event is suspended. The ideal causalities and necessities which regulated the systems have dissolved them and some fragments of these have provoked another event, perhaps opposed to his. A new earthly space has opened. If all systems at disposal were tested by a whole history of culture, how did they assume, among the many ones which were possible, those positions and functions (not only not to keep the promise of the event which the narrated episode promised) which turned the conversion from a holy into a lay victory?

I believe this is the result of this work, its emergence, its materialization on the shattering of this unit of the narration. I look at the canvas again. It has two syntaxes (with two times which are not simultaneous and which do not yield to each other): the narrative and the visual. These syntaxes have two spatial progressions and two reading times; like the directions of the two intersecting lines of the window: a horizontal one first, the other vertical one second. Perhaps it is in this non-simultaneity, in the time interval between the two readings that the conversion changes sign.

Drawn by the great light which enters the painting horizontally, we are guided at first to read the work in a horizontal direction, beginning from the left, from the point where the beam of light ends and illuminates the group of players. Here, like the written text, begins the narration of the episode in the life of Christ: in a tavern a group of five men are sitting at a table playing cards; among them there is Mathew, called by Christ to join the other disciples to profess the new truth. The second reading is vertical, it immediately follows the first. Now the painting's rhythm prevails, the composition of the general space of the painting. There are three episodes. A new pictorial episode is added: the large interlude of the dark zone which divides the two groups. This opens onto the vision posing the enigma of its existence. With the vertical line of the window it cuts the canvas into two parts.

For each of the two groups the other is "the other." For each of the two "signs" the other is its opposite. This opposition will increase as the pictorial sign fills the world of the players with its details (in the circle they form the money is passed around depending on the luck of the game). To the right, the place of the new truth is simplified to the point that it remains a mere symbol of another world: a simple, poor, yellow tunic.

"Painting" has painted the theater of life in a large space, and in a smaller facing one, the symbol of a faith which begins to vanish from the scene of illumination. Released from the report of the episode of the conversion into another faith, the world, on the left, offers itself to the scene of the *Vocazione di San Matteo* as pure world. The obscure space of this separation will expand until other episodes of illumination emerge. Until, beyond the dark space, the first player of the group facing the emptiness glimpses, as though in a mirror, instead of Christ and the apostle, the first figure of a man sitting with his back to him playing at the table together with four other men. Here, dear Heiner, and not only here, is the place where my work on Caravaggio's canvas is revealed.

Yours, C. Alfano

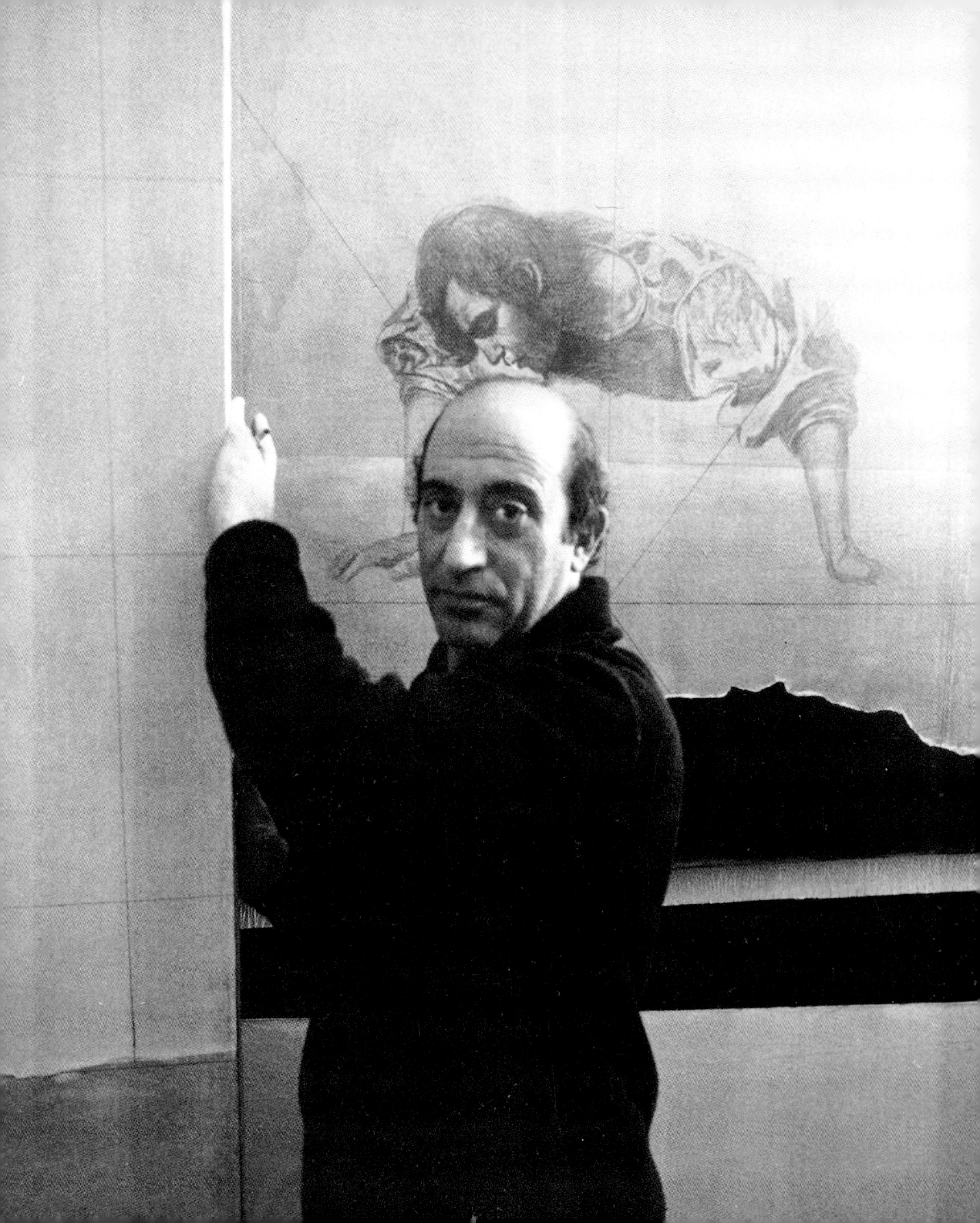

Dalla vocazione al giocatore
Eco-Narciso

Colloquio
di Angelo Trimarco
con Carlo Alfano.
In compagnia
di Narciso

Angelo Trimarco

Angelo Trimarco: Si sussurra che ami la pittura e vuoi bene alla poesia, che ti emoziona ancora la bellezza.
Carlo Alfano: Preferirei che se ne parlasse. Da tempo, in verità, ragiono della poesia e della bellezza, della pittura, senza paura né vergogna.

A.T.: Ne parli dunque con la consapevolezza che la pittura sia ancora una necessità?
C.A.: Certo, la pittura è ancora una necessità e un bisogno. Anche se io, francamente, non mi sento un pittore nel senso pieno. Forse se fossi capace di manovrare altri segni, di adoperare altri strumenti, consegnerei il mio discorso a linguaggi oggi più incisivi, alla scrittura o, meglio ancora, al cinema. Se potessi esprimermi così, senza suscitare equivoci e dubbi, malumori, aggiungerei che quello che dico e faccio lo faccio e lo dico soltanto per me. Non lavoro che per me, per ripetere qualcosa a me e non agli altri. Semmai, se potessi, userei le parole che gli altri pronunziano, i fatti che patiscono, per elaborare e calibrare meglio i miei pensieri. La pittura è una mia figura privata. Agli altri, a tutti gli altri, non voglio, non so, dire niente. Né posso dare qualcosa.

A.T.: La pittura è, allora, una figura privata e un'immagine del tuo narcisismo. È possibile, comunque, tentare un racconto o almeno svolgere un filo di quest'esercizio?
C.A.: Tentarne un racconto è sempre difficile per me come per chiunque altro, storico o critico che sia. È sempre un salto e un passaggio, uno spostamento da un codice all'altro: dal visivo al linguaggio verbale. L'ho scritto una volta a proposito del mio lavoro a partire dalla *Vocazione di San Matteo.* Ma è chiaro che sono considerazioni che valgono più in generale. Tra l'altro, mi sembra, che alle difficoltà comuni se ne aggiungano per il pittore altre più specifiche. Infatti si pensa (lo dicevo a Heiner e vorrei sottolinearlo anche adesso) che l'artista possa far combaciare, almeno per la sua opera, la parola con lo sguardo, che per lui la parola è anche vedere. Mentre invece sappiamo che parola e vedere, linguaggio verbale e immagini sono irriducibili, che far passare un'opera dal campo dello sguardo a quello della parola implica uno spostamento radicale.

A.T.: Non c'è dubbio, tuttavia, che nel 1970 con Distanza dalla rappresentazione *hai aperto al tuo lavoro un cammino diverso.*
C.A.: Ho capito che l'esperienza dell'arte programmata, cinetica, che d'altra parte mi ha insegnato molte cose sui modi del rappresentare, è ormai inadeguata ad affrontare le questioni che l'arte incomincia a dibattere e che il pensiero filosofico elabora.

*A.T.: Ma fra il Sessanta e il Settanta non hai anche lavorato all'*Archivio delle nominazioni. *Queste due opere, in qualche modo, non vanno lette insieme?*
C.A.: È vero, *Distanze dalla rappresentazione* e l'*Archivio delle nominazioni,* al di là delle ragioni cronologiche, segnano e scandiscono i ritmi della mia attenzione ai problemi dello spazio, del tempo, dell'immagine, della scrittura (e dei loro difficili intrecci). La mia idea, credo di averlo ricordato, è che ciò che dipingo può anche essere narrato. La pittura non attiene solo all'Occhio ma è anche messa in forma di idee, teatralizzazione letteraria e filosofica. La pittura può essere oralità, perfino. Nell'*Archivio delle nominazioni* ho descritto, per esempio, una natura morta. Ancora adesso, come con l'acqua che è elemento fondamentale della *Distanza dalla rappresentazione,* sposto e faccio slittare un oggetto, la natura morta, dal visivo al verbale, al sonoro. Certo, l'*Archivio delle nominazioni* marca anzitutto l'importanza del tempo. Le storie, il racconto, vengono frantumati in modo che venga interrotto il loro flusso normale, ordinato, scandito secondo le regole del prima e del dopo. Cerco, dunque, di sottolineare il motivo del discontinuo e dell'accidentale, del fratturato e del provvisorio sotteso a queste narrazioni. E, naturalmente, mi sforzo di dire che l'opera stessa è racconto, per immagini o parole non importa, discontinua e precaria.

A.T.: In queste opere affiorano nozioni come rappresentazione e archivio. D'altra parte pronunzi con insistenza parole come tempo, temporalità, discontinuità, processi fratturati. Ora ti chiedo, tenendo conto delle date che questa volta mi sembrano determinanti, se la lettura foucaultiana di Le parole e le cose *e di* L'archeologia del sapere *hanno avuto un peso nell'immaginare questo itinerario.*
C.A.: La lettura di Michel Foucault ha coinciso con il movimento che segna il mio nuovo lavoro, non c'è dubbio. Ricordo il fascino di quell'incontro, la felicità di quando lo conobbi. Foucault delimita un campo sul quale noi tutti lavoriamo, offre un dispositivo essenziale, di cui si avvertiva la mancanza, colma un vuoto. Definisce un sapere che è senz'altro il nostro sapere. La critica alla somiglianza e alla rappresentazione, la lettura splendente di *Las Meninas,* la riflessione sul discontinuo, la distanza dallo storicismo e l'amore per l'ar-

Angelo Trimarco Interviews Carlo Alfano. In the Presence of Narcissus

Angelo Trimarco

Angelo Trimarco: One murmurs that you love painting and are fond of poetry, that beauty still moves you.

Carlo Alfano: I would like it to be spoken of. Actually I have been discussing poetry and beauty and painting for some time, without fear or shame.

A.T.: So as you speak of it you are aware that painting is still a need?

C.A.: Of course, painting is still a necessity and a need. Even though frankly I don't feel I am a painter in the full sense. Perhaps if I were able to maneuver other signs, to use other instruments, I would deliver my speech in a language which is more incisive nowadays, to the written word, or better still, cinema. If I could express myself in that way, without raising ambiguities and doubts, resentment, I would add that what I say and do I do and say only for myself. I work for nobody but myself, to repeat something to myself and not to others. If anything, if only I could, I would use the words the others say, the things they suffer, to elaborate and calibrate my thoughts better. Painting is a private figure of mine. To others, every other, I don't want, I don't know how, to say anything. And I can't give anything either.

A.T.: Painting is then a private figure and an image of your narcissism. Is it possible, however, to try to recount it or at least to develop a thread of this practice?

C.A.: Attempting to recount it is always difficult for me as it is for anyone else, be they historians or critics. It is always a leap and a passage, a shift from one code to another: from the visual to verbal language. I wrote this once about my work starting from *Vocazione di San Matteo*. But it is clear that these are more general considerations. Besides, it seems to me that for painters there are other more specific difficulties on top of the common ones. In fact, one thinks (I said it to Heider and I would like to underline it here, too) that the artist can combine, at least in his work, the word with the gaze, that for him the word is also seeing. While on the contrary we know that the word and seeing, verbal language and images are irreducible, that moving a work from the sphere of the gaze to that of the word implies a radical shift.

A.T.: There is no doubt, however, that in 1970 with Distanza dalla rappresentazione *your work began to move in a different direction.*

C.A.: I have understood that the experience of programmed, kinetic art, which on the other hand has taught me many things about means of representation, is now inadequate to deal with the issues that art is beginning to debate and that philosophic thought is elaborating.

A.T.: But between 1960 and 1970 didn't you also work on Archivio delle nominazioni. *Shouldn't these two works, in some sense, be read together?*

C.A.: It's true. *Distanza dalla rappresentazione* and *Archivio delle nominazioni*, besides chronological reasons, mark and stress the phases of my scrutiny of problems of space, time, image, writing (and their difficult webs). My idea, I believe I recalled, is that what I paint can also be narrated. Painting does not only concern the eye but is also shaped into ideas, literary and philosophical exaggeration. Painting may even have oral character. In *Archivio delle nominazioni* I described, for example, a still life. Still now, like the water that is a fundamental element of *Distanza dalla rappresentazione* I move and shift an object, still life, from the visual to the verbal, to the sonorous. Certainly, *Archivio delle nominazioni* above all stresses the importance of time. The stories, the account, are shattered in such a way that their normal, ordered, marked flow is interrupted, according to the rules of before and after. I try therefore to underline the reason why these narratives are tinged with the discontinuous and the accidental, the fractured and the temporary. And naturally I force myself to say that the work itself is, no matter whether it is the images or the words, a discontinuous and precarious account.

A.T.: In these works notions like representation and archive emerge. On the other hand you repeatedly use terms like time, temporality, discontinuity, fractured processes. Now I ask you, considering the dates which seem significant this time, if the Foucaultian reading of Le Parole e le cose *and* L'Archeologia del sapere *had some bearing on the conception of this itinerary.*

C.A.: There's no doubt reading Michel Foucault coincided with the movement which left its mark on my work. I remember the charm of that meeting, the happiness when I met him. Foucault delimits a sphere in which we all work, it gives us an essential system we felt the lack of and fills a void. It defines a knowledge which is certainly our knowledge. The criticism of resemblance and representation, the brilliant reading of *Las Meninas*, the meditation on discontinuity, the distance

cheologia, l'ironia sull'empirismo, l'attenzione alle scienze, l'idea che la ragione è la storia del Medesimo e dell'Altro, erano e sono tempi per me fondamentali. E, ritengo, non soltanto per me. Lo sono stati per tutta la mia generazione.

A.T.: Ho l'impressione che per tutti gli anni Settanta, accanto a Foucault, Caravaggio sia stata l'altra figura decisiva, l'altro riferimento esemplare.
C.A.: Credo proprio di si. Anche se, naturalmente, per ragioni diverse. I lavori di questi anni, da *Eco-Narciso* alla rivisitazione della *Vocazione di San Matteo* si riferiscono, infatti, a grandi opere caravaggesche. La mia intenzione, tuttavia a scanso di equivoci, non è mai stata quella di citare, manipolare, lavorare stilemi ed emblemi di questo artista.

A.T.: Vuoi dire che il tuo lavoro non è calibrato sul sistema del riciclaggio di immagini colte, sull'arte come storia dell'arte, sulla ripetizione differente?
C.A.: Appunto. Da sempre ho lavorato su figure e cifre della storia della cultura (e quindi non solo della storia dell'arte). Penso alla figura di Don Chisciotte o di Molly Bloom. Non mi interessa la citazione, la ripetizione. Insomma, quel discorso sull'arte come storia dell'arte o in qualunque altro modo lo si chiami.

A.T.: Potresti essere, allora, ancora più preciso nel definire il tuo modo di riferirti a modelli storici?
C.A.: Nell'*Eco-Narciso* lavoro ancora (nuovamente) sul tema dello specchio, sul motivo della specularità. Dunque, lo vedi, daccapo sulla rappresentazione e sui modi sottili, ambigui, di manovrare lo spazio: sul doppio, sullo slittamento dei significati, sul loro *décalage.* Così come, più tardi, della *Vocazione di San Matteo* mi colpisce fino alla suggestione quella fitta lama di nero che distingue il luogo di Cristo dallo spazio dei giocatori. È su questo elemento, la lama di nero, che sono intervenuto: il nero come pausa, intervallo, silenzio, attesa, sospensione.

A.T.: Un problema che ritroviamo, radicalizzato mi pare, in un'opera più recente, in

Eco-Discesa, *dove un corpo che cade in diagonale viene spezzato da un taglio. E questo taglio distingue, poi, nettamente in due l'opera.*
C.A.: Il gioco della duplicità, del doppio, è certamente attivo in *Eco-Discesa*, come del resto anche nei lavori più recenti. In *Figure*, per adesso. È probabile che in *Eco-Discesa* le intenzioni siano più esplicite, forse più radicali come tu dici. Comunque per me si tratta di non smettere di interrogare quella rete di rapporti che designa la rappresentazione per dimostrare, in fine, come sia impossibile. Il mio lavoro tende appunto a riflettere su questa impossibilità.

from historicism and the love for archaeology, the irony on empiricism, the regard for the sciences, the idea that reason is the story of the Self and the Other, they were and are critical times for me. And, I believe, not only for me but for the whole of my generation.

A.T.: I have the impression that for the whole of the sixties, alongside Foucault, Caravaggio was the other decisive figure, the other exemplary reference.
C.A.: I think so, yes. Even though, naturally, for different reasons. The works of those years, from *Eco-Narciso* to the reworking of *Vocazione di San Matteo* refer, in fact, to the great works of Caravaggio. My intention however, to avoid misunderstandings, was never to quote, manipulate or fashion stylistic features and emblems of this artist.

A.T.: Do you mean to say that your work is not measured by the system of recycling seized images, by art as history of art, by different repetition?
C.A.: Exactly. I have always worked on figures and ciphers of cultural history (and therefore not only the history of art). I am thinking of the figures of Don Quixote or Molly Bloom: I'm not interested in quoting, repeating; meaning that question of art as history of art or whatever it might be called.

A.T.: Could you be, then, even more precise in defining your way of referring to historical models?
C.A.: In *Eco-Narciso* I still (again) work on the mirror theme, on the motif of specularity. So you see it once more in the representation and its subtle, ambiguous ways of manipulating space: in the double, in the shift of meanings, in their *décalage*. So that, later, in the *Vocazione di San Matteo* that thick black blade which distinguishes the place of Christ from the place of the players strikes me deeply. It is on this element, the black blade, that I went to work: black as pause, interval, silence, waiting, suspension.

A.T.: A problem which we find again, radicalized, it seems to me, in a more recent work, in Eco-Discesa, *where a body falling diagonally is severed by a cut. And this cut clearly divides the work into two.*
C.A.: The play of duplicity, of the double, is certainly at work in *Eco-Discesa*, just as it is moreover in more recent works. In *Figure*, for now. It is probable that in *Eco-Discesa* the intentions are more explicit, maybe more radical as you say. However for me it means continuing to interrogate that network of relationships which designates the representation to show, at the end, how impossible it is. My work tends precisely to reflect on this impossibility.

Dalla vocazione al giocatore, 1977

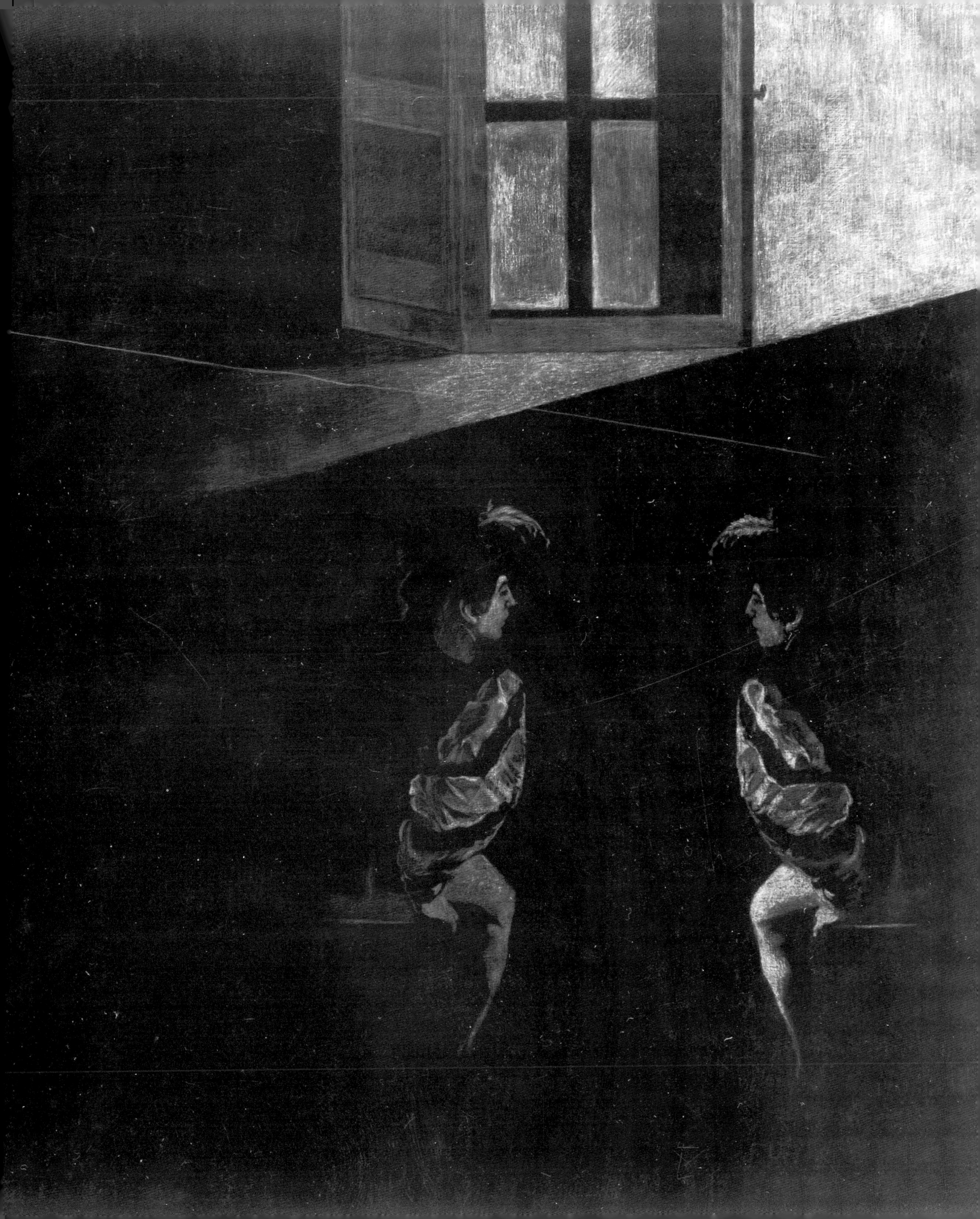

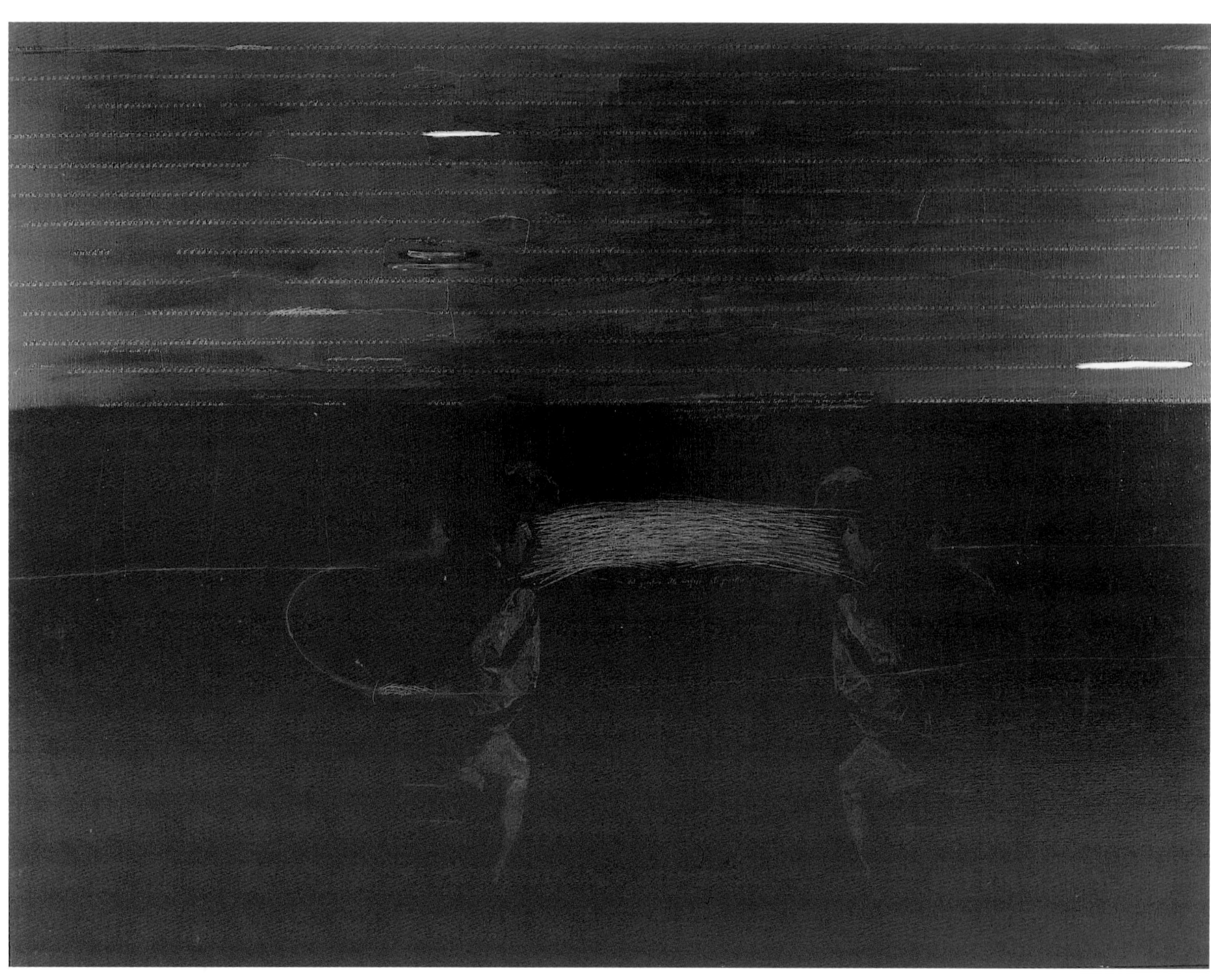

Dalla vocazione al giocatore, 1977

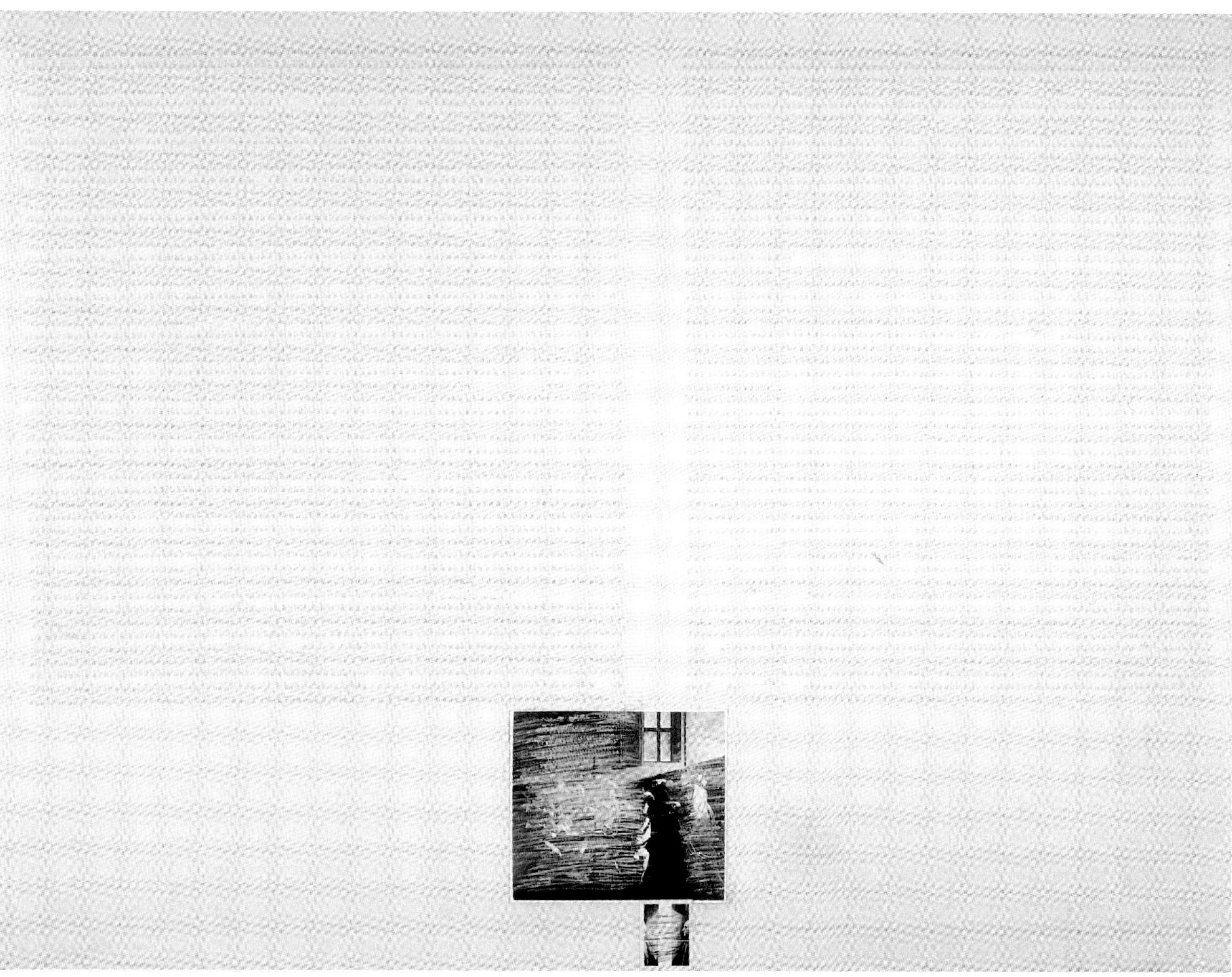

Dalla vocazione al giocatore, 1977

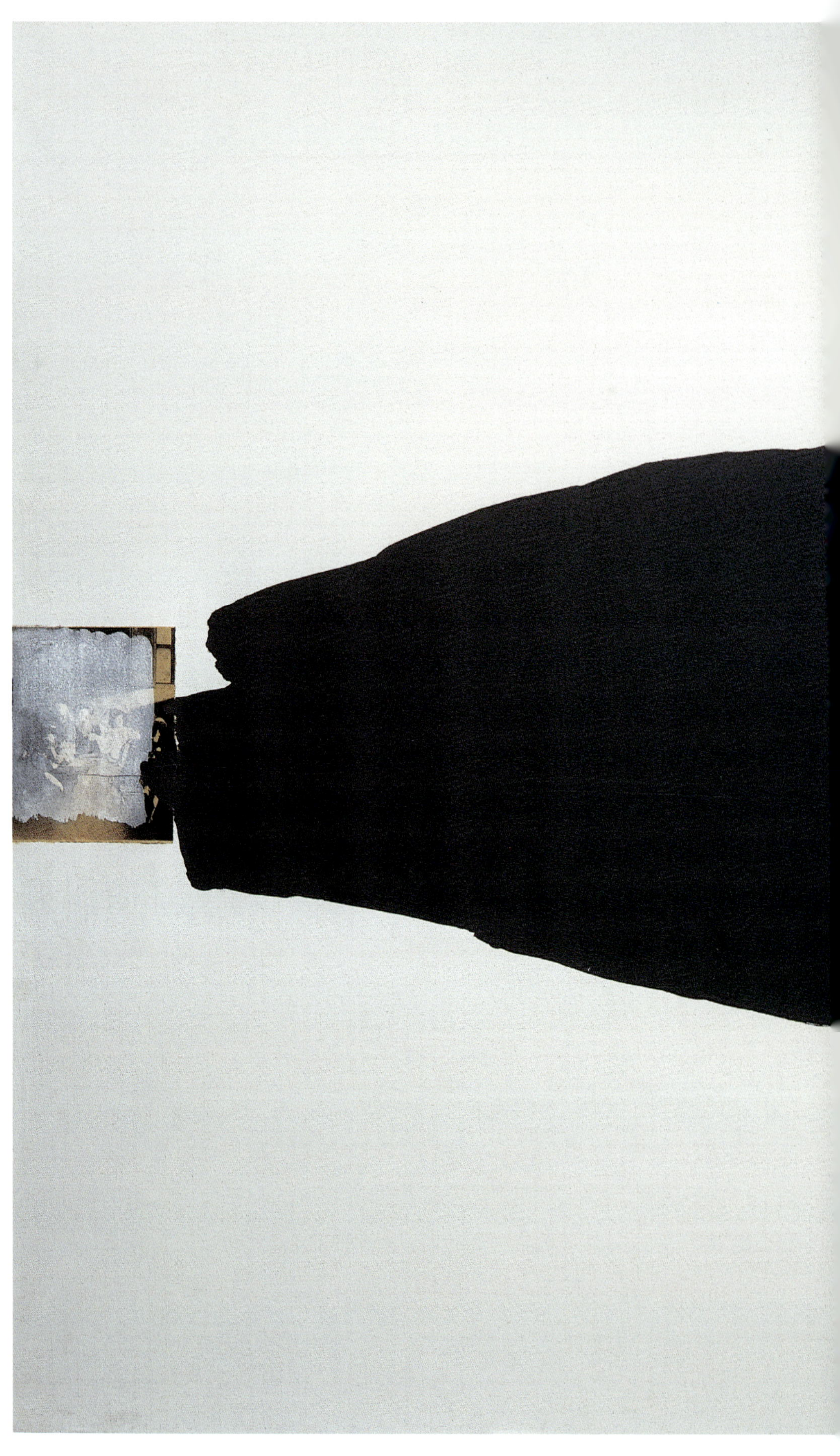

Dalla vocazione al giocatore, 1978

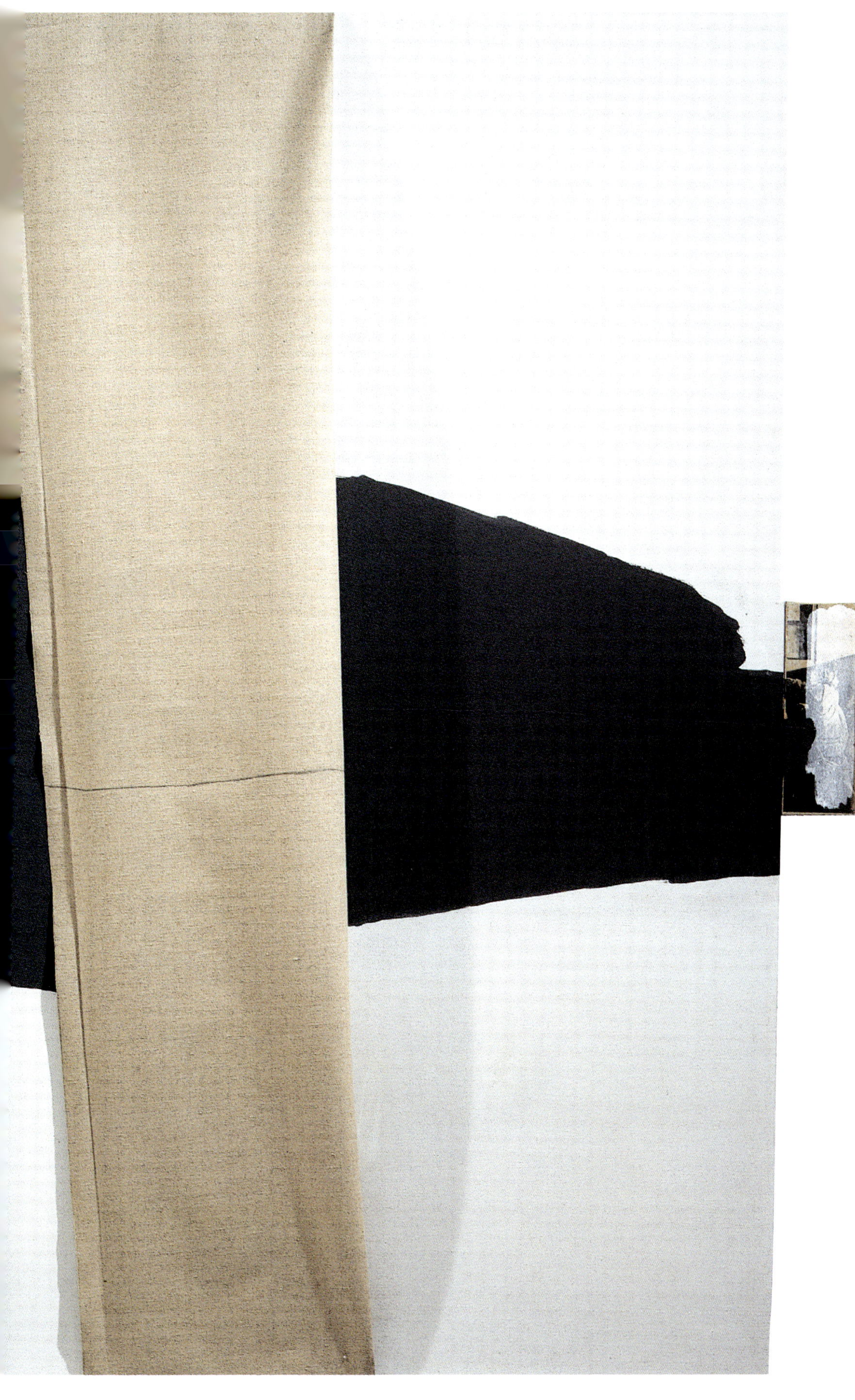

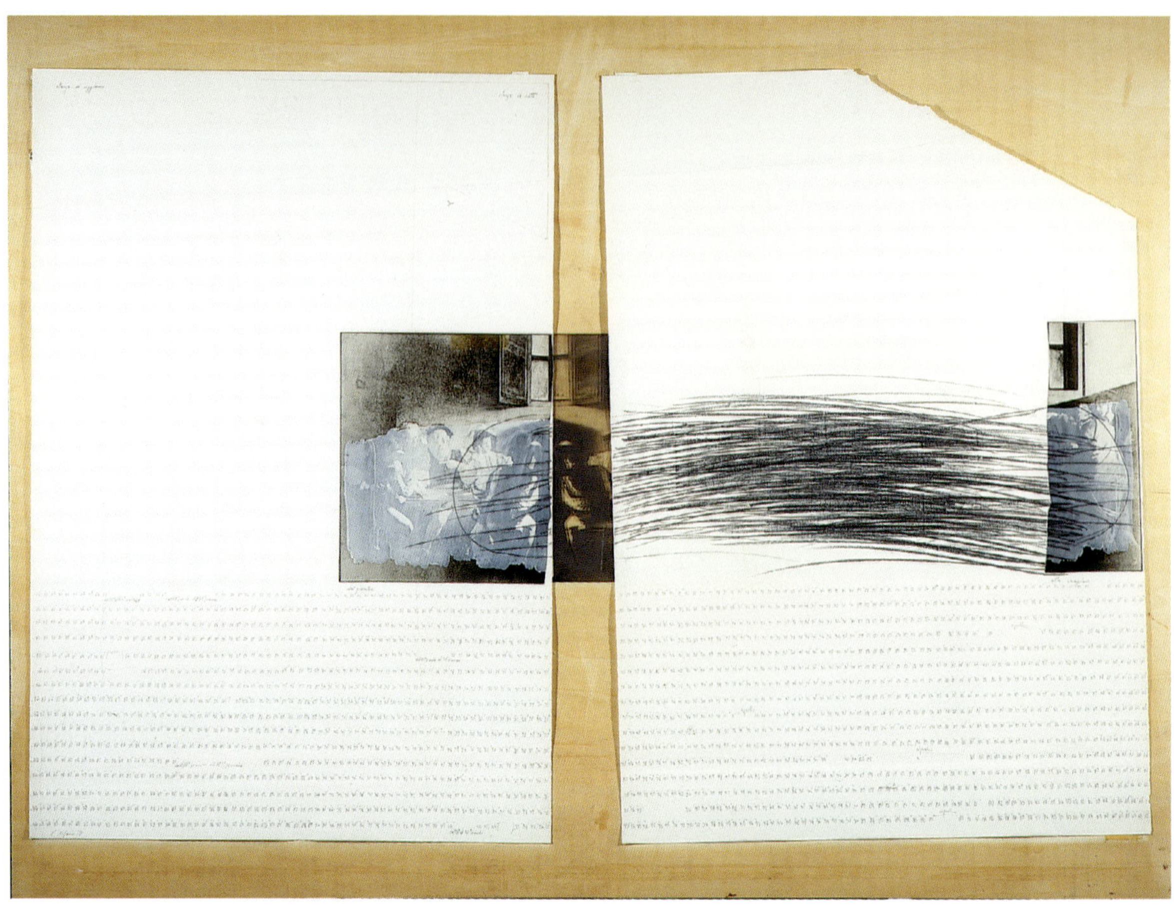

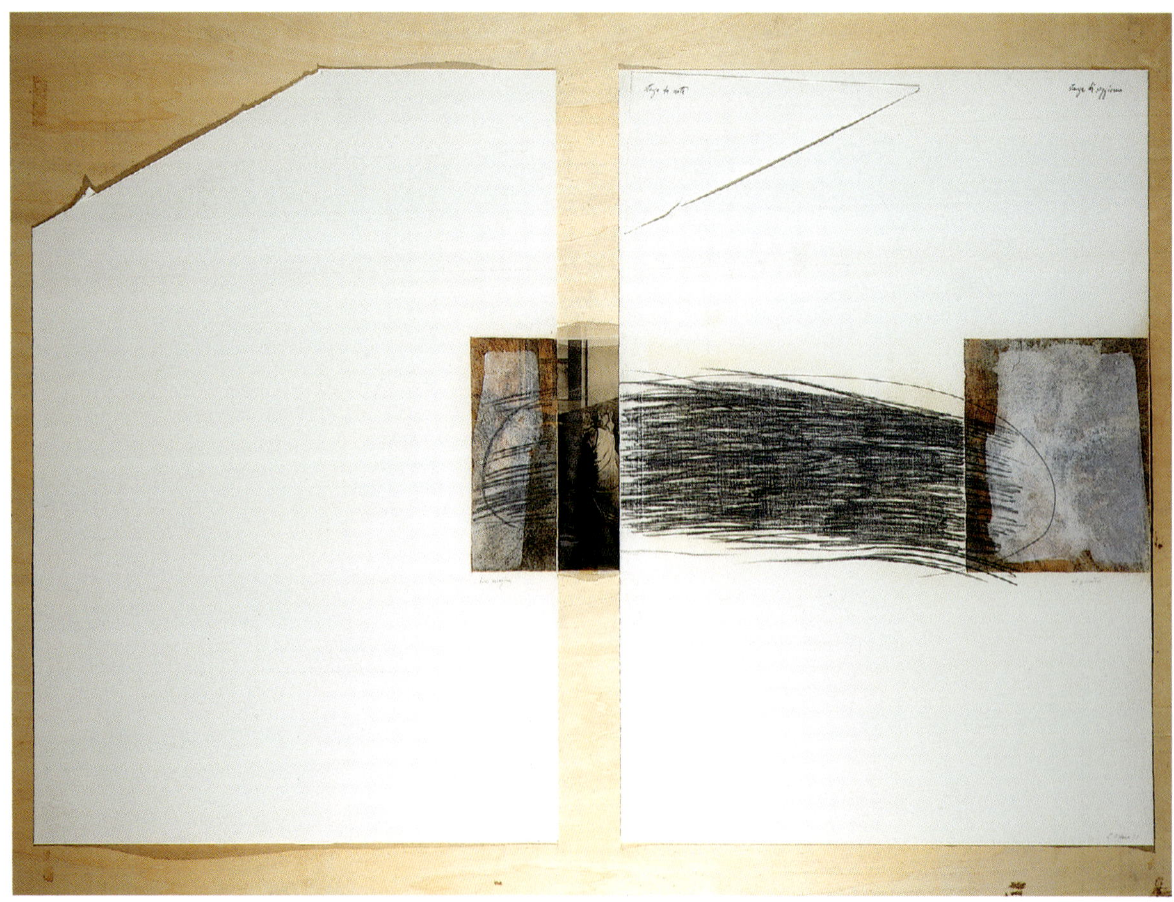

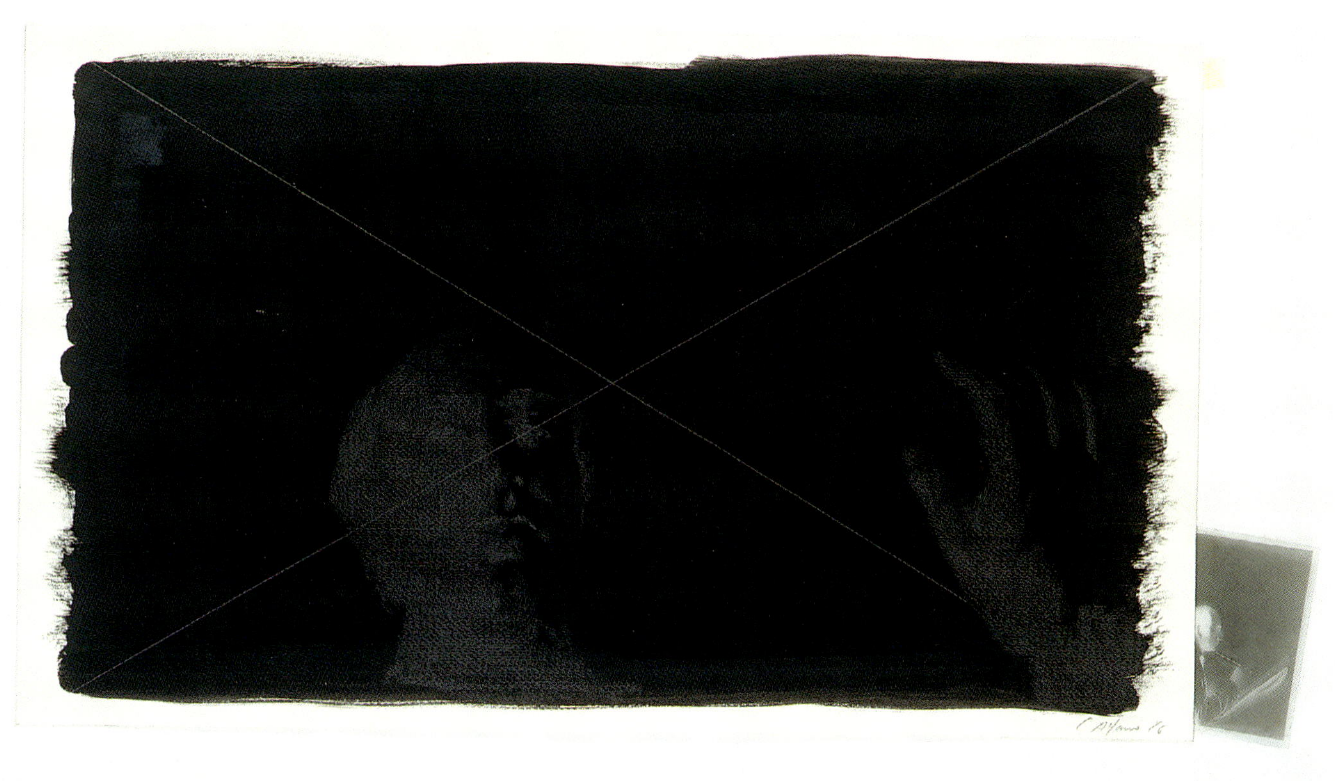

p. 134
Dalla vocazione al giocatore, 1977

Dalla vocazione al giocatore, 1977   *Senza titolo*, 1976

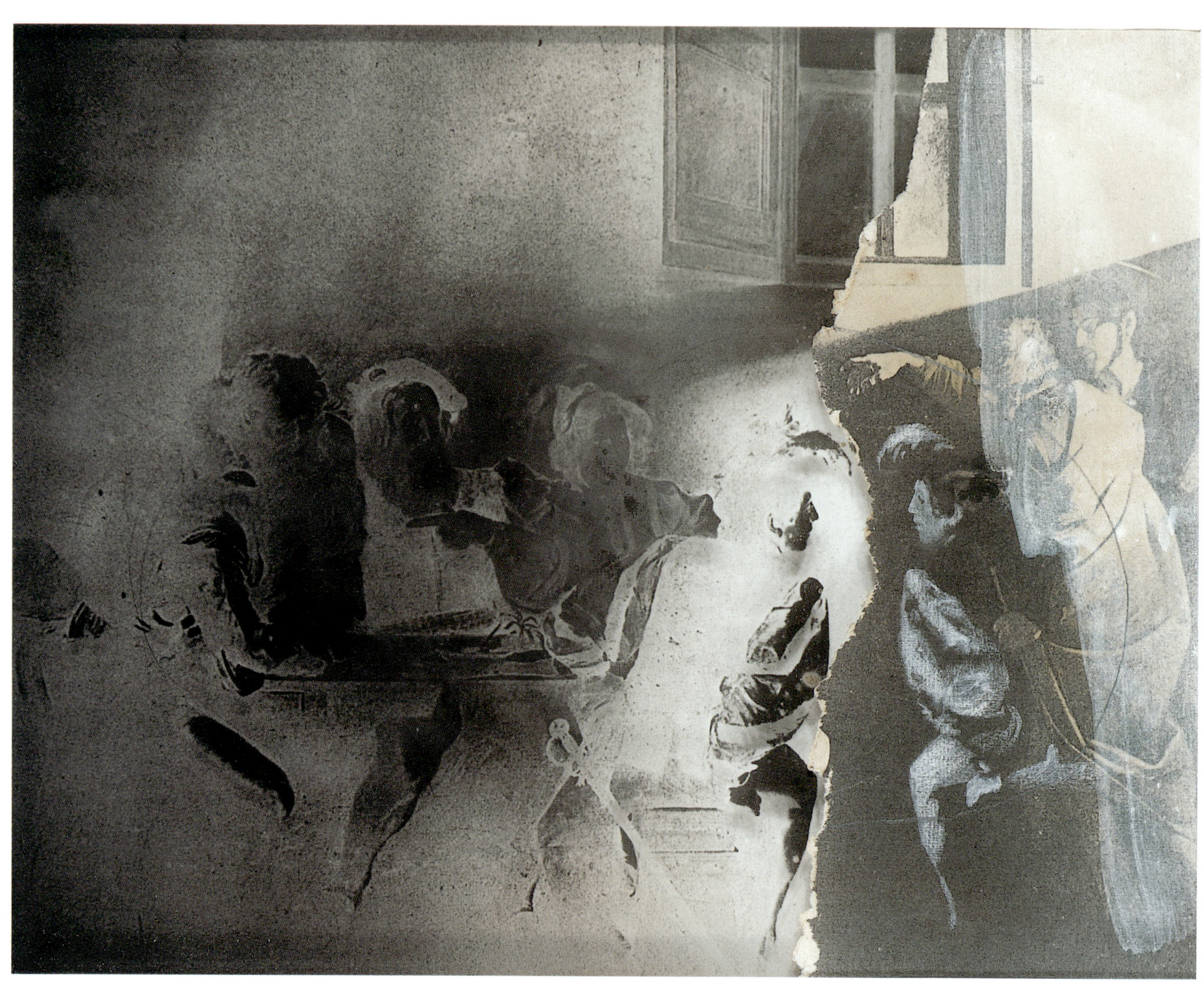

Dalla vocazione al giocatore, 1976

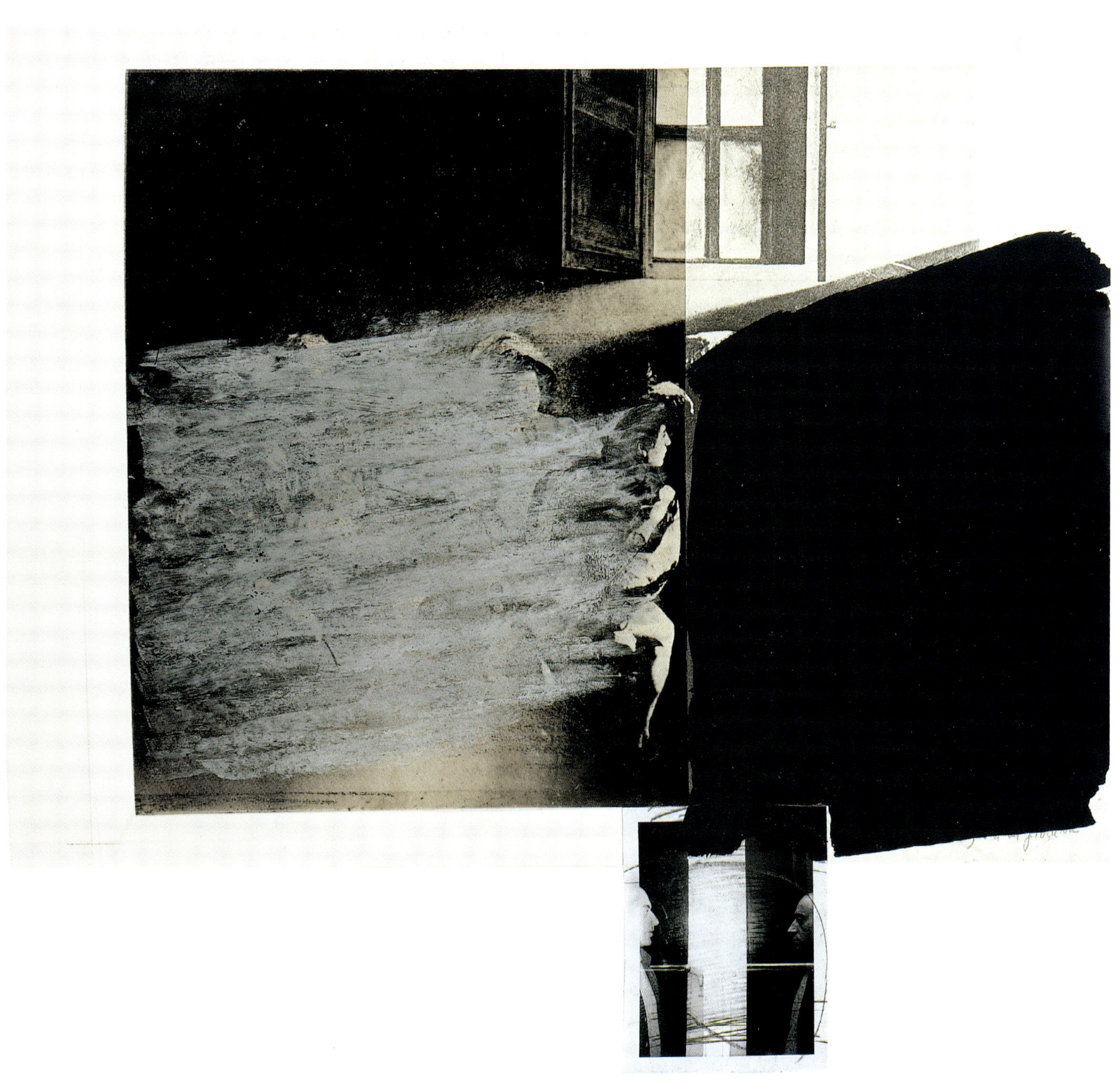

Dalla vocazione al giocatore, 1981

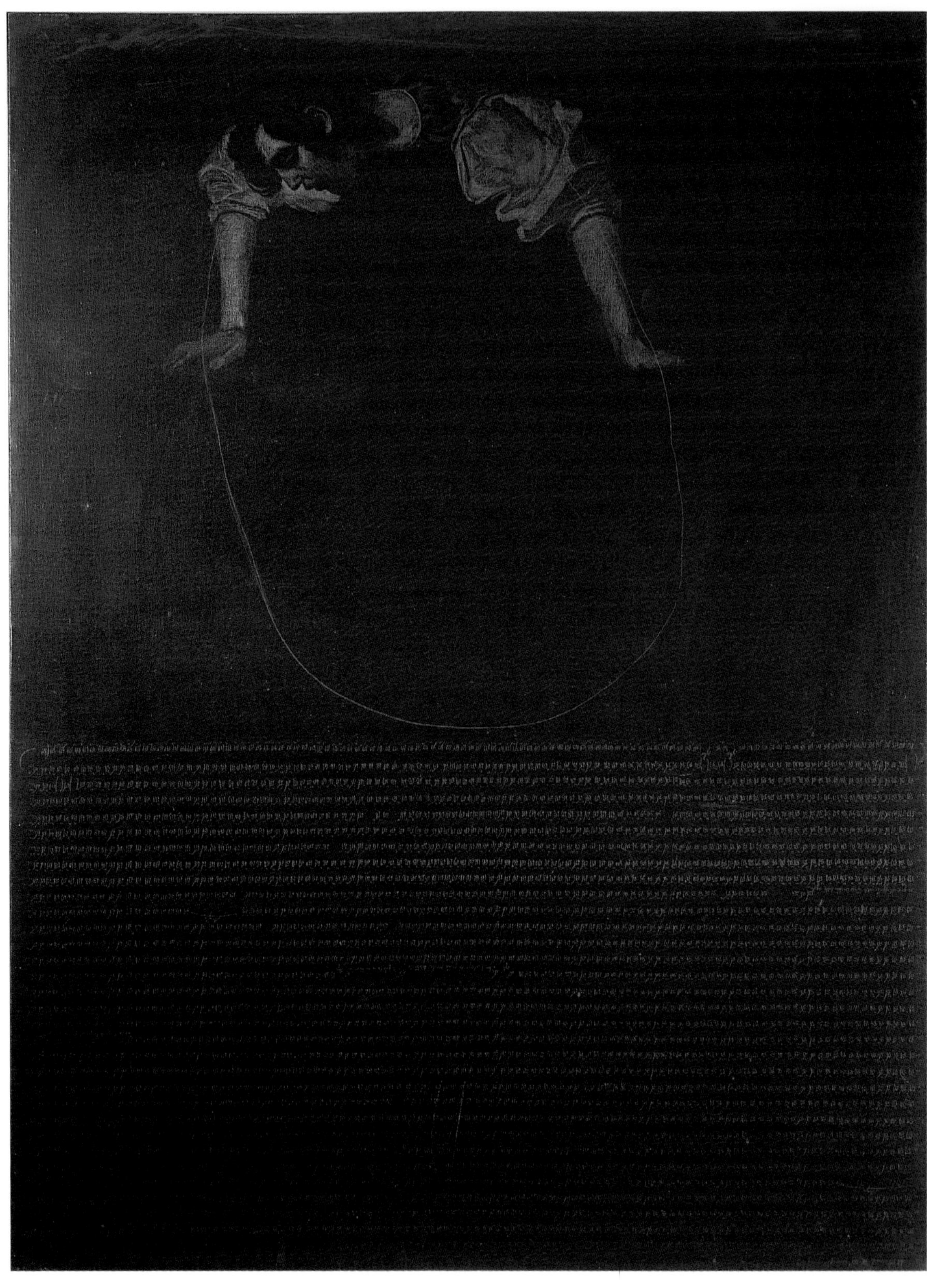

Eco, 1976

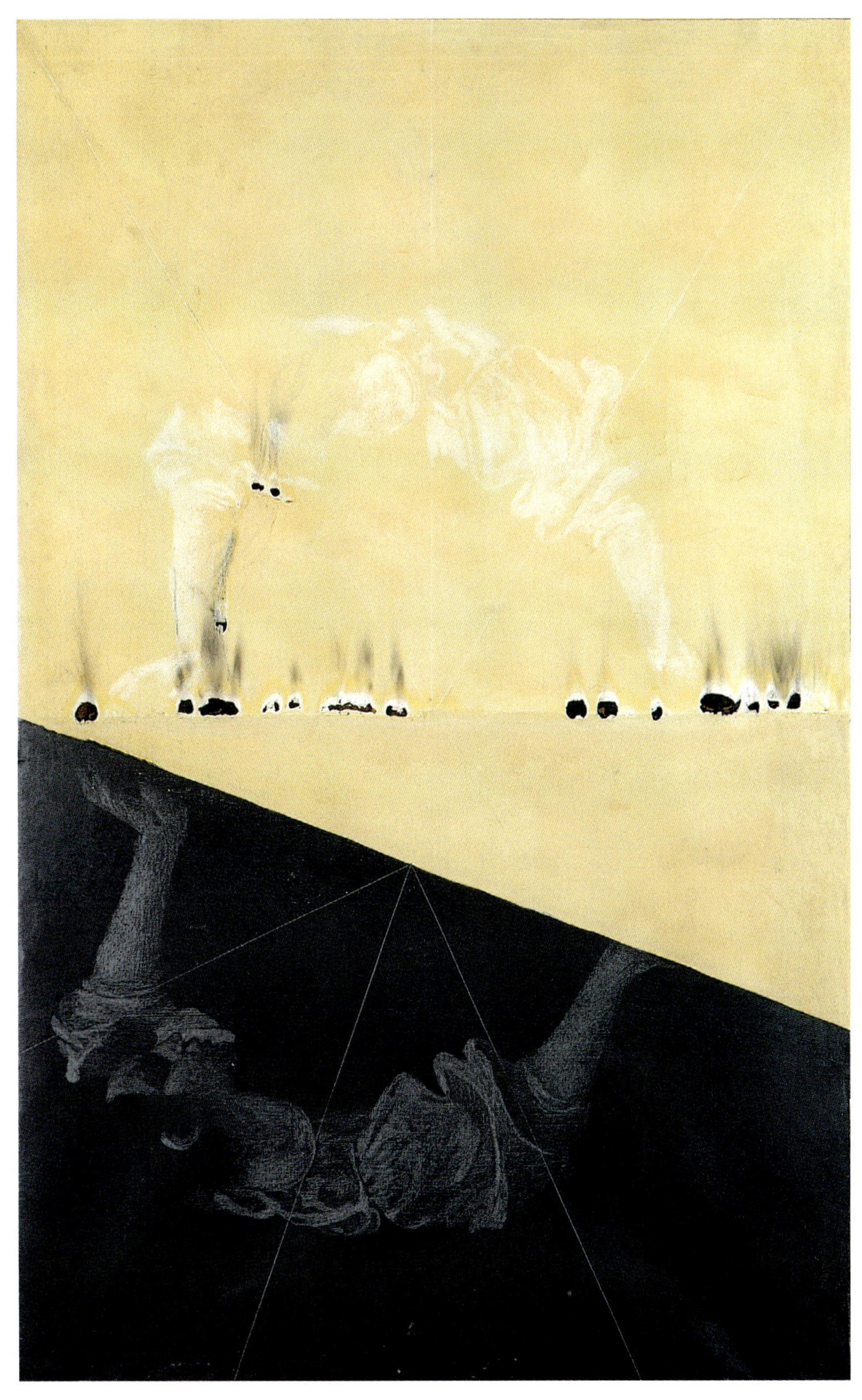

Eco, 1980

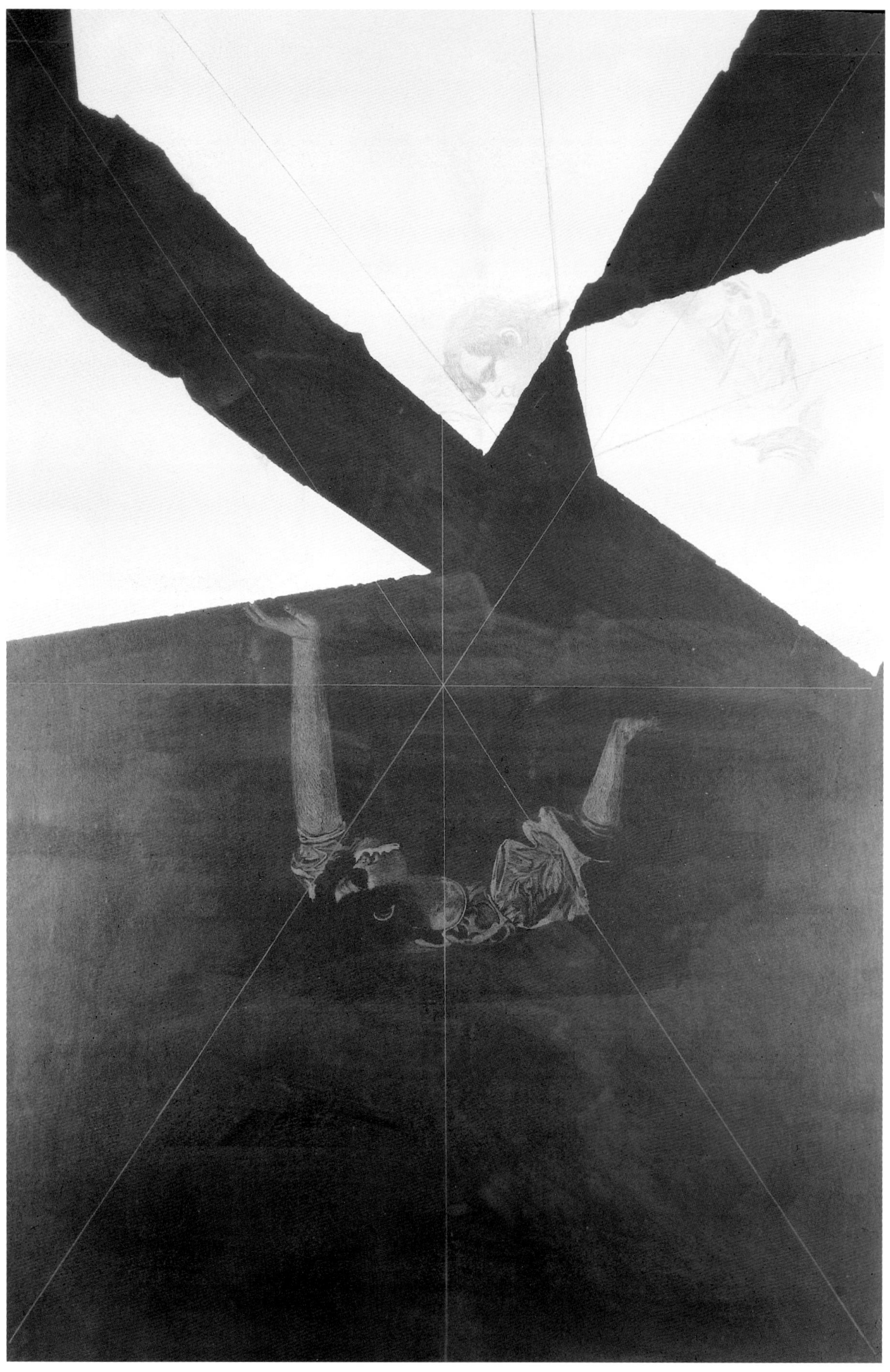

Eco, 1978

p. 141
Eco, 1979

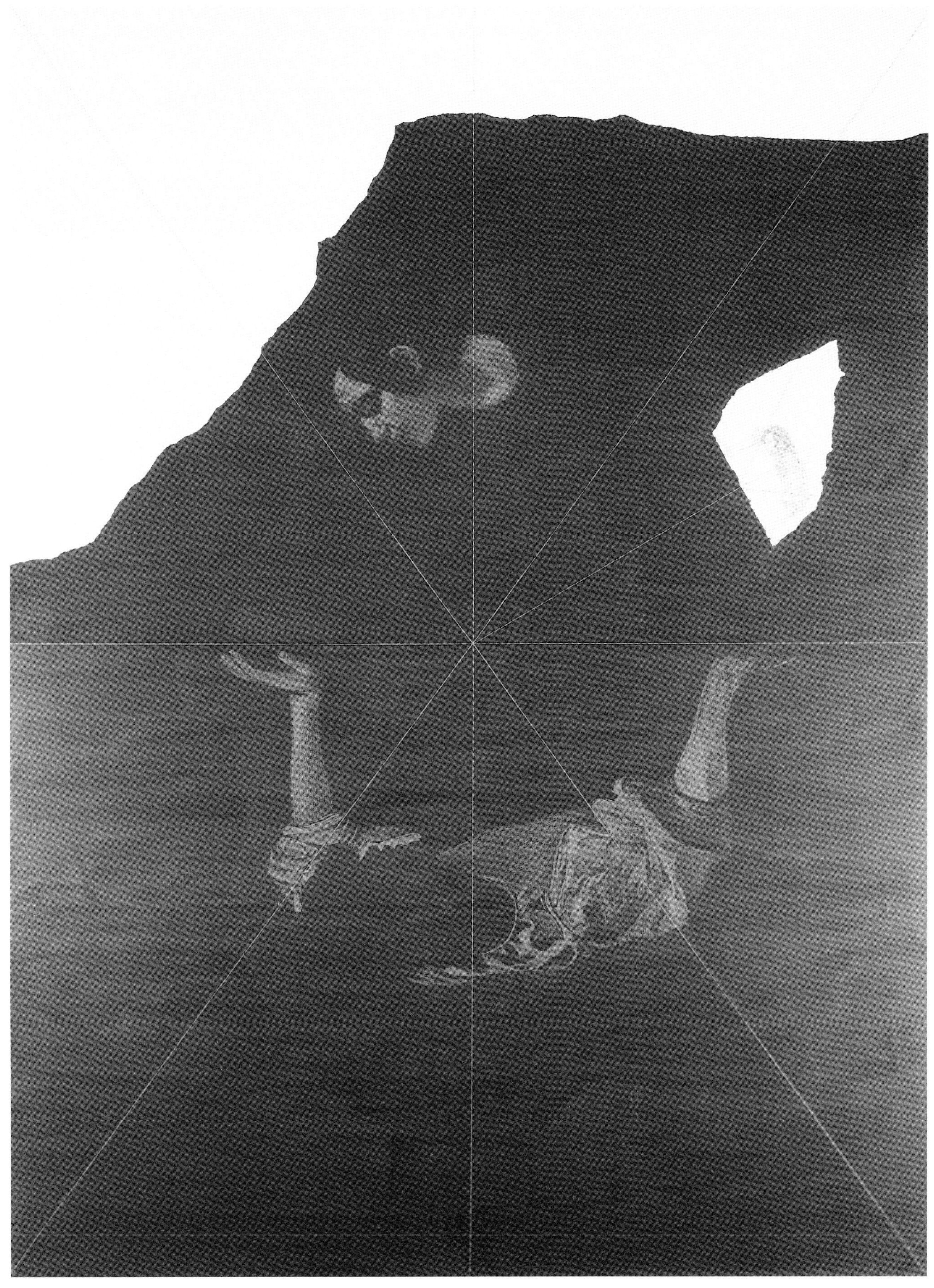

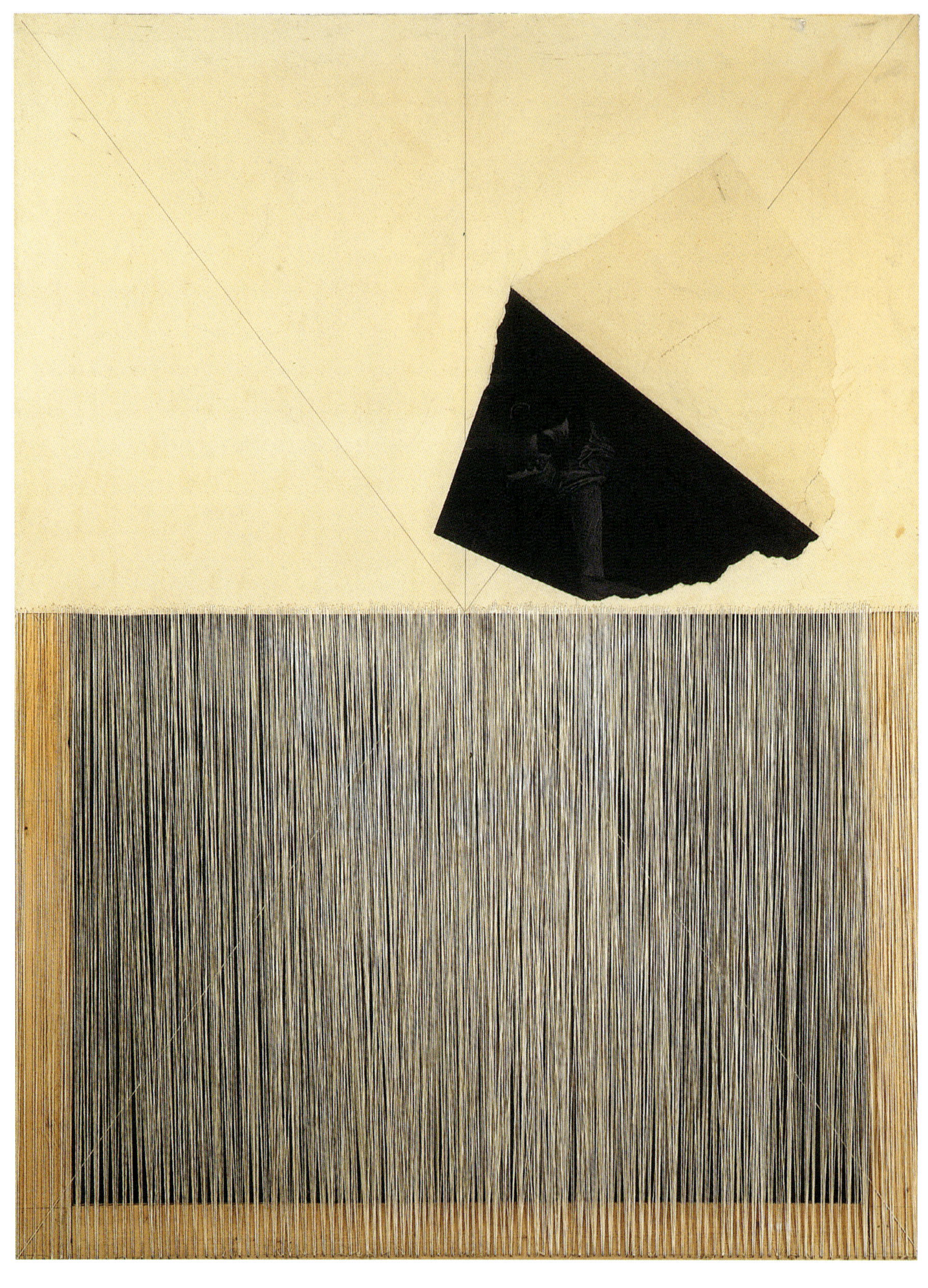

Studio per/Study for *Narciso*, 1981

Eco, 1980

Luce-Nero (Autoritratto), 1980

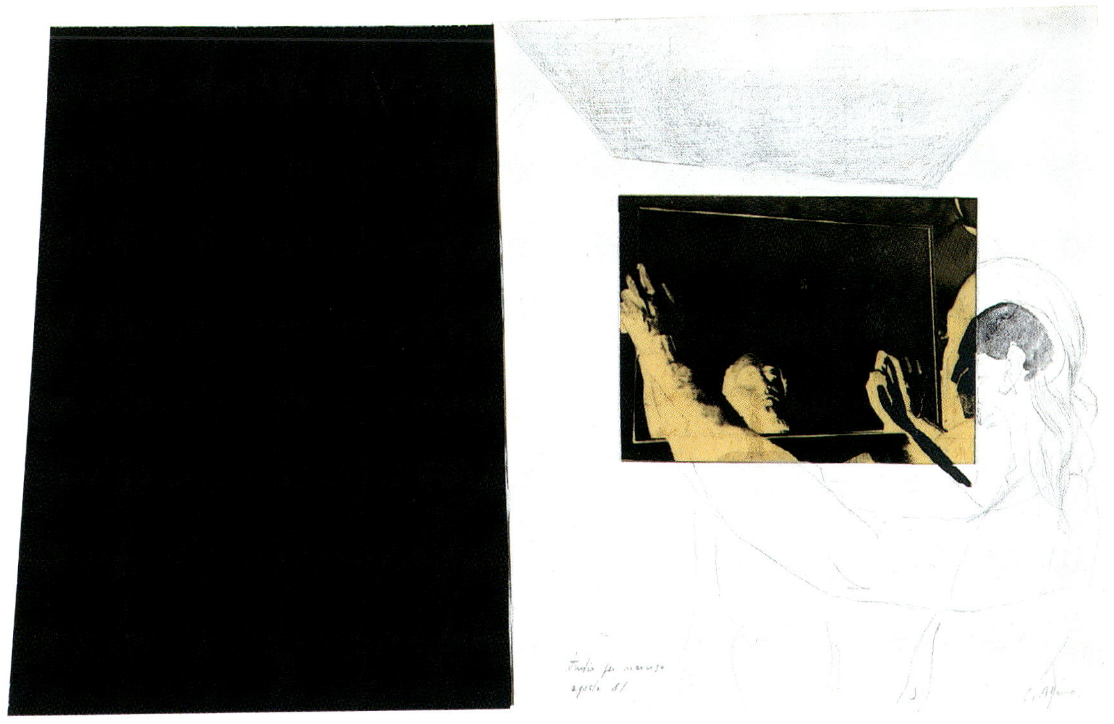

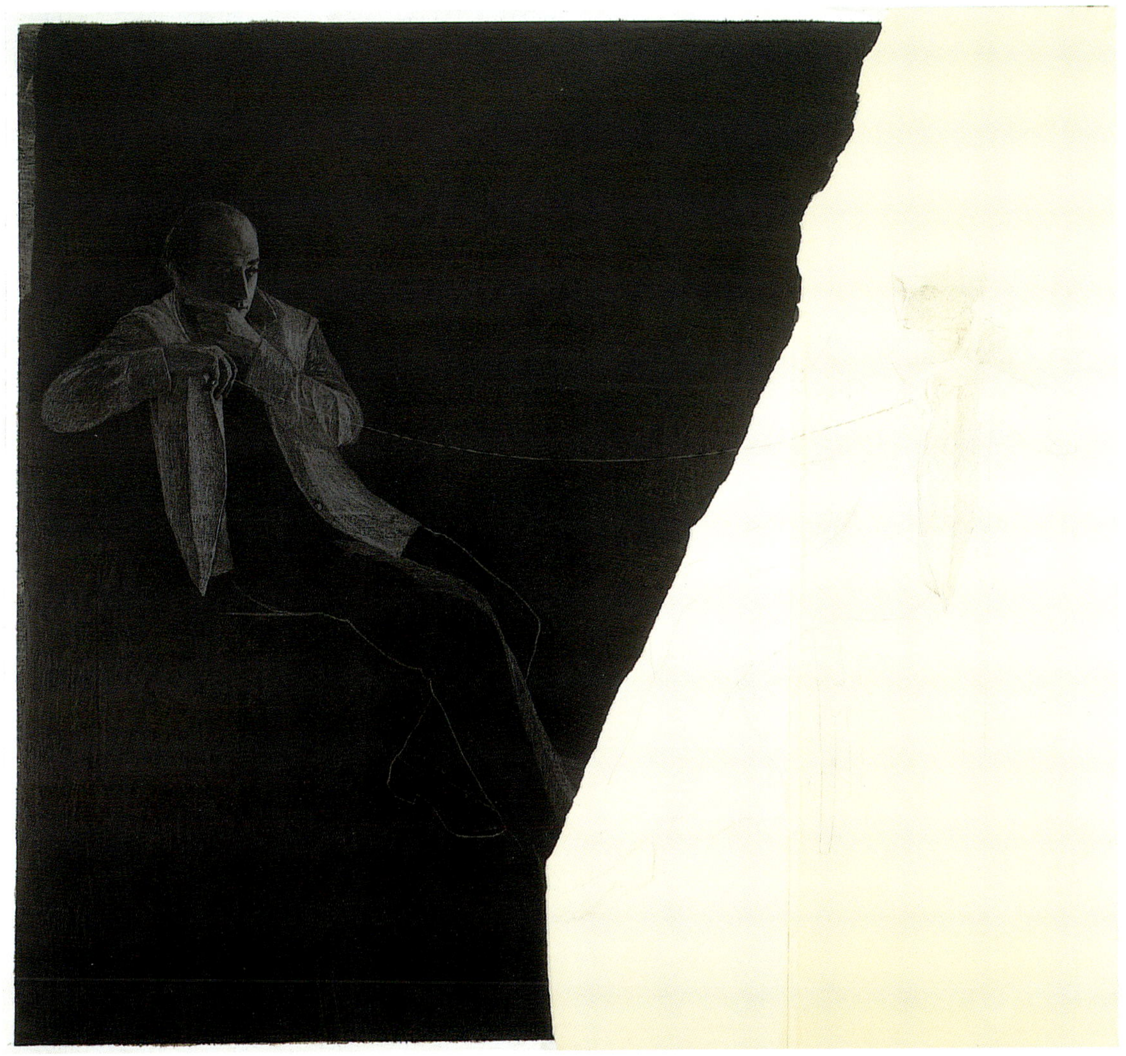

"Il catalogo è questo"…

Carlo Alfano

Infine, manca a Don Giovanni l'ultima conquista da aggiungere al suo catalogo: Il Commendatore.

Di conquiste, insieme a Leporello, ne conteremmo 2065 più una se lo spazio e il tempo dell'opera (*Don Giovanni*) si prolungassero aprendosi al reale nel quale noi spettatori abitiamo. Ma la soglia che apre l'oscurità del palcoscenico ed il tempo chiuso, interno, dell'opera, definiscono, con la caduta del sipario, il confine tra il nostro spazio e quello della rappresentazione. Lo spazio sonoro del *Don Giovanni* si allontana così come l'eco in fuga del mormorio senza fine del reale. L'impossibilità di continuare con Leporello l'addizione del catalogo è la condizione di noi spettatori: estranei ai brindisi di Don Giovanni.

Tuttavia, anche se l'ultima nota chiude il cerchio di quest'opera perfetta – non lasciando così altra ragione al di fuori di se stessa – di fronte a noi, nello spazio teatrale, si è aperto un 'luogo' del nostro possibile.

Le scene, come in uno specchio lontano che cancella i lineamenti e i particolari, ci mostrano figure e gesti nei quali potremmo riconoscerci. Anche se opaco, in questo "specchio teatrale" scorgiamo a volte il nostro profilo. Ma, a noi che le guardiamo, le intere figure ci appaiono girate di 180 gradi (come vediamo rovesciate nello specchio, rispetto alla nostra conoscenza orientativa, la destra e la sinistra). Un dubbio ci può cogliere. Che dietro questo spazio di fronte ce ne sia un altro: un altro palcoscenico dove si muove il rovescio di ciò che guardiamo. Dietro lo specchio c'è l'altro profilo? quello della psiche? Questo ambiguo rapporto riduce la nostra condizione di estraneità immettendoci nelle ragioni interne dell'opera.

Qual è, allora il contrario dell'allegra e spavalda addizione del catalogo? Quale altro luogo più oscuro si trova dietro quello così luminoso indicato dalla promessa "là ci darem la mano"? Forse cadendo nel baratro Don Giovanni darà la mano al Commendatore.

Don Giovanni e il Commendatore si incontrano sul limite dei loro rispettivi "luoghi": della libertà e della morale. Poi, precipitando, insieme scavalcheranno questa soglia che li divide e li distingue. La "e", piccola congiunzione che li avvicinava e li fronteggiava, si trasforma in "è". Egli è il Commendatore.

È l'ultima conquista di Don Giovanni. Con la caduta ha coinciso con il suo rovescio realizzando la sua ultima possibilità.

Il catalogo potrebbe continuare: 2066.

Don Giovanni non poteva vivere le oscillazioni del dubbio perché egli è la "possibilità realizzata". Il suo catalogo elenca i luoghi del "tutto possibile", dove è assente il desiderio. Egli sa che "vorrei e non vorrei", non addiziona perché il desiderio sosta sempre nella prossimità della realizzazione.

Non è nell'opera tutto ciò. Forse, è solo una rete di ambigue rifrangenze che hanno provocato e organizzato, per me, i segni di un altro spazio, quello figurativo.

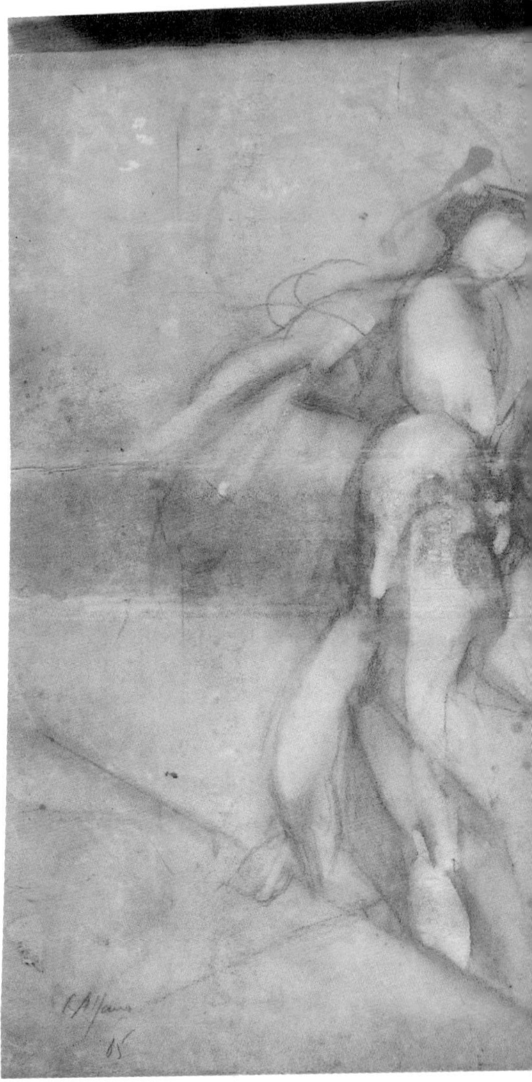

Don Giovanni – Scena del Commendatore –, 1985

in *Scena del commendatore, tre studi dal Don Giovanni*, ed. Banco di Napoli, Napoli 1985.

"This is
the Catalogue" . . .

Carlo Alfano

In the end, Don Giovanni lacks the final conquest to add to his list: the Commander together with Leporello would count 2,065 conquests plus one if the space and time of the work (*Don Giovanni*) were prolonged, opening onto the reality we spectators inhabit. But the threshold which throws wide the obscurity of the stage and the closed, internal time of the work define that boundary which

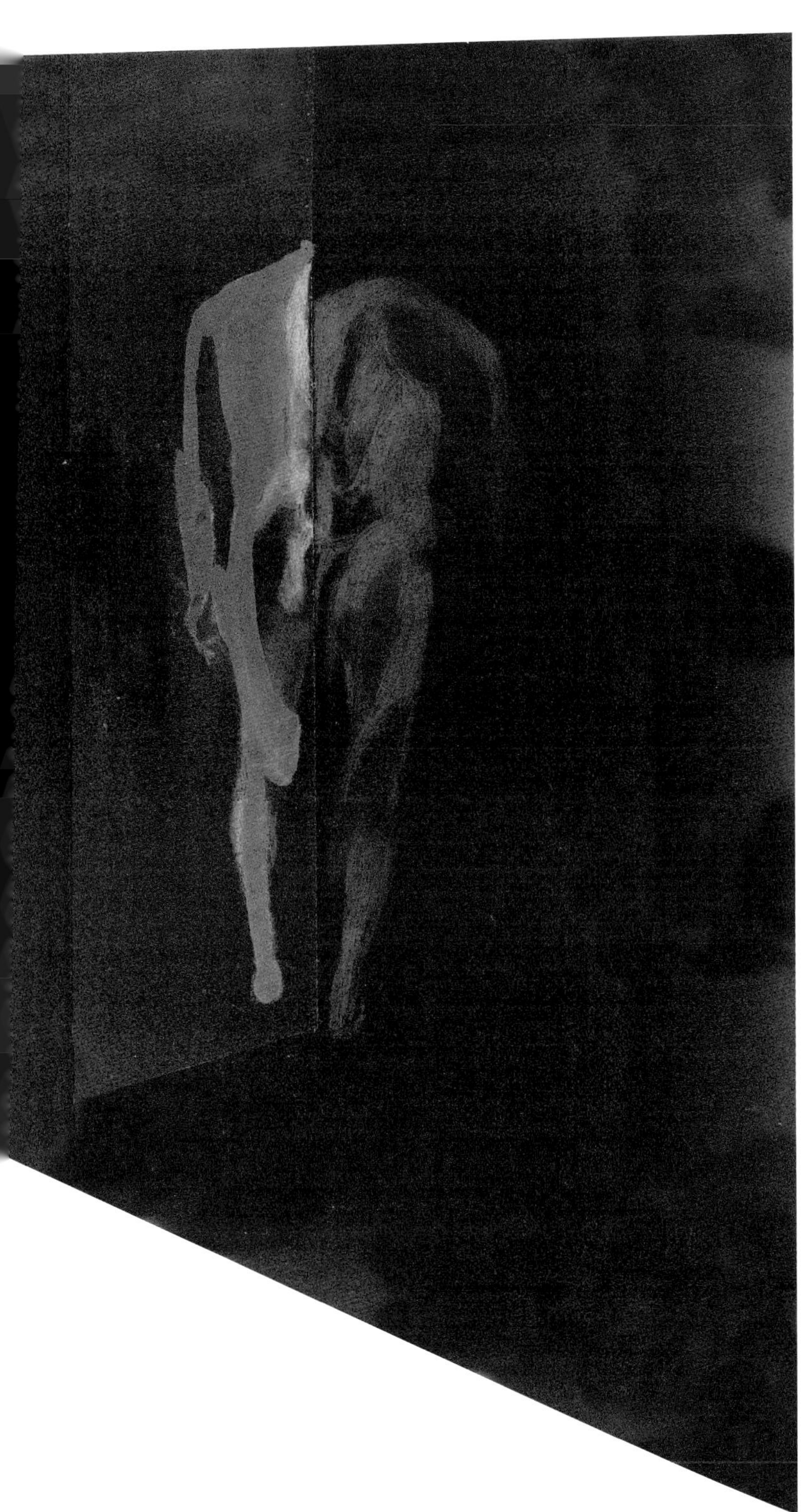

separates our space and the play's space with the fall of the curtain. The sonorous space of *Don Giovanni* recedes like the fleeing echo of the endless murmur of reality. The impossibility of continuing to add to the list with Leporello is the condition we the spectators impose: left out of Don Giovanni's toasts.

However, even though the last note closes the circle of this perfect opera – thus leaving no other reason than itself – before us, in the theatrical space, a "sphere" of possibilities has opened up.

The scenes, like in a distant mirror which cancels lines and details, show us figures and gestures we can recognize ourselves in. Although it is opaque, we sometimes glimpse our profile in this "theatrical mirror." But, to us the spectators, the figures appear to be turned 180 degrees (as we see right and left reversed in the mirror, compared to which direction we are facing).

We may be assailed by a doubt. That behind this space in front there is another one: another stage where the reverse of what we see moves. Is there that other profile of the psyche behind the mirror? This ambiguous relationship reduces our condition of extraneousness, allowing us into the internal workings of the opera.

What is then the opposite of the cheerful and bold addition to the list? What other darker place is there behind that bright one indicated by the promise "là ci darem la mano"? Perhaps falling into the abyss, Don Giovanni will hold out his hand to the Commander.

Don Giovanni and the Commander meet at the limit of their respective "spheres": of freedom and morals. Then, as they fall, together they will step over the threshold that separates and distinguishes them. The "and," that small conjunction which brings them together and face to face, turns into an "is." He is the Commander.

It is Don Giovanni's last conquest. With the fall he meets his opposite, fulfilling his potential.

The list could get longer: 2066.

Don Giovanni was not able to survive the oscillations of doubt because he is the "possibility made real." His catalogue lists the places where "everything is possible," where desire is absent. He knows that "I desire and yet I don't desire" doesn't add up, because desire always dwells near its fulfillment

Not all of this is in the opera. Perhaps it is only a network of ambiguous refractivity, which has in my opinion provoked and organized the signs of a different space – the space of the figurative.

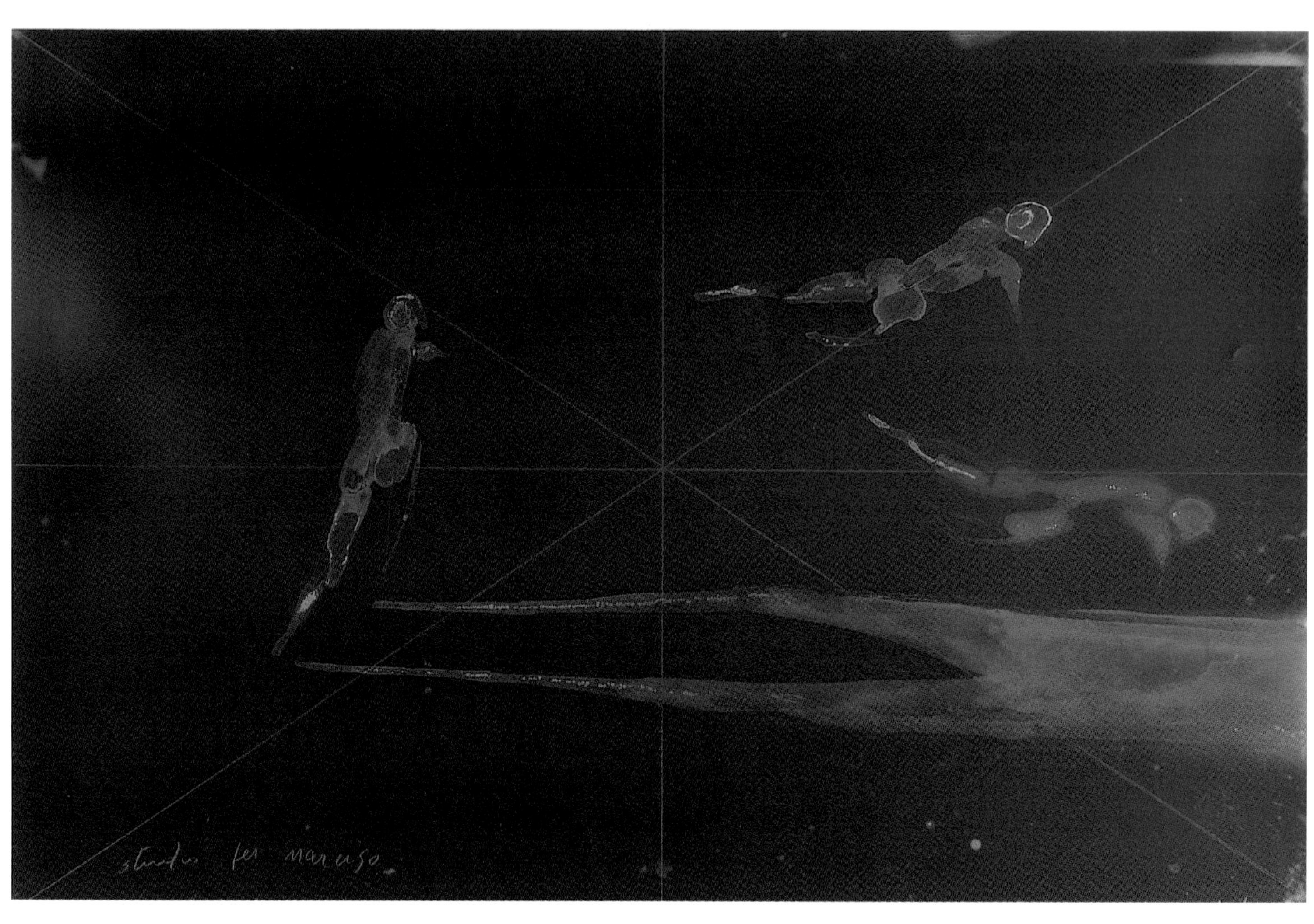

Studio per/Study for *Narciso-spirale*, 1983

p. 147
Studio per/Study for *Narciso*, 1985

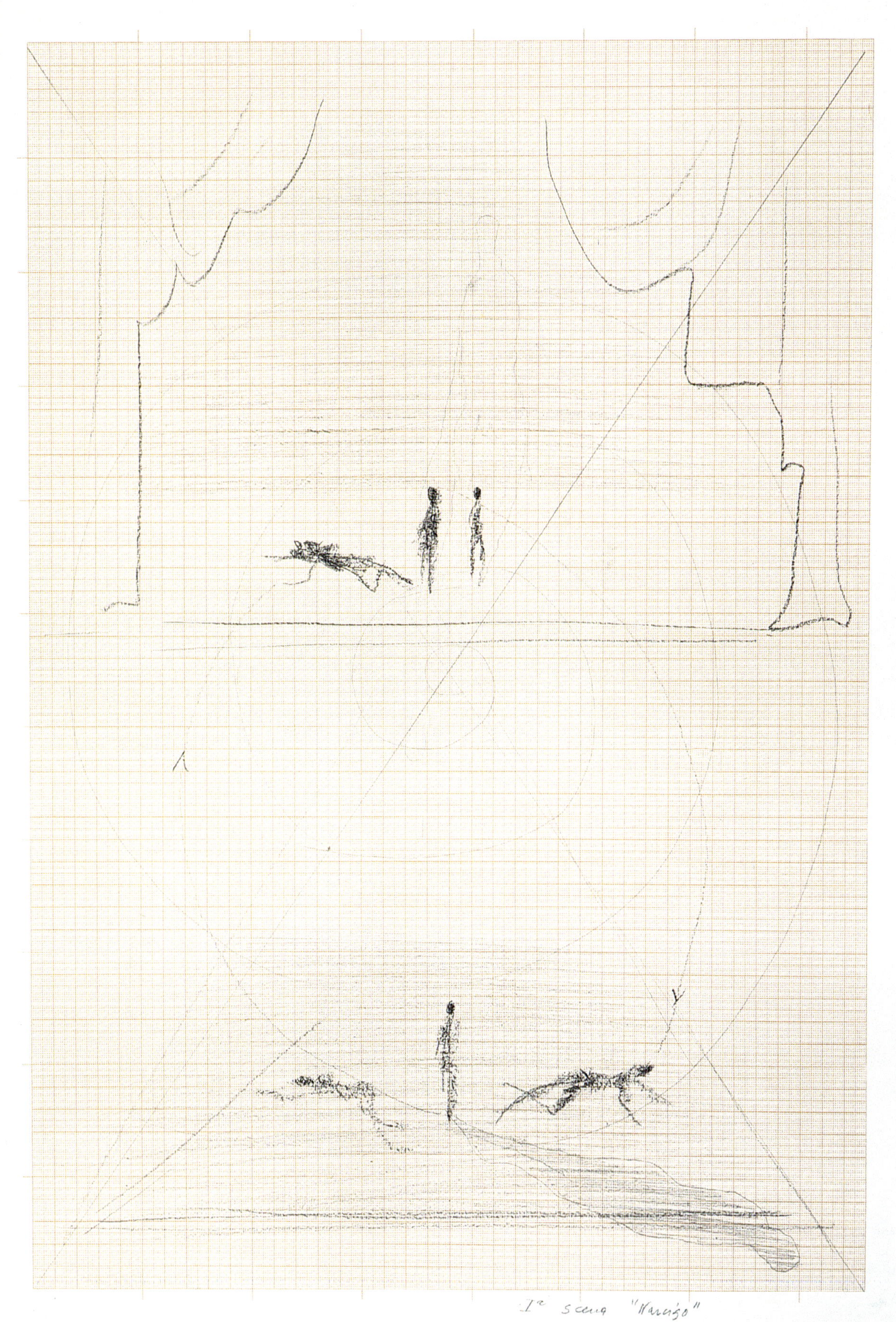

1ª scena "Narciso"

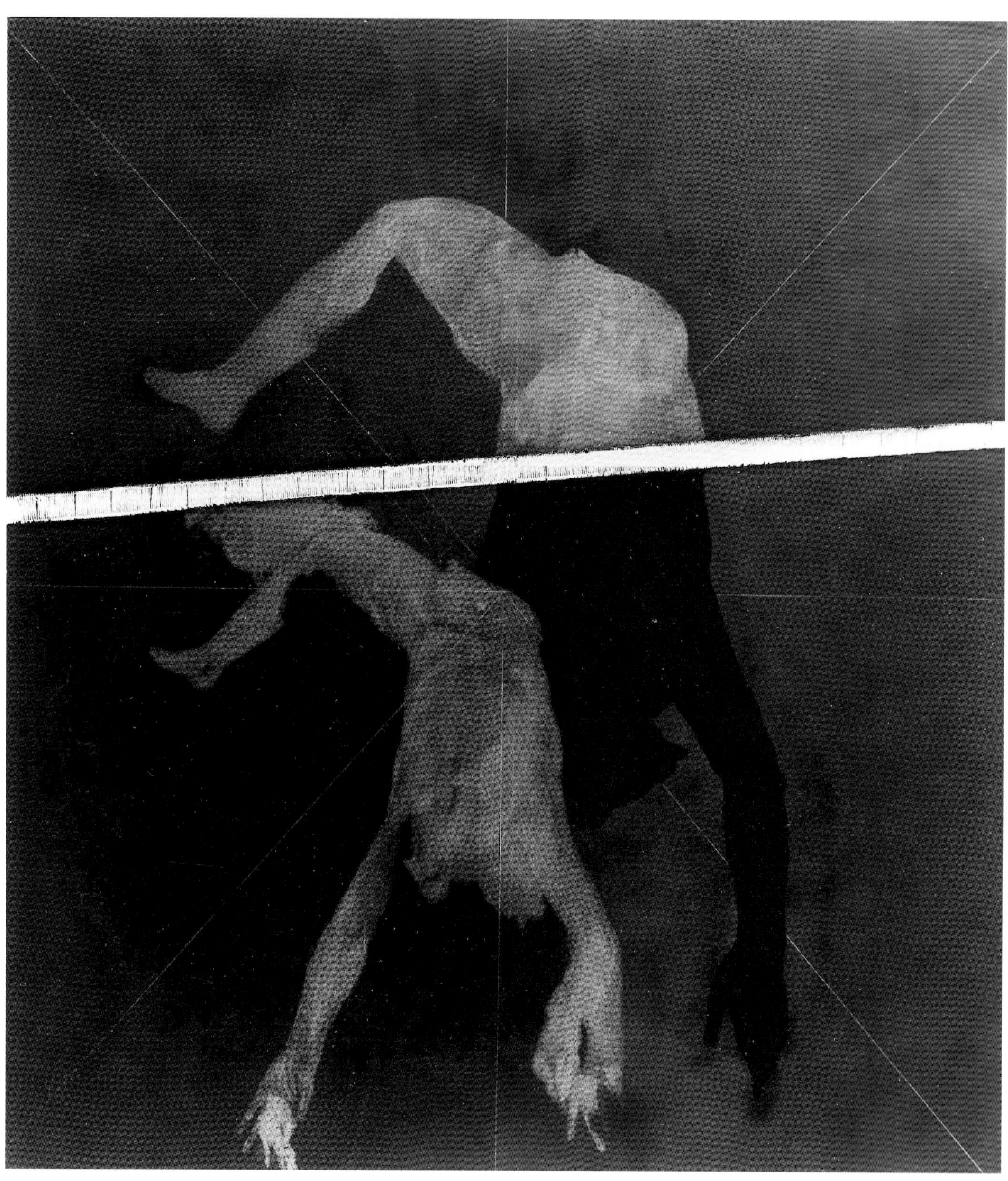

Eco, 1981

148

Eco-Discesa

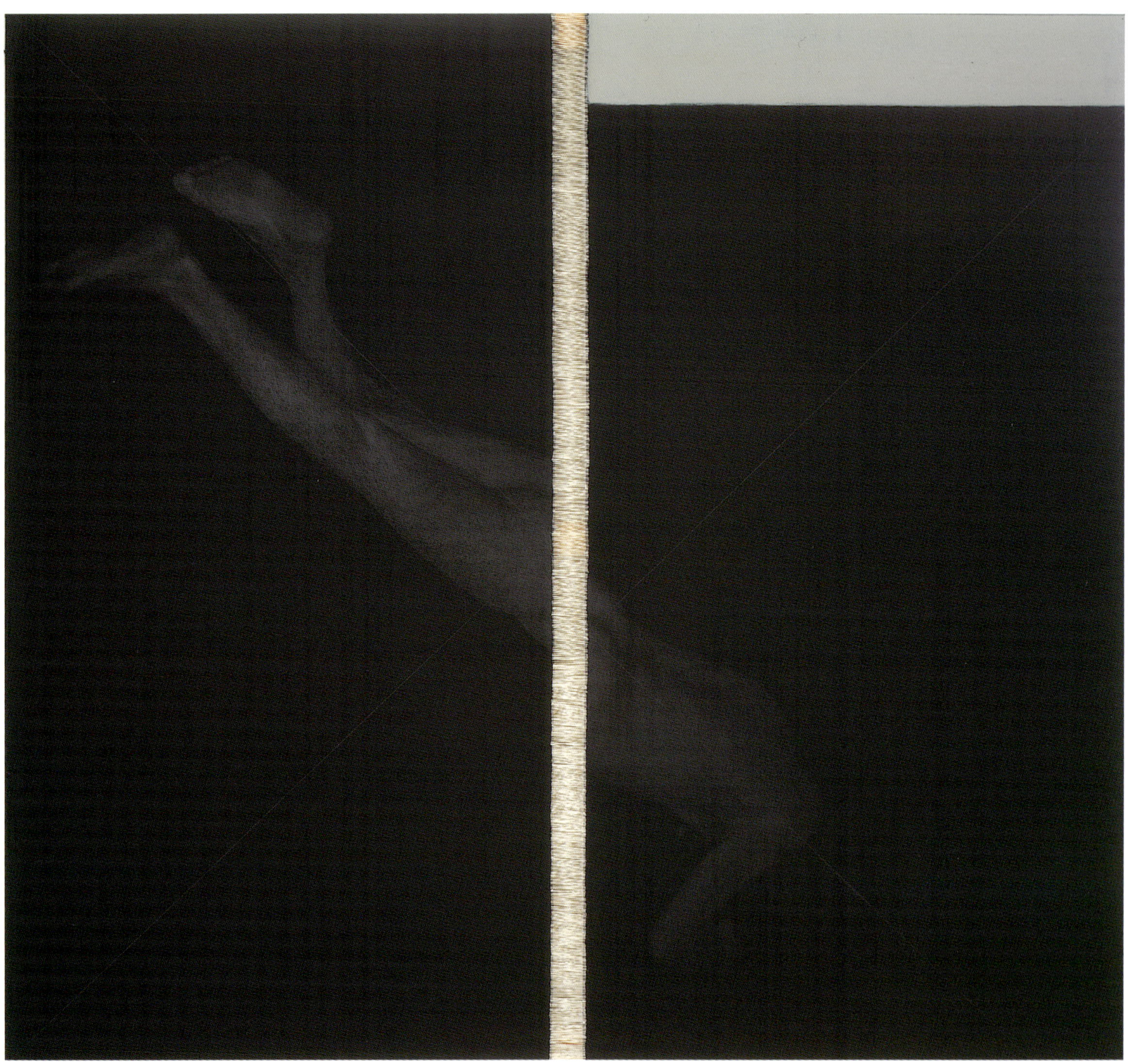

Eco-Discesa, 1981

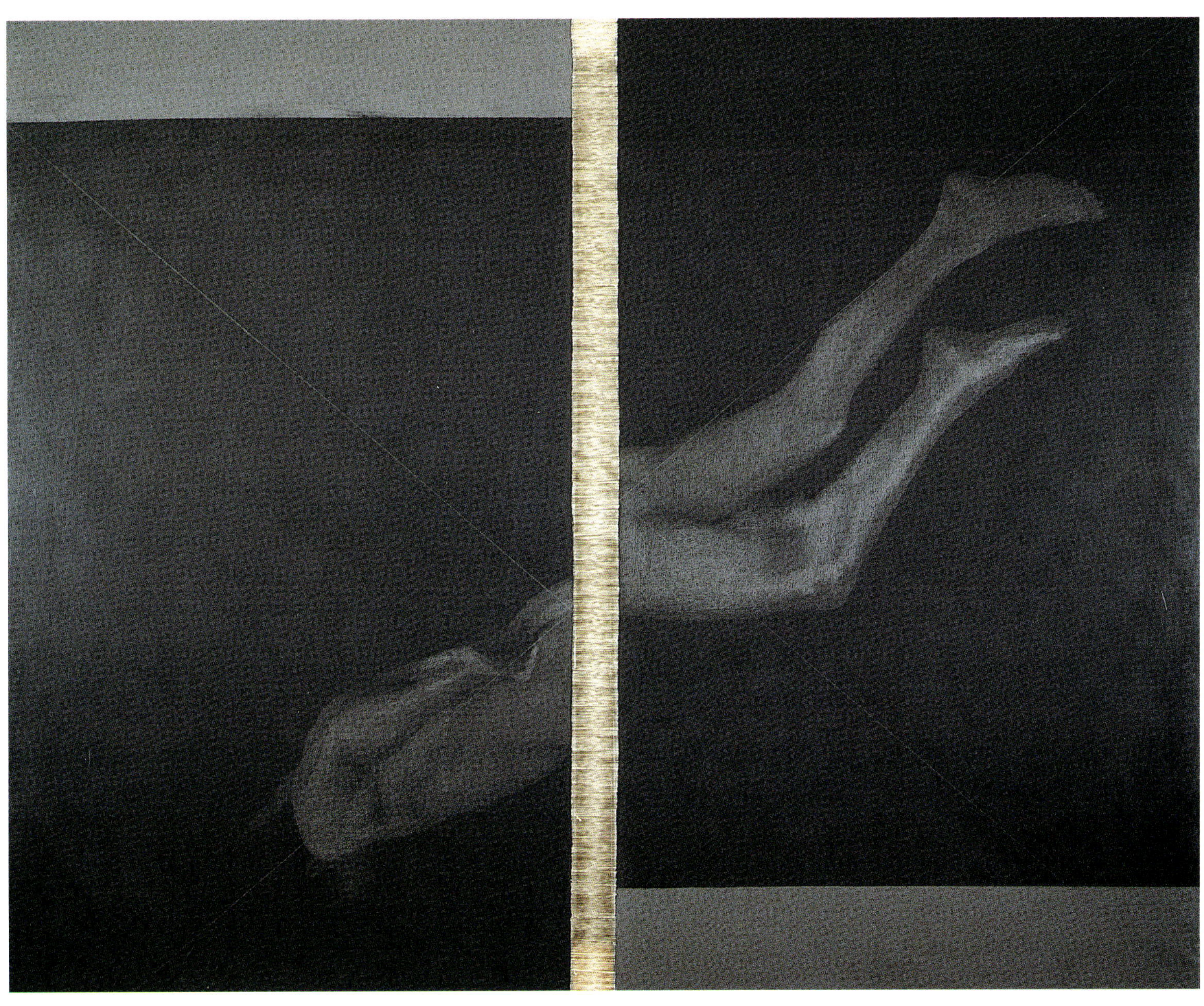

Eco-Discesa n. 2, 1981-1982

Intervista con Carlo Alfano

Michele Bonuomo

Michele Bonuomo: Eco-Discesa *è il titolo della tua opera. Eco come essenza: la donna amata da Narciso che scompare nel nulla. Oppure, propagazioni di un suono da un punto di massima verso uno di minima, dall'alto verso il basso. Un corpo poi in caduta diagonale da sinistra verso destra è spezzato da un taglio…*

Carlo Alfano: Le due sezioni del corpo spezzato sono l'una l'eco dell'altra: l'eco rimanda alla voce e viceversa. Nel mio lavoro è fondamentale il tema della duplicità. Nel mio caso il doppio non va inteso come sommatoria, bensì come condizione d'ambiguità in cui giocano il reale e il suo riflesso. Alla fine tutto oscilla tra questi "due" reali, o tra questi due falsi. L'eco, a sua volta, è una voce che si ripercuote e che va oltre la sua sorgente di origine, ma che sempre ha bisogno di un'emittente, di una matrice: così nel quadro le due parti staccate non possono agire autonomamente.

M.B.: La rottura della superficie della tela crea una sorta di frontiera, un momento contraddittorio tra due parti…

C.A.: Certo, le due sensazioni separate vivono due spazi diversi, prescindendo l'una dall'altra. Però, tale sdoppiamento stabilisce la memoria di un unico sogno: si crea, cioè, la stessa situazione di un corpo che dorme e che, contemporaneamente, sta sognando.
Un'idea non si esaurisce nella sua esposizione: nella mia pittura l'uomo ha perso la solennità totale e la definizione dell'uomo rinascimentale.

M.B.: L'uomo, allora, non ha più centralità nell'universo, ha infranto il cerchio proporzionale in cui era stato racchiuso dal classicismo?

C.A.: La mia intenzione è di rappresentare qualcosa che non ha più centralità spaziale; e solo attraverso frammenti posso ricomporre un'identità perduta. In un quadro cerco di impossessarmi del non rappresentabile: questo è possibile soltanto fermandosi prima che inizi un racconto, prima che si formuli l'ipotesi narrante. Quello che mi interessa è lo spazio temporale in cui qualcosa sta per nascere. Tra il chiarore del giorno e lo scuro della notte la mia predilezione va tutta per le luci tenui dell'alba, dove gli unici colori sono il bianco e il nero. La pittura ha già rappresentato i due estremi del buio e della luce, del giorno e della notte, del movimento e della quiete; e lo stesso è stato fatto con le parole. A me interessa l'incertezza, la penombra tra tenebre e luce, sospeso nell'attesa di un giorno che non so quando arriverà. Mi piace stare sul confine del pensiero. La catastrofe in precedenza aveva per me un valore simbolico, mistico; oggi, di fronte alla terra che si scuote l'unica domanda da porre è alla materia stessa.

M.B.: Nel tuo lavoro il taglio, oltre che essere una sutura tra due uguali (due opposti), allude al disequilibrio della catastrofe…

C.A.: Dietro ogni rottura inserita nella tela c'è uno spazio fisico reale, quello cioè del mondo. Una divisione può avvenire solo tra elementi della stessa specie, e il risultato prospetta un altro spazio.

M.B.: Che differenza passa tra te e l'uomo classico che si poneva di fronte alle rovine?

C.A.: Winckelmann o Hamilton le hanno descritte, io ho vissuto la "rovina" nel suo divenire, di conseguenza non posso descrivere qualcosa che deve ancora finire e consolidarsi nella stasi. Oggi tutti noi stiamo partecipando ad uno sconvolgimento totale della natura, delle cose, del pensiero. In questo senso siamo dei veri e propri esploratori, ben diversi dagli uomini del Settecento che camminavano, dipingevano e scrivevano una storia conclusa: loro potevano solo guardare le rovine dall'esterno; a noi, invece, è dato calarci in profondità. In loro c'era l'ottimismo dell'archeologo che pensa di ricomporre i segni di una storia: oggi, invece, è impossibile ricostruire attraverso frammenti di pensiero. Le colonne sono soltanto pietre se viene a mancare il capitello…

in *Terrae Motus*, catalogo della mostra/exhibition catalogue, Villa Campolieto, Ercolano 1984.

Interview with Carlo Alfano

Michele Bonuomo

Michele Bonuomo

Michele Bonuomo: Eco-Discesa is the title of one of your works. Echo as essence: the woman loved by Narcissus who disappears into nowhere. Or propagation of a sound from a maximum to a minimum point, from high to low. A body falling diagonally from left to right and severed by a cut . . .

Carlo Alfano: The two sections of the severed body are echoes of each other: the echo recalls the voice and vice versa. In my work the theme of duplicity is fundamental. In my case the double is not meant as a summation but rather that ambiguous condition in which reality and its opposite play. In the end everything oscillates between these "two" realities, or between these two falsehoods. The echo, in its turn, is a voice which reverberates and goes beyond its original source, but which always needs a transmitter, a matrix: so in the painting the two detached parts cannot act autonomously.

M.B.: The break in the surface of the canvas creates a sort of frontier, a contradictory moment between two parts . . .

C.A.: Certainly its separate sensations inhabit two different spaces, ignoring each other. However, such a doubling establishes the memory of a unique sign: hidden beneath we have, that is, a situation similar to a body which is both sleeping and dreaming.

Exhibiting it doesn't exhaust an idea: in my painting man has lost the total solemnity and the definition of the Renaissance man.

M.B.: Man then is no longer central to the universe, he has broken the proportional circle that classicism had him locked into?

C.A.: My intention is to represent something which no longer has spatial centrality; and it is only through fragments that I can recompose a lost identity. In a painting I try to master what cannot be represented: this is only possible by stopping before even beginning to tell a tale, before formulating the narrative. What interests me is that temporal space in which something is about to be created. Between the glimmer of daylight and the darkness of night my predilection is for the faint light of dawn, where the only colors are black and white. Painting has already represented the two extremes of darkness and light, of day and night, of movement and stillness; and the same has been done with words. I am interested in the uncertainty, the penumbra between darkness and light, suspended in a moment waiting for a day whose coming is unpredictable. I like to stand on the edges of thought. Catastrophe previously had a symbolic, mystical value for me: today, in front of the shaking earth the only question to ask is of matter itself.

M.B.: In your work the cut, in addition to being a suture between two equals (two opposites), alludes to the imbalance of catastrophe . . .

C.A.: Behind each break in the canvas there is a real physical space, which is that of the world. A division can take place only between elements of the same species, and the result reveals another space.

M.B.: What difference is there between you and the classic figure standing in front of the ruins?

C.A.: Winckelman or Hamilton have described them. I have experienced the "ruin" coming into being, consequently I cannot describe something which is yet to finish and consolidate itself in stasis.

Today we are all participating in a total devastation of nature, of things, of thought. In this sense we are sheer explorers, very different from the men of the eighteenth century who walked, painted and wrote a story with an ending: they could only look upon the ruins from the outside; we, on the other hand, can climb deep into them. They had the optimism of archaeologists who thought they could reassemble the traces of history: today, however, it is impossible to reconstruct on fragments of thought. The pillars are merely stones if the capital is missing. . . .

Studio per/Study for *Narciso*, 1982

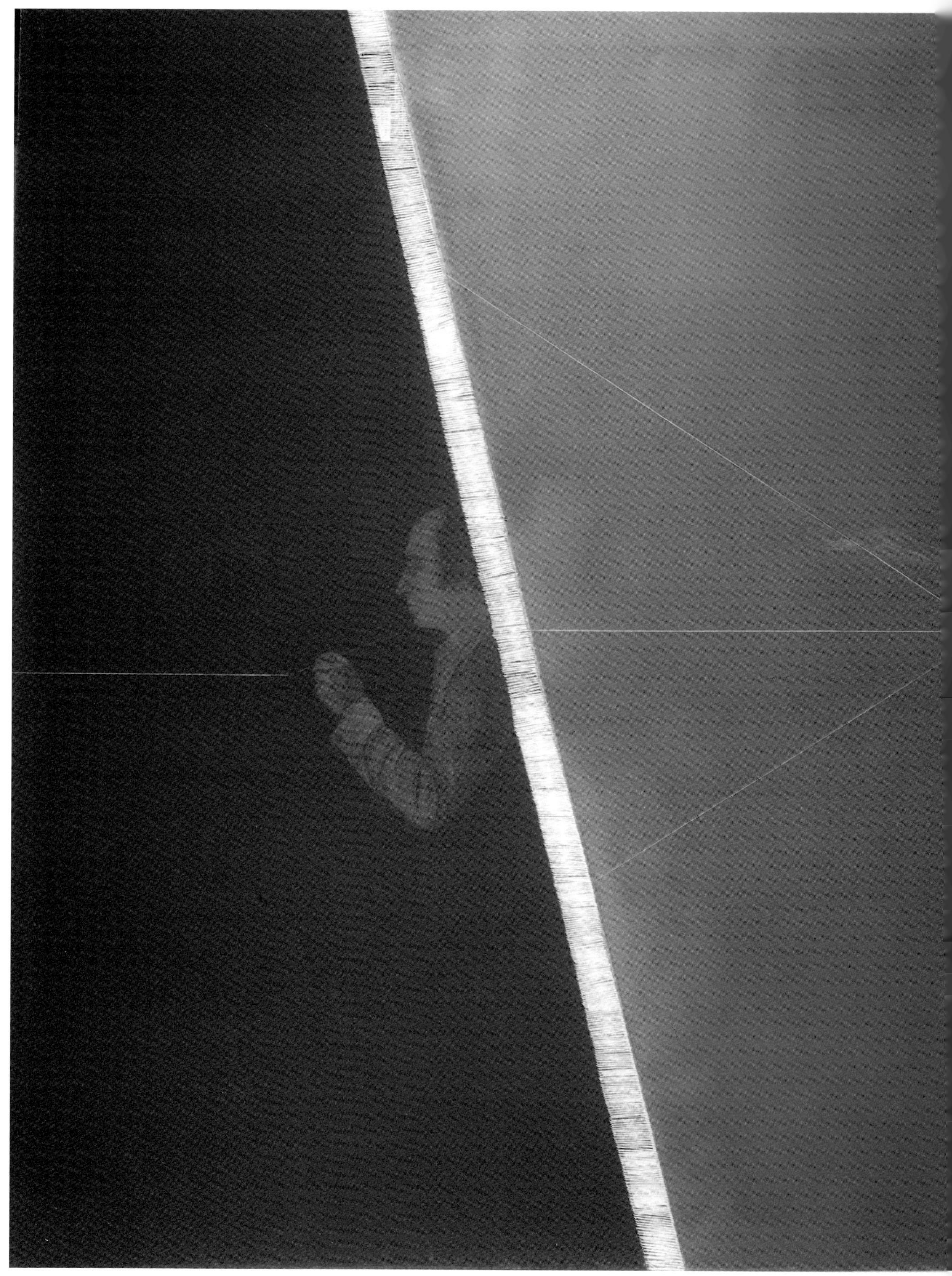

Luce-Grigio, 1982

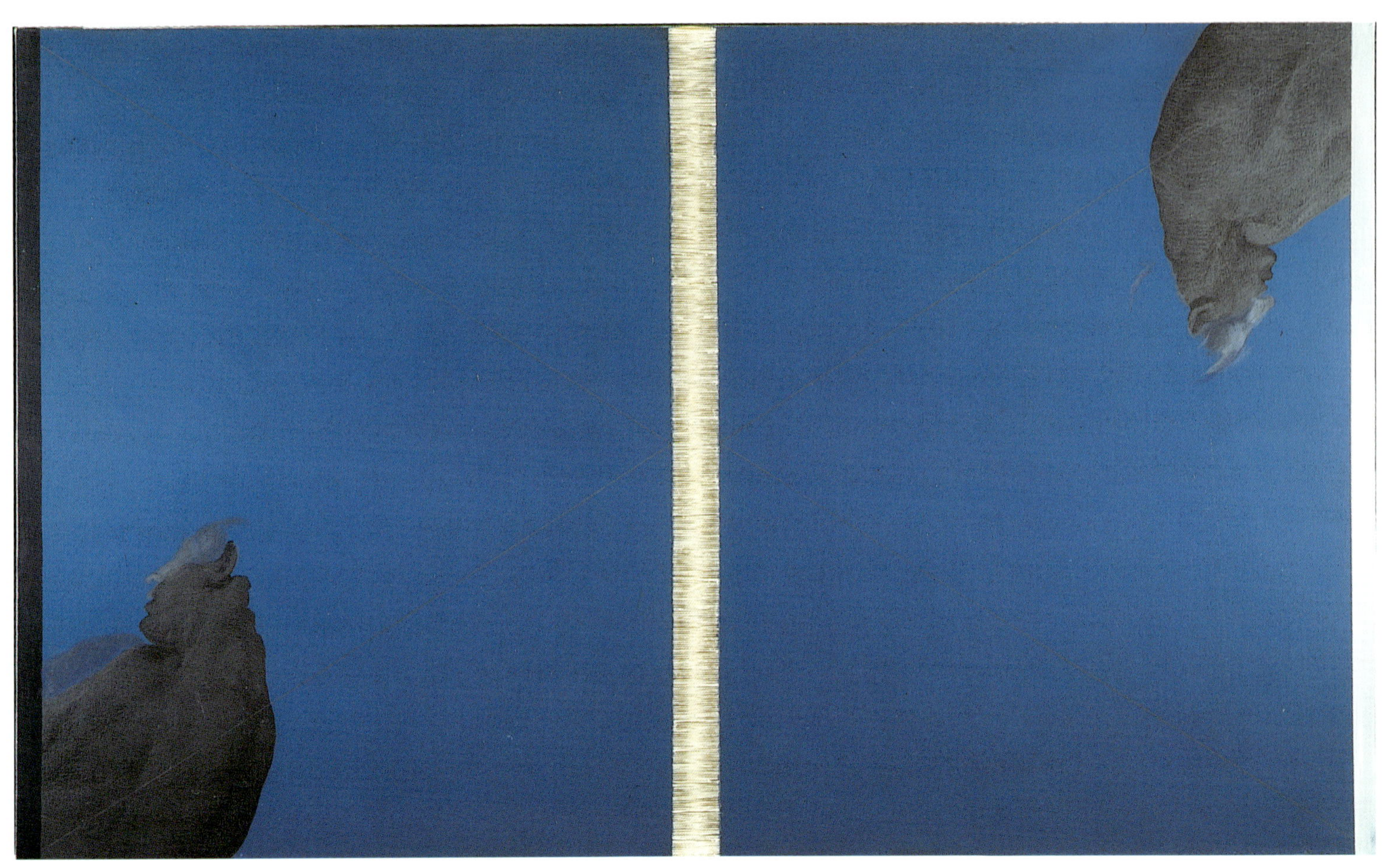

Figura n. 3, 1984

Figure

Sei domande
a Carlo Alfano

Cornelia Syre

Cornelia Syre: Il fatto che i suoi lavori siano ordinati in gruppi desta particolare attenzione: Frammenti di un autoritratto anonimo, Studi per Narciso *ed* Eco, Dalla vocazione al giocatore *e* Figure.
Il principio su cui si basa la serie ha per lei un significato?

Carlo Alfano: Quando lavoro, spesso, in un primo tempo raggruppo un certo numero dì opere sotto un unico titolo tematico. Questi gruppi di opere costituiscono già una piccola serie unitariamente conclusa. Consequenzialmente queste diverse serie si legano tra loro in senso progressivo o in sovrapposizioni di varianti, secondo la prossimità del tema che sviluppano, comunque secondo un principio generale di tematica aperta. I due tempi realizzano una duplice strategia di raccoglimento su temporalità diverse. Il primo tempo, chiuso, breve, credo appartenga alle ragioni proprie, al senso privato (si può dire intimo?) della "qualità" di un artista. Il secondo alle ragioni di un periodo, ai processi di un'epoca.

In primo, dunque, il luogo di precipitazione, di incontro di segni, di simboli dispersi, categorie vaganti provenienti da vane direzioni storiche e contemporanee.

In questo "luogo", entro i confini della sua alea, l'evento dell'opera trova le sue condizioni di apparizione. Come una stella è il condensato di una energia, così la fusione, il raggrumarsi di segni e di fenomeni dà essere all'opera. In questo territorio dell'origine, secondo il "segno" che ha catturato, la nuova opera concretizza in 'forma' il grado di sparizione, di trasformazione o di nascita di questi segni.

I titoli *Frammenti di un autoritratto anonimo, Narciso* ed *Eco, Sulla soglia, Figure* hanno chiuso, con le rispettive "serie", le possibilità della propria configurazione. La serie aperta, in un secondo tempo, dunque avrà nella sua durata, la funzione di tracciato per le piccole serie successive – (fino a quando essa, nel tempo, non si assottiglierà in una linea sottile, si frammenterà in tanti segmenti, vaganti possibilità per un nuovo evento, una nuova opera).

C.S.: Dal punto di vista formale i gruppi di opere sono realizzati in maniera del tutto diversa. Sono completamente indipendenti tra loro anche dal punto di vista contenutistico o sono variazioni di un tema?
C.A.: Credo, un'opera nasca e si sviluppi in uno spazio che va dalla permanenza dei contenuti, delle "figure storiche" del tema (intendo la configurazione che i "valori" hanno assunto in un dato periodo) allo spazio della contemporaneità. La dimensione di questo spazio dipende dalla lontananza storica del segno che il tema evoca. Ora, in questo spazio, un contenuto storico – poniamo la *Vocazione di San Matteo* – attraversando lo spazio tra i due "luoghi", lo storico ed il contemporaneo, subisce trasformazioni, perdite o rovesciamento in *Dalla vocazione al giocatore.*

C.S.: Il dipinto di Caravaggio la Vocazione di San Matteo *è fondalmente alla base del gruppo* Dalla vocazione al giocatore. *Come considera il suo rapporto con la tradizione artistica classica? Caravaggio in particolare, la tradizione in generale, hanno importanza per la sua attività creativa?*
C.A.: Nel caso del gruppo *Dalla vocazione al giocatore,* che è formalmente ispirato al dipinto di Caravaggio la *Vocazione di San Matteo,* mi interessava non tanto l'opera concreta ma la possibilità di negazione del tema e di variazione del linguaggio. Mi sono occupato cioè di valutare fino a che punto il nostro essere innanzi all'opera possa modificare i contenuti di un'opera d'arte. La perdita di evidenza, cioè di un contenuto religioso vincolante, diventa un nuovo livello di significato.

C.S.: Come definirebbe la Sua posizione nell'ambito dell'arte moderna? Ritiene che esista una relazione con l'Arte povera?
C.A.: Quando si chiede come e perché un artista giunge alla sua "posizione", la domanda riguarda non tanto la sua opera quanto piuttosto la sua biografia. Un'opera d'arte è prodotto ed espressione del suo tempo. Solo l'artista è in grado di riconoscere determinati fenomeni del tempo e di rappresentarli. Dunque l'artista occupa una posizione particolare, precisa, non abbattibile all'interno della società. Se mi si chiede della mia "posizione" nell'ambito dell'arte moderna, devo rispondere che non la conosco, che non so in quale tendenza dell'arte contemporanea vada annoverata la mia opera. So solo di voler stare nel mio "luogo", quello valido per me.

C.S.: La sua opera riguarda tra l'altro la rappresentazione della possibile molteplicità di situazioni che possono verificarsi in un determinato intervallo dì tempo. Ambiguità –contraddittorietà – un sì, un no sono entrambi possibili. Lei vorrebbe annullare i vincoli, come ha detto una volta. Non è una contraddizione, dal momento che ogni messaggio artistico è in fondo qualcosa di affermativo e per questo vincolante?
C.A.: È vero. Un'opera fissando i vari fenomeni, i vari elementi che la compongono, li obbli-

in *Carlo Alfano*, catalogo della mostra/exhibition catalogue, Staatsgalerie moderner Kunst, München 1985.

Six Questions
for Carlo Alfano

Cornelia Syre

Cornelia Syre

Cornelia Syre: The fact that your works are ordered into groups attracts particular attention: Frammenti di un autoritratto anonimo, studies for Narciso *and* Eco, Dalla vocazione al giocatore *and* Figure. *Does the principle on which the series is based have any significance for you?*

Carlo Alfano: When I work I often begin by grouping a certain number of works under a single thematic title. These groups of works already make up a small coherently finished series. Consequentially these different series are linked to each other progressively or variously overlap, depending on the closeness of the theme they develop, according however to a general principle of open themes. The two times fulfill a dual strategy of concentration on different temporalities. The first enclosed, brief time I believe belongs to one's own motifs, to the private sense (may one say intimate?) of an artist's "quality." The second to the motifs of a period, the processes of an epoch.

First, therefore, the sphere of precipitation, the meeting of signs, dispersed symbols, drifting categories originating from vain historical and contemporary trends.

In this "place," within the confines of its chance, the event of the work finds the conditions for emerging. Just as a star is condensed energy, so the fusion, the clotting of signs and phenomena gives a work its being. In this original territory, depending to the sign which has won, the new work embodies in "form" the degree of disappearance, transformation or birth of these signs.

The titles *Frammenti di un autoritratto anonimo, Narciso and Eco, Sulla soglia* and *Figure* have put an end, with the respective "series," to the possibilities of peculiar configuration. The open series will therefore later function as a pattern for small subsequent series (until in time this becomes a thin line, fragmenting into many segments and drifting possibilities for a new event, a new work).

C.S.: From the formal point of view, the groups of works are done in a completely different way. Are they completely independent from each other also from the point of view of their content, or are they variations on a theme?

C.A.: I believe a work is created and develops in a space which ranges from the permanence of its contents, of the "historical figures" of the theme (I mean the configuration "values" have assumed in a given period) to the contemporary space. The size of this space depends on the historical distance of the sign the theme evokes. Now, in this space, a histo-

rical content – let's say the *Vocazione di San Matteo* – crossing the space between the two "spheres," the historical and contemporary – undergoes transformations, losses or reversal in *Dalla vocazione al giocatore.*

C.S.: Caravaggio's painting La Vocazione di San Matteo *is formally at the base of the group* Dalla vocazione al giocatore. *How do you consider your relationship to the classical artistic tradition? Is Caravaggio in particular and tradition in general important to your creative activity?*

C.A.: In the case of the group *Dalla vocazione al giocatore,* which is formally inspired by Caravaggio's painting *La Vocazione di San Matteo,* I was interested not so much in the physical work as in the possibility of negation in the theme and the variation of the language. I concentrated, that is, on evaluating up to what point our existing before the work might modify the contents of a work of art. The loss of proof, that is of a binding religious content, becomes a new level of significance.

C.S.: How would you define your position in the field of modern art? Do you believe there is a relationship with arte povera*?*

C.A.: When one asks how and why an artist reaches his "position," the question concerns not so much his work but rather his biography. A work of art is the product and expression of its time. Only the artist is able to recognize certain phenomena of time and represent them. Therefore the artist occupies a particular, precise position which cannot be destroyed within society. If one asks me about my "position" in the field of modern art, I have to reply that I don't know what it is, that I don't know what contemporary art trend my work is part of. I only know I want to stay in my "sphere," the one that is meaningful for me.

C.S.: Your work concerns among other things the representation of the possible multiplicity of situations that can happen in a certain time interval. Ambiguity – contradictoriness – a yes, a no are both possible. You would like to loosen the constraints, as you once said. Isn't that a contradiction, as every artistic message is at heart something affirmative and for this reason binding?

C.A.: It's true. A work fixing the various phenomena, the various elements which make it up, forces them within the perimeter of its space (closes the network of references, of relationships within itself). The work, you could say, is that sign that is isolated from the

ga nel perimetro del suo spazio (chiude la rete dei rimandi, delle relazioni all'interno di se stessa). L'opera, si può dire, è quel segno che si isola dal resto dei segni del mondo. Li riflette vivendo di una sua vita autonoma. Ma, sotto di essa, in questa fissità raggiunta, nel "possibile" della forma compiuta, può aprirsi alle possibilità prossime della forma.

Come uno specchio che, dopo aver catturato e obbligato la nostra immagine nello spazio del suo perimetro resta sempre vigile sui nostri futuri gesti, catturerà ancora le nostre prossime immagini. L'opera, come lo specchio, suggerirà e provocherà il nostro futuro comportamento di fronte ad essa. Sempre – come lo specchio – si apre e si aprirà alle infinite possibilità del dopo.

C.S.: Lei ha detto una volta che "non c'è possibilità di dialogo tra l'Io ed il Tu". L'impossibilità di comunicare, la distanza, l'estraniamento, sono fenomeni tipici del senso della vita che abbiamo oggi. Si allude a questa tematica attuale nelle sue opere o la relazione è piuttosto di carattere genericamente filosofico?

C.A.: Considero questo tema nel suo aspetto genericamente filosofico poiché le condizioni della "crisi" sono e saranno sempre presenti; "crisi" intesa sempre nel senso dell'esistenzialismo francese. Un'opera è, forse, soltanto un'"estensione del proprio Sé", una tensione verso la dilatazione della durata, arrivando ad una sorta di resistenza da opporre al perenne cambiamento e alla generale mancanza di orientamento.

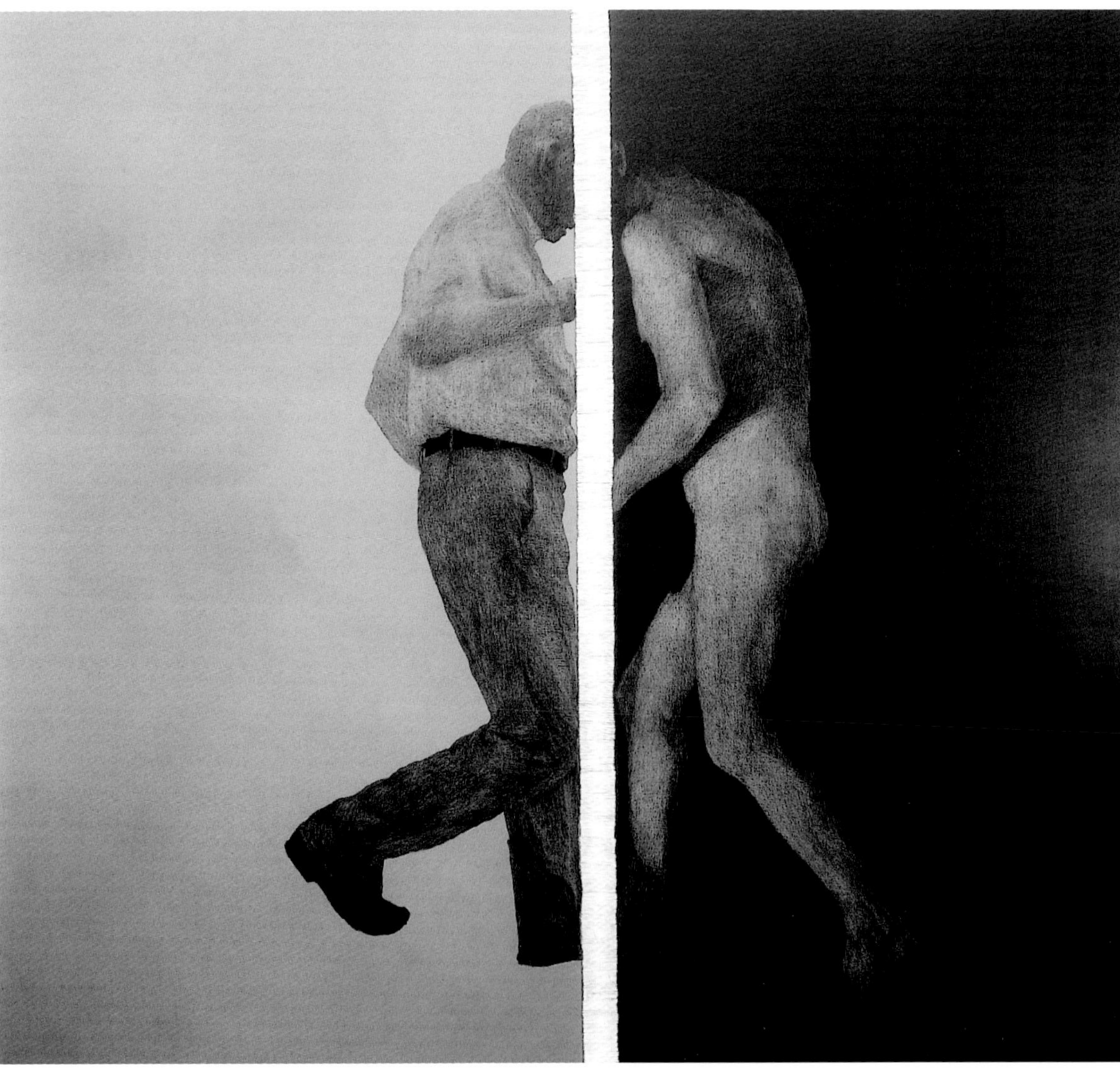

rest of the world's signs. It mirrors them living an autonomous life. But, underneath this, in that achieved fixedness, in the "possibility" of the finished form, it can open up to the possibilities beyond the "form."
Like a mirror which, after it has captured and forced our image within the perimeter, remains ever watchful of our future gestures, and will again capture our future images. (The work, like the mirror, will prompt and provoke our future behavior in front of it.) It will always - like the mirror – open up to the infinite possibilities of afterwards.

C.S.: You once said that "it is not possible to hold a dialogue between Me and You." The impossibility of communicating, distance, estrangement, are typical phenomena of the life we have today. Do you allude to these current themes in your works or is the relationship rather one of a generic philosophical nature?
C.A.: I consider this theme from its generic philosophical aspect since the conditions of the "crisis" are and will always be present – "crisis" always intended in the French existentialist sense. A work is, perhaps, only an

"extension of oneself," tending to permanence, coming to a sort of resistance to perpetual change and the general lack of orientation.

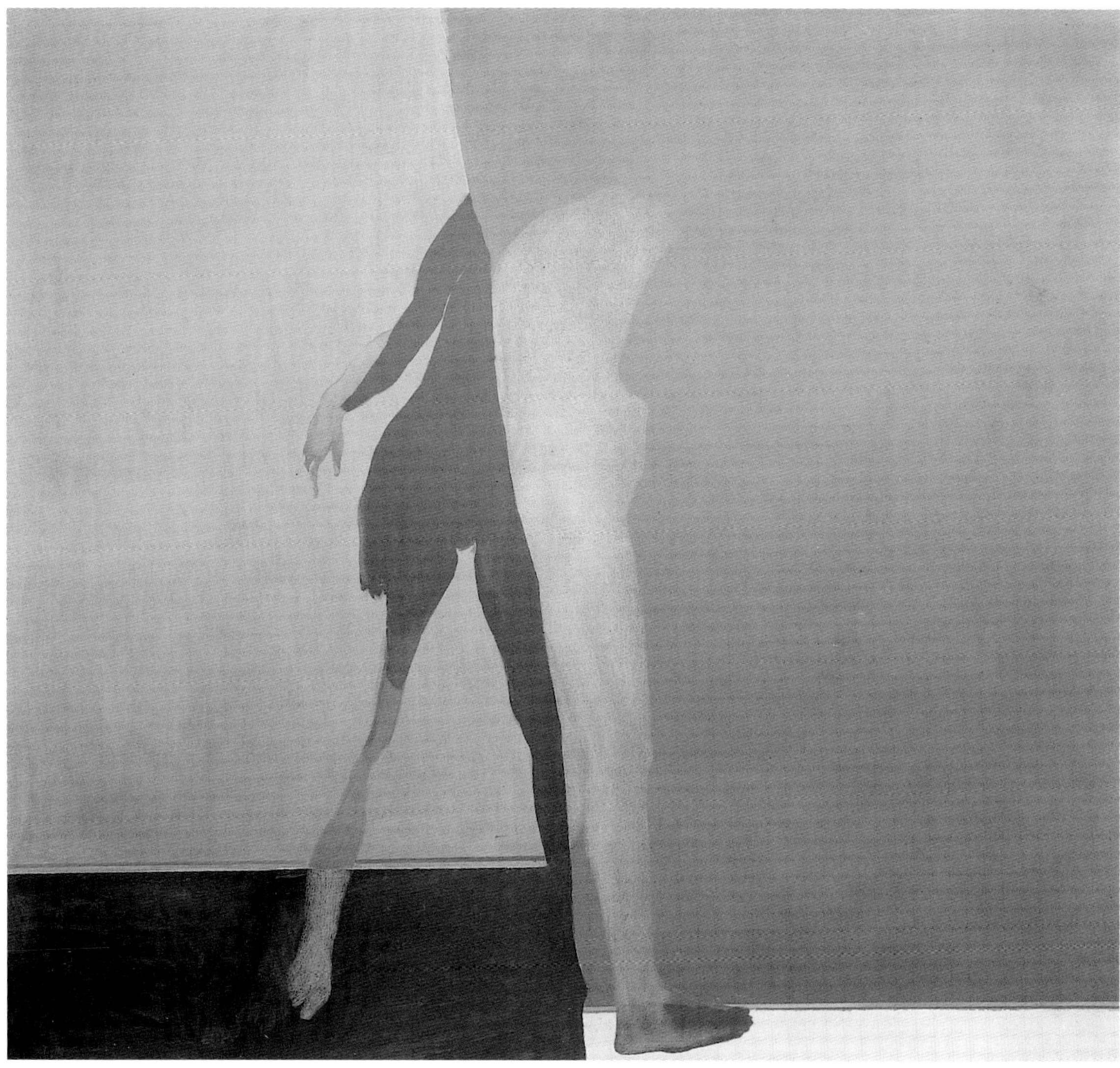

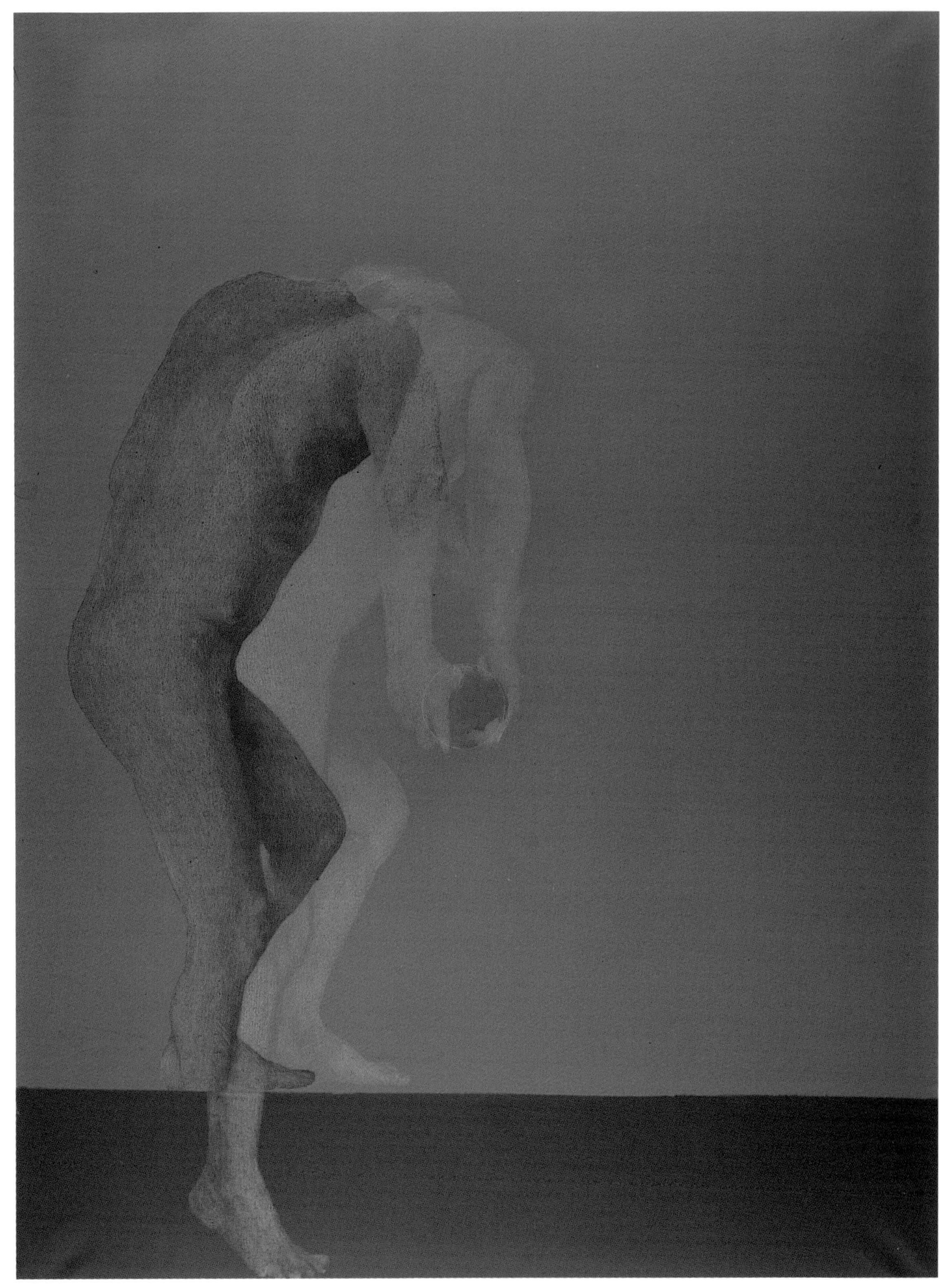

Figura n. 10, 1984

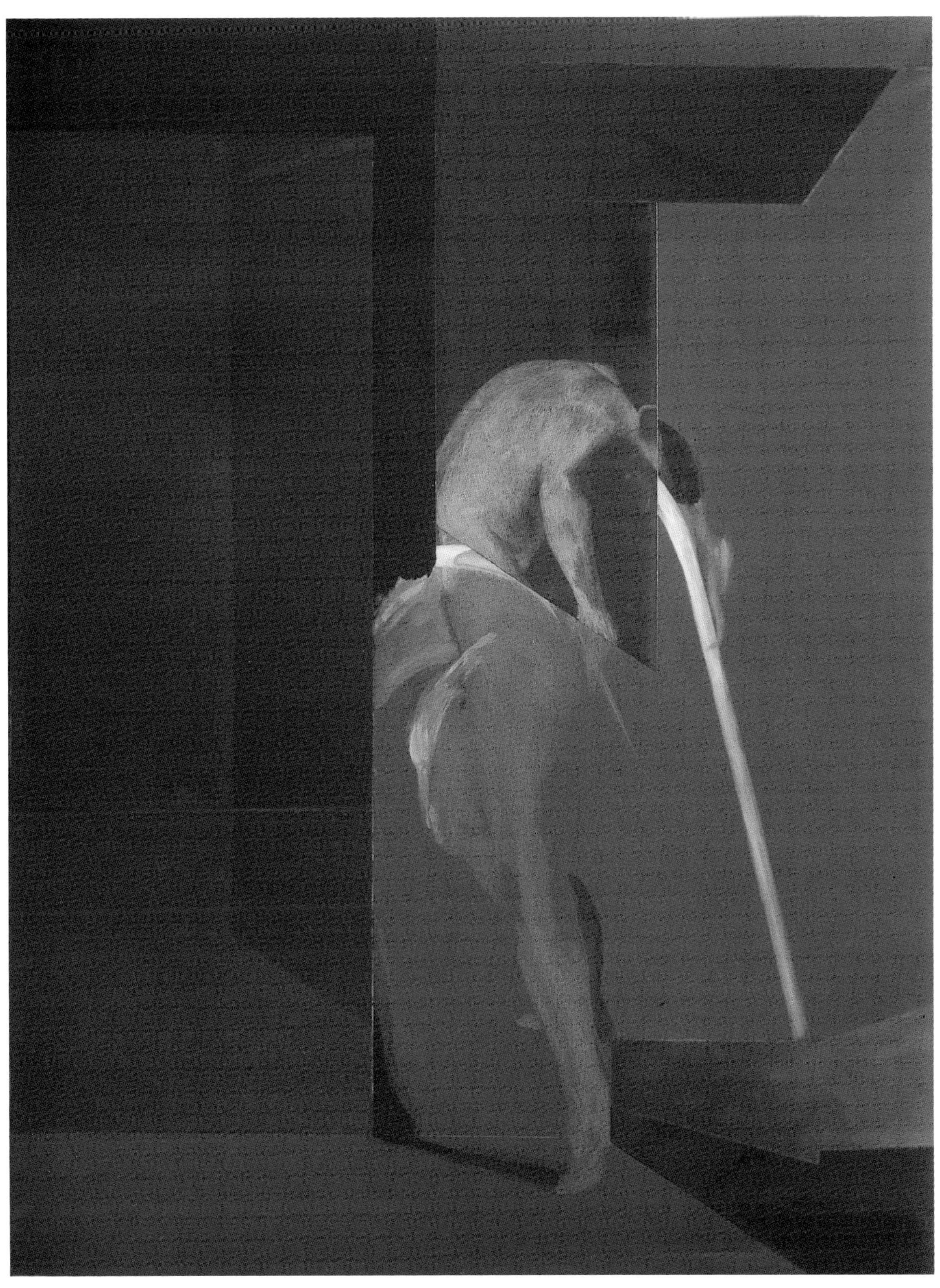

Rappresentazione n. 1, 1984

Dubbi d'artista

Anna Maria Siena

Anna Maria Siena: (...) Con la mostra di questi giorni, Alfano presenta a Napoli i suoi ultimi lavori, espressioni di un linguaggio nel quale confluisce la vasta problematica dell'artista e dell'uomo: quanto dell'uno e quanto dell'altro va cercato nella sua opera?

Carlo Alfano: Se vuol sapere se c'è autobiografia nella mia pittura, le rispondo di si, penso proprio di si. In quanto uomo tra gli uomini, scrivo anch'io, a mio modo, del dubbio e della mancanza di senso, della lacerazione dell'io che è propria dell'uomo d'oggi.

A.M.S.: Quale distanza il suo uomo prende dall'uomo storico, dall'uomo rinascimentale, per esempio?

C.A.: Provi a ritrovare a memoria un ritratto di Raffaello: la positura, lo sguardo e, dietro, il paesaggio, attestato di un rapporto formale basato sulla sostanziale centralità dell'uomo; una figura centrale nelle sue certezze, figlio di un tempo nel quale tutti i segni del linguaggio della vita erano scambiabili e fruibili in un rapporto universale. Pensi ai quadri sacri ed ai grandi dipinti epici: una verità senza dubbi, comprensibile da tutti.

A.M.S.: Le sue figure sono dentro, o sono per uscire fuori da un involucro, quasi "prigioni" in cerca di una liberazione nella quale sublimarsi. Quali riferimenti possiamo ipotizzare agli altri grandi "prigioni" quelli scolpiti da Michelangelo?

C.A.: Quella è una prigionia della carne, e la sublimazione è di carattere religioso. La materia intorno alle mie figure è invece la materia contemporanea dell'inconscio. Vi si alternano le strategie che portano allo scoperto e che tendono a coprire le complesse strategie dell'essere e del linguaggio.

A.M.S.: Dove si trova, nel gioco delle strategie la verità?

C.A.: Non c'è una verità da esplicitare. Io non ho la presunzione di raffigurare verità, valori universali o certezze. Il dubbio è la certezza contemporanea.

A.M.S.: Il dubbio quindi assunto come elementi di crescita dell'uomo?

C.A.: Direi di si. Ricordo una frase di Camus, che pressappoco diceva: "(...) quando sono in crisi, non sono quello che sono stato né sono ancora qualcos'altro". Questa io la considero una frase luminosa: il dubbio, come la crisi, è attenzione critica sempre sveglia che non dà riposo.

A.M.S.: La condizione dell'uomo per uscire dall'assenza e dalla sconfitta è quindi uno stato di crisi perenne?

C.A.: La grandezza dell'uomo contemporaneo sta proprio nella mancanza di certezze, nell'interrogare se stesso e il mondo nella crisi, o dubbio. La nostra nostalgia per l'uomo storico può esser paragonata alla nostalgia per i racconti dell'infanzia, che ci raffiguravano un eden, un paradiso perduto. Piacerebbe a tutti una casa in paradiso, ma non è possibile, ed in fondo non è neppure giusto che sia così.

A.M.S.: Di chi la colpa della perdita del paradiso?

C.A.: Nietzsche parlò della morte di Dio. L'uomo è morto dopo aver eliminato Dio. Come orfani di Dio non c'è più concessa una totalità, e nel divenire storico possiamo contare per tracciare statistiche, non come anime. Questa può essere una spiegazione, anche se parte da uno che non è mai stato religioso.

A.M.S.: Come definirebbe le sue opere?

C.A.: Le opere del dubbio. Se dovessi raccogliere sotto un unico titolo, questo potrebbe essere: *Sulla Soglia*. La soglia è la linea simbolica che divide due spazi, anche essi emblematici, che si appartengono e contemporaneamente sono separati. La soglia è tra giorno e notte, tra veglia e sonno; tra vita e morte è la più importante.

A.M.S.: E al di là della soglia?

C.A.: Niente. La trasformazione della materia.

A.M.S.: Per chi dipinge?

C.A.: Per me stesso, non c'è dubbio. Non mi pongo un problema di pubblico, dipingerei lo stesso anche se il quadro restasse per sempre "inedito".

A.M.S.: Crede nell'ispirazione?

C.A.: Al di là della tecnica, credo che sia importante che un dipinto abbia un senso: possiamo chiamare questo senso ispirazione o anima, che spinge l'idea di base e la rende metafora del proprio bisogno e delle proprie tensioni.

A.M.S.: Che cosa pensa del problema del linguaggio nell'arte o nelle altre forme espressive?

C.A.: Mi considero inserito in una piega di quello che è il linguaggio dell'arte, in senso non solo contemporaneo. Credo che ogni artista sia una piccolissima sfumatura dell'amplissimo percorso dell'avventura estetica al quale ha contribuito a dare, nelle varie epoche, un certo accento.

in "Reporter", 7 novembre/November 1984.

Artist's Doubts

Anna Maria Siena

Anna Maria Siena

Anna Maria Siena: . . . With the exhibition currently being held in Naples, Alfano presents his latest works, expressions of a language in which the vast issues of artist and man merge: how much of one and how much of the other should be sought in your work?
Carlo Alfano: If you want to know whether there is autobiography in my painting, I tell you yes, I think so, yes. As a man among men, I too write, in my own way, of doubt and absence of sense, of the laceration of the I that is part of man today.

A.M.S.: What distance does your man take from historical man, Renaissance man for example?
C.A.: Try to recall a portrait of Raphael: the posture, the look and, behind him, the landscape, proof of a formal relationship based on the substantial centrality of man; a central figure in his certainties, product of an age in which all the signs of the language of life were exchangeable and useable in a universal relationship. Think of those holy paintings and great epic paintings: a truth free from doubts, comprehensible to all.

A.M.S.: Your figures are inside or emerging from a shell, almost "prisons" in search of a freedom in which they can sublimate. What references can we hypothesize for those other great "prisons" Michelangelo sculpted?
C.A.: That is a prison made of flesh and its sublimation is of a religious nature. The matter surrounding my figures is, on the contrary, the contemporary matter of the unconscious. There we find alternate strategies leading out into the open or tending to conceal the complex moves of being and language.

A.M.S.: Where does truth lie in the game of strategies?
C.A.: There is no truth to be told. I do not presume to represent truth, universal values or certainties. Doubt is contemporary certainty.

A.M.S.: Doubt assumed to be elements of man's growth?
C.A.: I would say so. I remember a phrase of Camus which more or less said: ". . . When I am in a crisis I am not what I was and neither am I yet something else." I consider this to be an illuminating phrase: doubt, like crisis, is critical awareness which is ever wakeful and allows no rest.

A.M.S.: So to escape absence and defeat man is therefore in a state of perpetual crisis?
C.A.: The greatness of contemporary man lies precisely in the lack of certainties, in the questioning of self and the world in crisis, or doubt. Our nostalgia for historical man can be compared to the nostalgia for tales of childhood, which depicted a garden of Eden, a lost paradise. Everyone would like a home in paradise, but it is not possible and, deep down, it wouldn't even be right.

A.M.S.: Who's to blame for the loss of paradise?
C.A.: Nietzsche spoke of the death of God. Man died after he destroyed God. As orphans of God we are no longer allowed a totality, and in the historical future we may count as statistics, not souls. This might be an explanation, although it comes from a person who has never been religious.

A.M.S.: How would you define your works?
C.A.: As works of doubt. If I were to gather them under a single title, it might be: *On the Threshold*. The threshold is the symbolic line that divides two spaces, which are emblematic, too, which belong to each other and which are at the same time separate. The threshold is between day and night, between sleep and wakefulness; the one between life and death is the most important.

A.M.S.: And on the other side of the threshold?
C.A.: Nothing. The transformation of matter.

A.M.S.: For those who paint?
C.A.: For myself, without a doubt. I don't worry about the public. I would still paint even if the painting were always to remain "unseen."

A.M.S.: Do you believe in inspiration?
C.A.: Besides technique, I think it is important for a painting to have a meaning: we can call this meaning inspiration or soul, which pushes forward the basic idea and makes it a metaphor of one's own need and tensions.

A.M.S.: What do you think of the problem of language in art or in other forms of expression?
C.A.: I consider myself to be in a recess of that which is the language of art, not just in a contemporary sense. I believe that each artist is a tiny nuance of the enormous aesthetic adventure to which he has contributed to give, in different eras, a certain emphasis.

A.M.S.: Do you read?
C.A.: I like the greats of French philosophy,

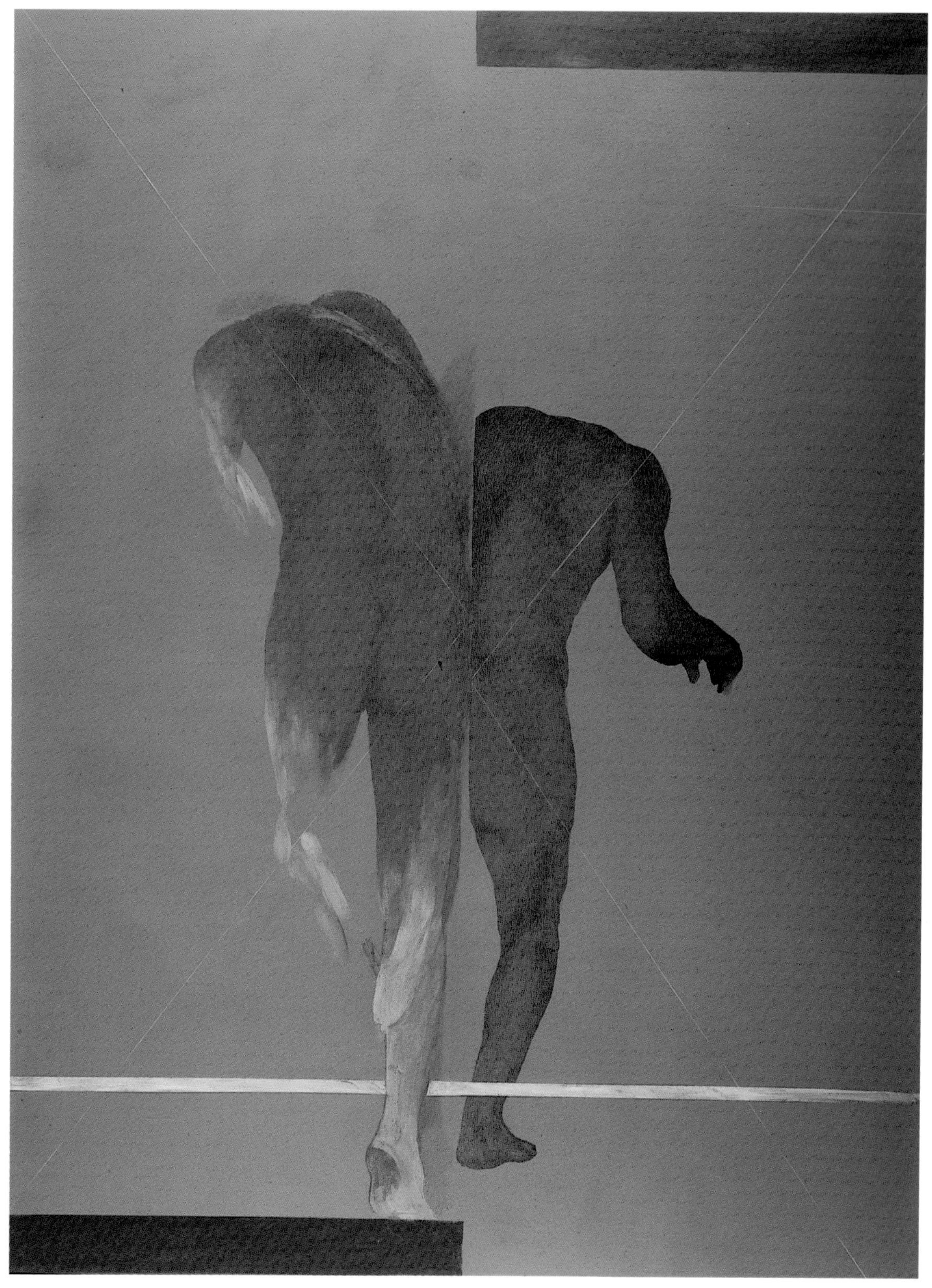

Figura n. 8, 1984

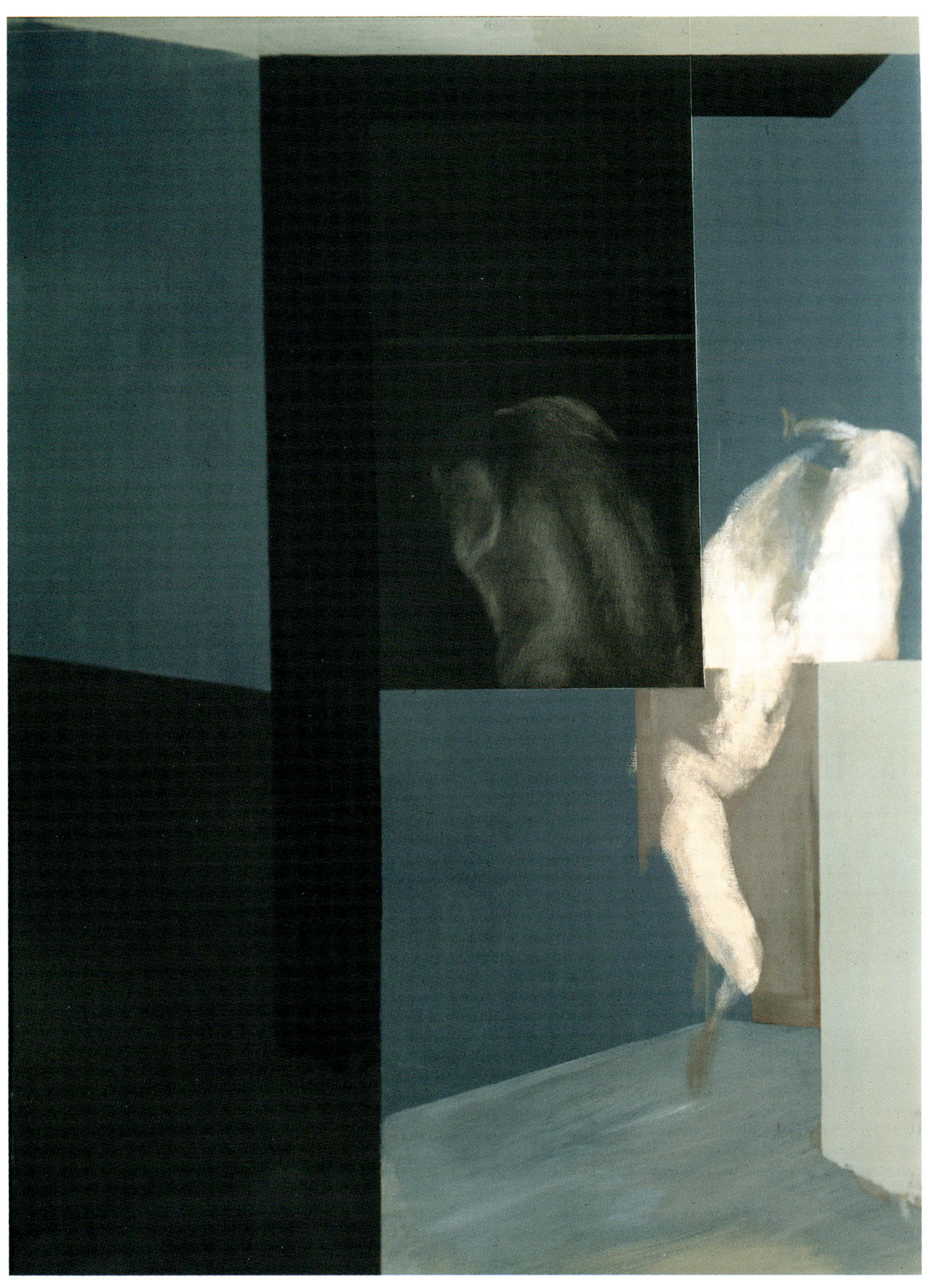

Rappresentazione n. 2, 1985

A.M.S.: Legge?
C.A.: Mi piacciono i grandi maestri del pensiero francesi, ma se mi capita tra le mani un saggio o della letteratura greca, mi ci avvicino con gioia, perché vi si può trovare quella che io definisco "la struttura permanente" dell'uomo, l'uomo non legato ad una temporalità da calendario, ma figura a tutto tondo, con passioni, sentimenti, comportamenti, leggibile in ogni tempo, al di là delle varianti storiche.

A.M.S.: Si sente lontano dall'Europa, quando sta a Napoli?
C.A.: No. La nostra è una cultura tra le più antiche, anche se rispetto al contesto europeo ne vengono compromesse le potenzialità dalla limitatezza delle strutture. Tuttavia non si può non avvertire una pregnanza di pensiero che ci viene dalla storia.

A.M.S.: Vivere a Napoli è stata quindi una scelta precisa?
C.A.: C'è di fatto che ci vivo. Non è per sentimento, piuttosto perché mi considero un essere fatto e nutrito dalla cultura di Napoli.

A.M.S.: È un alimento che la lega alla città per vincoli di gratitudine o per un bisogno di identificazione?
C.A.: Aver affondato per anni le proprie radici in un humus nel quale confluiscono antiche e molteplici culture, rende difficile la possibilità di attecchire altrove…

A.M.S.: E oggi? Fino a quando potremo esibire le vecchie abusate credenziali?
C.A.: Vorrei risponderle con un paradosso. Rispetto al mondo, Napoli potrebbe rappresentare il modello di un'Europa futura. Mi spiego meglio: noi siamo il risultato di quello che il mondo contemporaneo può produrre in uno stato di abbandono. Napoli è una città fuori dall'ordine, ma nel disordine vi è coscienza, ironia, distacco. Detto sempre come paradosso, o come scherzo, chi sa se non si sia lasciato crescere un modello del genere per correggere altre geografie.

A.M.S.: E se questo esperimento fosse fatto altrove?

C.A.: Sarebbe scattato subito un piano di emergenza… Scherzo ma non completamente.

A.M.S.: Noi invece ci assicuriamo giorno per giorno la sopravvivenza, quello che Rilke definisce, la "massima vittoria possibile": il sopravvivere, nonostante la vita minacciata, precaria, incrinata dalle feroci contraddizioni, tra l'insidia del quotidiano e la tensione della ricerca di un senso al di là di queste.
C.A.: Certamente. Abbiamo risolto o risolviamo giorno per giorno, una situazione fuori dalle regole, inventando un modo primario di sopravvivenza. Giorni fa, parlando con Percy Allum, profondo studioso e conoscitore di cose napoletane, gli chiesi se avesse mai riflettuto sulla circostanza che il nostro Palazzo Reale è in piazza, a poca distanza dai bassi e dai vicoli, mentre di solito i palazzi dei Re sono isolati da parchi e giardini, via dalla massa e dal frastuono di questa.

A.M.S.: E Allum comprese il senso delle sue parole?
C.A.: Si, gli piacque e condivise con me la possibilità di vedere in Napoli un modello di vita che, mentre comporta l'infelicità in senso sociale, può assicurare, seppure a tratti, una forma di felicità individuale.

A.M.S.: Può essere questo il senso ultimo della vita? Che cos'è per lei la vita?
C.A.: Un movimento accellerato.

A.M.S.: Non una soglia da varcare, magari il più tardi possibile?
C.A.: No, non quella soglia. Magari una soglia comune da attraversare per guardare nell'altra stanza.

but if I come across a Greek essay or literature, I fall upon it joyously because there you can find what I call "the permanent structure" of man – man not tied to a calendar temporality, but a fully-rounded figure, with passions, sentiments, behaviors, legible in every era, unaffected by historical variants.

A.M.S.: Do you feel a long way from Europe when you are in Naples?
C.A.: No. Ours is one of the most ancient cultures, although compared to the European context its potential is compromised by the scant structures. However one cannot but perceive the pregnancy of thought handed down to us from history.

A.M.S.: So living in Naples was a specific choice?
C.A.: The fact is that I live there. It is not due to any sentiment. It is rather because I consider myself to be a creature shaped and nourished by the culture of Naples.

A.M.S.: Does this nourishment tie you to the city with bonds of gratitude or is it a need for identification?
C.A.: Having for years sunk one's roots into a humus in which ancient and multiple cultures meet makes it difficult to take root anywhere else . . .

A.M.S.: And today? For how long can we continue to show our old, overtaxed credentials?
C.A.: I would like to answer you with a paradox. As regards the world, Naples could be the model for the Europe of the future. Let me explain better: we are the result of what the contemporary world can produce in a state of abandon. Naples is a chaotic city, but in chaos lies wisdom, irony, aloofness. Although I am saying this as a paradox or joke, who can say whether a model of this kind hasn't been allowed to develop in order to provide a measure for other geographies?

A.M.S.: And if this experiment had been carried out elsewhere?
C.A.: An emergency plan would have been triggered immediately . . . I'm not entirely joking.

A.M.S.: We, on the other hand, daily ensure our survival, what Rilke defined the "greatest possible victory": survival, despite a life that is threatened, precarious, marred by cruel contradictions, the daily deceptions and the tension of seeking a sense of self beyond all that.
C.A.: Certainly. We have resolved, or daily resolve, a situation that exists outside the rules, inventing a primary method of survival. A few days ago while I was talking to Percy Allum, a profound scholar and expert on Neapolitan matters, I asked him if he had ever reflected on the circumstance that our Royal Palace is in the town square, a short distance from the low life and alleys, while usually kings' palaces are isolated by parks and gardens, far from the masses and their din.

A.M.S.: Did Allum understand the sense of what you were saying?
C.A.: Yes, he liked it and he too can see how Naples might contain a life model which, while bringing social infelicity, may ensure, though occasionally, a form of individual happiness.

A.M.S.: Can this be the ultimate meaning of life? What is life to you?
C.A.: An accelerated motion.

A.M.S.: Isn't it a threshold to cross, perhaps at the very last second you can.
C.A.: No, not that threshold. Perhaps an ordinary threshold to cross in order to look into the other room.

p. 172
Camera n. 1, 1987

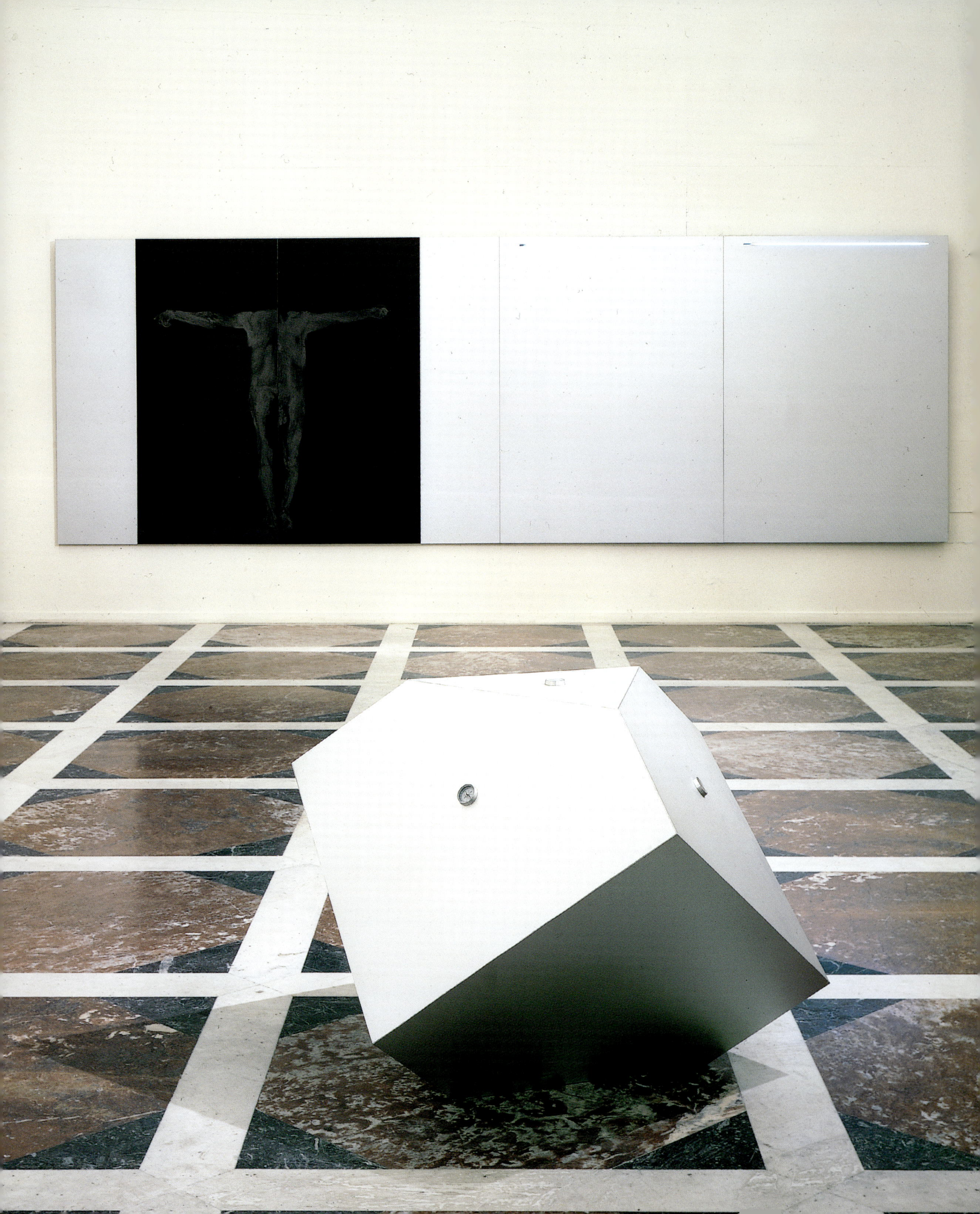

Camera

L'uomo in croce
nel freddo
di una *Camera*

Michele Bonuomo

Carlo Alfano: Nel mio lavoro attuale ogni scoria è fermata dal colore (il nero) trascinando con sé fatti sensoriali ed emozionali: il risultato è una rappresentazione fredda, è il significato che si è fatto figura all'interno di uno spazio di tipo nuovo e libero da energie calde. In esso la rappresentazione può continuare a vivere attorno ai suoi incidenti atmosferici e sentimentali...

Michele Bonuomo: Quali sono le coordinate di questo nuovo spazio?
C.A.: Non esistono direzioni cartesiane: è questo uno spazio che apre una prospettiva verso l'interno, senza però equivoci psicanalitici. È uno spazio che si configura all'interno di tutto il falso che esprime il quadro, del suo non reale. Fuori della cornice il quadro si pone come falso luogo, come spazio teatrale dell'animo.

M.B.: Che ruolo gioca la pittura in questo nuovo spazio?
C.A.: Diciamo che serve a qualificare un suo annullamento: tutto lo spazio diventa il luogo in cui la pittura non è più, un punto d'incontro tra la fine e la memoria, un traccia estrema. È quel confine in cui io sto bene in bilico tra incontro e lontananza dell'altro io, un confine in cui hai lasciato la pittura e dove puoi rincontrarla. È lo spazio della domanda e dove allo stesso tempo è ininfluente aspettarsi una risposta: è la dimensione contemporanea in cui siamo stati posti dopo la fine di prospettive e di ancoraggi certi...

M.B.: Anche ogni residuo di spazialità rinascimentale è del tutto scomparso...
C.A.: È l'inevitabile punto di arrivo di un lavoro costruito su un preciso percorso riflessivo, dove tutto l'apparato del pensiero prende forma in bianco e nero, dove poi non c'è più alcun rapporto di tipo emotivo con il reale. Così nessun incidente di tipo materico, come quelli che possono provocare un quadro, disturba quel senso di stare sul confine delle cose. Non essendoci altri percorsi univoci di segni collettivi la pittura si configura come l'estremo sentiero da percorrere.

M.B.: Dove porta questo sentiero?
C.A.: La pittura continua a cercare momenti di certezza senza trovarli. Forse non è necessario trovarli; questa incertezza fa intravedere un altro tipo di certezza: la consolazione di non avere più certezze, di non avere più antagonismi. La pienezza dell'assenza è il dato concreto della nostra contemporaneità, ed è una condizione nuova che ti obbliga solo a fare bene quello che si è deciso di fare.

M.B.: Tutto questo come si traduce nella pittura?
C.A.: Far bene in pittura per me significa essere totalmente responsabile di se stessi, significa non abbandonarsi ad emozioni private, significa cercare verità ed autenticità, senza isolarsi in una presunta eccezionalità. Così facendo si possono restituire con chiarezza i segni del fare bene, evitando l'*espressionismo* di sé stessi. A me interessa di poter dare più vie d'uscita, più prospettive. Io sono tutti nella volontà di far riemergere i segni più profondi del quotidiano.

M.B.: È questo, comunque, un atteggiamento che appartiene a tutta la vicenda dell'arte moderna...
C.A.: Direi di più. Già con il Rinascimento e con il Manierismo tutti i segni erano stati riportati in superficie. Con il passare del tempo questa superficie si è scrostata fino a svelare il buco nero aperto dalla modernità sulla prospettiva interiore dell'uomo.

M.B.: Il tuo atteggiamento è in opposizione a quello di tanta ricerca contemporanea che della superficie ha fatto il luogo del naufragio?
C.A.: Non so fermarmi alla superficie delle cose. Sarà un mio vizio, ma sono interessato a vedere quanto si muove al di sotto. Mi interessa rintracciare l'archeologia delle cose e del pensiero. Forse è per questo che sento necessario ripetere continuamente i segni che viviamo. Solo nell'abbondanza dei segni ho la certezza dell'esistenza: il nostro destino in fondo è lo stesso del Don Giovanni mozartiano costretto a sommare senza pause le sue esperienze amorose. Don Giovanni non può fermarsi a fare i conti e né, tanto meno, a fare un consuntivo della sua vita...

M.B.: In questo tuo ultimo lavoro l'uomo è ancora al centro della rappresentazione dello spazio anche se sdoppiato...
C.A.: L'*Homo ad circulum è* diviso su due piani opposti e speculari: continua a formare una sola immagine, ma è quella però apparsa il giorno dopo il Rinascimento. Nella cultura contemporanea il cerchio della perfezione classica si è trasformato nella molteplicità di un solido nello spazio. Si è trasformato cioè nella profonda limitatezza di una *Camera* in cui non vivo più alcun dolore, alcuna malinconia. Nello spazio illimitato di una stanza non si mette in scena il dramma dell'assenza, bensì si vive tutta la tragica dimensione dell'essere oggi. La stessa figura armonica posta davanti alle quattro tavole opache è l'ulteriore

in "Il Mattino", 27 febbraio/February 1988.

Man on the Cross in the Cold of a *Camera*

Michele Bonuomo

Carlo Alfano: In my current work every dross is stopped by the color (black), drawing with it sensorial and emotional facts: the result is a cold representation, it is the meaning which has become the figure within a new space free of warm energies. Here representation can continue despite atmospheric and sentimental snags . . .

Michele Bonuomo: What are the coordinates of this new space?
C.A.: There are no Cartesian directions: this is a space which opens a perspective onto the inside, without any psychoanalytical ambiguities, however. It is a space that takes shape within all the falsehood the painting expresses, its unreality. Outside the frame the painting appears to be a false place, like the theatrical space of the soul.

M.B.: What role does painting have in this new space?
C.A.: Let's say it serves to qualify its annulment: all space becomes the place in which painting no longer exists, a meeting place between the end and the memory, an extreme vestige. It is that limit where I am hovering between encountering and avoiding the other I, the limit in which you have left the painting and where you may meet it again. It is the sphere of questions and where, at the same time, waiting for a reply is irrelevant: it is the contemporary dimension in which we have been deposited after the end of sure prospects and anchorages . . .

M.B.: Every residue of Renaissance spatiality has completely disappeared, too . . .
C.A.: It is the inevitable point of arrival of a work constructed on a precise meditative journey, where the whole thought apparatus takes shape in black and white, where there is no longer any emotive type relationship with reality. Thus no incident of the nature of matter, like those which a painting can provoke, disturbs that sense of being at the limit of things. As there are no other unequivocal paths of collective signs, painting becomes the extreme journey to undertake.

M.B.: Where does this path lead?
C.A.: Painting continues to search for moments of certainty without finding them. Perhaps it is not necessary to find them; this uncertainty allows us to glimpse another type of certainty: the consolation of not having any more certainties, of not having any more antagonisms. The completeness of the absence is a concrete fact of our contemporaneousness, and it is a new condition that forces you only to do whatever it is you have decided to do well.

M.B.: How is all this translated into painting?
C.A.: Doing well in painting in my opinion means being totally self-responsible, it means not giving yourself up to private emotions, it means seeking truth and authenticity, not isolating yourself in a presumed prodigality. If one follows these rules, the signs of doing well can be restored with clarity, avoiding the *expressionism* of self. I am interested in providing more exits, more perspective. I am willing to bring back to the surface the most profound signs of the day-to-day.

M.B.: This, however, is an attitude which belongs to the entire history of modern art . . .
C.A.: I would go further. Already in the Renaissance and with mannerism, all the signs were brought back to the surface. With the passing of time, this surface peeled away to reveal the black hole that modernity had thrown wide onto man's interior prospective.

M.B.: Your attitude opposes much contemporary research, which has made the surface the sphere of failure.
C.A.: I am unable to stop at the superficiality of things. Call it a flaw of mine, but I am interested in seeing what moves beneath. I am interested in tracing the archaeology of things and thought. Perhaps it is because of this I feel the need to constantly reproduce the signs we experience. It is only in the abundance of signs that I have the certainty of existence: our destiny at bottom is the same as Mozart's Don Giovanni, forced to ceaselessly accumulate his amorous experiences. Don Giovanni cannot stop to take stock, never mind draw up a balance of his life . . .

M.B.: In this latest work of yours man is still at the center of the representation of the space, although split in two . . .
C.A.: *L'homo ad circulum* is divided into two opposing mirror planes: it continues to form a single image, but the one which appeared the day after the Renaissance. In contemporary culture the circle of classical perfection has transformed itself into the multiplicity of a solid in space. It has been transformed, that is, into the profound narrowness of a *camera* in which I feel no more pain, no more melancholy. In the unlimited space of a room one doesn't stage the drama of absence, but rather one experiences the whole tragic dimension

sintomo di uno spaesamento, di una contraddizione delle certezze della classicità.

*M.B.: La pienezza della tua maturità di
ricerca è tutta addensata nella* Camera *di
Capodimonte...*
C.A.: Questo lavoro per me ha il senso di una
grande conclusione. È la somma – in una forma molto ampia – di tutto quanto ho già fatto
precedentemente. D'altra parte sono convinto
che solo concludendo un percorso posso
aprirne un altro...

*M.B.: Il segno della croce già presente in
altri tuoi lavori in questo caso si carica di
altre simbologie?*
C.A.: No. Mai come in questa occasione il
tema della croce non ha più palpitazioni: è
freddo. È molto gelido. In quest'opera ogni
intuizione è vissuta al massimo grado della
distanza: ogni passione quando diventa forma
deve raffreddarsi. È questa, per me, la condizione ideale per arrivare ad una chiarezza della visione.

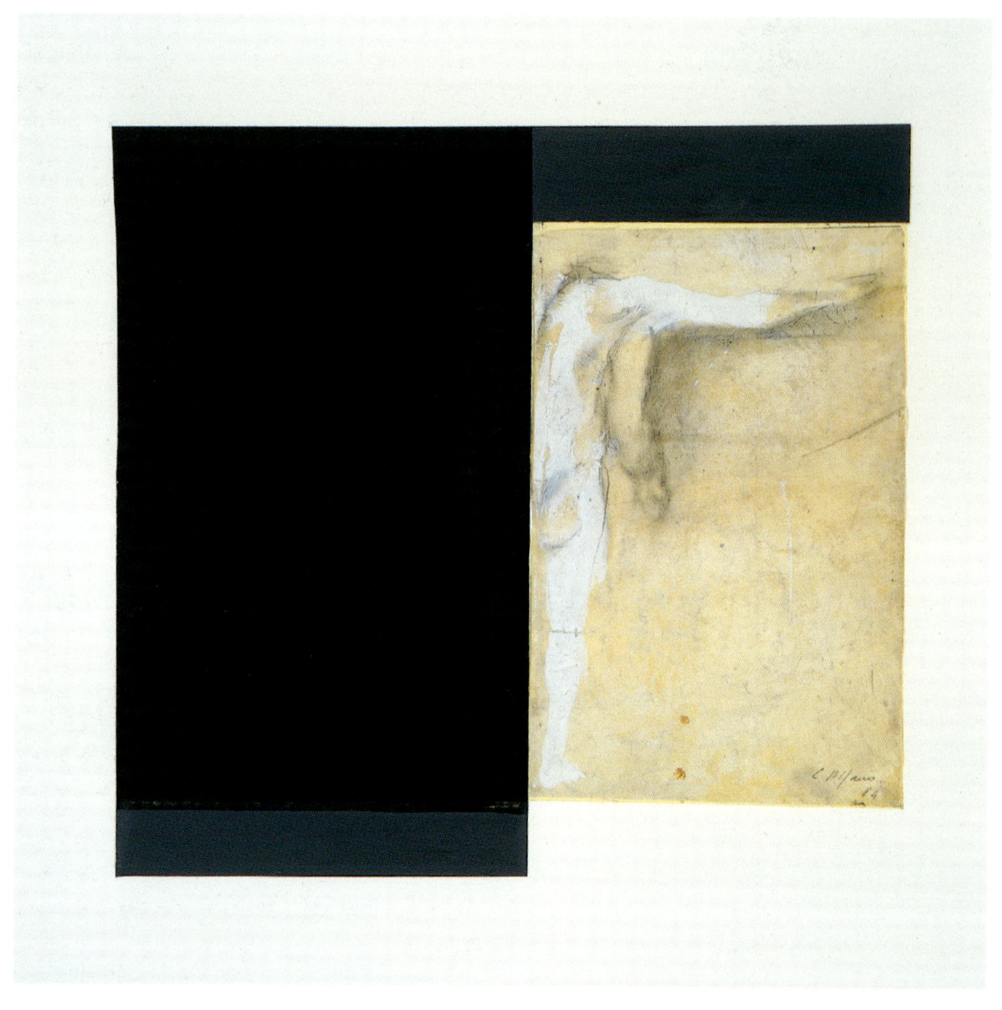

Studio per/Study for *Figura*, 1984

of being today. The same harmonic figure placed in front of the four opaque tables is the
further symptom of a disorientation, of a contradiction of the certainties of classicism.

*M.B.: The full ripeness of your research is
gathered in the* Camera *of Capodimonte . . .*
C.A.: This work for me has the sense of a
grand finale. It is the sum – in a very large shape – of everything I have done before. On the
other hand I am convinced that only by fini-
shing one journey can I set off on another . . .

*M.B.: Is the sign of the cross, already seen in
other of your works, loaded with other symbols in this case?*
C.A.: No. Never as on this occasion has the
theme of the cross been so lifeless: it is cold.
It is ice-cold. In this work every intuition is
experienced from the greatest distance: every
passion must cool as it takes shape. This for
me is the ideal condition in order to achieve a
clarity of vision.

Figura, 1985

Lettera
a Steingräber, 1987

Letter
to Steingräber, 1987

Carlo Alfano

Caro Erick,
così come tutti gli elementi (i simboli ed i segni che compongono questa mia ultima opera) vivono all'interno di questa opera dei loro valori contrari così anche il titolo di questo lavoro *Camera* oppone uno spazio contrario – indicato dal vocabolo stesso come chiuso – a quello aperto dalla mia opera.

La relazione, il rapporto tra questi due spazi, quello dell'opera e quello a cui rimanda il titolo è nella dialettica dei loro rispettivi valori contrari di apertura e di chiusura.

L'opposizione di valori contrari penso sia il senso di questo lavoro che ho realizzato. La relazione-opposizione (a parte il titolo) lega i due oggetti separati e, contemporaneamente legati che costituiscono l'insieme dell'opera: l'ottaedro ed il grande quadro di metallo alla parete.

Su ognuno degli otto piani dell'ottaedro l'ago di una bussola indica, per lo spazio, il "territorio" sul quale poggia la bussola stessa, una diversa ed autonoma direzione spaziale. In questo modo, nella sua totalità oggettuale, questa antica "figura armonica", l'ottaedro, diviene un oggetto disorientante: per lo spettatore come per la figura con le braccia aperte rappresentata nel quadro di fronte non è indicatore né di equilibrio né di stabilità.

Sulla parete, frontale a questo ottaedro spaesante, il grande quadro di metallo (composto di 4 pannelli il cui insieme è di m 2 x 6) vive al suo interno, autonomamente, anche esso, due spazi diversi ed opposti. Sulla parte sinistra del quadro, in alto, due sottili lame di luce al neon riversano all'esterno dei pannelli in cui sono collocate le loro deboli luci fredde che appena rischiarano le due nude pareti-pannelli di metallo opaco.

Nella parte opposta, sulla destra del quadro, una superficie nera specchiante lo spazio esterno ad essa ed a tutto il quadro stesso. Su questa superficie nera sono rappresentate due metà di una sola figura umana con le braccia aperte a croce.

Una metà di questa figura, la parte sinistra, mostra la parte anteriore del corpo: l'altra, la parte destra mostra la parte posteriore dello stesso corpo (anche questa metà con il braccio teso a croce). Queste due metà, che formano una figura unica, rispettivamente entrano ed escono nello e dallo spazio nero dell'opera.

La parte destra della "figura" quella posteriore guarda nel suo "luogo", nello spazio nero interno dell'opera dove si riflette l'esterno, il reale.

La sinistra, la parte anteriore della "figura", va verso l'esterno al quadro con il braccio teso come a cercare fuori dall'opera in cui vive il suo equilibrio, il suo spazio.

Dear Erick,
Just as all elements (the symbols and signs which make up this last work of mine) have their contrary values within this work, so too does the title of this work *Camera* set up an opposite space – the word itself tells us it is locked – to the one my work opened up. The relationship between these two spaces – the one in the work and the one the title recalls – is in the dialectics of their respective contrary values of openness and closure.

I believe the opposition of contrary values is the sense of this work. The relation-opposition (apart from the title) links the two separate objects, simultaneously combining what makes up the completed work, the octahedron and the large metal painting on the wall.

On each of the eight planes of the octahedron, the needle of a compass indicates for the space the "territory" on which the compass itself rests, a different and autonomous spatial direction. In this way, in its object totality this ancient "harmonic figure," the octahedron, becomes a disorienting object: neither for the spectator nor for the figure with open arms represented in the painting opposite does it indicate either balance or stability.

On the wall opposite this disorienting octahedron is the large metal painting (made up of four panels, whose size totals 2 x 6 meters) which also contains, independently, two different and opposite spaces. Above and to the left of the painting, two thin blades of neon light pour from the panels in which they are placed, their weak cold light barely illuminating the two naked wall panels of opaque metal. On the opposite side, on the right of the painting, a black surface mirrors the space external to itself and the whole of the painting. On this black surface there are the two halves of a single human figure with its arms opened wide in the shape of a cross.

One half of this figure, the left half, shows the front of the body: the other, the right half, shows the back of the same body (this half also with its arm stretched out to form a cross). These two halves, which form a single figure, respectively enter and exit into and out of the black space of the work.

The right or the back of the "figure" looks into its "locus," into the black space within the work where the external reality is reflected.

The left or the front of the "figure," stretches out an arm as though seeking its balance, its space outside the work it inhabits.

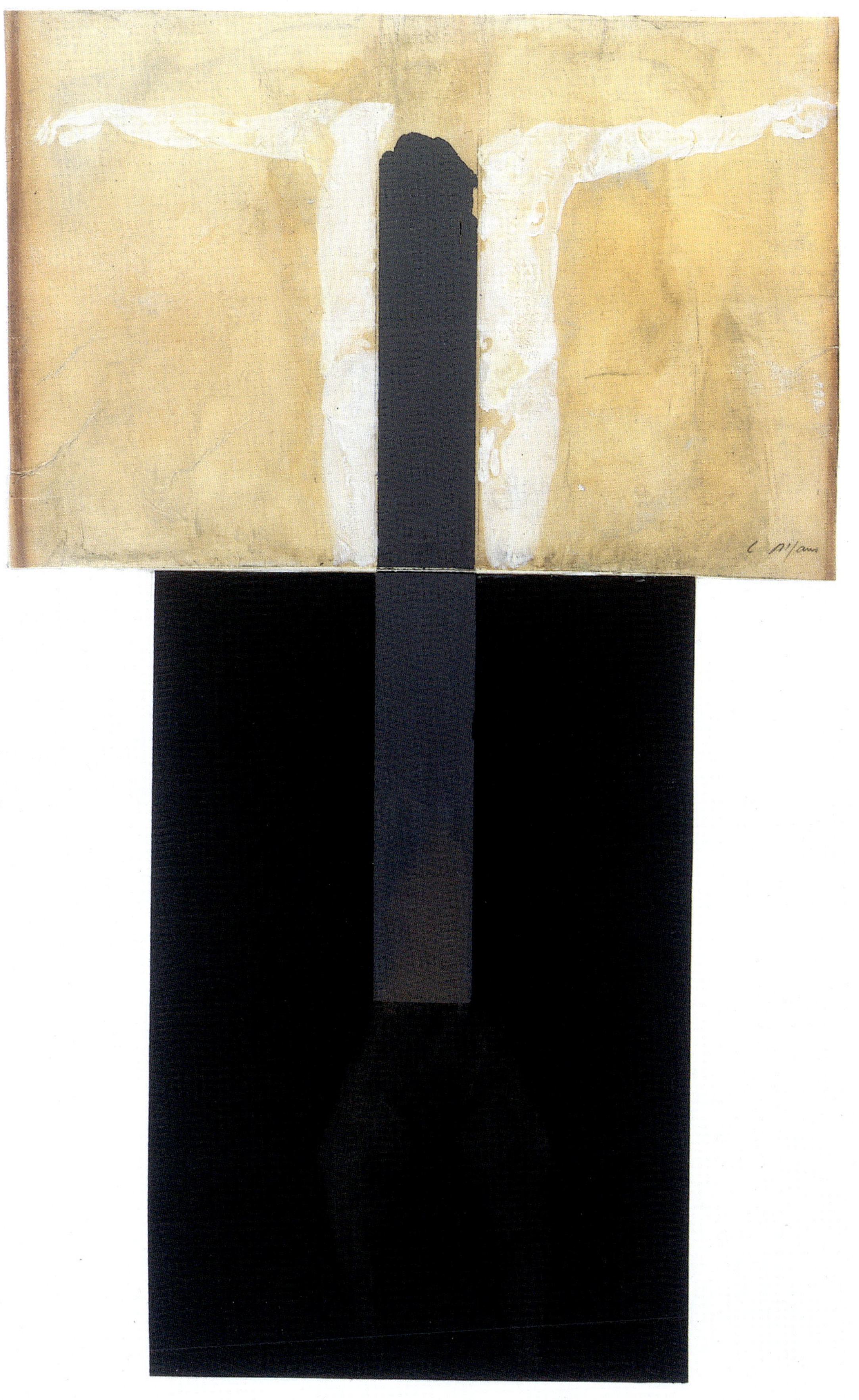

Figura C, 1985

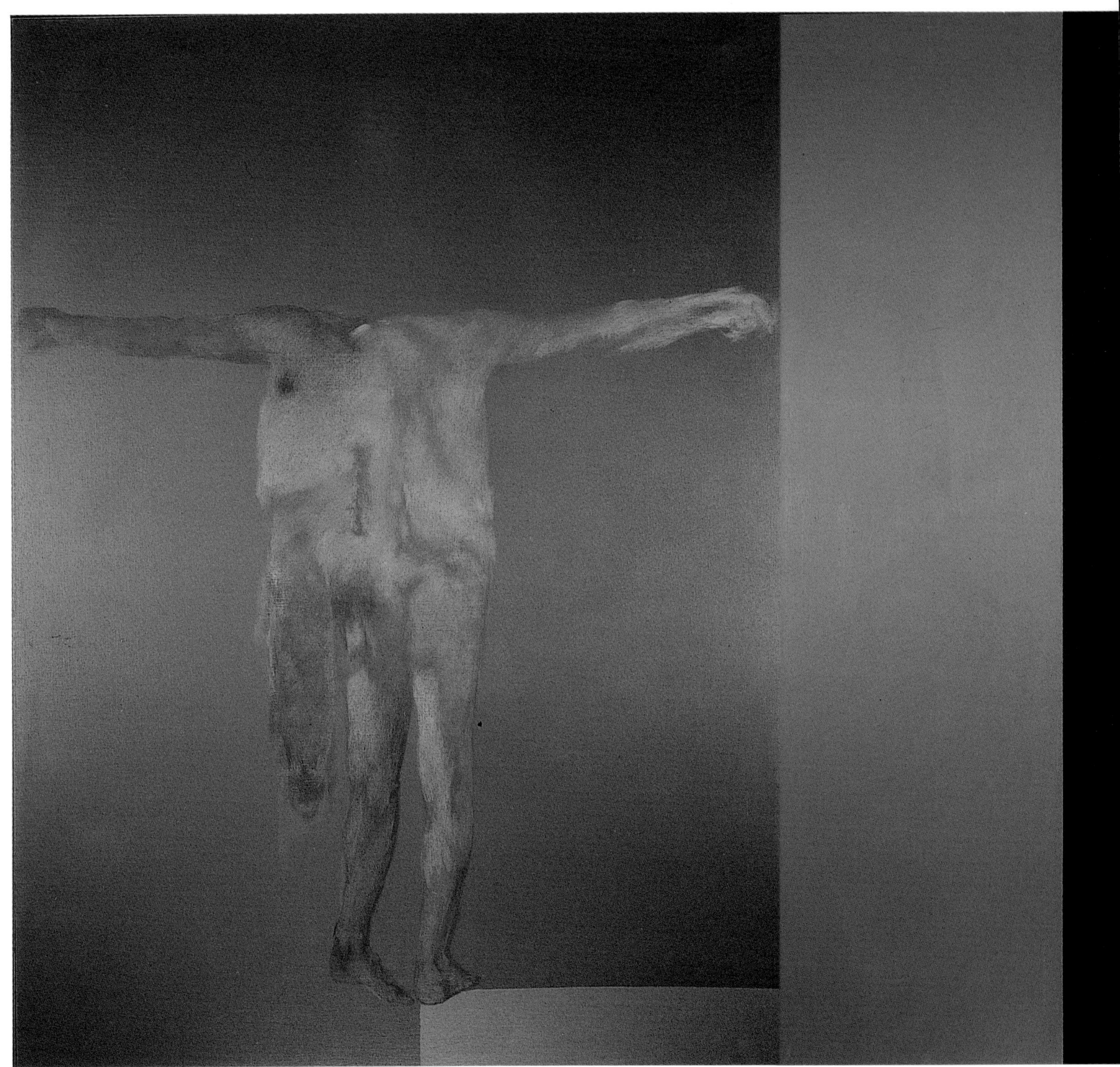

Senza titolo, 1987

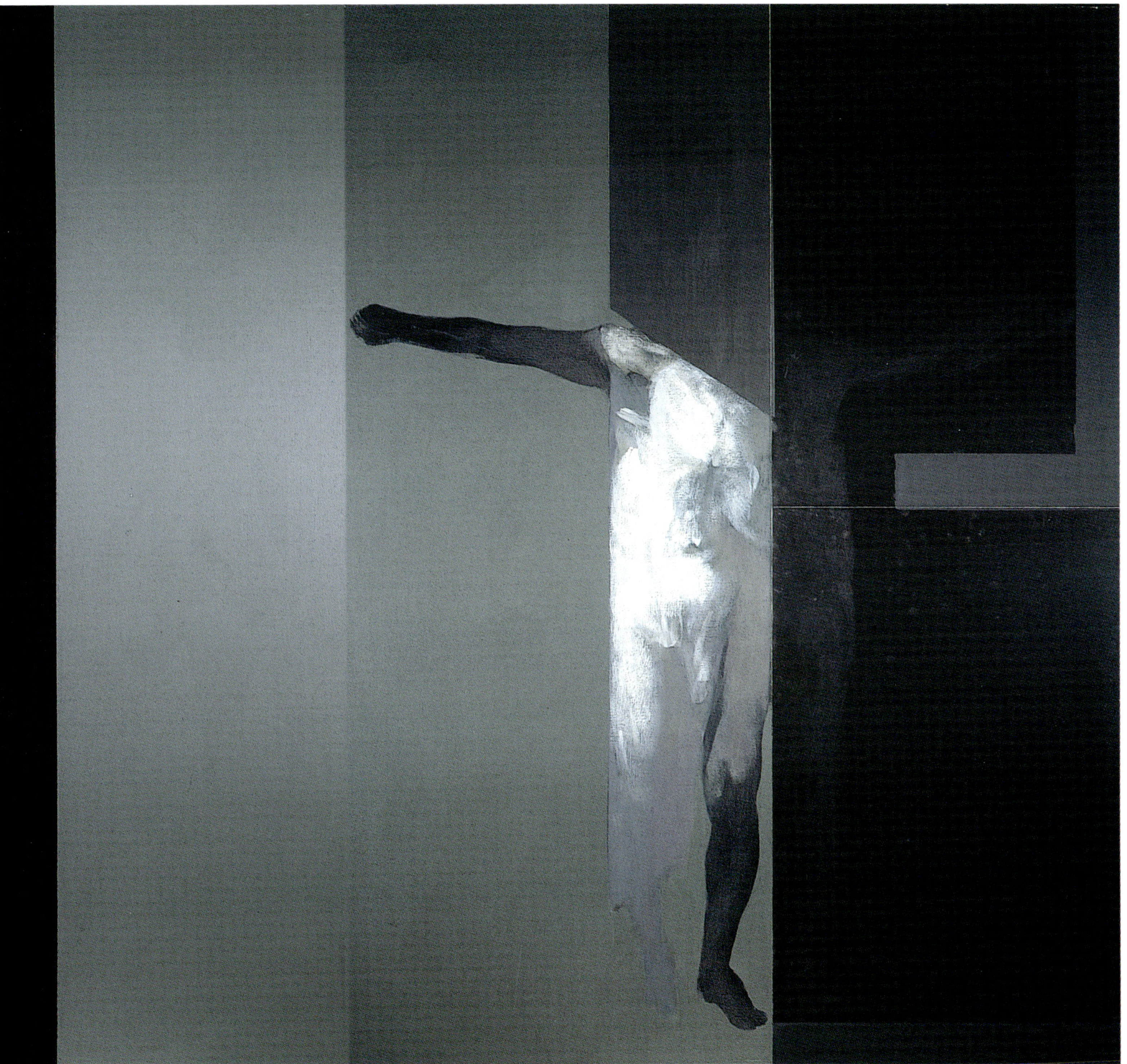

Camera n. 2, 1988-1989

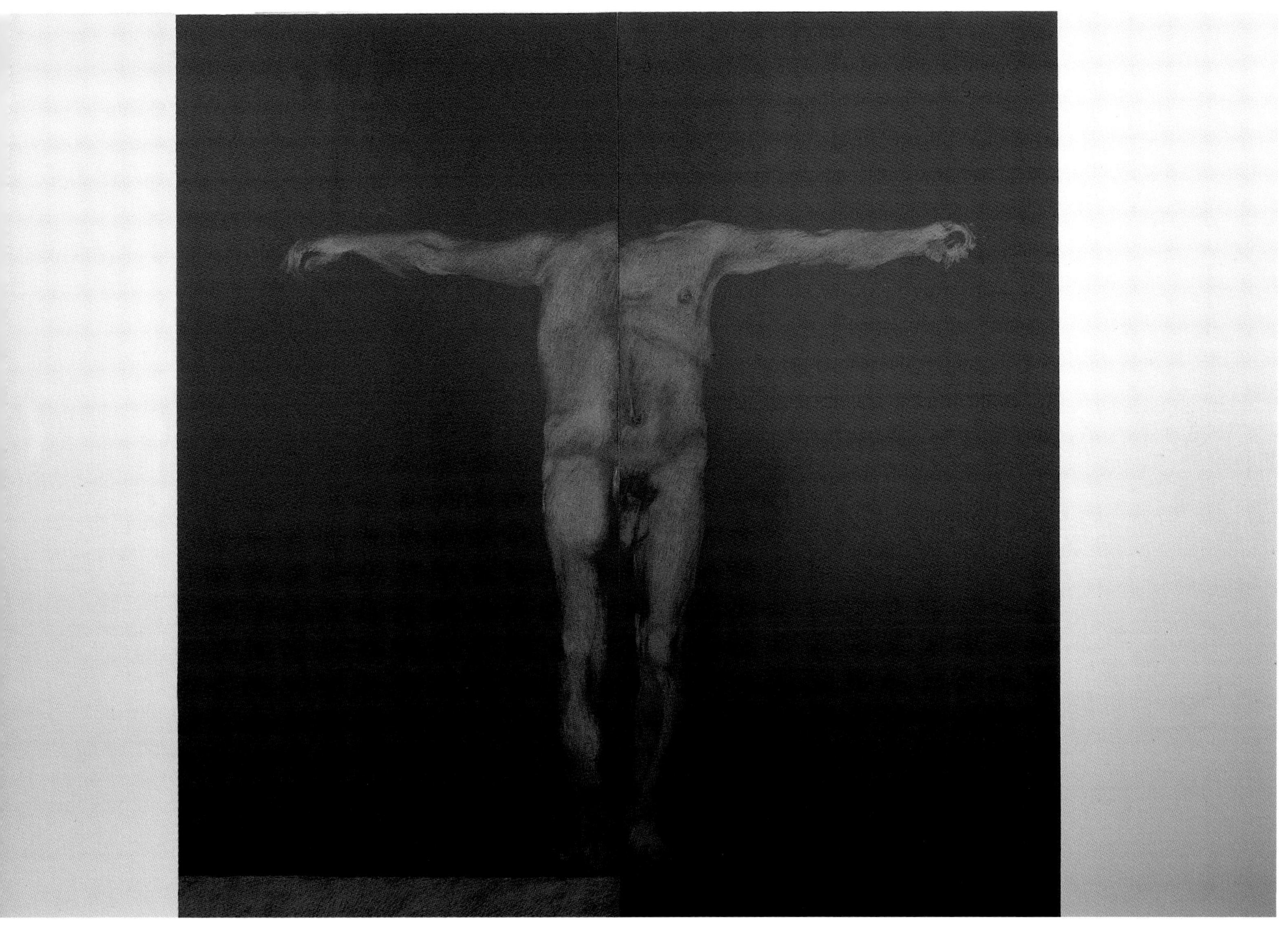

Carlo Alfano ritratto da/portrayed by Fabio Donato

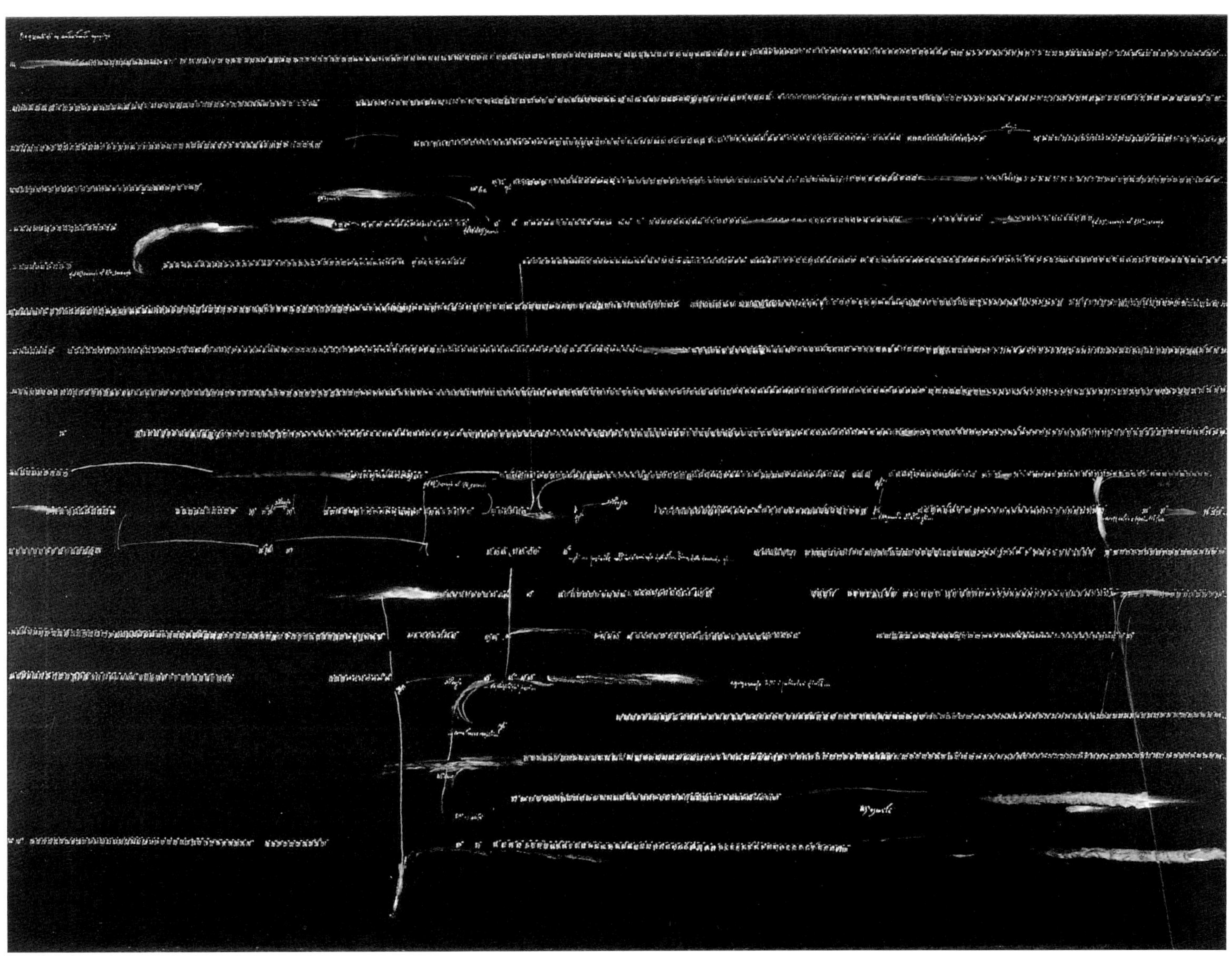

*Frammenti di un autoritratto anonimo
(dal 744 secondo al 937 secondo),*
ottobre/October 1990

La follia ed oltre

Angioletta Colucci de Goyzueta

Angioletta Colucci de Goyzueta: Il tema lo sai, Carlo, è la follia, la follia ed oltre…
Carlo Alfano: Certo, ognuno di noi è detentore di questo doppio folle, quest'altra parte che hai dentro e che non sai di avere, di cui non conosci bene le forme, le architetture.

A.C.G.: E l'artista che fa di questo "doppio folle", come lo trasforma, come lo esprime.
C.A.: In linea generale l'artista estrae dei segni dal mondo, li distacca dal loro sistema abituale, dove hanno un significato comune a tutti, e li combina in un contesto diverso dove mantengono comunque la loro connotazione, ma assumono forme e significati diversi. C'è una differenza, un'estraneità, uno stacco per cui questi segni combinandosi diversamente prendono movenze, fughe, eccitazioni tali da richiamare alla mente il concetto di follia. Artaud, Nietzsche, Van Gogh sono figure emblematiche in tal senso, esemplificazioni limite di segni portati all'estremo in un altro contesto che propongono significati diversi e quindi possibilità diverse.
Nel caso dell'arte talvolta ci troviamo di fronte ad una funzione inaspettata: non guidare il mondo ma far intravedere altre realtà.

A.C.G.: Realtà talvolta considerate alternative.
C.A.: Ci sono segni che in certe epoche sono stati considerati connotazioni patologiche di un soggetto folle ed in epoche successive sono diventati più comprensibili e quindi accettati. Nel mondo classico il folle non era un soggetto accettabile, non era neanche un soggetto. Era una figura strana, sconosciuta, lontana, misteriosa. Oggi invece la stessa opposizione follia-ragione, così frontale, così distante, è più smussata. I due termini sono più vicini.

A.C.G.: Nell'Antonio e Cleopatra di Shakespeare, ad un certo punto Lepido dice ad Antonio: "Che razza di cosa è il vostro coccodrillo?" e Antonio: "È fatto, signore, come se stesso ed è largo quanto la sua larghezza. È esattamente largo quanto lo è e si muove con i suoi propri organi; vive di ciò che lo nutre e una volta che i suoi elementi lo abbandonano, trasmigra".
Lepido: "Di che colore è? " Antonio: "Del suo colore". E Lepido: "È uno strano rettile".
C.A.: Cioè, la logica interna è quella che risponde.

A.C.G.: Proprio così. Il bisogno di seguire una logica interna. Alcune persone, gli artisti in particolare, hanno come una necessità assoluta a seguire questa logica e ad esprimere e rendere comprensibile tutto questo in una combinazione di segni, come dicevamo, che rappresenta una realtà diversa. Ma se questo non riesce, che cosa si rischia?
C.A.: Quando questa architettura interna ha una sua logica più stretta, una coerenza maggiore tra segno e segno, trabocca, oltrepassa la mutevolezza del sistema interno, prende forma e si riversa all'esterno, trasformandosi in gesti, parole, opere. È un problema di quantità di spazio che separa il sistema interno da quello esterno. L'artista, più di ogni altro, riesce a trovare un collegamento tra questi sistemi, prendendo i segni dall'esterno e rimandandoli poi in una organizzazione diversa. La capacità espressiva di un'opera sta proprio nella possibilità di rimettere a fianco due sistemi di segni. Se questi sistemi non si toccano almeno un po', l'opera rimane fuori, non dice niente, va da sé, vuota, incomprensibile.

A.C.G.: Quindi l'opera deve toccare, deve essere una costruzione viva, parlante, che abbia senso, che comunichi.
C.A.: Sì. La domanda "di che colore è quest'animale", è così ben costruita che riesce a toccare. Così Amleto aveva un metodo interno nella sua follia. Se c'è un metodo tale che tocca il mondo esterno, viene fuori un oggetto, una significazione nuova o almeno inquietante.

A.C.G.: E Carlo Alfano? Come nasce la sua arte? Come esprime i suoi segni?
C.A.: Non so. Al di là dei miei quadri avviene questo. Quando tu stai nel tuo studio, insegui la ragione di un tono, di un segno, di una distanza tra una figura e l'altra, tra un segno e l'altro. È una ragione così dura, così vera, così reale. Poi, accade che molte volte scendo giù per la strada, nell'aria della vita normale, e queste cose mi sembrano assurde. E penso: possibile che ritenga così serie, così importanti le ragioni del problema che ho sulla tela, l'accostamento dei segni, tanto da perdere la testa? Quando stai chiuso nel tuo studio sono cose più reali del reale. Lavori ed è un lavoro duro, difficilissimo. Risolvere le ragioni interne di questo spazio, seguire i segni che cercano l'espressione della loro verità, trovare questa logica interna, che è vera. Misuri questa verità con le ragioni del mondo esterno, e hai proprio la dimensione di due mondi diversi: ti accorgi che quello che fai è un altro mondo.

A.C.G.: Un mondo che però deve essere così e di cui non puoi fare a meno.
C.A.: All'interno di quest'altro mondo ci sono delle ragioni molto precise. La riuscita di un'opera sta proprio nell'aver tenuto insieme le ragioni interne dell'opera.

trascrizione della conversazione registrata tra Angioletta Colucci de Goyzueta e Carlo Alfano, 1990.

Madness and Beyond

Angioletta Colucci de Goyzueta

trascription of the recorded conversation between Angioletta Colucci de Goyzueta and Carlo Alfano, 1990.

Angioletta Colucci de Goyzueta. You know the theme is madness, Carlo, madness and beyond . . .
Carlo Alfano. Certainly, everyone of us has this mad double, this other side you have inside you and which you don't know you have, which you don't know the shapes or the architecture of.

A.C.G.: It is the artist who makes something of this mad double, how he transforms it, how he expresses it.
C.A.: In general the artist extracts signs from the world, he detaches them from their habitual system, where they have a meaning common to everyone, and he combines them in a different context where they maintain their connotation, but take on different shapes and meanings. There is a difference, an irrelevancy, a detachment for which these signs in different combinations take on movements, flights, stirrings such as call to mind the concept of madness. Artaud, Nietzsche, Van Gogh are emblematic figures in this sense, extreme examples of signs taken to extremes in another context which propose different meanings and therefore different possibilities. In the case of art, sometimes we find ourselves dealing with an unexpected function: not controlling the world but glimpsing other realities.

A.C.G.: Realities sometimes considered to be alternatives.
C.A.: There are signs which in certain eras have been considered to be pathological connotations of a mad subject and in subsequent ages have become more comprehensible and therefore accepted. In the classical world the madman was not an acceptable subject, he wasn't even a subject. He was a strange, unknown, distant, mysterious figure. Today, on the other hand, the same opposition madness-reason, so frontal, so distant, is more blurred. The two terms are closer.

A.C.G.: At a certain point in Shakespeare's Antony and Cleopatra, *Lepidus says to Antony: "What manner of thing is your crocodile?" and Antony: "It is shaped sir, like itself, and it is as broad as it hath breadth; it is just so high as it is, and moves with its own organs; it lives by that which nourisheth it; and the elements once out of it, it transmigrates."*
Lepidus: "What colour is it of? Antony: "Of its own colour too." Lepidus: "'Tis a strange serpent."
C.A.: That is, what replies is the eternal logic.

A.C.G.: That's it. The need to follow an internal logic. Some people, artists in particular, have an absolute need to follow this logic and to express and make all this comprehensible in a combination of signs, as we said, which represents a different reality. But if this is not successful, what do we risk?
C.A.: When this internal architecture has its own stricter logic, a greater coherence between signs, it overflows, it goes beyond the mutability of the internal system, it takes shape and spills outwards, transforming itself into gestures, words, works. It is a problem of the quantity of space which separates the internal from the external system. The artist, more than anyone else, manages to find a connection between these systems, taking external signs and organizing them differently. The expressiveness of a work lies precisely in the possibility to place two sign systems side by side. If these systems do not touch at least a little, the work remains outside, says nothing, travels alone, empty, incomprehensible.

A.C.G.: So the work must touch, must be a living, talking construction which makes sense, which communicates.
C.A.: Yes. The question "What color is this animal?" is so well constructed that it succeeds in touching. Thus did Hamlet have a method to his madness. If there is a method which touches the external world, then an object, a new or at least disquieting significance emerges.

A.C.G.: And Carlo Alfano? How is his art created? How does he express his signs?
C.A.: I don't know. This happens out of the range of my paintings. When you are in your studio you follow the logic of a tone, a sign, the distance between one figure and another. It is such a hard, true, real logic. Then it happens that many times I go down into the street, breathing the air of normality and these things seem absurd to me. And I think: is it possible I believe the logic of the theme I have on the canvas, this combining of signs, to be so serious, so important that I lose my head? When you are shut up in your studio these things are more real than reality. You work and it is a hard, extremely difficult job. Solving the internal logic of this space, chasing the signs which try to express their truth, finding this internal, true logic. If you measure this truth against the logic of the outside world, you have precisely the dimension of two different worlds: you realize that what you do is another world.

A.C.G.: A world which, however, must be so and which you cannot do without.

A.C.G.: Nelle tue opere è spesso presente una figura sdoppiata, o riflessa, il bianco e il nero, il chiaro e lo scuro, l'ombra. Si direbbe che c'è un doppio sempre presente nella tua vita.

C.A.: Potrei dirti tante cose, non so. È difficile. È che non sono mai sicuro di una cosa, di una figura, nel caso mio, di costruirne il profilo, la sua definizione netta, conclusa. È che non so concludere. Non azzarderei mai a concludere. È una cosa che per me non ha significato. Un segno concluso è la certezza. Come dire, tu ti narri, narri completamente un segno, una figura. E io no so che cosa mi dovrei narrare o narrare agli altri. Per cui diciamo che anche a me stesso do un segno ambiguo, un segno incerto.

A.C.G.: Però il quadro, nel momento in cui lo completi ha una sua totalità, una sua finitezza.

C.A.: Ha una sua totalità, è vero. All'interno del perimetro del quadro, questa ambiguità, le figure sdoppiate, hanno una loro compostezza e una loro possibilità di verità. Ma se tu, in un gioco di immaginazione, facessi vivere queste due figure nella realtà del mondo, incontreresti due mostri, impressionanti in tutti i sensi. Bene, ti ho più o meno detto come nasce un'opera, ma mi sto domandando perché ti poni questi problemi sulla follia. Come una sorta di rivalutazione del folle. Il folle come soggetto isolato. Ma il mondo non si preoccupa, non è molto attento alle ragioni del singolo. È preso dai grandi numeri. Per chi è considerato pazzo o qualcosa del genere va trovato subito un rimedio valido, con medicinali o altro, al di là della particolare soggettività, perché l'unica preoccupazione è dare felicità a masse sempre più grandi. Per cui non so se attraverso la rivalutazione del folle ci sia una rivalutazione del soggetto, del singolo.

A.C.G.: Ma questo incontro potrebbe essere un solco verso aspetti sconosciuti, un tentativo di ricomposizione della persona.

C.A.: Certo, la domanda ha un doppio fondo. E l'altro fondo è questo. Ognuno di noi ha in sé il suo doppio, l'altra parte di noi che in certi momenti può avere eccitazioni o ingrandimenti tali o una spinta così forte a seguire le sue ragioni interne di esperienza del mondo, che può sentirsi costretto a riparare anche in situazioni strane, particolari, per tentare di trovare un equilibrio. Certo, un individuo così crea preoccupazione. Ma se il mondo non è portato alla preoccupazione del singolo, della sua condizione particolare, dell'altra sua parte che preme, che fine fa questo singolo?

A.C.G.: Ecco. Che fine fa questo singolo? L'"oltre" allora potrebbe essere il bisogno e la possibilità di recuperare e di reintegrare queste parti che possono esprimersi come momenti della follia o dell'arte o del diverso in generale. L'"oltre" come superamento dell'emarginazione e della diversità.

C.A.: D'accordo. Ma non si può parlare di una risoluzione positiva all'interno di una particolare attività come l'arte, ad esempio. Prima di essere quello che siamo, siamo dei singoli, e questo "oltre" consiste nel destino del singolo. La solitudine del singolo nel mondo moderno, questo è l'"oltre" al quale non saprei rispondere. Come si dice spesso, noi occupiamo solo un posto nella statistica. Una volta una persona scherzando mi disse: "Sai una cosa, mi piacciono le statistiche perché ci sono pure io". Ecco, per me questo è l'oltre.

A.C.G.: L'"oltre" dunque è la possibilità e il destino di esserci, è l'individuo…

C.A.: Il quale… non ha un destino. Non per ragioni di amarezza, ma nel senso che il mondo non può preoccuparsi, non può seguire le vicende di ogni individuo, di ogni anima. C'è una parte in ognuno, quella parte solitaria, che fa di ogni uomo un solo uomo, che resta senza ascolto, e sa che gli altri non possono preoccuparsi troppo di lui.

A.C.G.: Spesso è la nostra parte negata. Quella che tu invece hai scelto.

C.A.: È semplicemente un ingrandimento di sé, non nel senso della grandezza, della monumentalità, ma nel senso di essere riconosciuto.

A.C.G.: Come un rimbalzo di sé ingigantito, una risonanza maggiore.

C.A.: Si, nel senso di farsi scorgere come singolo. È una strategia. Attraverso forme, siste-
mi, alchimie, rapporti particolari con i segni del mondo esterno, ingrandisci, sviluppi te stesso; se vuoi sviluppi, fecondi anche la tua follia perché si esprima in modo da essere guardata. E questa è la sotterranea, la più grossa preoccupazione dell'artista.

A.C.G.: Quella del riconoscimento.

C.A.: Quella di farsi scorgere. Probabilmente ogni singolo ha una tensione verso questo riconoscimento.

A.C.G.: Tu hai avuto questo riconoscimento. La tua "parte folle" ormai si è fatta scorgere.

C.A.: Sì. Ma più che attraverso le mie opere o come interiorità… forse – non so se è la parola giusta – forse come evento tragico. Non so esprimermi in questo momento, magari per modestia o per falsa umiltà. Ma addirittura non essere riconosciuto per le mie qualità, e nemmeno come… come esistente. Come uno che esiste, che c'è.

A me non piace la morte solo per una cosa: perché non posso dire, non so a chi, a che cosa… non posso dire: presente, ci sono.

C.A.: Inside this other world there is a very precise logic. The success of a work lies precisely in holding together the internal logic of the work.

A.C.G.: In your works we often see a double figure, a reflection, black and white, light and dark, shadow. One would say that there is always a double present in your work.
C.A.: I could tell you many things. I don't know. It's difficult. It's that I'm never sure of any thing, any figure, in my case to create its profile, to define it clearly, conclusively. I just can't be conclusive. I would never risk trying to be conclusive.
It's something that for me has no meaning. A conclusive sign means certainty. Like saying you tell about yourself, you tell everything about a sign, a figure. And I don't know what I should tell about myself or about others. So let's say I give an ambiguous sign, an uncertain sign to myself, as well.

A.C.G.: However the painting, the moment you complete it has its totality, its perfect finish.
C.A.: It has its totality, that's true. Within the painting's perimeter, this ambiguity, the double figures have their composure and their possible truthfulness. But if you, in a game of the imagination, made these figures live in the real world, you would meet two monsters, shocking in every sense.
Now, I have more or less told you how a work is created, but I am wondering why you question madness. Like a sort of reevaluation of the madman. The madman as isolated subject. But the world doesn't worry, isn't very attentive to the logic of the individual. It is concerned with large numbers. For those considered to be mad or something of that nature, a valid remedy must be found at once, be it medicines or something else, whatever the individual case, because our only worry is to bring happiness to the constantly increasing masses. Therefore I don't know if by reevaluating the madman there is a reevaluation of the subject, of the individual.

A.C.G.: But this meeting could be a rift revealing unknown aspects, an attempt to recompose the person.

C.A.: Certainly, the question has a false bottom. And the other bottom is this: each of us has within us his double, the other side of ourselves, which in certain moments may thrill or dilate or have such a strong compulsion to follow its internal logic of the world that it may have to shelter in strange, particular places in order to achieve a balance. Certainly, an individual like this creates preoccupations. But if the world is not inclined to worry about the individual and its particular condition, its other pressing side, where will this individual end up?

A.C.G.: Yes. What happens to this individual? The "beyond" might then be the need and the opportunity to recuperate and reintegrate these parts which can express themselves as moments of madness or art or difference in general. The "beyond" as the elimination of marginalization and difference.
C.A.: Alright. But you cannot speak of a positive resolution within a particular activity such as art, for example. Before we become what we are, we are individuals, and this "beyond" consists in the destiny of the individual. The solitude of the individual in the modern world, this is that "beyond" I do not know how to respond to.
As is often said, we are just a statistic. Once someone jokingly said to me: "You know something, I like statistics because I'm in there, too." There you are, that to me is the "beyond."

A.C.G.: The "beyond" is therefore the possibility and the destiny of being there, it is the individual . . .
C.A.: Who . . . has no destiny. Not because of bitterness, but in the sense that the world cannot worry about him, cannot keep up with the vicissitudes of each individual, each soul. There is a part of everybody, that solitary part, which makes each man just a man that nobody listens to and who knows that the others cannot worry too much about him.

A.C.G.: Often it is the part we deny. The one you instead have chosen.
C.A.: It is simply a magnification of the self,

not in the sense of size, of monumentality, but in the sense of being recognized.

A.C.G.: Like a gigantic self on the rebound, a greater resonance.
C.A.: Yes, in the sense of letting ourselves be seen as individuals. It is a strategy. Through forms, systems, alchemies, particular relationships with the signs of the external world, you magnify, develop yourself: if you want you develop, fructify your madness too so that it expresses itself in such a way that it attracts attention. This is the subterranean, the greatest preoccupation of the artist.

A.C.G.: To be recognized.
C.A.: To attract notice. Probably each individual strains towards this recognition.

A.C.G.: You have had this recognition. Your "mad part" has by now attracted notice.
C.A.: Yes. But more than through my work or my inner life . . . perhaps – I don't know if this is the right word – perhaps as tragic event. I cannot express myself right now, perhaps because of modesty or false humility. But not even to be recognized for my qualities, and not even as . . . as existing. As one who exists, who is.
I don't like death for one reason only: because I cannot say, I don't know who or what to . . . I cannot say: I am present, I am here.

Appendice

Appendix

Elenco delle opere

List of Works

Figura, 1957
Lacca su tela/Lake on canvas
cm 100x200
Buenos Aires, collezione privata/
private collection
Photo C. Alfano
p. 24

Ecce Homo, 1958
Olio su legno/Oil on wood
cm 19x12
Napoli, collezione/collection Alfano
d'Amora
Photo B. Jodice
p. 25

Senza titolo, 1958
China su carta/India ink on paper
cm 48,5x66,5
Napoli, collezione/collection Alfano
d'Amora
Photo B. Jodice
p. 26

La stanza del cieco, 1959
Olio su tela/Oil on canvas
cm 139x100
Prata PrincipatoUltra, collezione/
collection Carlo Meluccio
Photo F. Donato
p. 25

Immagine, 1960
Tecnica mista su tela/Mixed media
on canvas
cm 165x125
Napoli, collezione/collection Alfano
d'Amora
Photo di B. Jodice
p. 27

Probabilità per un paesaggio, 1963
Tecnica mista su tela/Mixed media
on canvas
cm 160x160
Roma, collezione/collection Marras
Photo R. Lodovici
p. 28

Senza titolo, 1963-1964
Tecnica mista su plexiglas/Mixed
media on Plexiglas
cm 20x20
Distrutto/Destroyed
p. 28

Medium-mobili, 1964
Smalto su plexiglas/Enamel on
Plexiglas
cm 16x49 ogni elemento/ each
element
Napoli, collezione privata/private
collection
Photo R. Pedicini
p. 29

Tipo e strutture ritmiche (c), 1966
Smalto e metallo su formica/
Enamel and metal on Formica
cm 115x170x110
Selettori speculari - posizione e
numero variabili su matrice-tipo
(ritmico)/specular selectors -
variable position and numbers on
unique matrix (cadenced)
Napoli, collezione/collection Alfano
d'Amora
Photo B. Jodice
p. 47

Tipo e strutture ritmiche, 1966
Smalto e plexiglas su formica/Enamel
and Plexiglas on Formica
ø cm 130
Selettori speculari su matrice-tipo
(ritmico)/specular selectors on
unique matrix (cadenced)
Napoli, collezione privata/private
collection
Photo R. Pedicini
p. 44

Tipo e strutture ritmiche, 1966
Smalto e plexiglas su formica/
Enamel and Plexiglas on Formica
ø cm 130
Selettori speculari su matrice-tipo
(ritmico)/specular selectors on
unique matrix (cadenced)
Napoli, collezione/collection Pagliara
Photo R. Pedicini
p. 46

Tipo e strutture ritmiche, 1967
Smalto e plexiglas su formica/Enamel
and Plexiglas on Formica
ø cm 130
Selettori speculari su matrice-tipo
(ritmico)/specular selectors on
unique matrix (cadenced)
Napoli, collezione privata/private
collection
Photo R. Pedicini
p. 30

Tempi circolari, 1967
Smalto e metallo su formica/Enamel
and metal on Formica
h. cm 100, ø. cm 200
Selettori speculari - posizione e
numero variabili su matrice-tipo
(ritmico)/specular selectors -
variable position and numbers on
unique matrix (cadenced)
Torino, GAM Galleria Civica d'Arte
Moderna e Contemporanea
Photo Archivio M. Jodice
p. 45

Distanze, 1967
Smalto e acciaio su formica/Enamel
and steel
cm 126x200
Napoli, collezione/collection Gilda
Scano
Photo B. Jodice
p. 58

Tempi di un percorso circolare,
1967-1969
Selettori in plexiglas su colonne
in P.V.C con proiezioni filmiche
di segni (3 proiettori)/Plexiglas
selectors on PVC columns with film
projections of signs (3 projectors)
h cm 300
sviluppo in un ambiente circolare/
development in circular environment
Napoli, collezione/collection Alfano
d'Amora
Photo Archivio M. Jodice
p. 48 (particolare/detail),
p. 49 (particolare/detail)

*Delle distanze dalla
rappresentazione*, 1968-1969
Vasca di legno zincato con acqua/
zinc-plated wooden pool with water
cm 23x220x220,
goccia d'acqua che cade ad intervalli
di 8"/Drops of water that fall at 8
second intervals, lampada per
proiezione sul muro/light for wall
projection
Napoli, collezione/collection Alfano
d'Amora
Photo Archivio M. Jodice
p. 60

Stanza per voci, 1968-1969
Alluminio, nastro magnetico, suono/
Aluminum, magnetic tape, sound
cm 220x220x5
Napoli, collezione/collection Alfano
d'Amora
Photo B. Jodice
p. 34 (particolare/detail), 75

Tempi prospettici, 1969
Smalto, acciaio e plexiglas su

formica/Enamel, steel and Plexiglass
on Formica
cm 200x130
Selettori speculari su matrice-tipo
(ritmico)/specular selectors on
unique matrix (cadenced)
Napoli, collezione privata/private
collection
Photo Archivio M. Jodice
p. 42

Tempi prospettici, 1969
Smalto, acciaio e plexiglas su
formica/Enamel, steel and Plexiglass
on Formica
cm 200x125
Selettori speculari su matrice-tipo
(ritmico)/specular selectors on
unique matrix (cadenced)
Napoli, collezione/collection Angela
Dinacci
Photo B. Jodice
p. 57

Studio per/Study for *Stanza per
voci: autoritratto a voce unica*, 1969
Inchiostro su carta/Ink on paper
cm 36x48,2
Napoli, collezione/collection Alfano
d'Amora
Photo B. Jodice
p. 62

Studio per/Study for *Stanza per
voci: suono del mare e voce di
Diana*, 1969
Inchiostro e matita su carta
millimetrata/Ink and pencil on graph
paper
cm 30x41,3
Napoli, collezione/collection Alfano
d'Amora
Photo B. Jodice
p. 71

Studio per/Study for *Stanza per
voci: autoritratto con Flavia
e autoritratto a voce unica*, 1969
Inchiostro e matita su carta
millimetrata/Ink and pencil on graph
paper
cm 30x41,3
Napoli, collezione/collection Alfano
d'Amora
Photo B. Jodice
p. 71

Appunto autografo, 1969
Inchiostro su carta millimetrata/Ink
on graph paper

cm 30x41,3
Napoli, collezione/collection Alfano
d'Amora
Photo B. Jodice
p. 82

Autoritratto con Flavia, nastro n. 0,2
dall'*Archivio delle nominazioni*, 1969
Nastro magnetico e alluminio/
Magnetic tape and aluminum
ø cm 5
Napoli, collezione/collection Alfano
d'Amora
Photo Archivio M. Jodice
p. 72

Posto per la memoria, 1969
Acciaio/Steel
cm 24x17
Napoli, collezione/collection Alfano
d'Amora
Photo B. Jodice
p. 63

Distanze (1), 1969
Smalto, fotografia e acciaio su
formica/Enamel, photograph and
steel on Formica
cm 200x126
Napoli, collezione/collection Alfano
d'Amora
Photo B. Jodice
p. 59

Distanze (2), 1969
Smalto, fotografia e acciaio su
formica/Enamel, photograph and
steel on Formica
cm 200x126
Napoli, collezione/collection Alfano
d'Amora
Photo B. Jodice
p. 59

*Distanze (delle distanze dalla
rappresentazione)*, 1969
Acrilico su tela/Acrylic on canvas
cm 200x300
Napoli, collezione/collection Alfano
d'Amora
Photo Archivio M. Jodice
p. 61

Lo spazio dell'utopia (B) 1969-1970
Smalto e plexiglas su formica/
Enamel and Plexiglass on Formica
cm 200x130
Selettori speculari su matrice tipo
(ritmico)/Specular selectors on
unique matrix (cadenced)

Maquette per una Piazza a Rossano
Calabro/Maquette for a Square in
Rossano Calabro
Photo Archivio M. Jodice
Distrutta/Destroyed
p. 50-51

Spazio per trentadue secondi,
1969-1970
Plexiglas, specchio e alluminio/
Plexiglass, mirror and aluminum
cm 72x128
Milano, collezione/collection
Beatrice Monti
Photo B. Jodice
p. 66

Posto per la memoria, 1969-1970
Plexiglas, specchio e alluminio/
Plexiglass, mirror and aluminum
cm 72x128
Milano, collezione/collection
Beatrice Monti
Photo B. Jodice
p. 66, 67 (particolare/detail)

*Frammenti di un autoritratto
anonimo*, 1969-1970
Acrilico e neon su tela/Acrylic and
neon on canvas
cm 200x440
Napoli, collezione/collection Alfano
d'Amora
Photo G. Gaeta
p. 84

*Archivio delle nominazioni 1969,
'70, '71, '72, '73, '74…*, 1969-1974
Nastro magnetico, alluminio, marmo/
Magnetic tape, aluminum, marble
Bobina/spool ø cm 5, astuccio in
marmo/marble case cm 4x55,5x10,
Napoli, collezione/collection Alfano
d'Amora
Photo B. Jodice
p. 72

*Frammenti di un autoritratto
anonimo n. 2*, 1970
Acrilico su tela/Acrylic on canvas
cm 200x440
Napoli, collezione/collection Alfano
d'Amora
Photo G. Gaeta
p. 34

Tempi prospettici, 1970 (multiplo in
105 esemplari/multiple in 105 copies)
Plexiglas, acciaio su plastica/
Plexiglass, steel on plastic

cm 20x29,5x29,5
Selettori speculari - posizione e
numero variabili su matrice-tipo
(ritmico)/Specular selectors - various
position and numbers on unique
matrix (cadenced)
Napoli, collezione/collection Alfano
d'Amora
Photo B. Jodice
p. 56

Tempi prospettici, 1970
Smalto e plexiglas su formica/
Enamel and Plexiglass on Formica
cm 400x130 (ad angolo/at an angle)
Selettori speculari su matrice tipo
(ritmico)/Specular selectors on
unique matrix (cadenced)
Roma, Galleria Nazionale d'Arte
Moderna
Photo F. Donato
p. 52-53

Viaggio (A), 1970
Tecnica mista su carta/Mixed media
on canvas
cm 68,5x77
Napoli, collezione/collection Angela
e Mimmo Jodice
Photo Archivio M. Jodice
p. 62

Tempi prospettici, 1970-1972
Acqua, acciaio e plexiglas su marmo/
Water, steel and Plexiglas on marble
invaso/pool cm 640x640, matrice tipo
(ritmico)/unique matrix (cadenced)
cm 400x400
3 selettori acciaio/steel selectors
cm 270, ø cm 30
3 selettori plexiglas/Plexiglass
selectors cm 200, ø cm 40
Paestum, Museo Archeologico
Nazionale
Photo Niego
p. 33 (particolare/detail), 54-55

Autoritratto con Flavia, 1971
Carta e acrilico su specchio/Paper
and acrylic on mirror
cm 23x19
Napoli, collezione/collection Alfano
d'Amora
Photo B. Jodice
p. 108

Studio per/Study for *Stanza per
voci: autoritratto a voce unica e
autoritratto di Joseph Beuys*, 1971 c.
Inchiostro e matita su carta

millimetrata/Ink and pencil on graph
paper
cm 30x41,3
Napoli, collezione/collection Alfano
d'Amora
Photo B. Jodice
p. 70

Studio per/Study for *Stanza delle
maree e del serpentario*, 1971
Inchiostro, nastro magnetico e
alluminio su carta millimetrata/Ink,
magnetic tape and aluminum on
graph paper
cm 30x41,3
Napoli, collezione/collection Alfano
d'Amora
Photo B. Jodice
p. 64

*"dall'archivio delle nominazioni"
Frammenti di un (auto)ritratto
anonimo*, 1971
Inchiostro su carta millimetrata/Ink
on graph paper
cm 41x56,5
Napoli, collezione/collection Alfano
d'Amora
Photo B. Jodice
p. 78

"dall'archivio delle nominazioni",
1971 c.
Inchiostro su carta millimetrata/Ink
on graph paper
cm 41x56,5
Napoli, collezione/collection Alfano
d'Amora
Photo B. Jodice
p. 79

Self-portrait with Molly Bloom, 1971
Acrilico su tela/Acrylic on canvas
cm 31x41
Napoli, collezione/collection Alfano
d'Amora
Photo B. Jodice
p. 99

On the threshold Don Quixote… him,
1971
Acrilico su tela/Acrylic on canvas
cm 31x41
Napoli, collezione/collection Alfano
d'Amora
Photo B. Jodice
p. 99

Sulla soglia, 1971
Fotografia, specchio e acrilico su

tela/Photograph, mirror and acrylic
on canvas
cm 25x37
Napoli, collezione/collection Alfano
d'Amora
Photo B. Jodice
p. 95

Autoritratto anonimo, 1971
Acrilico su tela/Acrylic on canvas
cm 26,5x52
Napoli, collezione/collection Alfano
d'Amora
Photo B. Jodice
p. 90

*Frammenti di un autoritratto
anonimo n. 9*, 1971
Acrilico su tela/Acrylic on canvas
cm 200x220
Napoli, collezione/collection Alfano
d'Amora
Photo G. Gaeta
p. 94, 97 (particolare/detail)

*Frammenti di un autoritratto
anonimo n. 11*, 1971
Acrilico su tela/Acrylic on canvas
cm 200x220
Monaco, collezione privata/private
collection
Photo Archivio M. Jodice
p. 94

*Appunti dal 3° libro del Don
Chisciotte n. 11*, 1971
Acrilico su tela/Acrylic on canvas
cm 200x220
Napoli, collezione/collection Di
Bennardo
Photo Archivio M. Jodice
p. 92

*Eco di un monologo per Molly
Bloom*
*Frammenti di un autoritratto
anonimo n. 26*, 1972
Acrilico su tela/Acrylic on canvas
cm 200x220
Paris, già/formally Galerie Ileana
Sonnabend
Photo Archivio M. Jodice
p. 93

Studio per/Study for *Stanza
per voci: 35 persone di Boston
e autoritratto*, 1972 c.
Inchiostro e matita su carta millimetrata
/Ink and pencil on graph paper
cm 30x41,3

Napoli, collezione/collection Alfano
d'Amora
Photo B. Jodice
p. 70

*Frammenti di un autoritratto
anonimo n. 17*, 1972
Acrilico su tela/Acrylic on canvas
cm 200x220
Musée National d'Art Moderne, Paris
Photo Archivio M. Jodice
p. 102

*Frammenti di un autoritratto
anonimo n. 25*, 1972
Acrilico su tela/Acrylic on canvas
cm 98,5x47
Napoli, collezione/collection Alfano
d'Amora
Photo Archivio M. Jodice
p. 96

*Frammenti di un autoritratto
anonimo n. 30*, 1972
Acrilico su tela/Acrylic on canvas
cm 200x220
Rotterdam, Museum Boymans-van
Beuningen
Photo Archivio M. Jodice
p. 98

Frammenti dal 1972, 1972
Acquerello e grafite su carta/
Watercolor and graphite on paper
cm 70x100
Napoli, collezione/collection
Maurizio Siniscalco
Photo B. Jodice
p. 81

*Frammenti di un autoritratto
anonimo n. 53*, 1973
Acrilico e carta su tela/Acrylic and
paper on canvas
cm 200x220
Colonia, collezione privata/private
collection
Photo Archivio M. Jodice
p. 100, 101 (particolare/detail)

*Frammenti di un autoritratto
anonimo*, 1973
Grafite su tela/Graphite on canvas
cm 180x181
Napoli, collezione/collection Alfano
d'Amora
Photo B. Jodice
p. 103

Studio per/Study for *Egli*, 1973

Grafite su tela/Graphite on canvas
cm 19,5x25,5
Napoli, collezione/collection Alfano
d'Amora
Photo B. Jodice
p. 105

Studio per/Study for *Sulla soglia*, 1973
Grafite su tela/Graphite on canvas
cm 30x41
Napoli, collezione/collection Alfano
d'Amora
Photo B. Jodice
p. 104

*Fragmentes anonyme avec Molly
Bloom*, 1973
Specchio e acrilico su legno/Mirror
and acrylic on wood
Cassetta/Box cm 32x43; ogni
specchio/each mirror cm 29,8x19,5
Napoli, collezione/collection Alfano
d'Amora
p. 112-113

*Frammenti di un autoritratto
anonimo n. 83*, 1974
Grafite su tela/Graphite on canvas
cm 200x220
Bruxelles, collezione/collection Isy
Brachot
Photo Archivio M. Jodice
p. 103

The Grooming of Narcissus, 1974
Acrilico su tela/Acrylic on canvas
cm 200x220
Napoli, collezione/collection Alfano
d'Amora
Photo G. Gaeta
p. 111

*Mia corrispondenza con Molly
Bloom*, 1975
(multiplo in 60 esemplari/multiple in
60 copies)
Grafite e negativo su carta/Graphite
and negative on paper
cm 33x41
Napoli, collezione/collection Alfano
d'Amora
Photo B. Jodice
p. 116

269° luce, 1975
Grafite e pellicola su carta/Graphite
and film on paper
cm 99x103
Napoli, collezione/collection Alfano
d'Amora

Photo B. Jodice
p. 117

Il dubbio del suicida, 1975
Tecnica mista/Mixed media
cm 30x8
Napoli, collezione/collection Alfano
d'Amora
Photo B. Jodice
p. 109

Doppio tempo, 1975
Acrilico e grafite su tela/Acrylic and
graphite on canvas
cm 200x110
Napoli, collezione/collection Trisorio
Photo B. Jodice
p. 110

Sulla soglia, 1976
Negativo e positivo fotografico,
legno/Photographic negative and
positive, wood
cm 14x14
Napoli, collezione/collection Alfano
d'Amora
Photo B. Jodice
copertina/cover

Senza titolo, 1976
Tecnica mista su carta/Mixed media
on paper
cm 41x77
Napoli, collezione/collection Alfano
d'Amora
Photo B. Jodice
p. 135

*Frammenti di un autoritratto
anonimo (dal 749° secondo all'839°
secondo)*, 1976
Grafite, nastro magnetico e acrilico
su tela/Graphite, magnetic tape and
acrylic on canvas
cm 150x200
Napoli, collezione/collection Dina
Carola
Photo B. Jodice
p. 106-107

Dalla vocazione al giocatore, 1976
Tecnica mista su negativo/Mixed
media on negative
cm 30x38
Napoli, collezione/collection Alfano
d'Amora
p. 136

Eco, 1976
Acrilico e grafite su tela/Acrylic and

196

Acrilico e grafite su tela/Acrylic and
graphite on canvas
cm 200x150
Napoli, collezione/collection Maria
Pia Incutti Paliotto
Courtesy Lia Rumma
Photo G. Gaeta
p. 164

Rappresentazione n. 1, 1984
Pellicola, grafite, acrilico su tela/
Film, graphite and acrylic on canvas
cm 222x173
Napoli, collezione/collection Alfano
d'Amora
Photo G. Gaeta
p. 165

Figura, 1985
Acquerello e acrilico su pergamena
e pellicola/Watercolor and acrylic
on parchment and film
cm 70x63
Napoli, collezione/collection Alfano
d'Amora
Photo G. Gaeta
p. 177

Figura C, 1985
Acquerello e acrilico su pergamena e
pellicola/Watercolor and acrylic on
parchment and film
cm 85,5x53,5
Napoli, collezione/collection Alfano
d'Amora
Photo G. Gaeta
p. 179

Teatro, 1985
Acrilico su specchio/Acrylic on
mirror
cm 30x60
Napoli, collezione/collection Alfano
d'Amora
Photo B. Jodice
p. 109

Studio per/Study for *Narciso*, 1985
Matita su carta millimetrata/Pencil
on graph paper
cm 59,4x42
Napoli, collezione/collection Alfano
d'Amora
Photo B. Jodice
p. 147

*Don Giovanni –Scena del
Commendatore–*, 1985
Acquerello e acrilico su pergamena e
pellicola/Watercolor and acrylic on

parchment and film
cm 61x59
Napoli, collezione/collection Banco
di Napoli
Photo G. Gaeta
p. 144-145

Rappresentazione n. 2, 1985
Acrilico, grafite e pellicola su tela/
Acrylic, graphite and film on canvas
cm 222x173
Napoli, collezione/collection Alfano
d'Amora
Photo G. Gaeta
p. 169

Senza titolo, 1987
Acrilico, grafite e pellicola su tela/
Acrylic, graphite and film on canvas
cm 220x516
Napoli, collezione/collection Alfano
d'Amora
Photo B. Jodice
p. 180-181

Camera n. 1, 1987
Grafite, neon, bussole su alluminio/
Graphite, neon, compasses on
aluminun
cm 200x600, cm 89x140x140
(ottaedro/octahedron)
Napoli, donazione/donation Alfano
d'Amora, Museo Nazionale di
Capodimonte
Photo G. Gaeta
p. 38 (particolare/detail), 172

Camera n. 2, 1988-1989
Grafite, acrilico e neon su alluminio/
Graphite, acrylic and neon on
aluminum
cm 200x600
Napoli, collezione/collection Alfano
d'Amora
Photo G. Gaeta
p. 182-183

Studio per/Study for *Camera*, 1989
Alluminio, neon, acido su pellicola/
Aluminum, neon, acid on film
cm 31x94
Napoli, collezione/collection
Tamborra
Photo B. Jodice
p. 39

*Frammenti di un autoritratto
anonimo (dal 744 secondo al 937
secondo)*, ottobre/October 1990
Acrilico su tela/Acrylic on canvas

cm 154x204
Napoli, collezione/collection Alfano
d'Amora
Photo B. Jodice
p. 185

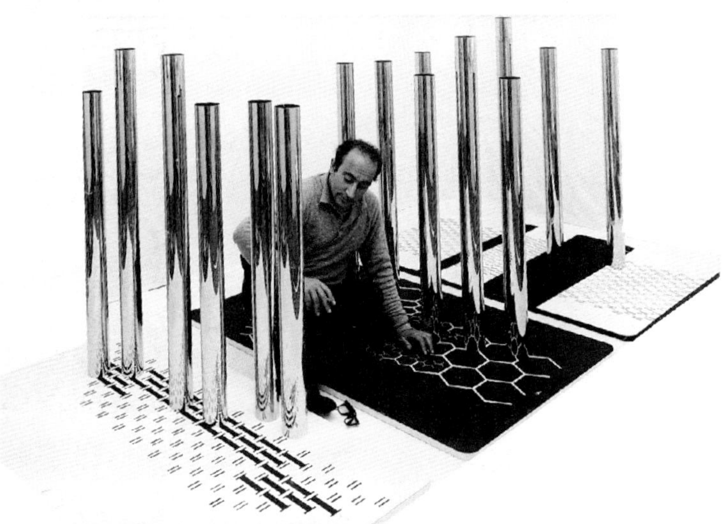

Carlo Alfano durante l'allestimento di/during the organization of *Tipo e strutture ritmiche a/c/l* (1966), Parco Margherita, Modern Art Agency, Napoli, 1966

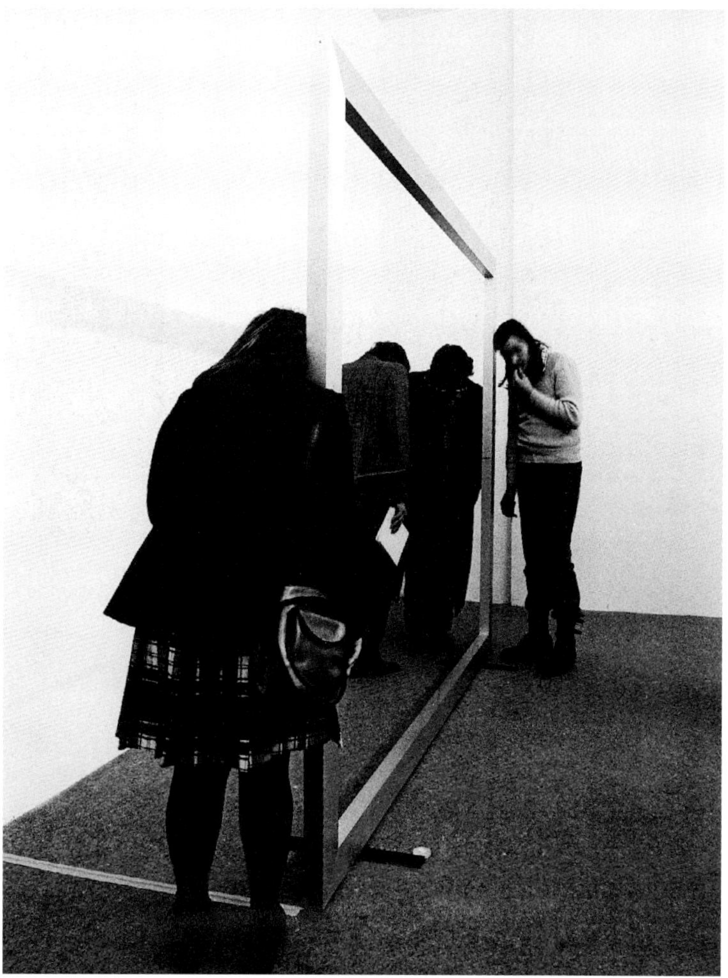

Inaugurazione di/Opening of *Archivio delle nominazioni*, Modern Art Agency, Napoli, 1972

Mostre personali

Solo Exhibitions

Carlo Alfano, Napoli 1932 - 1990

1955
Galleria S.Carlo, Napoli

1962
Galleria L'Obelisco, Roma

1963
Galleria Il Centro, Ischia

1966
Modern Art Agency, Napoli

1969
Galleria Nazionale d'Arte Moderna, Roma
Modern Art Agency, Napoli

1970
Modern Art Agency, Napoli

1972
Galleria dell'Ariete, Milano
Modern Art Agency, Napoli
Incontri Internazionali d'Arte, Palazzo Taverna, Roma
Galerie Folker Skulima, Berlin

1974
Galerie Art in Progress, München
Galerie Ileana Sonnabend, Paris
Galerie Folker Skulima, Berlin

1975
Galerie Der Spiegel, Köln
Kunstverein, Heidelberg
Galerie Isy Brachot, Bruxelles

1976
Galerie Art in Progress, Düsseldorf
Galerie Art in Progress, München

1977
Galleria Peccolo, Livorno

1978
Museo Diego Aragona Pignatelli Cortes, Napoli
Galerie Art in Progress, Düsseldorf

1979
Museum Morsbroich, Städtisches Museum, Leverkusen

1982
Galerie Art in Progress, München

1983
Galerie Art in Progress, München

1984
Galleria Lia Rumma, Napoli

1985
Staatsgalerie moderner Kunst, München

1986
Galerie Artnizig, München

1988
Museo Nazionale di Capodimonte, Napoli

1989
Kunstverein Ludwigshafen am Rhein e.V., Ludwigshafen
Galerie Barlach, Köln

1990
Gallerie der Bayerischen Landesbank, München

1997
Casina Pompeiana, Napoli

1998
Galleria Peccolo, Livorno

2001
Castel dell'Ovo, Napoli

Allestimento della personale di Carlo Alfano/Organization of
Carlo Alfano's solo exhibition, Kunstverein, Heidelberg, 1975

Il Direttore della/The Director of the Kunstverein M. Denger,
il Console/the Consul M. Guidi, C. Alfano all'inaugurazione
della sua personale/at the opening of his solo exhibition,
Kunstverein Ludwigshafen am Rhein e. V., Ludwigshafen, 1989

G. Nati, L. Rumma, C. Alfano, M. P. Incutti Paliotto,
G. Donatone all'inaugurazione della personale di Carlo
Alfano/at the opening of Carlo Alfano's solo exhibition,
Galleria Lia Rumma, Napoli, 1984

Carlo Alfano dinanzi al/in front of Museo Nazionale
di Capodimonte, Napoli, 1988
Photo M. Jodice

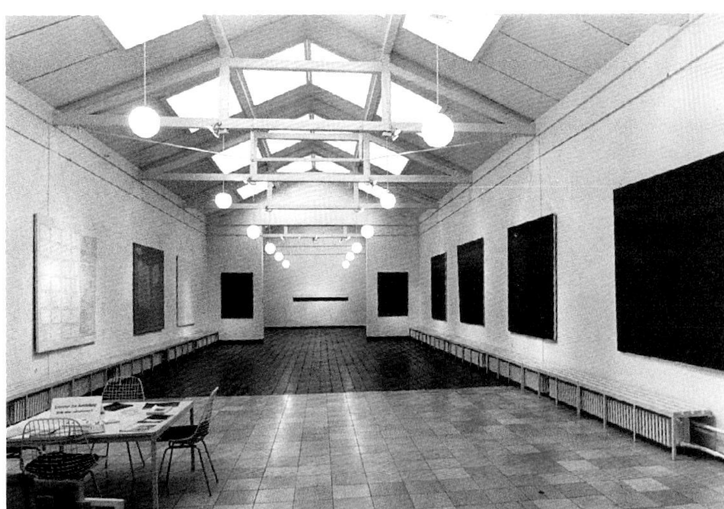

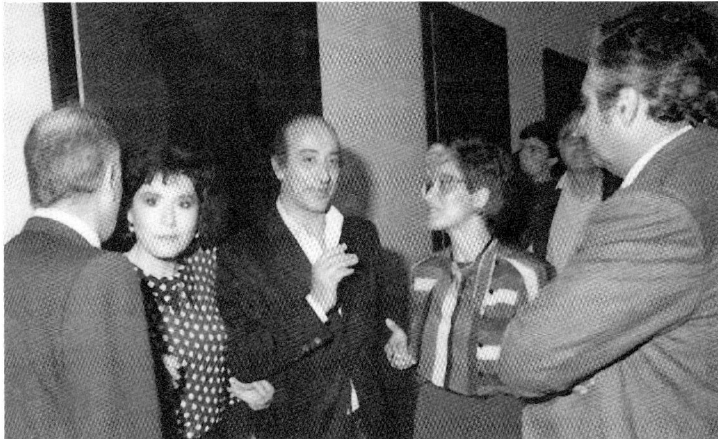

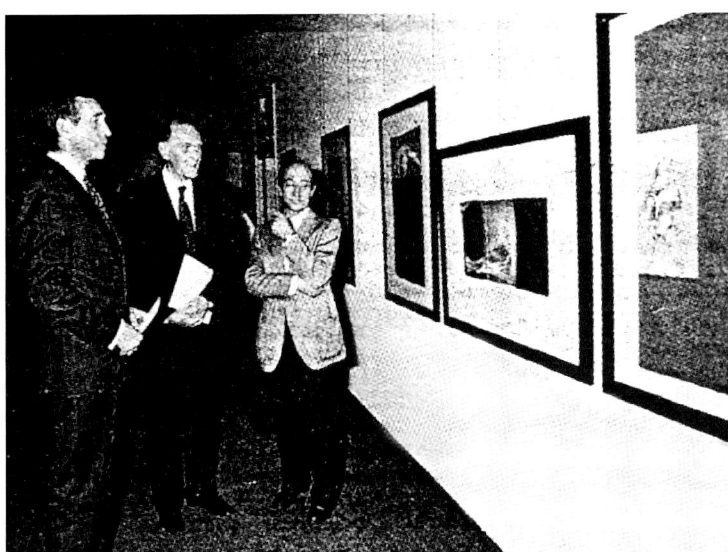

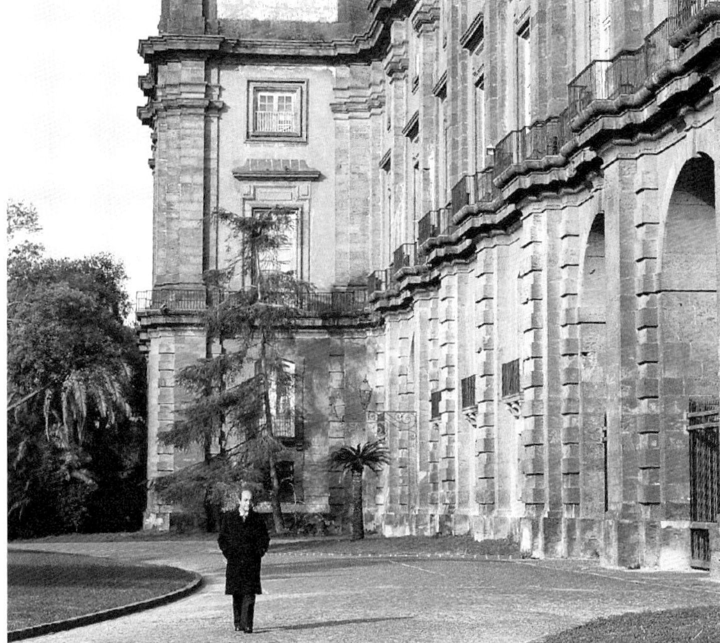

R. Guttuso, C. Alfano dinanzi a/in front of *La stanza del cieco*
(1959) durante l'inaugurazione della mostra/at the opening of
the exhibition *12 Pittori figurativi*, Galleria La Nuova Pesa,
Roma, 1959

B. di Bello, L. Amelio, M. Pirelli, C. Huber, D. d'Amora,
P. Calzolari, C. Alfano, durante l'allestimento della mostra/
during the organization of the exhibition *4 Aus Italien*,
Kunsthalle, Bern, 1974

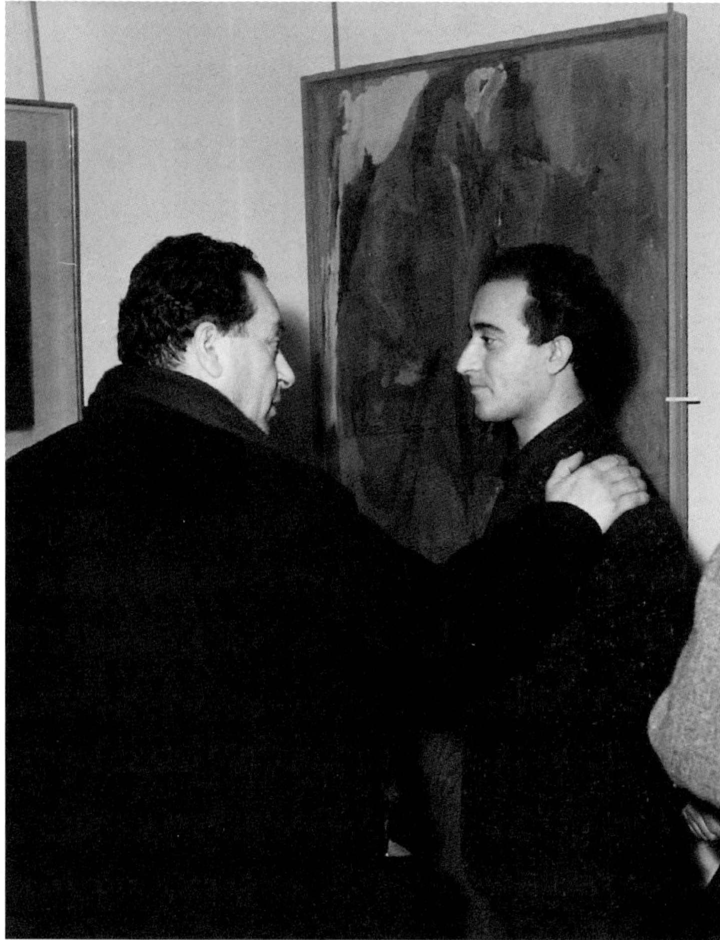

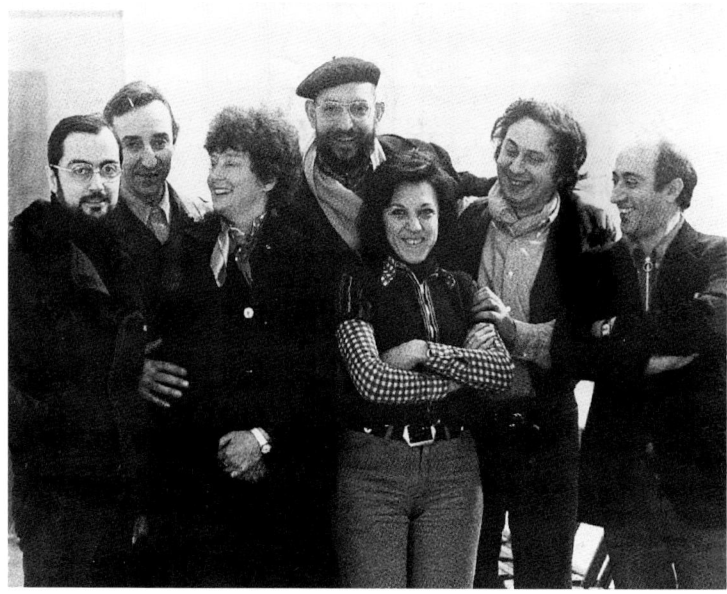

Mostre collettive

Group Exhibitions

1956
Triennale d'Oltremare, Napoli
*I Rassegna d'Arti Figurative Micco
Spadaro*, Napoli (premiato/awarded)

1957
V Premio Spoleto, Spoleto

1958
*I Salone della giovane pittura
napoletana*, Napoli

1959
Premio Diomira, Milano (I premio/
award)
Premio Golfo della Spezia, La Spezia
(premiato/awarded)
Premio Scipione, Macerata
VIII Quadriennale, Roma
Jeunes Peintres Italiens, Wien
*12 pittori figurativi. Antologia Arte
Italiana Giovanile*, Galleria La Nuova
Pesa, Roma
Vincitore Borsa di Studio FAGAN per
l'incisione/winner of the FAGAN
scholarship for engraving

1960
*Incontro d'artisti d'america e di
napoli*, Galleria USIS, Napoli
VIII Premio Spoleto, Spoleto

1961
XI Premio La Spezia, La Spezia
IX Premio Spoleto, Spoleto
*VI Mostra Nazionale d'Arte
Contemporanea*, Termoli
Giovani Artisti Italiani, Padiglione
Pompeiano, Napoli

1962
Junge Italienische Malerei, Istituto
Italiano di Cultura, Hamburg

1963
Haus Salve Hospes, Kunstverein,
Braunschweig
Städtische Kunstgalerie, Bochum
Wallraf-Richartz-Museum, Köln
Mostra mercato, Firenze

1964
Exposition City of Liverpool,
Liverpool

1965
Neapel 1965, Galerie Wirth, Berlin
8 Pittori Napoletani, Wuppertal
Galleria Sebastiani, Milano
Cine club, Napoli

X Premio Termoli, Termoli
(premiato/awarded)

1966
XI Premio Termoli, Termoli

1967
*Seconda Rassegna d'arte del
Mezzogiorno*, Palazzo Reale, Napoli
(premiato/awarded)
L'oggetto e l'immagine, Libreria
Guida, Napoli
*Mostra inaugurale del Museo
Sperimentale d'Arte Contemporanea*,
Galleria Civica d'Arte Moderna, Torino
Ipotesi linguistiche intersoggettive
(mostra itinerante/traveling
exhibition)
*Fifteen international. During the
tenth Festival of two worlds*, Spoleto
Ventisette giovani artisti napoletani,
Napoli
Premio Michetti, Francavilla a Mare
Proposte uno, Avezzano
V Biennal de la jeune peinture,
Musée d'art moderne de la ville de
Paris, Paris
*3ª Rassegna d'arte del Mezzogiorno
Sculture a Palazzo Reale*, Palazzo
Reale, Napoli

1968
Ricognizione '68, Capua
VI Premio Masaccio, S.Giovanni in
Valdarno
Mostra internazionale, Massalubrense
*Revort 2, VI Settimana
Internazionale*, Galleria d'Arte
moderna, Palermo
Oggettività inox, Galleria Il Cerchio,
Roma

1969
Le due nature, Galleria Il Centro,
Napoli
*14 Artisti Contemporanei presentati
dalla Modern Art Agency al Festival
dei due Mondi*, Spoleto
Al di là della pittura, VIII Biennale
d'Arte Contemporanea, S. Benedetto
del Tronto
Co/incidenze (mostra itinerante/
traveling exhibition)
*I Rassegna biennale delle gallerie di
tendenza italiane*, Modena
Tendenze artistiche oggi, Studio di
arti visive "Oggetto", Caserta

1970
Zweite Frühjahrsmesse, Berlin

Carlo Alfano in via dell'Abbondanza, Pompei, 1970
Photo F. Donato

Carlo Alfano, Serapeo di Pozzuoli, Pozzuoli, 1970
Photo M. Jodice

Carlo Alfano dinanzi a/in front of *Distanze (delle distanze dalla rappresentazione)*, 1969, durante l'allestimento della personale/during the organization of his solo exhibition, Modern Art Agency, Napoli, 1970

Carlo Alfano, Mario Napoli dietro/behind *Tempi prospettici* (1970-1972), Paestum, 1972

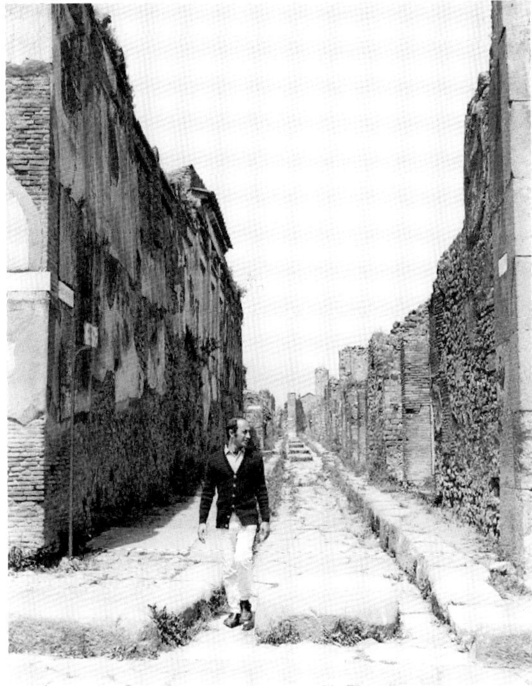

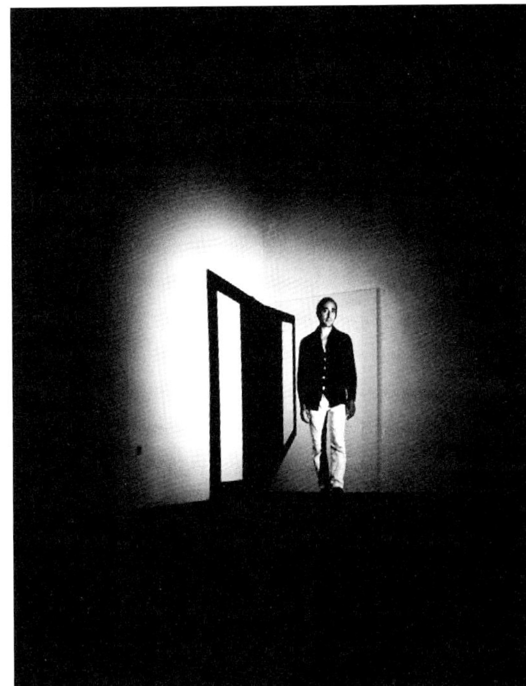

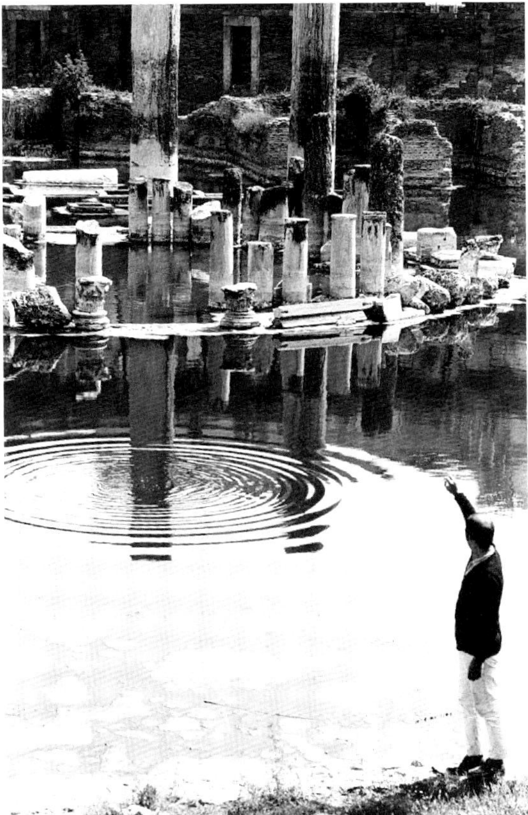

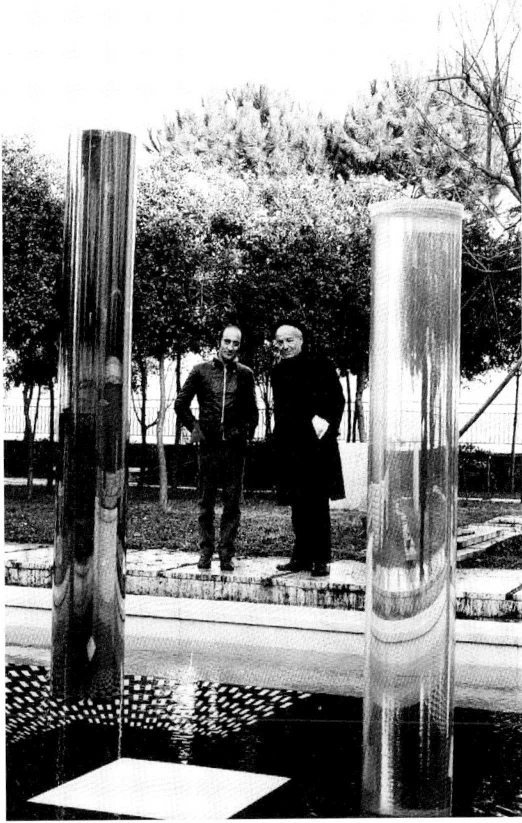

Amore mio, Palazzo Ricci, Montepulciano
Premio Posillipo, Napoli
Premio Ramazzotti, Palazzo Reale, Milano
Arte e Critica '70, Modena
Vitalità del negativo nell'Arte Italiana 1960/70, Palazzo delle Esposizioni, Roma

1971
Dritte Internationale Frühjahrsmesse, Berlin

1972
X Quadriennale Nazionale d'Arte, "la ricerca estetica dal 1960 al 1970" Palazzo delle Esposizioni, Roma

1973
Mostra segnalati Bolaffi, Nuova Sala Bolaffi, Torino
Italy Two, Art Around '70, Museum of Philadelphia, Philadelphia

1974
4 Aus Italien, Alfano, di Bello, Calzolari, Paolini, Kunsthalle, Bern

1975
Geschriebene Malerei, Badischer Kunstverein, Karlsruhe
Power Gallery of Contemporary Art Acquisitions 1973-1975, The Art Gallery of New South Wales, Sidney
Trier Twombly Alfano, Galerie Antpöhlens, Bremen
XIII Biennale, São Paulo

1976
Malen - Schreiben - Malen, Galerie Denise René-Hans Mayer, Düsseldorf
Drawing/Disegno, Studio d'Arte Cannaviello, Roma
Handgeschriebene Zeichnungen, Galerien Maximilianstraße, München
Concetto: scrittura, Galleria Diagramma, Milano
Marta e Maria, Galleria Renzo Spagnoli, Firenze
La scrittura (mostra itinerante a/traveling exhibition Roma, Milano, Genova)
Schriftbild, Galerie Nächst St. Stephan, Wien

1977
Arte in Italia. Dall'Opera al Coinvolgimento, Galleria Civica d'Arte Moderna, Torino

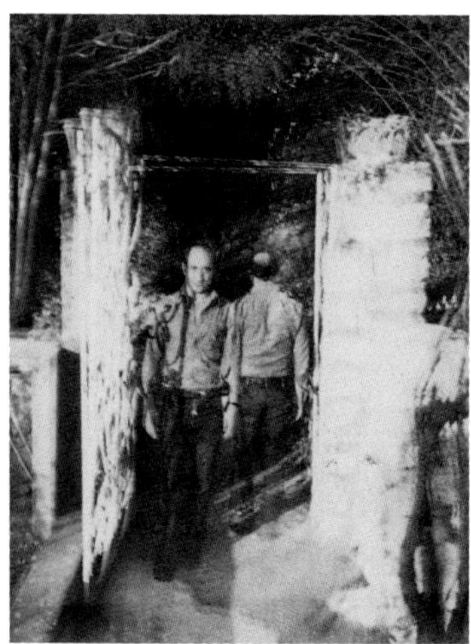

Carlo Alfano, Villa Orlandi, Anacapri, 1972

Carlo Alfano accanto ad alcuni schizzi
per/beside some sketches for *Eco-Discesa*

Ernst H. Gombrich, Carlo Alfano, Cuma,
1988

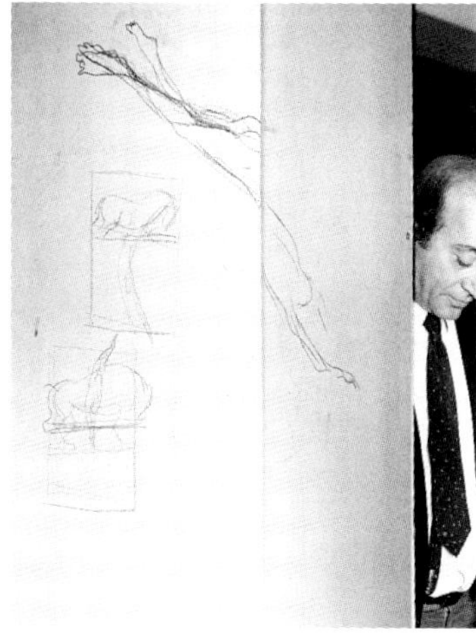

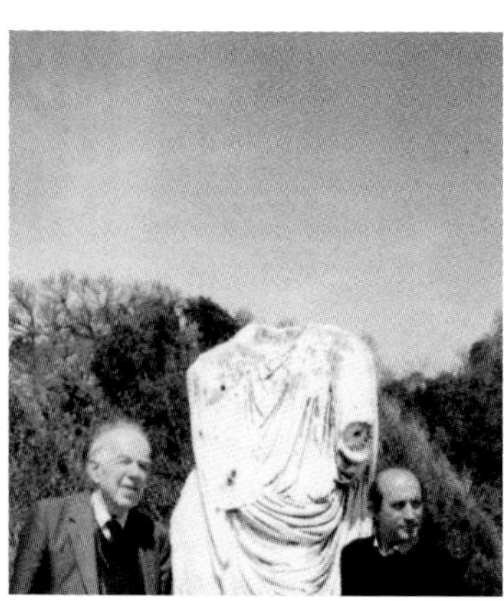

Documenta VI, Kassel

1978
Metafisica del quotidiano, Galleria
d'Arte Moderna, Bologna
*VI Biennale Internazionale Grafica
d'Arte*, Palazzo Strozzi, Firenze

1979
Biennale Internazionale, Sidney
Testuale le Parole e le Immagini,
Rotonda di Via Besana, Milano

1980
Arte Italiana, Palazzo delle
Esposizioni, Roma
Alfano, Chiari, Griffa, Nannucci,
Kunstverein, Braunschweig
Incontri 1980, Festival dei due
Mondi, Spoleto

1982
XL Biennale Internazionale d'Arte,
Venezia
XXVIII Mostra Nazionale, Termoli

1983
Arte Italiana, Lecco
L'Occhio del Cielo, Casa del
Mantegna, Mantova
Lo stagno di Narciso, Ex Convento
S. Carlo, Erice
*Protagonisti napoletani dell'arte del
dopoguerra*, Palazzo Giugliano,
S. Giuseppe Vesuviano
Ipotesi per un'arte religiosa oggi 2,
Teatro Municipale, Reggio Emilia

1984
Ipotesi per un'arte religiosa oggi,
Galleria S. Fedele, Milano
Staatsgalerie moderner Kunst,
München
Terrae Motus, Villa Campolieto,
Ercolano
*Incontri d'arte XIV Settembre al
borgo*, Caserta
*L'Art et le Temps, regard sur la
quatrième dimension*, Palais des
Beaux-Art, Bruxelles, Genève,
Manheim, Wien, Lyon, London
Dipingere Rotondo, Amalfi

1985
L'Italie Aujourd'hui/Italia Oggi,
Centre National d'Art Contemporain,
Nice
Museum? Museum! Museum.,
Hamburg
Premio del Golfo, Castello

Monumentale, Lerici
Biennale des Friedens, Künsthaus
und Kunstverein, Hamburg

1986
Arte Santa, Loggetta Lombardesca,
Ravenna
Galleria Alfonso Artiaco, Pozzuoli
Heidelberger Kunstverein, Heidelberg

1987
Terrae Motus, Grand Palais, Paris
Napoli 1984-1987, Castel dell'Ovo,
Napoli

1988
Napoliscultura, Palazzo Reale, Napoli
Asimmetria, Studio Trisorio, Napoli

1989
*Capolavori dalle collezioni del Banco
di Napoli*, Museo Diego Aragona
Pignatelli Cortes, Napoli

1990
*GegenwartEwigkeit Spuren des
Transzendenten in der Kunst
unserer Zeit*, Martin-Gropius-Bau,
Berlin
*Erwerbungen aus zwei
Jahrzeuten*, H.A.V. Museum,
Braunschweig
*Carlo Alfano, Marco Gastini,
Giuseppe Spagnulo*, Galerie Hans
Barlach, Köln

1991
Singolarità, l'orizzonte degli eventi,
Framartstudio, Milano
*Among Friends. Contemporary
works on paper*, The Detroit Institute
of Arts, Detroit
Fuori dall'ombra, Castel Sant'Elmo,
Napoli

1993
Trismegisto, Lucio Amelio, Napoli
XLV Biennale Internazionale d'Arte,
Venezia
Sound, Museo d'Arte Moderna,
Bolzano

1994
Le costanti nell'arte, Galleria Lia
Rumma, Napoli
Framartstudio, Napoli

1996
Sconfinate opere-azioni,
Framartstudio, Napoli

1997
Terrae Motus, Fondazione Amelio,
Reggia di Caserta
Artissima, Torino

2000
*Castelli in aria. Arte a Napoli di
fine millennio*, Castel Sant'Elmo,
Napoli
*Napoli 1950-59. Il rinnovamento
della pittura in Italia*, Civiche
Gallerie d'Arte Moderna e
Contemporanea, Ferrara

Bibliografia

Bibliography

1955
A. De Stefano, *Carlo Alfano*, in catalogo della mostra/exhibition catalogue, Galleria S. Carlo, Napoli

1956
V. Corbi, *La prima rassegna artistica del Movimento Micco Spadaro*, in "Paese Sera", 21 settembre/September
Alla Micco Spadaro, in "Il Mattino", 19 dicembre/December

1958
C. Barbieri (a cura di/ed. by), *I Salone della giovane pittura napoletana*, catalogo della mostra/exhibition catalogue, Padiglione Pompeiano, Napoli

1959
D. Micacchi (a cura di/ed. by), *12 Pittori figurativi. Antologia della giovane pittura italiana*, catalogo della mostra/exhibition catalogue, Galleria La Nuova Pesa, Roma
L. Vergine, *Aspetti di vita artistica napoletana*, in "I 4 Soli", n. 5/6, Torino
Giovani pittori italiani, catalogo della mostra/exhibition catalogue, Wien
Premio Diomira, catalogo della mostra/exhibition catalogue, Milano
X Premio Nazionale di Pittura Golfo della Spezia, catalogo della mostra/ exhibition catalogue, La Spezia

1960
C. Barbieri, *Prevalgono i napoletani all'VIII Premio Spoleto*, in "Il Mattino", 26 luglio/July
Incontro d'artisti d'America e di Napoli, catalogo della mostra/ exhibition catalogue, Galleria USIS, Napoli

1961
VI Mostra Nazionale d'Arte Contemporanea, catalogo della mostra/exhibition catalogue, Castello Svevo, Termoli
L. Vergine, *Carlo Alfano*, in catalogo della mostra/exhibition catalogue, *Giovani artisti italiani*, Padiglione Pompeiano, Napoli
P. Ricci, *Una mostra giovanile*, in "l'Unità", Roma 12 novembre/November

1962
L. Vergine, *Alfano e la nuova avanguardia*, in "Panorama delle Arti", n. 4
Junge Italienische Malerei, catalogo della mostra/exhibition catalogue, Istituto Italiano di Cultura, Hamburg
C. O. Frenzel, *Italienische Gegenwartskunst*, in "Hamburger Abendblatt", 25 ottobre/October

1963
L. Vergine, *Undici pittori napoletani*, ed. l'Arte Tipografica, Napoli

1964
G. Ballo, *La linea dell'Arte italiana*, ed. Mediterranee, Roma

1965
L. Vergine (a cura di/ed. by), *Inchiesta sulla cultura a Napoli*, in "Marcatré", n. 14/15, maggio-giugno/ May-June
Otto artisti al Cine club, in "l'Unità", 23 maggio/May
Evtuschenko ha visitato una mostra al Cine club, in "l'Unità", 3 giugno/June
F. Menna, *Un autentico fervore culturale nella giovane arte napoletana*, in "Il Mattino", 17 giugno/June
A. Miele, *Prospettive nuove per l'arte napoletana nella mostra di gruppo al Cine-Club*, in "Il Tempo", 17 giugno/June
L. Vergine, *Al Cine-Club di Napoli*, in "La Fiera Letteraria", 11 luglio/July
Decennale del Premio Termoli, catalogo della mostra/exhibition catalogue, Palazzo del Comune, Termoli
Alfano e Pisani primi ex aequo, in "Il Giornale del Mezzogiorno", 20 ottobre/October
Tecnica e linguaggio nell'arte, conversazione con Alfano, Del Pozzo, Di Ruggiero, De Stefano, Perez, Waschimps, in "Ricerche metodologiche", n. 3/4

1966
F. Menna, in catalogo della mostra/exhibition catalogue *Carlo Alfano*, Modern Art Agency, Napoli
A. Loris Rossi, in catalogo della mostra/exhibition catalogue *Carlo Alfano, op. cit.*
L. Vergine, *Alfano alla Modern Art Agency*, in "La Fiera Letteraria", 30 giugno/June
M. Fagiolo dell'Arco (a cura di/ed. by), *Rapporto 60*, ed. Bulzoni, Roma

XI Premio Termoli, catalogo della mostra/exhibition catalogue, Palazzo del Comune, Termoli
L. V. Masini, *Ipotesi linguistiche e concrete*, in "Marcatré", n. 26/27/28/29, dicembre/December

1967
F. Sossi, *Luce, spazio, strutture*, Taranto
F. Menna, *Carlo Alfano*, in catalogo della mostra/exhibition catalogue *Seconda Rassegna d'Arte del Mezzogiorno*, Palazzo Reale, Napoli
G. Benignetti, *Rassegna d'Arte del Mezzogiorno*, in "D'Ars Agency", n. 35
P. Ricci, *Le ultime mostre napoletane*, in "l'Unità", 11 marzo/ March
F. Menna, *Presentazione*, in catalogo della mostra/exhibition catalogue *L'oggetto e l'immagine*, Libreria Guida, Napoli
A. Bonito Oliva, *Carlo Alfano*, in *L'oggetto, op. cit.*
M. Perfetti, *L'oggetto e l'immagine*, in "Corriere del giorno", 5 aprile/April
G. Celant, *Forme monumentali*, in catalogo della mostra/exhibition catalogue *Mostra Inaugurale del Museo Sperimentale d'Arte Contemporanea*, Galleria Civica d'Arte Moderna, Torino
Ipotesi linguistiche intersoggettive, catalogo della mostra/exhibition catalogue (itinerante/traveling, Firenze, Bologna, Lecce, Livorno, Napoli, Sansepolcro)
L. Vergine, *La confusione non dà frutti*, in "La Fiera Letteraria", 8 giugno/June
Fifteenth International. During the Tenth Festival of Two Worlds, catalogo della mostra/exhibition catalogue, Modern Art Agency, Spoleto
F. Menna, *Dall'oggetto allo spazio vitale*, in "il Resto del Carlino", 5 luglio/July
O. Da Riz, *Una pioggia di mostre all'ombra della "Spoletosphere"*, in "Paese Sera", 16 luglio/July
P. Ricci (a cura di/ed. by), catalogo della mostra/exhibition catalogue *Ventisette Giovani Artisti Napoletani*, Salone delle Terme, Torre Annunziata
F. Menna, *L'oggetto e l'immagine*, in catalogo della mostra/exhibition catalogue *Proposte Uno*, Palazzo del Liceo, Avezzano

V Biennal de la jeune peinture, catalogo della mostra/exhibition catalogue, Musée d'Art Moderne de la Ville de Paris, Paris
L. Trucchi, *La Biennale dei giovani a Parigi*, in "Momento sera ", 6 ottobre/October
F. Menna, *La biennale dei giovani a Parigi*, in "Il Mattino", 25 ottobre/ October
L. Vergine, *Carlo Alfano*, in catalogo della mostra/exhibition catalogue *Terza Rassegna d'Arte del Mezzogiorno*, Palazzo Reale, Napoli
L. Vergine, *L'annata artistica*, in "Almanacco Letterario Bompiani"

1968
M. Calvesi, *Scultura d'oggi in un Palazzo barocco*, in "l'Espresso", 14 gennaio/January
A. Bonito Oliva, *Ricognizione*, in catalogo della mostra/exhibition catalogue *Ricognizione '68*, Palazzo Municipale, Capua
T. Trini, *Il sud al tavolo del bridge*, in "Domus", aprile/April
A. Bonito Oliva, *Una zona d'oggettivazione*, in "Marcatré", n. 37/38/39/40, maggio/May
L. Vergine, *Carlo Alfano*, in catalogo della mostra/exhibition catalogue *VI Premio Masaccio*, S. Giovanni in Valdarno
L. Vergine, *Addenda: la cultura assente*, in "Metro", giugno/June
N. Spinosa, *Problemi d'Arte: Appunti e note*, in "Politica e Mezzogiorno", n. 1/2
L. Vergine, *Italija 1967*, in "Sinteza", n. 10/11, ottobre/October
G. Dorfles, *Revort 2*, in "collage 8", dicembre/December
L. Vergine, *Le ceneri calde*, in "Almanacco Letterario Bompiani"

1969
A. Bonito Oliva, *Oggettività inox*, in "Rinascita Artistca", n. 1, gennaio/ January
F. Menna, *Arte cinetica e visuale*, in *L'arte moderna*, Fratelli Fabbri Editori, Milano
G. Dorfles, *Arte concettuale o arte povera?*, in "Art International", vol. XIII, marzo/March
N. Spinosa, *La Galleria d'arte a Napoli: problemi di sempre*, in "Noi giovani", n. 5, aprile/April
L. Vergine, *Art without Heroes*, in "art and artists", aprile/April

P. Restany, *La lumière prise au piège*, in catalogo della mostra/exhibition catalogue *Al di là della Pittura*, VIII Biennale d'Arte Contemporanea, Palazzo Gabrielli, S. Benedetto del Tronto
A. Bonito Oliva, *Lo spazio permanente di Alfano*, in catalogo della mostra/exhibition catalogue *1° Rassegna biennale delle gallerie di tendenza italiane*, Modena
L. Vergine, *L'arte avviene nello spazio di tutti?*, in "Almanacco Letterario Bompiani"

1970
Amore mio, catalogo della mostra/exhibition catalogue, Palazzo Ricci, Montepulciano
S. Sinisi, *Montepulciano: Itinerari per una esperienza soggettiva*, in "Marcatré", n. 58/59/60, 3-5 luglio/July
G. Massari, *Amore mio*, in "Il Mondo", 12 luglio/July
Quattordicesima Rassegna Nazionale di Pittura Ramazzotti, catalogo della mostra/exhibition catalogue, Palazzo Reale, Milano
A. Bonito Oliva, *I segni della presenza*, in "Domus", settembre/September
A. Bonito Oliva, *Descrizione del pensiero in preda al linguaggio*, testo nell'edizione del multiplo/text in the multiple edition *Tempi Prospettici* (1970) di/by Carlo Alfano, ed. grafiche 2RC, Roma
A. Bonito Oliva, *L'ideologia dell'asimmetria*, in "Metro", ottobre/October
F. Menna, *Carlo Alfano*, in AA.VV. (Various Authors), *Arte e critica '70*, catalogo della mostra/exhibition catalogue, Modena
A. Bonito Oliva (a cura di/ed. by), *Vitalità del negativo nell'Arte Italiana 1960/70*, catalogo della mostra/exhibition catalogue, Palazzo delle Esposizioni, Roma
G. De Marchis, *Le novità che piacciono ai critici*, in "l'Espresso", 13 dicembre/December

1971
AA.VV. (Various Authors), *L'Arte contemporanea in Italia*, ed. Presenza, Roma
V. Corbi, *Pittura e scultura dal 1860*, in AA.VV. (Various Authors), *Storia di Napoli*, vol. X, Napoli

N. Minuzzo, *La più bella mostra degli ultimi anni*, in "L'Europeo", 21 gennaio/January
P. Restany, *Vitalità del negativo*, in "Domus", gennaio/January
C. Vivaldi, *Il sacrario del negativo*, in "NAC", febbraio/February
G. Dorfles, *Vitalità del negativo nell'arte italiana*, in "Art International", aprile/April
L. Vergine, *View from the North*, in "art and artists", maggio/May
L. Vergine, *Arte programmata*, in "Qui arte contemporanea", n. 7, dicembre/December

1972
G. Grassi *Stanza per voci*, in "Roma", 12 febbraio/February
T. Trini, *Carlo Alfano*, in "Domus", febbraio/February
L. Vergine, *Milan*, in "art and artists", aprile/April
A. Boatto, testo pubblicato in occasione della mostra/text for the exhibition *Carlo Alfano*, Incontri internazionali d'Arte, Palazzo Taverna, Roma
F. Menna, testo pubblicato in occasione della mostra/text for the exhibition *Carlo Alfano*, Incontri internazionali d'Arte, Palazzo Taverna, Roma
G. Grassi, *L'arte dei nostri giorni alla "Quadriennale"*, in "Roma", 24 maggio/May
J. De Sanna, *Archivio Alfano*, in "Data", n. 4, maggio/May
D. Del Pesco, M. Picone, *Note sull'arte concettuale*, in "Op. cit.", n. 25, settembre/September
H. Ohff, *Carlo Alfano in der Galerie Skulima*, in "Der Tages spiegel", 15 settembre/September
X Quadriennale d'Arte, catalogo della mostra/exhibition catalogue, Palazzo delle Esposizioni, Roma
G. C. Argan, in "Segnalati Bolaffi 1973", dicembre/December

1973
AA.VV. (Various Authors), *Mostra Segnalati Bolaffi 1973*, catalogo della mostra/exhibition catalogue, Nuova Sala Bolaffi, Torino
L. Rivolta, *Retrospettiva dell'avanguardia*, in "Il Mondo", 24 maggio/May
AA.VV. (Various Authors), *Italy Two, Art Around '70*, catalogo della

mostra/exhibition catalogue, Museum of Philadelphia, Philadelphia
G. De Franciscis, *La moderna museografia e la sistemazione della nuova ala del Museo di Paestum*, in "Musei e Gallerie d'Italia", n. 50, maggio-agosto/May-August

1974
F. Oliva, *Nuova ala del museo di Paestum*, in "L'architettura", n. 10, febbraio/February
W. W. Längsfeld, *München*, in "Magazin KUNST", n. 57/58
S. Sinisi, *Altre realtà*, in "Marcatré", n. 58/59/60, marzo-maggio/March-May
C. Huber, *Alfano*, catalogo della mostra/exhibition catalogue, Kunsthalle, Berna
H. Stöcker, *Interview mit Carlo Alfano*, in "Kunstforum international", n. 11, ottobre-novembre/October-November

1975
M. Schwarz, *Introduzione*, in catalogo della mostra/exhibition catalogue *Geschriebene Malerei*, Badischer Kunstverein e. V., Karlsruhe
L. E., *Wort mit bildnerischen mittelu dargeshellt*, in "BNN", 21 gennaio/January
J. Polder, *Kritzeleien als seelenstrucktur*, in "Schwabische Zeitung Ravensburg", 24 gennaio/January
B. K., *Magie der schrift*, in "Manheimer Morgen", 25 gennaio/January
R. Wurster, *Endstation unit zahlenkolonnen*, in "Sudwest Presse" 4 febbraio/February
U. Sinder Hagelstange, *Geographie der zeit und stumme schreie*, in "Frankfurter Allgemeine Zeitung", 5 febbraio/February
J. Morschel, *Am end ist der wort*, in "Suddeutsche Zeitung", 5 febbraio/February
H. Gercke, *Renaissance der malerei*, in "Rhein Neckar Zeitung", 6 febbraio/February
H. Schneider, *Geschriebene Malerei*, in "Die Zeit", 14 febbraio/February
G. Waldecker, *Botschaften in der handschriften*
M. Schwarz, *Umsetzung von Toneinheiten in Bildeinheiten*, in "Magazin Kunst", n. 63/64
H. Gercke, *Introduzione*, in catalogo della mostra/exhibition catalogue *Carlo Alfano "Fragmente eines

anonymen Selbstbildnisses"*, Kunstverein, Heidelberg
C. Heybrock, *Versteckspielen auf schwarzen schfttafeln*, in "Tageblatt", 8 aprile/April
S. Schultze, *Zahlenschrift und schreibzeit*, in "Frankfurter Allgemeine Zeitung", 11 aprile/April
H. O. Fehr, *Geschriebene malerei*, in "Argus Badische Zeitung", 30 aprile/April
E. Lynn, *Power Gallery of Contemporary Art. Acquisitions 1973/75*, in catalogo della mostra, The Art Gallery of New South Wales, Sidney
AA.VV. (Various Authors), *XIII bienal de São Paulo*, catalogo generale/general catalogue, São Paulo

1976
I. Mussa (a cura di/ed. by), *La scrittura*, catalogo della mostra/exhibition catalogue, (itinerante/traveling Roma, Milano, Genova)
B. Catoir, *Malen schreiben malen*, in "Frankfurter Allgemeine Zeitung", 10 marzo/March
A. Haase, *Narziss*, in "Spiegel Zeit Rheinische Post", 17 marzo/March
M. Schwarz, *Schriftbild*, in "Galerie nachst St. Stephan Wien 1, Grunangergaffe 1", n. 2
A. Trimarco, *Per Narciso/Alfano*, in catalogo della mostra/exhibition catalogue *Carlo Alfano*, Galerie Art in Progress, München
K. Honnef, *Narzissus −"Erfinder der Malerei"*, in *Carlo Alfano*, op. cit.
C. Alfano, *Lettere*, in *Carlo Alfano*, op. cit.
M. De La Motte, *Fragment eines persönlichen Portraits von Carlo Alfano*, in *Carlo Alfano*, op. cit.
H. Schneider, *Carlo Alfano*, in "Die Zeit", 24 dicembre/December
L. Caruso (a cura di/ed. by), *L'avanguardia a Napoli. Documenti (1945-1972)*, Napoli, Schettini

1977
T. Trini, *Carlo Alfano*, in "Domus", Febbraio/February
F. Menna, *La linea analitica*, in catalogo della mostra/exhibition catalogue, *Arte in Italia. Dall'Opera al Coinvolgimento*, Galleria Civica d'Arte Moderna, Torino
AA.VV. (Various Authors), *Documenta VI*, catalogo della mostra/exhibition catalogue, vol. 3, Kassel

1978

B. Catoir, *Poesie-Malerei, Schrift-Bild*, in "Das Kunstwerk", aprile/April

M. Roccasalva, *Carlo Alfano a Villa Pignatelli*, in "l'Unità", 21 maggio/May

U. Piscopo, *Isolamento dell'artista nell'immagine speculare*, in "Paese Sera", 24 maggio/May

V. Corbi, *L'arte allo specchio*, in "Il Mattino", 27 maggio/May

M. Picone, *Alfano a Villa Pignatelli*, in "La voce della Campania", n. 11, 28 maggio/May

R. Wedewer, *Carlo Alfano*, in "Morsbroicher Journal", n. 5, ottobre/ October

F. Menna, *La nuova scrittura*, in AA.VV. (Various Authors), *Al di là della pittura*, Milano, Fratelli Fabbri Editori

1979

R. Wedewer, *Introduzione*, in catalogo della mostra/exhibition catalogue *Carlo Alfano Bilder und Zeichnungen Fragmente eines anonymen Selbstbildnisses*, Städtisches Museum Schloß Morsbroich, Leverkusen

B. Catoir, *Die anonymisierung des Ich-Bild aus Schrift*, in *Carlo Alfano…*, op. cit.

C. Alfano, *Caro Heiner*, in *Carlo Alfano…*, op. cit.

A. Pohlen, *Carlo Alfano*, in "Kunstforum international", n. 31

C. Alfano, *Dialogo per " egli"*, in F. Caroli, L. Caramel (a cura di/ed. by) *Testuale. Le parole e le immagini* catalogo della mostra/exhibition catalogue, Rotonda di Via Besana, Milano

1980

J. Schilling, *Fragmente eines anonymen Selbstbildnisses*, in catalogo della mostra/exhibition catalogue *Alfano, Chiari, Griffa, Nannucci*, Kunstverein, Braunschweig

S. Morichelli, *Quei pazzi degli artisti*, in "Il Tempo", 27 giugno/June

E. Crispolti, *Il secondo dopoguerra*, in supplemento a/special issue of "La voce della Campania", n. 13, luglio/July

M. Bonuomo, *Caccia all'artista*, "Il Mattino", 2 luglio/July

M. Bonuomo, *Bianco e rosa: Spoleto a strisce*, in "Il Mattino Illustrato", 9 agosto/August

1981

A. Izzo, *Le differenze discrete*, in "lapis/arte", n. 3

1982

Alfanos variationen uber knaben narziss, in "Muncher theaterzeitung", 10 febbraio/February

M. Guardati, *Quella tragedia a pennellate*, in "Paese Sera", 17 febbraio/February

M. Bonuomo, *Arte uguale Arte*, in "Il Mattino", 15 maggio/May

XL Biennale Internazionale d'Arte, catalogo generale/general catalogue, Venezia

Dopotutto io, intervista in/interview in "Il Mattino", giugno/June

D. Micacchi, *Povera Biennale*, in "l'Unità", 13 giugno/June

G. Grassi, *Biennale tra contestazione e "riflusso"*, in "Napoli Oggi" 23 giugno/June

G. Massimini, *Biennale di Venezia, 1982*, in "Punto d'incontro", n. 10/11, giugno-settembre/June-September

L. Strozzieri, *Introduzione*, in catalogo della mostra/exhibition catalogue *XXVII Rassegna nazionale d'Arte Contemporanea*, Termoli

G. Grassi, *Premio Cagli-L'artista dell'anno*, in "Napoli Oggi", 4 agosto/August

G. Dorfles, *Attraverso la 40ª Biennale di Venezia*, in "Alfabeta", n. 38/39, agosto/August

G. Grassi, *Carlo Alfano, tre grandi successi: a Monaco, a Venezia e nel Premio "L'artista dell'anno"*, in "Napoli Oggi", 22 settembre/September

1983

C. Wiedemann, *Die Leinwand als Spiegel*, in "Suddeutsche Zeitung", 2 febbraio/February

G. Grassi (a cura di/ed. by), *Protagonisti napoletani dell'arte del dopoguerra*, Roma

M. Bonuomo, *Bastano undici per una generazione?*, in "Il Mattino", 15 ottobre/October

H. Bauer, *Aktuelle Dialoge*, in catalogo della mostra/exhibition catalogue *Eco "Studi per Narciso"*, Galerie Art in Progress, München

B. Corà, *Carlo Alfano oltre il dramma di Narciso*, in "Napoli Oggi", 8/15 dicembre/December

A. Izzo, *Metti un'Eco tra Narciso e Narciso*, in "Napoli Notte", 21 dicembre/December

1984

U. Di Pace, *Si, è proprio un maestro*, in "Paese Sera", 31 gennaio/January

G. Grassi, *Il Doppio. Il lungo dibattito dell'artista con se stesso*, in "Napolinotte", 3 aprile/April

A. Izzo, *"Eco" di Alfano*, in "Napolinotte", 3 aprile/April

A. Armano, *Narciso o il dubbio secondo Carlo Alfano*, in "Napolinotte", 20 giugno/June

M. Bonuomo, *Intervista con Carlo Alfano*, in catalogo della mostra/exhibition catalogue *Terrae Motus*, Villa Campolieto, Ercolano

B. Corà, *Da Alfano a Woodrow: è il sisma nell'arte contemporanea*, in "Napoli Oggi", 28 luglio/July

E. Caroli, *Carlo Alfano e l'esplicitazione del dubbio*, in "Le Arti news", n. 4/5, settembre-dicembre/September-December

A. Armano, *Dopo il lungo silenzio un'uscita "alla grande"*, "Napolinotte", 25 ottobre/October

M. Bonuomo, *Collezionista di nuova cultura*, in "Il Mattino", 25 ottobre/ October

D. Gallone, *Il gioco delle possibilità nella realtà di Carlo Alfano*, in "Napoli Oggi", ottobre/October

A. Siena, *Dubbi d'artista*, in "Reporter", 7 novembre/November

A. Izzo, *5 Quadri per la visione di un mondo*, in "Napoli Notte" 18 novembre/November

A. Tecce, *Il patrimonio artistico del Banco di Napoli*, Napoli, ed. Banco di Napoli

1985

E. Caroli, *Carlo Alfano "Penso in bianco e nero"*, in "NAPOLICITY", n. 23, gennaio-febbraio/January-February

N. Scontrino, *Dagli antichi Arsenali di Amalfi contemporanee sollecitazioni d'arte*, in "Napolinotte", 2 gennaio/January

E. Steingräber, *Prefazione*, in catalogo della mostra/exhibition catalogue *Carlo Alfano*, Staatsgalerie moderner Kunst, München

C. Syre, *Eco di un monologo*, in *Carlo Alfano*, op. cit.

C. Schulz-Hoffmann, *Carlo Alfano und die italienische Moderne*, in *Carlo Alfano*, op. cit.

C. Syre, *Sei domande a Carlo Alfano*, in *Carlo Alfano*, op. cit.

B. Reitter, *Außenseiter der italienischen Kunstszene*, in "Mittelbayerische Zeitung Regensburg", 6 febbraio/February

H. Schütz, *Narziß vor schwarzem Spiegel*, in "Suddeutsche Zeitung" n. 31, 6 febbraio/February

K. R. , *Die abstrakte freiheit*, in "Bayerische Staatszeitung Kultur", 15 febbraio/February

H. Juterbock, *Carlo Alfano*, in "Deutschandfunk", 27 febbraio/February

K. Hegewisch, *Die Abstraktion- taugt sie noch als Freiheitsformel?*, in "Frankfurter Allgemeine Zeitung", 28 febbraio/February

M. Bonuomo, *Alfano e il suo doppio*, in "Il Mattino", 2 marzo/March

R. Farkas, *Sublime Monochromie und entfesselte Farbigkeit*, in "Muncher theaterzeitung" n. 8, 15 marzo/March

A. Trimarco, *Colloquio di Angelo Trimarco con Carlo Alfano. In compagnia di Narciso*, in "Rara Avis", marzo/March

M. Bonuomo, *Carlo Alfano, lo stile sul confine del pensiero*, in "Rara Avis", op. cit.

K. Hegwisch, *Giulio Turcato e Carlo Alfano*, in "Das Kunstwerk", giugno/June

I. Panicelli, *Terremotus*, in "Art Forum International", Estate/Summer

F. Menna, *Aniconica*, in catalogo della mostra/exhibition catalogue *L'Italie aujourd'hui*, Centre National d'Art Contemporain, Nice

J. Shilling (a cura di/ed. by), *Museum? Museum! Museum*, catalogo della mostra/exhibition catalogue, Hamburg

A. Trimarco, *Carlo Alfano*, in catalogo della mostra/exhibition catalogue *Premio del Golfo*, Castello Monumentale, Lerici

AA.VV. (Various Authors), *Biennale des Friedens*, catalogo della mostra/exhibition catalogue, Kunsthaus und Kunstverein, Hamburg

C. Alfano, *Il catalogo è questo*, in *Scena del commendatore, tre studi dal Don Giovanni*, Napoli, ed. Banco di Napoli

H. Schneidler, S. Schütz (a cura di/ed. by), *Museum Morsbroich. Malerei – Plastik – Objekte*, Städtisches Museum Leverkusen

1986
A. Izzo, *Carlo Alfano: il sound della pittura*, in "Terminal", n. 2, marzo/March
E. Karcher, *Schutzlose Hingabe*, in "Muncher theaterzeitung", giugno/June
M. Sovente, *Due immagini mediterranee alla luce dell'avanguardia*, in "il Giornale di Napoli", 16 luglio/July

1987
S. Barucco, *Maestri contemporanei: Carlo Alfano*, in "Politica meridionalistica", n. 1, gennaio/January
AA.VV. (Various Authors), *Terrae Motus*, Napoli, ed. Guida,
G. Grassi, *La pittura napoletana dagli anni quaranta ad oggi tra esperimenti e delusioni*, in "Progetto", maggio/May
A. Basilico Pisaturo, *Carlo Alfano*, in "NAPOLICITY", n. 2, dicembre/December

1988
B. Corà, *"Camera": Lo spazio filosofico delle pitture di Carlo Alfano*, in B. Corà (a cura di/ed. by), *Carlo Alfano*, catalogo della mostra/exhibition catalogue, Museo di Capodimonte, Napoli
E. Steingräber, *La "camera" aperta di Alfano*, in *Carlo Alfano*, op. cit.
C. Hoffmann Schulz, *Carlo Alfano e la tradizione italiana dell'arte moderna, Pensieri dall'esterno*, in *Carlo Alfano*, op. cit.
J. Schilling, *"Camera" 1987*, in *Carlo Alfano*, op. cit.
M. Bonuomo, *L'uomo in croce nel freddo di una "Camera"*, in "Il Mattino", 27 febbraio/February
F. Vincitorio, *Scoprire Alfano*, in "La Stampa", 27 febbraio/February
G. Gargiulo, *Carlo Alfano: un lavoro testimonianza*, in "Harper's Bazaar", n. 2, febbraio/February
A. Izzo, *Carlo Alfano e l'ipotesi di controllo sullo spazio della rappresentazione*, in "il Giornale di Napoli", 2 marzo/March
A. Trimarco, *Quando la pittura è una trappola mortale*, in "Paese Sera", 22 marzo/March
A. Calabrese, *Camera d'autore con vista*, in "Service", 30 aprile/april

Incontro con l'artista, conferenza registrata/recorded lecture, Accademia di Belle Arti, Perugia, 28 aprile/April
A. Calabrese, *Con Alfano nel labirinto dell'immagine. Ma tutto resta classico*, in "il Domani", 22 novembre/November
A. Calabrese, *Dall'arte di Carlo Alfano un progetto d'opera vissuta*, in "Service", 1 dicembre/December
D. Gallone, *L'eternità di un uomo allo specchio*, in "il Giornale di Napoli", 3 dicembre/December
A. Izzo, *Confini*, in catalogo della mostra/exhibition catalogue *Napoliscultura*, Palazzo Reale, Napoli
L. Vergine, *L'arte in gioco*, Milano, Garzanti

1989
A. Izzo, *L'arte della comunicazione, la comunicazione dell'arte*, in "New Art international", maggio/May
A. Zevi, *Uno per uno per sette*, in "L'Architettura", n. 6, giugno/June
E. Steingräber, *Carlo Alfano - Vom Monolog zum Dialog*, in catalogo della mostra/exhibition catalogue *Carlo Alfano*, Kunstverein, Ludwigshafen am Rhein
J. Schilling, *Studien zu einer Selbsterforschung im Bild*, in *Carlo Alfano*, op. cit.
D. Wappler, *Der dunkle Raum hinter uns*, in "Die Rheinpfalz", 15 settembre/September
A. Tecce, *Carlo Alfano*, in catalogo della mostra/exhibition catalogue *Capolavori dalle collezioni del Banco di Napoli*, Museo Diego Aragona Pignatelli Cortes, Napoli
G. Videtta, *Alfano o i racconti dei piccoli spazi*, in "Il Mattino", 11 dicembre/December
AA.VV. (Various Authors), *Archivio Della Grazia di Nuova Scrittura*, Milano

1990
J. Schilling, *Carlo Alfano*, in catalogo della mostra/exhibition catalogue *Gegenwart Ewigkeit Spuren des Transzendenten in der Kunst unserer Zeit*, Martin-Gropius-Bau, Berlino
C. Feilicke, *Auf der Suche nach Spuren des Transzendenten*, in "Petrusblatt, Katholische Kirchenzeitung Bistum Berlin", 22

aprile/April
GegenwartEwigkeit, in "Feine Adressen Berlin", Estate/Summer
A. Colucci de Goyzueta, *L'artista e il suo doppio*, in "Il Mattino", 26 ottobre/October
G. Videtta, *La notte sul gioco del caso*, in "Il Mattino", 26 ottobre/October
V. Corbi, *L'artista che dipingeva la sua ingenuità*, in "La Repubblica", 26 ottobre/October
G. Grassi, *Nei labirinti del tempo*, in "Il Giornale di Napoli", 27 ottobre/October
S. Pica, *L'arte ovvero un messaggio di vita*, in "Il Giornale di Napoli", 27 ottobre/October
A. Trimarco, *Sussurri e grida dell'immagine*, in "Il Mattino", 30 ottobre/October

1991
U. Piscopo, *Carlo Alfano*, in "Orma", Marzo/March
A. Tecce, *1955-1965. Un decennio di impazienza*, in catalogo della mostra/exhibition catalogue *Fuori dall'ombra. Nuove tendenze nelle arti a Napoli dal '45 al '65*, Castel Sant'Elmo, Napoli

1993
M. Vescovo (a cura di/ed. by), *Sound*, in catalogo della mostra/exhibition catalogue, Museo d'Arte Moderna, Bolzano
G. Perretta, *Carlo Alfano. La tradizione come valore umanamente produttivo*, in "Flash Art", n. 177

1994
V. Corbi, *Napoli*, in L. Caramel (a cura di/ed. by), *Arte in Italia, 1945-1960*, Milano
E. Crispolti, *Gli anni dello smarginamento e della partecipazione*, in *La pittura italiana. Il Novecento. Le ultime tendenze*, vol. 3, Milano, Electa

1995
R. D'andria (a cura di/ed. by), *Il Tuffatore di Carlo Alfano. Restauro di un'opera dei "Tempi prospettici" a Paestum*, Salerno, ed. 10/17
R. Martinez, *Il Restauro del Moderno*, in *Il Tuffatore…*, op. cit.
L. Vergine, *Per Carlo Alfano*, in *Il Tuffatore…*, op. cit.

F. Alfano, *Eco delle materie*, in *Il Tuffatore…*, op. cit.
A. Amendola, *La fontana restituita. Giochi di luce, riflessi tra antico e moderno*, in "Il Mattino", 15 novembre/November

1996
A. Tecce, *Modernità e tradizione nell'arte del XX secolo in Campania*, in *Storia e Civiltà della Campania. Il Novecento I*, Napoli, Electa, Napoli

1997
F. Alfano, *Dalla Stanza per voci all'Archivio delle nominazioni 1969,'70,'71,'72,'73,'74…*, in "Melting Pot", numero speciale/special issue, dicembre/December
M. T. Lemme, *Alla Casina la "Stanza" di Alfano*, in "Il Mattino", 20 dicembre/December
V. Trione, *Camera con voce per una ricerca che si rispecchia nell'infinito*, in "Il Mattino", 22 dicembre/December

1998
E. Caroli, *Giù le mani dall'opera di Alfano*, in "Corriere del Mezzogiorno", 1 aprile/April

1999
A. Trimarco, *Napoli ad Arte 1985/2000*, Milano, ed. Modo

2000
F. Alfano, *Carlo Alfano*, in A. Tecce (a cura di/ed. by), *Castelli in aria. Arte a Napoli di fine millennio*, catalogo della mostra/exhibition catalogue, Castel Sant'Elmo, Napoli
A. Tecce (a cura di/ed. by), *Napoli 1950-59. Il rinnovamento della pittura in Italia*, catalogo della mostra/exhibition catalogue, Civiche Gallerie d'Arte Moderna e Contemporanea, Ferrrara

2001
F. Alfano, *Autoritratto in negativo*, in F. Alfano (a cura di/ed. by), *Carlo Alfano. sulla soglia*, catalogo della mostra/ exhibition catalogue, Castel dell'Ovo, Napoli, Edizioni Charta, Milano
B. Corà, *Carlo Alfano: lo spazio teatrale dell'animo*, in *Carlo Alfano…*, op. cit.
A. Trimarco, *La pittura come teatro filosofico*, in *Carlo Alfano…*, op. cit.

Finito di stampare nel marzo 2001
da Leva Spa, Sesto San Giovanni
per conto di edizioni Charta
su carta Gardamatt Art delle Cartiere del Garda Spa